屈学文集

谭家斌 著

Collection of Essays on Poet Qu Yuan

中国社会科学出版社

图书在版编目（CIP）数据

屈学文集／谭家斌著 . —北京：中国社会科学出版社，
2022.6

ISBN 978 - 7 - 5227 - 0172 - 1

Ⅰ. ①屈… Ⅱ. ①谭… Ⅲ. ①屈原(约前 340 - 约前
278)—人物研究 ②楚辞研究 Ⅳ. ①K825.6②I207.223

中国版本图书馆 CIP 数据核字(2022)第 073003 号

出 版 人	赵剑英	
选题策划	宋燕鹏	
责任编辑	金 燕	
责任校对	李 硕	
责任印制	李寡寡	

出 版	中国社会科学出版社	
社 址	北京鼓楼西大街甲 158 号	
邮 编	100720	
网 址	http://www.csspw.cn	
发 行 部	010 - 84083685	
门 市 部	010 - 84029450	
经 销	新华书店及其他书店	

印 刷	北京明恒达印务有限公司	
装 订	廊坊市广阳区广增装订厂	
版 次	2022 年 6 月第 1 版	
印 次	2022 年 6 月第 1 次印刷	

开 本	710 × 1000 1/16	
印 张	23.75	
字 数	355 千字	
定 价	139.00 元	

凡购买中国社会科学出版社图书，如有质量问题请与本社营销中心联系调换
电话：010 - 84083683

《秭归文博丛书》编委会

目　录

屈原及其作品研究

屈原与秭归

端午文化

屈姑研究

附　　录

屈原及其作品研究

用"四分法"探考《九章》的时与地

——兼论《九章》的篇次

  屈原《九章》中的《惜诵》《涉江》《哀郢》《抽思》《怀沙》《思美人》《惜往日》《橘颂》《悲回风》（此为王逸《楚辞章句》篇次），原本单独成篇，后人将这九篇诗作编成一组而名"九章"。因为《九章》是后人编辑而成，所以诸篇创作的时间与地点、篇次等问题，至今聚讼纷纭，悬而未决。

  王逸《离骚序》说："（怀王）其子襄王，复用谗言，迁屈原于江南。屈原放在草野，复作《九章》。"① 洪兴祖《楚辞补注》曰："则《九章》之作，在顷襄时也。"② 王、洪之说可疑，因为《九章》的九篇诗作不可能都作于屈原被放逐江南之地或都作于顷襄王时代。朱熹《楚辞集注》认为是"后人辑之，得其九章，合为一卷，非必出于一时之言也"③，此说极是，但他在《〈离骚经〉序》《〈九章〉序》中又认为都是顷襄王时屈原放于江南之地所作。近代以来虽有申论，但为王、洪、朱等言所左右。古今学者大多采用"两分法"，将这九篇诗作分成两大类，认为分别作于怀王、顷襄王时期，地点分别是汉北、江南。此类方法过于简单、笼统，甚至有以偏概全、过于绝对化之嫌。如果从诗篇中寻找内证，并结合屈原生平经历、历史事件进行考证，用"四分

---

  ① （宋）洪兴祖：《楚辞补注》，中华书局 2002 年点校本，第 2 页。
  ② （宋）洪兴祖：《楚辞补注》，中华书局 2002 年点校本，第 121 页。
  ③ （宋）朱熹：《楚辞集注》，上海古籍出版社 2001 年校点本，第 72 页。

法"将《九章》细致分类,《九章》的时与地则更加明晰、合理。

所谓"四分法",即按屈原生平事迹:出仕任职、第一次放逐、第二次放逐、投江等四个阶段,将九篇诗作分为四个时期进行探索,考证出各篇创作的时与地,从而使《九章》的篇次问题也随之迎刃而解。

一 屈原出仕任职期间:《橘颂》

《橘颂》应居《九章》之首。它不仅与其它八篇形制别异,而且是"咏物之祖"。它是屈原早期在朝中任三闾大夫时所作,创作地点是楚郢都。三闾大夫即执掌屈、景、昭三姓王族子弟的教育。从《橘颂》的内容看,全篇为屈原勉励子弟应具备"深固难徙""横而不流""秉德无私"的品质,且"幼志""参天地""苏世独立"而又"闭心自慎",如橘一样"精色内白"。"嗟尔幼志,有以异兮""年岁虽少,可师长兮",就是屈原针对教育王族子弟所言,只有屈原任三闾大夫之职才有此语,亦符屈原初仕的年岁及三闾大夫的职掌;郭沫若曾说:"《橘颂》作得最早……而大体上是遵守着四字的古调。"① 的确如此,从《橘颂》的形制看,皆为四言体,是屈原早期吸纳《诗经》"颂"体再创"骚"体的过渡;从《橘颂》的情感看,情调舒缓,立志修德,应是屈原年少得志时的作品。所以陈子展说:"《橘颂》作时最早……这当是初入仕途,为三闾大夫时所作。"②

二 屈原第一次放逐期间:《抽思》《惜诵》

这两篇作于汉北之地。《惜诵》的结构和内容很像《离骚》,故有"小离骚"之称。据《史记·屈原贾生列传》所记,《离骚》是屈原在楚怀王朝被逐期间所作,古今大多学者考论屈原被楚怀王放逐之地是汉北。那么,《惜诵》的创作之地则为汉北,且与《离骚》作时相距不是很远。《抽思》则很明显地作于被放逐汉北期间,诗中"有鸟自南兮,

---

① 郭沫若:《历史人物》,人民文学出版社 1979 年版,第 32 页。
② 陈子展:《楚辞直解》,江苏古籍出版社 1995 年版,第 545 页。

来集汉北","鸟"为屈原自喻,"南"指郢都,因其在汉北之南。《惜诵》与《抽思》谁作于先呢?从《抽思》充溢着回朝从政以实现理想的强烈愿望来看,应在《惜诵》之先。只有初放之时,方生此念,如放逐日久,此念自然熄灭,亦为人之常情。《抽思》结构殊异,不仅具有多数篇章的"乱辞",而且增加了"少歌""倡曰"等乐歌结构上的形式,甚为罕见。是初放之后,"不忘欲反,冀幸君之一悟,欲之一改"① 愿望的表现。"抽思"之题取于篇中"与美人抽思",此"美人"喻指楚怀王。因此,该篇应为屈原于怀王朝初放时所作。蒋骥《山带阁注楚辞》曰:"抽,拔也。抽思,犹言剖露其心思,即指上陈之耿著言。"② 也就是向楚怀王陈述愿回郢都实施"美政"的要求。从诗篇中看出,屈原"独处此异域"(指汉北),见"郢路之辽远",欲"狂顾南行"回郢,却"蹇吾愿"(蹇:阻碍、难以实现之意),因而"道思作颂",即道述自己的心思而作此篇。

《惜诵》似为《离骚》的"前奏""习作",屈原眼看回朝的愿望难以实现,便对自己未来的道路着想,虽"竭忠诚以事君""思君其莫我忠",却"纷逢尤以离谤""愿陈志而无路",因此,"欲高飞而远集""欲横奔而失路""曾思而远身",处于进退两难的境地和极度的忧虑之中。《抽思》是屈原放逐之初思君念国情感的表白,《惜诵》是放逐之后追叙自己遭受打击的始末和对待现实的态度。《惜诵》一篇之中竟然十一次言"君",此"君"多指楚怀王及君国,是屈原"眷顾楚国、心系怀王"炽烈情感的抒泄,因此而"一篇之中三致志焉"。《惜诵》中有《抽思》"愿摇起而横奔"思虑的延续,因此在《惜诵》中再言"欲横奔而失路"。

三　屈原第二次放逐期间:《思美人》《涉江》《哀郢》

这三篇均为屈原被顷襄王放逐于江南期间所作,即作于顷襄王朝,

① (汉)司马迁:《史记》,中华书局1959年版,第2485页。
② (清)蒋骥:《山带阁注楚辞》,上海古籍出版社1984年版,第124页。

因为各篇地理皆涉江南区域，且内容亦为放逐后抒愤之情。在这一组诗篇中，被顷襄王放逐的屈原首先思念自己曾被"甚任之"的楚怀王，陈述自己尽管再遭受打击和挫折，但决不变节从俗的信念，这便是《思美人》，此"美人"喻指楚怀王。该诗作于放逐江南途中的第一个春季，有"开春发岁""观南人之变态""独茕茕而南行"等诗句为证。屈原流放至溆浦之后，回忆并记述了他此次放逐自鄂渚西行洞庭湖口、溯沅江至辰阳、溆浦沿途的艰苦行程、险恶环境、郁愤心情，这就是《涉江》。屈原被放逐江南第九年的春天，耳闻楚都郢被秦所破，先王陵墓被焚，百姓流离失所，顷襄王东逃陈城，心情沉痛，曾随离散、流亡的百姓流浪，并创作了《哀郢》。褚斌杰论证《哀郢》："'哀郢'，谓哀悼郢都之沦亡。……全诗紧扣'哀'字展开，并多用呼告、感叹词，词悲情烈，深刻地表达了诗人的爱国情怀。"① 诗篇中"方仲春而东迁""淼南渡之焉如""至今九年而不复"，提供了屈原创作《哀郢》的时间、地点。至于诗句"当陵阳之焉至"之"陵阳"，并非安徽青阳县南之陵阳，实是"陵阳侯"之简称。《汉书·扬雄传》："陵阳侯之素波兮，岂吾累之独见许？"汉代应劭注曰："阳侯，古之诸侯也。有罪自投江，其神为大波。"② 《淮南子·览冥训》："武王伐纣，渡于孟津，阳侯之波，逆流而击。"高诱注曰："阳侯，陵阳国侯也。其国近水，溺死于水，其神能为大波，有所伤害，因谓之阳侯也。"③ 这些古文献记载，说明"陵阳侯"即波涛的代称。正如周秉高所论："如果把'陵阳'释为地名，释为屈原所迁，那么，就难以理解《涉江》所示路线了。"④

四　屈原投江之时：《悲回风》《惜往日》《怀沙》

这三篇皆为屈原自沅水流域的溆浦走向湘水流域的汨罗之后，于沉

---

①　褚斌杰：《〈诗经〉与楚辞》，北京大学出版社2002年版，第227页。
②　参见周秉高《楚辞解析》，内蒙古大学出版社2003年版，第374页。
③　参见周秉高《楚辞解析》，内蒙古大学出版社2003年版，第374页。
④　周秉高：《楚辞解析》，内蒙古大学出版社2003年版，第375页。

江前夕所作。诸篇均情感悲怆、激烈、死意决然。虽均作于一地,且为"临绝之音",但其作时有先有后。

《悲回风》作于自沉汨罗前一年的秋冬之季。"回风",即指摧折草木的秋冬之旋风。诗篇中"凝霜""悲霜雪",描绘的是肃杀、悲凉的秋冬景象。篇中三次提及彭咸:"夫何彭咸之造思兮,既志介而不忘""孰能思而不隐兮,昭彭咸之所闻""凌大波而流风兮,托彭咸之所居"。又言:"浮江淮而入海兮,从子胥而自适""望大河之洲渚兮,悲申徒之抗迹",彭咸与申徒狄皆为殷时贤士,亦投水而死,伍子胥也是被赐死而浮于江海的,由此说明,屈原欲效法他们投水自沉,是准备投江自沉的预告。在此之前的郢都被破、国败民散,激发了屈原誓死殉国的情感,所以在《悲回风》中说:"宁溘死而流亡兮,不忍为此之常愁"。

对于《惜往日》《怀沙》,汤炳正考察后曾说:"这两章,乃写于由沅水流域的溆浦东北走向湘水流域的汨罗时期。"[1] 此言确是。"惜往日",即痛惜、哀伤过去的岁月。是屈原对其一生为实现政治理想而奋斗的总结。回忆自身在怀、襄二世的政治遭遇,痛惜自己的理想和政治主张难以实现的成因。同时痛恨谗佞当道、君王昏庸、法度废弛。本篇是《悲回风》的续写,"宁溘死而流亡"的自沉汨罗之意再增,可从"临沅湘之玄渊兮,遂自忍而沈流""宁溘死而流亡兮,恐祸殃之有再"等诗句获知。篇中前述"惜壅君之不昭",结尾又言"惜壅君之不识",表现了屈原对两代楚王政治统治极度失望的心理。

最后一篇是《怀沙》,是屈原的绝笔,其作地是汨罗。古今学人大多认为屈原于五月五日自投汨罗,该诗首言"滔滔孟夏",又言"汨徂南土",再言"浩浩沅湘",可互证屈原死期及创作的时间、地点。从诗题"怀沙"之意看,"怀"即"归""依"。《广雅·释诂二》:"怀,归也。"《后汉书·吴汉传》注:"怀,依也。""沙",指水中。《易·需卦》"需于沙",虞注:"水中之阳称沙也。"因此,"怀沙"意即沉

---

① 汤炳正:《屈赋新探》,齐鲁书社1984年版,第81页。

江。再者，朱熹《楚辞集注》释曰："言怀抱沙石以自沉也。"① 此意较确，亦符《史记·屈原贾生列传》记载："（屈原）乃作《怀沙》之赋……于是怀石遂自投汨罗以死。"② 从诗体看，大多为短促有力的四言体，是屈原独具匠心表达悲愤情感的方式；从内容看，先抒"伤怀永哀""郁结纡轸"的愤懑心境，再叹楚国"变白以为黑""倒上以为下""惟党人之鄙固"的昏暗，感慨自己虽"文质疏内""重仁袭义"，却"孰知余之从容""世浑浊莫吾知"。特别是诗尾"乱辞"，无所畏惧，视死如归，是屈原誓死以殉崇高理想的最后宣言："知死不可让，愿勿爱兮。明告君子，吾将以为类兮！"

综上所述，《九章》诸篇按时间先后编排，宜为：《橘颂》《抽思》《惜诵》《思美人》《涉江》《哀郢》《悲回风》《惜往日》《怀沙》。

（原载《三峡论坛》2010 年第 6 期。后收入中国屈原学会编《中国楚辞学》第十六辑，学苑出版社 2011 年版）

---

① （宋）朱熹：《楚辞集注》，上海古籍出版社 2001 年点校本，第 89 页。
② （汉）司马迁：《史记》，中华书局 1959 年版，第 2490 页。

屈原后裔探考

　　2009 年 7 月至 9 月，湖北秭归县委宣传部与《三峡日报》联合开展全国巡访屈原后裔活动，组建 7 人的专门巡访组，历时近一月，行程近万里，在重庆、四川、陕西、湖南、江苏、江西、安徽、河南、湖北、北京等省市屈氏聚居的乡村巡访，并在苏州大学、湖南省社会科学院等地图书馆及北京国家图书馆查阅屈氏谱牒等资料，共搜寻屈氏族谱 100 余卷，翻阅地方志书 60 多册。在巡访及查阅过程中，利用走访座谈、田野调查等形式，访问近千人，实地调查 26 处屈氏聚居村落，拍摄并收集大量资料，查找屈原后裔线索，对屈氏源流有了基本了解。

　　作为屈原故乡的秭归，举行巡访屈原后裔活动，旨在查寻国内屈原后裔的世系分布、源流等情况。这项活动堪称中国屈学史之最，不仅是首创，而且大规模、大范围的考察亦史无前例。先秦古籍对屈原生地、妻室子女均无记载，通过此次巡访，不仅颇有收获，且有意外发现。

　　要考察屈原后裔，首先要弄清屈原的故乡所在。我们通过这次"巡访屈原后裔"所查寻的屈氏谱牒、文物古迹、方志文献来看，认为屈原生地在秭归，且归州即今秭归是屈姓发源地。

　　一是有古籍文献可证。"屈"地在何处？清朝以前各代少有论证，今人有所述及。张海彤、金连昌《百家姓探源》说："屈氏，是因封地而得姓。春秋时期，楚武王之子瑕，为莫敖（楚官名，仅次于令尹），

他食采于屈，即今湖北秭归县东，故称屈瑕。"① 赵嘉树、舒雁《千家姓查源·字帖》说："屈姓，出自春秋时期。楚武王的儿子瑕，受封于屈，他的后世子孙以其受封地名作为姓氏。历史上的屈在今湖北秭归县东一带。"② 今人多认为，"屈"地也在秭归境内。屈氏始祖为屈瑕，为楚武王熊通（一作达）之子。东汉王逸《楚辞章句·离骚注》："熊绎事周成王，封为楚子，居于丹阳。……其孙武王求尊爵于周，周不与，遂僭号称王，始都于郢。是时生子瑕，受屈为客卿，因以为氏。"③ 唐代林宝《元和姓纂》："楚公族，芈姓之后。楚武王子瑕，食采于屈，因氏焉。屈重、屈建、屈到、三闾大夫屈平字原、屈正，并其后也。"④ 屈氏由食邑之"屈"而始生于中国姓氏之中。

二是有屈氏宗谱为证。所查寻的屈氏宗谱之序言，多记载有"始祖屈原""始祖（屈）原""今之归州为本族"，又多录有《史记·屈原列传》。据雍正甲寅年（1734）《衡阳屈氏邵阳雍正谱序》记载："本楚芈姓，为灵均公苗裔，先时居归，家湘阴，徙衡阳，不一其处。"如湖北麻城东黄市一带屈氏家族于清光绪二十九年（1904）修撰的《屈氏宗谱》、江苏及浙江境内于明代万历二十年（1593）修撰的《荆桥临海郡屈氏宗谱》及道光十三年（1834）修撰的《临海屈氏世谱》、湖南衡阳一带于嘉庆十四年（1810）修撰的《衡阳屈氏宗谱》、四川泸县一带于道光己亥（1839）修撰的《泸北屈氏宗谱》等等。北京国图、苏州大学及常熟市图书馆收藏的三套临海屈氏世谱也表明，临海屈氏为三闾大夫屈原之后裔，"伯庸生（屈）平，是为三闾大夫……则屈氏谱系又断自三闾大夫"，这些记载清楚表明屈姓以邑为姓，谱系从屈原开始，临海屈氏都是屈原后裔。这些屈氏谱牒不仅称屈原为其始祖，且以秭归（旧时称归州）为其发源地。湖北宜昌市夷陵区三斗坪镇屈家清

---

① 张海彤等：《百家姓探源》，首都师范大学出版社1996年版，第121页。
② 赵嘉树等：《千家姓查源》，吉林人民出版社1988年版，第112页。
③ （汉）王逸：《楚辞章句》，上海古籍出版社2020年点校本，第2—3页。
④ （唐）林宝撰，郁贤皓、陶敏整理：《元和姓纂》，中华书局1994年版，第49页。

收藏的族谱谱序是乾隆二十五年（1761）屈氏18代孙屈必伸所写，记载的是自元代泰定元年（1319）的一世祖屈龙朝从归州青滩南岸搬迁到三斗坪一带后繁衍生息的情况，族谱列屈龙朝为一世祖，距今已700年历史了。

三是有近代方志可证。清代湖南《同治龙阳县志·人物》记载："屈平，字原。……平，实归州人。"1991年出版的陕西《山阳县志·人口》记载："屈氏：三闾大夫屈原后裔，原籍楚国。汉高祖九年，'徙贵族昭、屈、景、田氏（于）关中'。西汉末，一支由关中迁来。"[1] 该志还记载：1985年全县有屈姓464人。2008年出版的《麻城祖籍寻根谱牒姓氏研究·屈氏》记载："屈氏原与楚同姓，为熊氏后裔。楚国称王，建都于郢，生子瑕，居屈地为客卿，因以屈为氏。麻城屈氏发祥源自归州，由归州迁往江西，明朝初年……由江西迁至湖广，由襄阳府枣阳县迁麻城宋埠……再迁麻城东黄市屈家冲。"[2] 既点明屈氏源地，又述明迁徙之时与地。再如清代《归州志》《长沙府志》等，亦有类似记载。

四是有文物古迹可证。湖北秭归屈氏聚居的万古寺村（三峡工程移民前名为黄阳畔村）发现一座"大清光绪十四年孟夏月吉日立"的墓碑，其墓葬完好，碑名为"清故显考屈公讳真字尚朴老大人之墓"，碑文曰："予乡有真公者，楚灵均之裔也。"墓主人屈真（字尚朴）生于嘉庆二十四年（1826），卒于光绪十四年（1889）。该地屈氏村民保存的民国十二年（1924）《屈氏宗谱》亦自称是屈原后裔。"屈原后裔巡访组"在四川广安岳池县莲花屋基村的一栋清初的屈氏故宅内，意外寻得一块清时镌刻有"三闾遗风"四字（阳刻）的匾额，长2.02米，宽0.8米。据该村文书何自忠介绍，全村875人中有340多人为屈姓，是村内第一大姓。据该地屈氏老人讲述，先祖即来自秭归。至今，

---

① 陕西省山阳县地方志编纂委员会编纂：《山阳县志》，陕西人民出版社1991年版，第88页。
② 孙晓芬：《麻城祖籍寻根谱牒姓氏研究》，四川大学出版社2008年版，第177页。

此处屈氏的语言、习俗均遗留有秭归的痕迹。

同时，在对秭归屈氏调查中，有两个现象也值得重视。一是秭归及周边的夷陵区、枝江市等地屈姓多为世代居住于此，秭归文化村的屈氏族谱已记录25辈子孙，至少也在600年以上，从秭归搬迁到夷陵区三斗坪镇的屈姓也有700年的可考历史。二是秭归及周边屈姓普遍述及当地屈姓在明代洪武年间和清初的两次全国性的大移民中，朝廷特许屈姓后裔就地为屈原守灵而不外迁。此说虽无史料可证，但秭归其他如王姓、郑姓族谱等证明其多是"江西填湖广"而来，当地两部600年至700年的族谱也可旁证此说。这两个现象也说明秭归屈姓源远流长，历史悠久。

郭沫若《屈原研究》说："屈原的后人大约会是有的。据《长沙府志》称屈原有子，虽不知其何所据，但他的故乡（秭归）还有屈姓存在，至少螟蛉也是应该有的。"① 当代屈学或称楚辞学名家苏雪林、陈子展等认为《长沙府志》《蕲州志》的记载是民间传说。查阅古今史籍，尚无对屈原子嗣情况有明确记载。通过这次寻访活动，我们发现对于屈原子女有六说：

"四子"说。湖南邵阳屈氏于乾隆丙辰年（1736）修撰的《屈氏宗谱》记载，屈原有四子：长子承开、次子承元、三子承天、四子承贞。湖南省社科院何光岳研究衡阳清代《屈氏族谱》之后，在其《中华姓氏源流史》一书中专列《衡阳屈氏世系》，认为屈原长子承开四十二代时徙衡阳，次子承元徙江宁（今南京市西）、三子承天徙沔阳（今陕西勉县东）、四子名承贞，并分别列出了长子承开、四子承贞之世系。② 在四川泸县道光己亥（1839）修撰的《沪北屈氏宗谱》、湖南衡阳一带于光绪二十一年（1896）修撰的《屈氏五修族谱》、四川成都市双流县发现的民国十四年（1926）《华阳屈氏续修族谱》等亦有屈原有四子之

---

① 郭沫若：《屈原研究》，人民文学出版社1982年版，第20页。
② 参见何光岳《中华姓氏源流史》，湖南教育出版社2003年版，第227页。

记载，并均以屈原为该支世系始祖。

"三子"说。陕西《耀州志·药王族源》载："《韩城志·方技传》中记载，有一名叫房寅的宋朝人，祖籍龙门，住在韩城西庄北井溢村，相传为战国时期楚国屈姓后裔，当年三闾大夫死后，他的三个儿子都进入秦国。其中一个在耀州，改姓为孙，隋唐医学家孙思邈即其后裔。一个家居蒲城，仍然姓屈，另一个在韩城，更姓为房。"① 此"药王族源"是依据清乾隆年间修订的《续耀州志》卷十"拾遗"而转载的。耀州、韩城、蒲城均居陕西境，古属秦地。但《耀州志》的这段转述，只称屈原有三子，却没有三子姓名之记载。另据安徽东至县黄荆村屈海清保存的乾隆四十一年（1777）《屈氏续修族谱》记载，亦称屈原有三子，屈瑕为始祖。该谱续存万历二十一年（1593）撰写的《谱序》曰："（屈）平公接踵连绵，而又生三子，长曰孟师文华公，次曰忠虞武安公，三曰季敏孝思公，各择地而居。"

"二子"说。国家图书馆分馆所藏的道光十三年（1834）《临海屈氏世谱》记载："屈氏谱系之祖，又断自三闾大夫始，平生署、跗（一作鮒），顷襄王时长沙之难，令署以东国为和。屈氏自瑕至署，凡十数传世为楚人。跗客于魏，所谓魏贤屈跗是也。"意谓屈原（名平）有两子：一名署，一名跗。屈署于顷襄王时曾受令将东国归还齐国而与齐和。屈跗则客居于魏国为官。汉代应劭《风俗通义·姓氏篇》有"屈侯氏，魏贤人屈侯鮒，汉有郎中令屈侯豫"② 之记载。《史记·魏世家》记载李克（即李悝）与翟璜的一段对话，李克曰："君之子无傅，臣进屈侯鮒。"③

"一子一女"说。据清代吕肃高《长沙府志》记载：屈原有女名绣（一作纬）英，其墓在湖南益阳。据明代甘泽《蕲州志》记载：屈原之子怨父沉江，亦沉于水，名"黑神"。此蕲州即今湖北蕲春县西北。又

① 陕西耀州地方志编纂委员会编纂：《耀州志》，上海书店1990年版，第386页。
② （汉）应劭：《风俗通义》，中华书局2010年校注本，下册，第552页。
③ （汉）司马迁：《史记》，中华书局1959年版，第1840页。

据清代陈梦雷编著的《古今图录集成》载："凤凰庙在益阳县西南六十里弄溪之滨，庙祀原与夫人泊其子，俗呼为凤凰神。"同时载述："绣英墓在治西花园洞。《县志》云：相传为屈原之女。"同治《益阳县志》："天文台在八里凤凰山，一名凤凰台，相传屈原作天问处。旧有庙曰凤凰庙，祀原与夫人泊其三子，俗称凤凰神。每端阳竞渡则祠之。"① 今《桃江县志》亦云："花园洞原有古庙……庙址对面为杨家仑，仑上竹木密茂。竹丛中有一土冢，传为屈女绣英墓。"② 陆侃如《屈原与宋玉》③、陈子展《楚辞直解》④ 对《长沙府志》《蕲州志》有引录。但光绪年间《归州志》载："屈女墓，在治西花园洞，相传屈原之女名秀英葬此，然于书无考，因旧存之。"⑤

"一子"说。据湖北麻城市沈家庄村于民国七年（1918）撰修的《熊氏族谱》记载，屈原有一子，名"岳"，因屈原受"屈（冤屈）"而死，故嘱其子复更为熊姓。

"一女"说。湖南汨罗民间传说屈原有一女名女嬃，并有"望爷墩""烈女桥""烈女岭"等遗迹。汨罗屈原纪念馆原馆长、楚辞学者刘石林在其《汨罗江畔屈子祠》一书中有《女嬃是屈原的什么人》专文，他认为《离骚》"女嬃之婵媛兮，申申其詈予"的"女嬃"是屈原的女儿。他论证说："'嬃'在南楚方言中，是女儿的代称。因为汨罗江一带方言称自己爱女为'妹（ĭ）'，这里'女''妹'同义，'妹'即女儿。"⑥ 并说汨罗至今流传有"女嬃磨剪自刎殉父""女嬃兜土葬爷坟"等关于屈原女儿的传说故事。

按《耀州志》所载屈原有三子俱入秦并有二子更姓，结合何光岳

① （清）姚念杨修，（清）赵裴哲纂：《益阳县志》，卷二四《古迹》，江苏古籍出版社2002年版，第627页。

② 湖南省桃江县地方志编纂委员会编纂：《桃江县志》，中国社会出版社1993年版，第218页。

③ 陆侃如：《屈原与宋玉》，山西人民出版社2014年版，第11页

④ 陈子展：《楚辞直解》，江苏古籍出版社1988年版，第451页。

⑤ 光绪《归州志》卷四《详情转详》，江苏古籍出版社2001年版，第371页。

⑥ 刘石林：《汨罗江畔屈子祠》，湖南人民出版社2003年版，第56页。

《衡阳屈氏世系》的排列来看，屈原长子承开四十二代时徙衡阳后，繁衍屈氏二十八派之多，其世系为屈氏之首，南宋嘉定年间任庆元府太守的屈蝬即为承开四十六代孙。民国三十年（1941）衡阳《河东秋溪屈氏汀房五修支谱》："我三闾大夫相楚怀王，掌王族三姓，曰昭、屈、景，所谓屈原序其谱属，（率）其贤良，以厉国士。……蝬祖于宁宗嘉定朝，官庆元府太守致仕，籍衡（阳）永福（乡）花溪花园。"屈原其余三个儿子少有后裔，四子承贞只排列有五十多代，清代张澍《姓氏寻源》"今陕西蒲城多屈氏"可能即指承贞支系，亦合《耀州志》"一个家居蒲城，仍然姓屈"之说。

屈原有三子入秦之事，古今史志或著述有载，《史记·高祖本纪》："九年（前197）……徙贵族楚昭、屈、景、怀、齐田氏关中。"[1]《汉书·地理志》亦载："汉兴，立都长安，徙……楚昭、屈、景及诸功臣家于长陵。"[2]此处的长安、长陵，均在陕西咸阳一带，秦始皇统一六国建立秦朝，即建都咸阳。《元和姓纂》亦曰："汉徙昭、屈、景于关中。"[3]再如陈直《汉书新证》说："徙关中之屈氏，后人在咸阳一带，多以冶陶为业。"[4]这些屈氏谱牒和古籍的记载，说明屈原之子入秦可能实有其事。

道光年间《临海屈氏世谱》记载"平生署跗（一作鲋）"，《战国策·楚策四》记载有"令屈署以东国为和于齐"，此与《临海屈氏世谱》记载相符。但是，中国屈原学会名誉会长赵逵夫《屈原与他的时代·战国时代的屈氏》对此考证后说："由屈署的活动看，大约年岁较屈原为轻。至于其世次，尚难确定，有可能是屈匄的子或孙。"[5]何光岳《楚源流史·楚国王族氏族考》[6]所附《屈氏氏系表》，直接将屈署

---

[1]（汉）司马迁：《史记》，中华书局1959年版，第386页。
[2]（汉）班固：《汉书》，中华书局2014年版，第306页。
[3]（唐）林宝撰，郁贤皓、陶敏整理：《元和姓纂》，中华书局1994年版，第49页。
[4]参见何光岳《楚源流史》，湖南人民出版社1988年版，第349页。
[5]赵逵夫：《屈原与他的时代》，人民文学出版社1996年版，第62页。
[6]何光岳：《楚源流史》，湖南人民出版社1988年版，第348页。

排列为屈匄之子，并指明即上柱国之子良。詹安泰考察屈原前后的屈氏人物时说："比屈原稍前的有屈宜臼、屈原的父亲屈伯庸；和屈原同时的有屈匄、屈盖；比屈原稍后的有屈署。"[①] 也未说屈署为屈原之子。按《战国策·楚策二·楚顷襄王为太子时章》的记载：主张信守诺言将楚之东国归还齐国，并且发车五十乘"北献地五百里于齐"与齐和者，应是上柱国的子良，亦未言及屈署，因此，或许"子良"即屈署之字，是否为屈原之子，不得而知。对于屈跗，《风俗通义》有"屈侯鲋"之说。清代张澍《姓氏寻源》卷四十一曰："楚武王子瑕食邑于屈，号屈侯，后氏焉。"意思是说屈氏以邑为氏，屈侯氏则以爵为氏，也就是说屈为食邑，侯为爵位且为重复姓氏。既然如此，客居于魏国的屈鲋或屈跗是否为屈原之子，无从考证。因其疑点较多，令人费解。疑一：如果说屈跗为屈原之子，怎么会独有他是"屈侯"之复式姓氏呢？南宋郑樵《通志·氏族略·以邑为氏》曰："屈氏，芈姓，楚之公族也。莫敖屈瑕食邑于屈，因以为氏。"宋代王应麟《姓氏急就篇》卷上："屈氏，楚武王子瑕食采于屈，因氏焉。屈重、屈完、屈荡、屈建、屈申、屈生、屈平其后。"而这些记载只有以食邑之"屈"为氏，未见以爵位"屈侯"之复式姓氏为氏。至清代，陈廷炜《姓氏考略》曰："楚武王子瑕食邑于屈，号屈侯，后氏焉。望出魏郡。"虽然屈侯氏是屈瑕之后裔，但现今未见屈原之后裔有"屈侯"复姓存在；疑二：屈跗若作为屈原之子，何故而客居于魏？因其生平不详而难以判定；疑三：屈氏世谱称屈跗，而《风俗通义》则称屈侯鲋，二者是否为一人呢？疑四：《史记·魏世家》中李克（即李悝，前455年—前395）言及的屈侯鲋，绝对不会是屈原之子。李悝卒于前395年，而古今学者中所考证的屈原的生年，认为屈原最早诞生于前366年，最晚诞生于前335年，[②] 按此而论，屈侯鲋与李悝在世时，屈原尚未诞生，

<hr />

① 詹安泰：《论屈原的阶级出身、政治地位及其在文学上的作用》，《中山大学学报》1955年第2期。

② 参见谭家斌《屈学问题综论》，湖北人民出版社2006年版，第11页。

何谈屈原有子？如此等等，由此说明署、鲋（或作蚹）不会是屈原之子。

"屈原后裔巡访组"在寻访过程中，还发现了屈原有妻室的记载。陕西山阳县元子街镇屈家涧村同治十一年（1873）的《屈氏宗谱》卷二，绘有屈原及其夫人画像，分别注为"三闾大夫灵均公遗像""灵均公元配邓夫人遗像"。北宋乐史《太平寰宇记》卷一四五引《襄阳风俗记》："屈原五月五月投汨罗江，其妻每投食于水以祭之。（屈）原通梦告妻，所祭食皆为蛟龙所夺。龙畏五色丝及竹，故妻以竹为粽，以五色丝缠之。"① 聂石樵《屈原论稿·屈原的诞生和家世》录此之后说："这虽然是一个传说，并不可靠，但屈原有妻子是可以肯定的。"② 巧合的是，楚武王熊通之夫人亦为邓氏，据《左传》载：战国时期的楚、邓两地互为婚姻，楚武王熊通之夫人即名为邓曼。古邓国的疆域大致为今湖北襄阳县境汉水以北及河南邓县一带，屈原有妻的传说亦在楚国边界湖北郧县、陕西山阳一带，大约都是邓国范围。所以，屈原夫人为邓氏虽无他证，但可能性还是有的。

根据寻访了解和初步统计，全国25个省市自治区中，有184个县（市）273个村有屈姓居住。屈姓居住最多的省是河南，有28个县（市）、56个村。四川次之，有26个县（市）、36个村。湖南、湖北、陕西、河北、山东、重庆等地屈姓居住的村落也比较多，屈姓总人口超过130万人，多数屈姓奉屈原为始祖，为屈原后裔，也有少数屈姓奉屈匄为始祖，还有一部分屈姓为古代屈突氏后代简化为屈姓。寻访组认为，虽难免附会屈原为始祖之例，但屈原后裔无疑存在。总而言之，古今史志文献对屈原后裔的记载或阙或漏，研究屈原后裔之学术至今亦较空泛，从全国屈氏聚居地走访座谈、田野考察，并查阅大量屈氏谱牒及地方志书后，所发现的这些新线索，为中国屈学研究，包括为屈原后裔

① （宋）乐史：《太平寰宇记》，中华书局2013年点校本，第2813页。
② 聂石樵：《屈原论稿》，人民文学出版社1982年版，第27页。

之研究提供了难得的资料。诚望屈学界有识之士能参与其中并不吝赐教，亦期待出土文物为屈原后裔之研究佐证。

（本文与郑之问合作。原载《职大学报》2010 年第 1 期。后收入中国屈原学会编《中国楚辞学》第十七辑，学苑出版社 2011 年版。2016 年，该文获宜昌市第五届社会科学优秀成果三等奖）

试论屈原自喻系统所蕴藉的人格心理特征

王逸《楚辞章句·离骚经序》曰："《离骚》之文，依《诗》取义，引类譬喻。故善鸟香草，以配忠贞；恶禽臭物，以比谗佞；灵修美人，以媲于君；宓妃佚女，以譬贤臣；虬龙鸾凤，以托君子；飘风云霓，以为小人。"① 对于屈原辞赋广义的比兴特征，虽然古今学人多有述及，但所谓"引类譬喻"未免挂一漏万，对于屈原辞赋具体的自喻及其蕴含的人格心理特征，至今却鲜有专论。

屈原在其作品中，以美人、香草、善鸟、玉珮、孤子、蛾眉、嘉树等原始意象自喻，展现高洁、真善美、愤世嫉俗的人格，以"我"为中心，或明忠耿之志，或抒忧虑之情，或扬真性之美，或颂至洁之性，或讽昏庸之世，或崇正直之道，或诉孤介之哀，或示修身之心，丰富的蕴意，且具有系统性、完整性、独特性，也为屈原的人格心理及其作品特征之探讨提供了宝贵的资料。

人格心理有优有劣，能表现人的品格、品质的高低，也能由此透视人的价值观、人生观、历史观。屈原自喻的人格心理具有高尚性、唯美性。屈原的自喻体系主要集中在《离骚》《九章》等自传体的诗篇中，用"隐喻""象征""比兴"等艺术手法与心理意念相融合，并赋予深邃的思想意义。每一个自喻典例，从不同的角度体现他的人格精神和心理情感。概而言之，屈原自喻的内容及其人格心理特征大致可分为四大类。

---

① （宋）洪兴祖：《楚辞补注》，中华书局 2002 年点校本，第 2—3 页。

一 爱国——"国富强而法立兮，属贞臣而日娱"

屈原的爱国思想，以"忠"为核心，既体现在他的作品中，又体现在他的实践中。浓烈的爱国情感是屈原人格的精髓，以《国殇》颂扬为国捐躯的将士，以《哀郢》忧国之兴亡。虽遭逐放，仍不离故国，"虽九死其犹未悔"。

1. 以"鸟"自喻，眷恋故都。《九章·抽思》："有鸟自南兮，来集汉北。"王逸注曰："屈原自喻生楚国也。"① 朱熹《楚辞集注》亦云："鸟，盖自喻。屈原生于夔峡，而仕于鄢郢，是自南而集于汉北也。"② 梅桐生《楚辞今译》释："鸟，屈原自喻。"③ 南，指楚都郢，居汉北之南；汉北，屈原流放之地。屈原自喻为善鸟，虽飞离故都，也就是说虽然遭受流放，仍眷顾楚国。春秋战国时的思想家子思曰："君子犹鸟也，疑之则举矣。色斯举矣，翔而后集。故古人以自喻。"④ 自古传言，鸟不管飞多远，总要飞回故林和旧巢；狐狸将死之时，头总是朝着出生的山冈。所以屈原在《九章·哀郢》中又说："鸟飞返故乡兮，狐死必首丘。"表露了屈原至死仍忠贞爱国的心理特征。

2. 以"贞臣"自喻，寄于国是。《九章·惜往日》："国富强而法立兮，属贞臣而日娱。"朱嘉《楚辞集注》注释："贞臣，正固之臣，原自谓也。"⑤ 汪瑗《楚辞集解》亦曰："贞臣，廉洁正直之臣，原自谓也。"⑥ 汤炳正认为"贞臣"乃"屈子之自称"⑦。屈原在该篇中三言"贞臣"，认为国家的富强以及建立法度，需要忠贞之臣的作为。屈原心系"美政"，力图强国，甘当贞洁之臣而效力国是，体现了诗人忠于楚国的情结。《惜往日》："何贞臣之无罪兮，被离谤而见尤""独鄣壅

① （宋）洪兴祖：《楚辞补注》，中华书局 2002 年点校本，第 139 页。
② （宋）朱熹：《楚辞集注》，上海古籍出版社 2001 年点校本，第 85 页。
③ 梅桐生：《楚辞今译》，贵州人民出版社 2000 年版，第 118 页。
④ 参见（宋）洪兴祖《楚辞补注》，中华书局 2002 年点校本，第 139 页。
⑤ （宋）朱熹：《楚辞集注》，上海古籍出版社 2001 年点校本，第 92 页。
⑥ （明）汪瑗：《楚辞集解》，上海古籍出版社 2017 年点校本，第 336 页。
⑦ 汤炳正：《楚辞类稿》，巴蜀书社 1988 年版，第 347 页。

而蔽隐兮，使贞臣为无由"，再两言"贞臣"，均为屈原自喻。屈原浓烈的报国心理，却遭诽谤和指责，致使忠贞之臣报国竟无路可行。

3. 以"草木"自喻，忧患宗国。《离骚》："惟草木之零落兮，恐美人之迟暮。"清代贺贻孙《骚筏》曰："以草木自喻，以美人指怀王。盖自伤未既，忽伤美人，谓吾老君亦将老矣。"① 此处的"美人"虽表面指楚怀王，实指代楚国。屈原目睹宗国与自己的处境，自视为即将零落之草木，恐国将"迟暮"与衰败，凸现忧患宗国情感。"恐"字充分表达了屈原对宗国的危机感，特别是为祖国的前途而焦虑，为祖国的命运而担忧的急迫心理。

4. 以"美人"自喻，惦记楚国。《九歌·河伯》："子交手兮东行，送美人兮南浦。"王逸曰："子，谓河伯也。言屈原与河伯别，子宜东行，还于九河之居，我亦欲归也。……美人，屈原自谓也。愿河伯送己南至江之涯，归楚国也。"② 此"美人"是屈原对高尚人格者的泛称，是对爱国者的赞美。屈原假借河伯送己返回楚都以寄托自己振兴楚国的愿望，实则表现了对宗国的无限思念与忧虑。是崇高的美，纯洁的美。

二 立德——"苏世独立""秉德无私"

屈原的德，重在"忠洁""耿介"。他坚持推行"美政"的政治理想，殚精竭虑，矢志不渝，"伏清白以死直兮""唯昭质其犹未亏"，是屈原高尚人格心理的袒露。

1. 以"橘"自喻，保守志节。《九章·橘颂》："后皇嘉树，橘徕服兮。"王逸注曰："屈原自喻才德如橘树，亦异于众也。"③ 王逸注《橘颂》"受命不迁，生南国兮"曰："屈原自比志节如橘，亦不可移徙。"④ 《晏子春秋·内篇杂下》："橘生淮南则为橘，生于淮北则为

---

① 参见游国恩等《离骚纂义》，中华书局1982年版，第43页。
② （宋）洪兴祖：《楚辞补注》，中华书局2002年点校本，第78页。
③ （宋）洪兴祖：《楚辞补注》，中华书局2002年点校本，第153页。
④ （宋）洪兴祖：《楚辞补注》，中华书局2002年点校本，第153页。

枳。"① 屈原以橘树"独立不迁""深固难徙"的美异品格，因物寄情，托物言志，象征自己"苏世独立""横而不流""秉德无私""淑离不淫"的人格心理，以橘之特性，表述坚贞爱国的深厚情感和至死不离开宗国的献身精神。是诗人高风峻节的心理描述，是诗人自我形象的真实写照，也是诗人人生价值的审美心理的暴露。陈子展《楚辞直解·〈橘颂〉解》："此篇前半说橘，把橘人格化，颂橘即以自比。后半说人，把人物性化，自颂即以比橘。"② 周秉高《楚辞解析·橘颂》："《橘颂》……颂的是橘树，实际是抒写自己的情操品德。"③ 此言甚确。陈怡良《屈骚审美与修辞》说："诗人以橘托物起兴，借喻自己的人格，'独立不迁'就是屈原人格美的核心。"④ 此言亦一语中的。

2. 以"菊"自喻，忠洁孤介。《离骚》："朝饮木兰之坠露兮，夕餐秋菊之落英。"罗文玲论曰："'菊'是独在秋天百卉凋零之后才盛开的，'夕餐秋菊之落英'即是暗示作者的高洁与孤介。"⑤ 屈原朝饮木兰坠露，夕餐秋菊落英，饮食芳洁，洁身自好，自强不息，树立完美品性。殷光熹《楚辞论丛》论曰："饮露餐英是比喻陶冶情操，从早到晚无时不在坚持修练自己的品德。春兰、秋菊，象征高洁。"⑥

3. 以"琼"自喻，高洁如玉。《离骚》："何琼佩之偃蹇兮，众薆然而蔽之。"朱熹《楚辞集注》释曰："言我所佩琼玉德美之盛，盖以自况也。"⑦ 吴广平《白话楚辞》释《离骚》"惟兹佩之可贵兮，委厥美而历兹"说："兹佩，此佩，指上文所写的玉佩，喻自己的品德。"所谓"上文"，是指"何琼佩之偃蹇兮，众薆然而蔽之"。吴广平释"琼佩"时又说："琼佩，玉佩，比喻美德。"⑧ 琼，本是一种美玉。屈

① 许文畅译注：《晏子春秋》，长春出版社 2015 年版，第 164—165 页。
② 陈子展：《楚辞直解》，江苏古籍出版社 1995 年版，第 602 页。
③ 周秉高：《楚辞解析》，内蒙古大学出版社 2003 年版，第 193 页。
④ 陈怡良：《屈骚审美与修辞》，（台北）文津出版社有限公司 2008 年版，第 45 页。
⑤ 罗文玲：《美丽与哀愁——论屈赋的象征与讽喻》，《中国楚辞学》第八辑，中国屈原学会编，学苑出版社 2007 年版，第 116 页。
⑥ 殷光熹：《楚辞论丛》，巴蜀书社 2008 年版，第 108 页。
⑦ （宋）朱熹：《楚辞集注》，上海古籍出版社 2001 年点校本，第 25 页。
⑧ 吴广平：《白话楚辞》，岳麓书社 1996 年版，第 39—42 页。

原以玉佩象征自己的品德洁白美丽，光洁如玉。是屈原"举世皆浊我独清，众人皆醉我独醒"的心理表白。王逸《楚辞章句》故释《离骚》"纫秋兰以为佩"曰："行清洁者佩芳，德仁明者佩玉。"①

4. 以"佳人"自喻，胸怀大志。《九章·悲回风》："惟佳人之永都兮，更统世而自贶。"朱熹《楚辞集注》释曰："佳人，原自谓也。"②汪瑗《楚辞集解》进一步阐释曰："佳人，原自谓也。……永都，指德行而言，盖谓君子德行之美，恒久而不变也。"③梅桐生《楚辞今译》认为是屈原以"佳人自喻"④，《悲回风》又："惟佳人之独怀兮，折若椒以自处。"黄震云《楚辞通论》："佳人则指自我本人。"⑤这两句译成白话文是：只有佳人才永久美丽，经历世代仍自觉漂亮；只有佳人才有独特胸怀，摘取若椒香草而独抱幽芳。这两句原诗之间有"眇远志之所及""介眇志之所惑"，皆指高远的志向而言。只有胸怀大志和崇高理想者，则为佳人。是《怀沙》"重仁袭义""怀情抱质""定心广志"的复述。

三 修身——"民生各有所乐兮，余独好修以为常"

屈原作品中的"修"字，除有修饰美洁之初义外，即为德操、美名之引申意义，在《离骚》中凡"修"字18处，与"修"字组合之词语，多为自述身心修洁美好之形容，或用于与修德同义相关之人、事、物上，如"修名""修能""修姱""修美"，再如"好修""宜修""前修"等等，可见屈原对修身养性的高度重视。

1. 以"马"自喻，修炼品性。《离骚》："余虽好修姱以鞿羁兮，謇朝谇而夕替。"王逸曰："鞿羁，以马自喻也。"⑥朱熹《楚辞集注》

① （宋）洪兴祖：《楚辞补注》，中华书局2002年点校本，第5页。
② （宋）朱熹：《楚辞集注》，上海古籍出版社2001年点校本，第97—98页。
③ （明）汪瑗：《楚辞集解》，上海古籍出版社2017年点校本，第355–366页。
④ 梅桐生：《楚辞今译》，贵州人民出版社2000年版，第142页。
⑤ 黄震云：《楚辞通论》，湖南教育出版社1997年版，第222页。
⑥ （宋）洪兴祖：《楚辞补注》，中华书局2002年点校本，第24页。

曰：“羁羁，以马自喻。缰在口曰羁，革络头曰羁。言自绳束不放纵也。”① 汪瑗《楚辞集解》释曰：“喻己德行之高洁谨饬，而朝夕淬砺，兴起不知休止也。”② 意谓屈原长期修练自己的德行。清代徐焕龙《屈辞洗髓》曰：“正如良马之缰在口而羁，络在首而羁。”③ 周殿富《楚辞魂》释曰：“羁羁，马之一缰勒马笼头，自喻严于律己。”④ 良马以羁（缰绳）及羁（马络头）束之，实则喻义严于律己。从句意看，修姱，就是修饰美好的品德。表现了屈原修身养性，磨砺意志的坚强品质。同时，谴责楚王朝廷不纳贤言，朝令夕改，变化无常。

2. 以“荷”自喻，正道直行。《离骚》：“制芰荷以为衣兮，集芙蓉以为裳。”王逸注曰：“言己进不见纳，犹复裁制芰荷，集合芙蓉，以为衣裳，被服愈洁，修善益明。”⑤ 屈原正是以荷不枝不蔓，亭亭玉立，馨香四溢的本性暗喻自己的人格品性。邓国光论述：“以‘荷’喻自己本初职志用心，一再表明不改正通直行之道。荷中通外直，出污泥而不染，最恰切形容屈原自身素质。”⑥ 这和“芰荷”“芙蓉”本身出淤泥而不污的形象是融合统一的，说明屈原以此修身养性、追索洁节、不委心从俗的人格心理。也是屈原不同凡响的诗人气质的体现。

3. 以“玉英”自喻，洁身修性。《九章·涉江》：“登昆仑兮食玉英，与天地同寿，与日月齐光。”吴广平释曰：“玉英，玉树的花。服食玉英比喻自己修养行为高洁。”⑦ 中国古代神话传说的昆仑山，盛产美玉，为天帝和神人所居。屈原要登上昆仑服食玉英，以此造化人格修养，纯洁身心，誓将年岁与天地比寿，德性与日月齐光。以此大无畏的气概，坚定洁身修德的信念，并赋予神话色彩，更加突出了高洁品性修养的心理态势。所以朱熹注此说：“登昆仑，言所至之高；食玉英，言

① （宋）朱熹：《楚辞集注》，上海古籍出版社 2001 年点校本，第 12 页。
② （明）汪瑗：《楚辞集解》，上海古籍出版社 2017 年点校本，第 17—18 页。
③ 参见游国恩等《离骚纂义》，中华书局 1982 年版，第 131 页。
④ 周殿富：《楚辞魂》，吉林人民出版社 2003 年版，第 207 页。
⑤ （宋）洪兴祖：《楚辞补注》，中华书局 2002 年点校本，第 17 页。
⑥ 邓国光：《香草、美人、琼佩：〈离骚〉理美义蕴考论》，《中国楚辞学》第五辑，中国屈原学会编，学苑出版社 2004 年版，第 14 页。
⑦ 吴广平：《白话楚辞》，岳麓书社 1996 年版，第 157 页。

所养之洁。"①

4. 以"香草"自喻,重视修能。《离骚》:"扈江离与辟芷兮,纫秋兰以为佩。"王逸释此说:"言己修身清洁,乃取江离、辟芷,以为衣被;纫索秋兰,以为佩饰;博采众善,以自约束也。"② 这两句是屈原用佩带香草来比喻自己重视后天修养。孟祥修《楚辞影响史论》说:"以江离、辟芷、秋兰比喻自我的内在之美。"③ 游国恩《屈原》亦说:"江离、辟芷、秋兰……都被诗人用来象征自己芳洁坚贞的品德。"④ 屈原不仅重视内外之美,而且注重才识素养,上举两句即与"纷吾既有此内美兮,又重之以修能"相连,是屈原追求人格修养的心理阐释,是高尚情操的志士仁人的象征。

四 讽世——"众女嫉余之蛾眉兮,谣诼谓余以善淫"

屈原"竭智尽忠,而蔽于谗"(《卜居》),以致被放逐。"竭忠诚而事君兮,反离群而赘肬"(《九章·惜诵》),故使"伤余心之忧忧"(《抽思》)的屈原,对"世混浊而嫉贤"之世及"好蔽美而称恶"之人发泄愤懑,"宁溘死以流亡兮,余不忍为此态"。

1. 以"蛾眉"自喻,讥讽奸佞。《离骚》:"众女嫉余之蛾眉兮,谣诼谓余以善淫。"汪瑗《楚辞集解》注曰:"众女,指党人也。蛾眉,谓美女之眉,细长而美好,形若蚕蛾之眉,屈原自喻也。"⑤ 郝志达《楚辞今注今译》释曰:"蛾眉,蚕蛾之眉(实指须),细长而曲,比喻女人眉毛长得很美。这里指美好的人,屈原自指。"并说:"众女,喻指谗佞,群小。"⑥ 屈原忠心耿耿于君国,却遭受群小嫉贤妒能、造谣诽谤。故以蛾眉之美貌象征贤德,以正直的才德为美,视"嫉余""谣诼"之"众女"为丑陋。也说明屈原具有清醒的生性耿介、刚直不阿、

① (宋)朱熹:《楚辞集注》,上海古籍出版社2001年点校本,第78页。
② (宋)洪兴祖:《楚辞补注》,中华书局2002年点校本,第5页。
③ 孟修祥:《楚辞影响史论》,湖北人民出版社2003年版,第131页。
④ 游国恩:《屈原》,中华书局1980年版,第70页。
⑤ (明)汪瑗:《楚辞集解》,上海古籍出版社2017年点校本,第19页。
⑥ 郝志达:《楚辞今注今译》,河北人民出版社2000年版,第13页。

嫉恶如仇、崇善爱美之心理。

2. 以"山鬼"自喻，发愤抒情。朱熹《楚辞集注》释屈原的《九歌·山鬼》诗篇："此篇鬼阴而贱，不可比君，故以人况君，鬼喻己。"① 汪瑗《楚辞集解》亦说："屈子作此，亦借此题以写己之意耳，无关于祀事也。"② 从《山鬼》内容看，塑造了一位美丽善良，对生活执着追求，坚贞不渝的女神形象。特别是细腻而真实的心理描写，突出女神内心的凄苦与失望。实际是屈原用象征手法袒露自己的心理矛盾，曲折地反映自己人生经历中的不幸遭遇。可以说是用象征笔法描述了诗人自己的人格，是诗人的自画像。屈原所描写的"山鬼"，时而"被薜荔兮带女罗"，时而"被石兰兮带杜衡"，在"石磊磊兮葛蔓蔓"的山间"饮石泉兮荫松柏"，时而"雷填填""雨冥冥"，时而"风飒飒""木萧萧"，时而"云容容""猿啾啾"，在险恶的环境中，生活似人似鬼，是屈原对时世忿懑的抒发。晋代王嘉《拾遗记》曰："屈原以忠见斥，隐于沅湘。披蓁茹草，混同禽兽，不交世务，务采柏实以和桂膏，用养心神。"③ 魏炳若《离骚发微》云："山鬼，山中人也。屈原自言，故自比于山鬼。"④

3. 以"鸷鸟"自喻，超群拔俗。《离骚》："鸷鸟之不群兮，自前世而固然。"殷光熹《楚辞论丛》说："'鸷鸟'（山鹰）象征高尚的人，超群拔俗……实际上是诗中主人公以山鹰自比。"⑤ 赵逵夫《屈骚探幽》亦说："屈子以挚（'鸷'为'挚'之借）鸟自喻，表现了他坚持真理、恪守正道的情操。"⑥ 王逸释鸷鸟曰："谓能执伏众鸟，鹰鹯之类也，以喻中正。"⑦ 鸷鸟本是一种凶猛的鸟，如同鹰、雕等，品性刚烈，不与凡鸟为伍。是屈原忠烈人格、孤傲个性和征服邪恶、鄙视俗流

① （宋）朱熹：《楚辞集注》，上海古籍出版社2001年点校本，第44页。

② （明）汪瑗：《楚辞集解》，上海古籍出版社2017年点校本，第132页。

③ （晋）王嘉等：《拾遗记》（外三种：《异苑》《幽明录》《续齐谐记》），上海古籍出版社2013年点校本，第66页。

④ 魏炳若：《离骚发微》，四川人民出版社1980年版，第87页。

⑤ 殷光熹：《楚辞论丛》，巴蜀书社2008年版，第108页。

⑥ 赵逵夫：《屈骚探幽》，巴蜀书社2004年版，第264页。

⑦ （宋）洪兴祖：《楚辞补注》，中华书局2002年点校本，第16页。

的独异心理之展示。也表现了屈原卓立于世、不同流合污的个性。

4. 以"孤子"自喻，痛陈苦难。《九章·悲回风》："孤子唫而抆泪兮，放子出而不还。"明代林兆珂《楚辞述注》曰："孤子悲泪，放子无依，原盖以自况也。"① 清代蒋骥《山带阁注楚辞》云："孤子、放子，皆原自谓。……所以然者，秦关不返，孤臣有故主之悲；南土投荒，放子无还家之日。"② 詹杭伦、张向荣编著的《楚辞解读》注："孤子，孤独无依无靠的人，屈原自称。"释"放子"时亦曰："被国君放逐的人，屈原自况。"③ 屈原既受上官大夫等人的陷害、谗佞，又受到楚王的放逐，最后含冤沉江而死，的确多遭苦难，一生坎坷。以"孤子"自喻，表现了屈原孤独、漂泊、困苦的心理，同时，对奸佞小人、昏暗时世也是一个无情的责斥。

上举四类 16 例，是屈原在作品中自喻的部分典型。从中可以看出，屈原的人格特征主要表现在"爱国""立德""修身""讽世"。"爱国""立德""修身"是屈原的人格精髓所在。"讽世"是屈原忧国爱民、恪守志节、发愤抒情的心理表现。屈原视美如命，以忠贞、高洁、修能为美，以谗佞、小人、庸俗为恶。屈原自喻系统的美学意义，在于把自己的道德、思想等价值观念与自然物的某种特性联系起来，进行比拟，把抽象的观念的东西形象化，从而构成蕴意深刻的自喻体系。从四个方面构成了一个完整的自我人格、心理喻义系统。从自喻的内容看，具有高尚的人格心理和无穷的人格力量，并使屈原人格精神及其作品特色相得益彰，双璧生辉。

（原载《职大学报》2012 年第 1 期）

---

① 参见崔富章等《楚辞集校集释》第二卷，湖北教育出版社 2003 年版，第 1835 页。

② （清）蒋骥：《山带阁注楚辞》，上海古籍出版社 1984 年版，第 141 页。

③ 詹杭伦等：《楚辞解读》，中国人民大学出版社 2008 年版，第 144 页。

屈原作品中的酒文化

屈原在《渔父》中说:"举世皆浊我独清,众人皆醉我独醒。"伟大诗人屈原虽然以"醉"之义讽刺昏庸的楚王朝政,但其作品所反映的酒文化堪称绚丽多彩,并较详细记述了先秦战国时期的酿酒工艺、饮酒方式、酒之种类,其文化价值弥足珍贵。

一 酿酒工艺

屈原作品所载酿酒方法,具体而丰富。

1. 添加米曲。《大招》:"吴醴白糵,和楚沥只。"意思是说,用白曲酿成的吴国甜酒,掺和楚地之酒中,制成楚地特有的清酒。汉代王逸《楚辞章句》注释说:"言使吴人浓醴,和以白米之曲,以作楚沥,其清酒尤其美也。"[1] 糵,即酒曲,是一种酿酒用的发酵剂。楚地的沥酒加入米曲酿成的甜酒即可成为美酒。

2. 多次酿造。反复酿制可造就味美纯真之醇酒。屈原作品有多例。

一是三酎酒。《招魂》:"酎清凉些。"宋代洪兴祖《楚辞补注》释曰:"酎,三重酿酒。"[2] 清代段玉裁《说文解字注》释"酎":"谓用酒为水酿之,是再重之酒也。次又用再重之酒为水酿之,是三重之酒

---

① (宋)洪兴祖:《楚辞补注》,中华书局 1983 年点校本,第 220 页。
② (宋)洪兴祖:《楚辞补注》,中华书局 1983 年点校本,第 209 页。

也。"① 指用二次酿成的酒再加水发酵而成，由于这种酒经过多次反复酿造、提炼，故其浓度较高。"酎"的本意即指高浓度的醇酒。蒋天枢《楚辞校注》有"酎，陈年醇酒，性强烈"② 之说。

二是四酎酒。《大招》："四酎并熟，不涩嗌只。"清代蒋骥《山带阁注楚辞》释曰："四酎，四重酿之醇酒。……不涩嗌，言其味滑，不滞咽喉也。"③ 经过反复酿造的酒，不仅不刺激咽喉难饮，而且爽口易咽，浓香四溢。"四酎"是指经过四次酿造的高浓度白酒。

3. 挫糟取纯。《招魂》："挫糟冻饮。"《楚辞章句》释曰："挫，提也。……提去其糟，但取清醇。"汤炳正《楚辞今注》释曰："挫，挤。挫糟，即压去酒糟。"④ 沥除酒渣，获取清亮之酒。

二　饮酒方法

屈原作品中反映的饮酒方式亦很多，有的至今仍沿用不衰。

1. 冰镇。《大招》"清馨冻饮，不歠役之"，《招魂》："挫糟冻饮，酎清凉些。"王逸释曰："冻，冰也。……取清醇，居之冰上，然后饮之，酒寒凉，又长味，好饮也。"由此可见，冰冻后的酒更清甜可口。此处的冻饮是与温饮相对而言的，酷夏冻饮，寒冬温饮，兴味盎然，别有情趣，至今仍袭。昭示出古代楚人科学的生活方式和特有的饮酒习俗。

2. 配料。饮酒时添加配料，味美且香醇。在屈原作品中有以下几例：

一是蜜酒，即在酒中添加蜂蜜或甜食。《招魂》："瑶浆蜜勺，实羽觞些。"瑶浆即玉色美酒，这里的"勺"通"酌"，蒋骥释曰："玉色之酒，以蜜和之。"

二是桂酒，即用桂花浸泡的酒。《九歌·东君》："援北斗兮酌桂

---

① 周秉高：《楚辞原物》，内蒙古大学出版社 2008 年版，第 243 页。
② 参见崔富章等《楚辞集校集释》，湖北教育出版社 2003 年版，第 2209 页。
③ （清）蒋骥：《山带阁注楚辞》，上海古籍出版社 1984 年版，第 174 页。
④ 汤炳正等：《楚辞今注》，上海古籍出版社 2012 年版，第 235 页。

浆"。桂浆即桂花酒。

三是椒酒，即用花椒浸泡的酒。《九歌·东皇太一》："奠桂酒兮椒浆。"南朝梁人宗懔《荆楚岁时记》亦有记载："按《四民月令》云：'过腊一日，谓之小岁。拜贺君亲，进椒酒从小起。'……俗有岁首用椒酒，椒花芳香，故采花以贡尊。"① 用椒花泡制的酒，还可用于祭祀。

蜜酒重在味甜，桂酒重在气香，而椒酒既重在味又重在香。对酒添加配料，还有强身健体之功效，如蜜酒，可润嗓利肺，滋补脾肾。

三　酒之类别

汉代《释名·释饮食》："酒，酉也。酿之米曲酉泽，久而味美也。"此"酒"是酒类之总称，在屈原作品中不仅有多种称谓，而且品种亦有别。

1. 浆。如上文所举的"瑶浆""桂浆""椒浆"，还有《招魂》"华酌既陈，有琼浆些"的"琼浆"。这类浆型酒，均是低度酒。"瑶浆"含糖量较高，如同当今的汽酒；"桂浆"和"椒浆"主要是指加了桂或椒的香料，如同当今的香槟酒；"琼浆"是一种低度红酒，如同当今的葡萄酒。因琼为淡红色，此处形容酒的颜色为淡红。清代胡文英《屈骚指掌》说："琼浆，红酒也。楚人皆尚之。"②

2. 醴。《人招》："吴醴白蘖。"汉代郑玄注《周礼·酒正》之"醴"曰："醴，犹体也，成而汁滓相将，如今甜酒矣。"③ 实际上相当于当今的甜酒，有的称醪糟、米酒。汤炳正释曰："醴，一宿熟的酒，即今之甜酒。"另外，《渔父》："何不餔其糟而歠其醨"。此处的"糟""醨"仿佛当今的甜酒，段玉裁《说文解字注》称"带滓之酒谓之糟"，洪兴祖《楚辞补注》："醨，薄酒也。"薄酒即指浓度较低的酒。

3. 沥。"沥"（清酒）是楚地特有的。《大招》："和楚沥只。"宋代

① （南朝）宗懔：《荆楚岁时记》，岳麓书社1986年辑校本，第2页。
② （清）胡文英：《屈骚指掌》，北京古籍出版社1979年影印本，第224页。
③ 参见周秉高《楚辞原物》，内蒙古大学出版社2008年版，第241页。

朱熹《楚辞集注》释"沥"曰："沥，清酒也。"① 今人黄凤春《浓郁楚风》说"楚沥是一种含酒精度较高的酒"②。另外，对于《大招》"不歠役之"，于省吾《泽螺居楚辞新证》认为"'役'之读'烈'，符于声纽的转化规律"，"役"字应读为"烈"，意即烈酒，意思是不喝酒精浓度较高的酒。③

除以上所述之外，屈原在作品中还描述了饮酒之忧乐和酒后之形态。如：《招魂》"娱酒不废，沉日夜些"，意谓喝酒取乐不停息，日日夜夜竟沉溺；"酎饮尽欢，乐先故些"，意谓畅饮美酒尽情乐，先辈故旧都欢喜；"美人既醉，朱颜酡些"，意谓美人已经醉了酒，粉面泛起红光。屈原在《招魂》中细致地刻画了楚王朝廷穷奢极欲的生活方式，以铺陈的艺术手法展现沉溺于酒、昏昏而醉的世态。《渔父》两言"众人皆醉"，一是渔父曰："众人皆醉，何不餔其糟而歠其醨?"二是屈原自言："举世皆浊我独清，众人皆醉我独醒。""众人皆醉"是屈原对腐败的楚王统治集团的讽刺。从古籍文献看，以"醉"之义嘲讽时政，屈原首开先河，由此也说明屈原具有"独清""独醒"的高尚情操。从屈原作品所述的这些内容看，他对酒性、酒艺是熟知的，但他以酒后之表象深层次地喻世警人，对酒性见解独特，对醉态寓意深远，明确表达了自己"独醒"的人生观念。

屈原作品中的酒文化主要集中在《招魂》《大招》《九歌》《渔父》等诗篇中，这些诗篇作为诗歌体裁，能反映如此众多的传统酒文化，而且有的内容在其他古籍文献中鲜有记载，因此，具有较高的历史文化和民俗文化价值，堪称古典文学中的奇葩。

（原载《云梦学刊》2012 年第 4 期。被《中国社会科学报》2012年 11 月 5 日《文摘》版选载）

---

① （宋）朱熹：《楚辞集注》，上海古籍出版社 2001 年点校本，第 143 页。
② 黄凤春：《浓郁楚风》，湖北教育出版社 2001 年版，第 84 页。
③ 于省吾：《泽螺居楚辞新证》，中华书局 2003 年版，第 198 页。

论屈原作品中香草的具体意象

　　王逸《楚辞章句》序言称屈原作品"依《诗》取兴，引类譬喻，故善鸟香草，以配忠贞"①，此言"香草配忠贞"有一概而论之偏见，因屈原诗篇中的香草意象并非都是"配忠贞"。明代汪瑗一语中的，他在《楚辞集解》中说："按篇内所言香草，或以比君，或以比臣，或以比人，或以比德，或以比时，或有比者，或无比者，亦不可一概而漫视之。"② 探求屈原香草情结的真实意象，对于理解、研究屈原作品及其思想都具有重要意义。

　　屈原作品所涉及的香草众多，主要集中在《离骚》《九歌》《九章》等诗篇中，其次是《招魂》。据楚辞学者鲁瑞菁统计，373 句的《离骚》中，有 19 种香草，253 句的《九歌》中，有 22 种香草。③ 据《楚辞植物图鉴》一书介绍，《楚辞》的香草共有 22 种，香木 12 种。④ 香草类如：江离（芎䓖）、留夷（芍药）、杜衡（马蹄香）、揭车（珍珠草）、泽兰、石兰、杜若（高良姜）、三秀（灵芝）、芷（古称茝，俗名白芷）、蕙（九层塔）、荪（菖蒲）、茹（柴胡）、荷、胡（大蒜）、菊、蘋（田字草）等。香木类如：木兰、桂（肉桂）、薜荔（木莲）、椒、樧（食茱萸）、橘、松、柏等。香花类如：芙蓉（荷花）、桂花、

---

① （宋）洪兴祖：《楚辞补注》，中华书局 1983 年点校本，第 2 页。
② （明）汪瑗：《楚辞集解》，北京古籍出版社 1994 年点校本，第 4 页。
③ 鲁瑞菁：《楚辞文心论》，台北里仁书局 2003 年版，第 280 页。
④ 潘富俊等：《楚辞植物图鉴》，上海书店出版社 2003 年版，第 9 页。

兰花、菊花等。据笔者统计，屈原25篇作品（屈原作品范围采王逸之说，《大招》不计其内）中出现最多的香草是兰，有25处，其中泽兰20处，《本草纲目》有"兰为国香"之说，孔子誉兰为"王者之香"。其次是蕙，有12处。直言"芳草"6处、"众芳"3处（均在《离骚》中）、"芳"38处。① 古代将香草、香木、香花统称香草，本文为了叙述之便而袭之。

屈原的"香草情结"独特而富有灵性，屈原的"香草意象"多彩而富有意蕴，开创了浪漫、丰满而又奇妙的香草文学意象。诗人抓住象征体与本体之间内在联系的因素，加以展示、描绘、提炼，使其意象更充实而又细腻。综合屈原作品中所出现的香草及其表现形式，大致存在以下六大类型香草意象群。

一 服饰形式的意象群

此类以香草为人体服饰的形式，或作上衣或作下裳，或披或系或佩或戴。主要出现在《离骚》和《九歌》中。

1. 《离骚》"扈江离与辟芷兮，纫秋兰以为佩"——我上身披着江离和白芷，下身穿着秋兰作为佩饰。屈原用香草来象征自己对美好事物的吸收，并博采众善而修己。清代李光地说："扈者，被服在身，以喻德美；佩者，随身取用，收兴才能。"② 江离生于江滨，洁而不污；白芷生于僻壤，幽香超俗；兰花绽于深秋，香而不艳。屈原披香戴芳，汲取清香，以兰、芷、江离之高洁及超俗等特性，意在告诫自己重视后天品德与才识的修养。

2. 《离骚》"制芰荷以为衣兮，集芙蓉以为裳"——我用荷花的叶子做上衣，剪裁荷花（亦称莲花、芙蓉）的花瓣做下裳。屈原以此象征自己洁身自好的精神境界。北宋周敦颐《爱莲说》赞颂莲花"出淤泥而不污，濯清涟而不妖"，莲花本性高洁，被称为"花中君子"。荷

① 周秉高：《新编楚辞索》，内蒙古大学出版社1999年版，第335页。
② 参见褚斌杰《楚辞要论》，北京大学出版社2003年版，第114页。

叶与荷花之茎中通外直，不枝不蔓，挺拔而又洁净的立于水中，这就是屈原所追求的一种境界。以上衣下裳的芳洁来喻示自己内心的芳洁，是诗人为表现自己人格美而构思和塑造的艺术形象。因此，司马迁《屈原列传》称赞屈原："濯淖污泥之中，蝉蜕于浊秽，以浮游尘埃之外，不获世之滋垢，皭然泥而不滓者也。推此志也，虽与日月争光可也。"①

3.《九歌·少司命》"荷衣兮蕙带，倏而来兮忽而逝"——你穿着荷叶制作的上衣，佩戴着蕙带，忽而飘来忽而又飘去。屈原以荷花之衣、蕙草之带形容少司命美丽之容貌和善良、温柔之品格。少司命是主持人间生育的女神，也是一位竦剑拥幼、抚驭彗星、荷衣蕙带、飘浮云际的爱神。同时，从侧面表达了屈原曲折坎坷、颠沛流离的人生经历。

4.《九歌·山鬼》"若有人兮山之阿，被薜荔兮带女罗"——有人在深山中，身披薜荔腰系女罗。"被"即"披"。薜荔是一种蔓生的草绿灌木，又名木莲。"女罗"即"女萝"，也是一种蔓生的植物。"山鬼"即巫山神女，既是性爱之神，也是高禖女神，她象征着爱情、婚姻和生命。以薜荔、女萝妆扮女神，寄予美好的愿望和理想。

5.《九歌·山鬼》"被石兰兮带杜衡，折芳馨兮遗所思"——身披石兰，腰系杜衡，摘取香花赠送给心上人。山鬼时而身披薜荔、腰系女萝，时而身披石兰，腰系杜衡，又采摘香花表示情爱，可见其美观大方、光彩照人的形象和为追求爱情而不懈努力的精神。屈原通过描写巫山女神服饰的变化，表现她期待、思念、怨慕的复杂心情，并以香草象征巫山神女的美丽身影。与此意象类似的还有《山鬼》的"山有人兮芳杜若，饮石泉兮荫松柏"诗句。

二　饮食形式的意象群

此类以香草为饮食，或做粮饷，或做美酒，或饮其露，或食其花。

1.《离骚》"朝饮木兰之坠露兮，夕餐秋菊之落英"——我早晨喝的是木兰树上流下的露水，傍晚吃的是秋菊花朵落下来的花瓣。木兰是

---

① （汉）司马迁：《史记》，中华书局1959年版，第2482页。

一种香木，相传去皮而不死。秋菊在深秋开花，冬至能傲雪霜，其香气淡而不俗。屈原以此象征自己饮食芳洁、甘于清贫、不落流俗。也就是说，屈原以饮食芳香自然物所落下的露水、凋落的花瓣，净化自己的品格，构成崇高、完美、超然脱俗的典型形象。该诗句下文曰："苟余情其信姱以练要兮，长顑颔亦何伤"，其意思是只要我内心美好而又精纯专一，长久地面黄肌瘦又有何妨！又如《九章·悲回风》"吸湛露之浮源兮，漱凝霜之雾雾"、《九章·涉江》"登昆仑兮食玉英"，屈原饮清露、吸凝霜和木兰之露、食玉树之英和秋菊之英，凭借饮食芳洁之癖爱来反映自己品格的修美。

2.《九章·惜诵》"捣木兰以矫蕙兮，繫申椒以为粮"——捣碎木兰，揉碎蕙草，舂碎申椒，当作粮饷。屈原捣兰、揉蕙、舂椒，将香草作为食粮，象征自己修炼志节不移，永远保持高洁之志的信念。

3.《九歌·东皇太一》"蕙肴蒸兮兰籍，奠桂酒兮椒浆"——用蕙草包裹祭祀需要的肉，放置在铺于地的泽兰上，并进献桂花和花椒浸泡的美酒。东皇太一是至高无上的天神，因此在祭祀时，用香草包裹祭品，奉献美酒，以示敬意，也象征着东皇太一的尊贵。用桂花泡酒作为祭品的，还有《东君》"援北斗兮酌桂浆"，"桂浆"就是用桂花泡制的酒，以桂浆祠祭太阳神（东君）。

三 种植形式的意象群

栽培香草，或为了观赏，或为了使用。而屈原栽培的是人才，栽培的是食粮。其意象多依香草的本质特性而引申为象征体。

1.《离骚》"余既滋兰之九畹兮，又树蕙之百亩"——我已栽培了九畹春兰，又种植了百亩秋蕙。王逸注："十二亩曰畹。"[1] 《说文解字·田部》："畹，田三十亩也。"[2] 由此可见，栽培的春兰和秋蕙之多。屈原曾任三闾大夫，执掌屈、景、昭三姓贵族子女的教育。在此既滋兰

---

① （宋）洪兴祖：《楚辞补注》，中华书局 1983 年点校本，第 10 页
② （汉）许慎：《说文解字》，中华书局 2003 年校定本，第 291 页。

又树蕙，象征自己愿意多为国家精心培植各种有用人才。

2. 《离骚》"畦留夷与揭车兮，杂杜衡与芳芷"——我分垄种植了留夷和揭车，并套种了杜衡和白芷。留夷、揭车、杜衡、白芷等四种香草各有品性和特点，将其分垄和掺杂栽种，意在使其取长补短，共同成长。为什么这样说呢？屈原紧接着说："冀枝叶之峻茂兮，愿俟时乎吾将刈"，屈原希望这些香草都能够枝盛叶茂，充满生机和活力，等到成熟之时他要收获、使用。同时，屈原借用这些香草的不同特性喻意不同类型的人才，以"畦""杂"的方式，表达了用人所长、容人所短、"不拘一格降人才"和举贤授能的思想。

3. 《九章·惜诵》"播江离与滋菊兮，愿春日以为糗芳"——栽种江离，培植菊花，愿意把它们作为明年春天时的芳香的干粮。《惜诵》一诗主要叙述了屈原在政治上遭受打击的始末，抒发了诗人对现实的态度。屈原种江离、植菊花，并将其作为明年春天的干粮，实是告诫自己：秉守正气，坚守正义，长久芬芳，永不变质。以香草象征自己高洁的品质。《惜诵》"捣木兰以矫蕙兮，繫申椒以为粮"与此意象相同。

四 采摘形式的意象群

采摘香草，用途不同。集中于《离骚》《九歌》《九章》诗篇中采摘香草的环节，寓意不同，喻意对象和用途更不同。

1. 《离骚》"朝搴阰之木兰兮，夕揽洲之宿莽"——早晨采摘山岗上的木兰，傍晚采集水洲中的宿莽。汤炳正注曰："木兰，香木名，王逸谓'木兰去皮不死'。……屈原以朝夕采撷荦木，喻己勤于修德。"[①]"朝""夕"表达了一种强烈的时间意识，屈原意在珍惜时光和岁月，积蓄并汲取各种好的营养，比喻朝夕进德修业，努力增长才识，不断提升自己，唯恐时不我与。毛庆认为："采摘芳草香花，如此不辞劳苦，可见诗人锻炼修养的辛勤。"[②] 木兰和宿莽都具有坚贞、顽强、不屈的

---

① 汤炳正等：《楚辞今注》，上海古籍出版社3012年版，第5页。
② 毛庆：《屈骚艺术新研》，湖北人民出版社1990年版，第118页。

特性，故以其作为修身养性的典范。

2. 《离骚》"揽木根以结茝兮，贯薜荔之落蕊。矫菌桂以纫蕙兮，索胡绳之纚纚"——采来木兰的根，系上白芷；摘来薜荔的花蕊，编成花环；用菌桂将蕙草联接成串；用胡草搓成既长又美观的绳索。屈原采集木兰树根、编织薜荔花环、搓捻胡草绳索，累积众芳，"这是比况高洁自持，效慕前贤"①。该诗句之下连曰："謇吾法夫前修兮，非世俗之所服"，意思是说：我要向前代修习道德的圣贤学习，不是世间俗人所能够做到的。司马迁《屈原列传》曰："其志洁，故称其物芳。"言下之意是说屈原以"称物芳"来象征"其志洁"。

3. 《九歌·湘君》"采芳洲兮杜若，将以遗兮下女"——我采摘水中小岛上的杜若香草，打算送给你身边的侍女们。湘君、湘夫人是湘水的配偶神。《湘君》描述湘夫人思念湘君时的闺怨之情，主要表达了湘夫人热切期待与湘君约会的复杂情感。湘夫人到水中小岛上采摘杜若香草，准备赠送给湘君身边的侍女，借以传情。《湘夫人》有"搴汀洲兮杜若，将以遗兮远者"，湘君也到水边平地上同样采摘杜若香草，准备赠送给远而难见的湘夫人。宋代谢翱《楚辞芳草谱》指出："杜若之为物，令人不忘，搴采而赠之，以明其不相忘也。"② 似"勿忘我草"的杜若，成为传递爱情的信物。

4. 《九歌·山鬼》"采三秀兮於山间，石磊磊兮葛蔓蔓"——我到巫（於）山上采摘灵芝，却遍地是乱石堆积、野葛蔓延的景象。《山鬼》是一篇描写扮演山鬼（巫山神女）的女巫迎接、祭祀山鬼的祝辞，表现山鬼与她所思恋的人相约相会，然而却一直不得相见。灵芝一年开花三次，故称"三秀"。相传三秀是巫山神女的精魂所化，是其"生命草""还魂草"。所以女神愿冲破重重障碍，采摘三秀，为恋人送上自己的精魂，希望借草还魂，期待福临人间，生命长久。"三秀"象征着爱情、婚姻和生命。

---

① 袁梅：《屈原赋译注》，齐鲁书社 1984 年版，第 32 页。
② 参见金开诚等《屈原集校注》，中华书局 2011 年版，上册，第 216 页。

5. 《九歌·湘君》"采薜荔兮水中,搴芙蓉兮木末"——采集水中的薜荔,摘取树梢上的莲花。此诗句别有一番趣味,薜荔本应生长在山林中,莲花本应生长在水塘里,何言水中采薜荔、山中采莲花呢?是幻想还是本末倒置?实质是象征追求理想的决心和信心。此处的薜荔、芙蓉表现出湘夫人坚忍不拔、孜孜不倦的追求精神。

6. 《九章·思美人》"揽大薄之芳茝兮,搴长洲之宿莽"——采集草木丛中的香茝,摘取水中岛上的宿莽。白芷(茝)芳香扑鼻,久而不散;宿莽御雪傲霜,经冬不枯。屈原为什么要采集这两种香草呢?下文诗句紧接着说:"惜吾不及古人兮,吾谁与玩此芳草?"意思是说:可惜我未赶上古代贤君,又有谁来欣赏这些芬芳的香草呢?屈原在此以白芷、宿莽比喻为古代贤德之人。意在感叹自己生不逢时,怀才不遇,无人赏识,怨恨楚王听信谗言,放逐忠良。另外,《离骚》"揽茹蕙以掩涕兮,沾余襟之浪浪",我拿起柔软的蕙草擦拭眼泪,但泪如泉涌,滚滚而下,以致沾湿了胸襟。也是哀叹生不逢时的忧愁情绪,该诗句紧联"曾歔欷余郁邑兮,哀朕时之不当"之下,"时之不当"意即生不逢时。

7. 《九章·悲回风》"惟佳人之独怀兮,折若椒以自处"——只有道德高尚的人才有与众不同的胸怀,如同采集来的杜若和花椒一样散发着独特的芳香。屈原以"杜若""椒"两种香草意喻高尚品德。此处的"佳人"是屈原自况。

五 装饰形式的意象群

此类主要是将香草作为物品的装饰,或饰车船,或饰旌旗,或饰门框,或饰墙壁,或陈设,或装潢,主要集中表现在《九歌》诗篇中。《九歌》是一组以祭神为主的乐歌。细赏《九歌》,以香草而喻,主要起到娱神、祭神、颂神,美化环境、衬托意境的作用。

1. 《九歌·湘夫人》"筑室兮水中,葺之兮荷盖。荪壁兮紫坛,播芳椒兮成堂。桂栋兮兰橑,辛夷楣兮药房。罔薜荔兮为帷,擗蕙櫋兮既张。白玉兮为镇，疏石兰兮为芳。芷葺兮荷屋，缭之兮杜衡"——把房屋建在水中，将荷叶盖在屋顶。荪草做墙壁，紫贝铺庭院，播撒花椒又涂饰厅堂。木兰做屋椽，桂木做栋梁。辛夷做门框，白芷做卧房。编织薜荔作帷帐，蕙草挂在屋檐上。白玉压住坐席的四方，石兰散发着芳香。白芷加盖荷屋上，杜衡缭绕屋四方。这一大段完全描写的是华丽而尊贵的居室，似"水晶宫"、似"水中香房"。众多香草既当作建筑材料，又当作陈设和装饰，是湘君为迎接湘夫人而筑造的"爱巢"，表现湘君对美好未来充满着憧憬和期待。

2.《九歌·湘夫人》"沅有茝兮醴有兰，思公子兮未敢言"——沅水有白芷，澧水有兰花，思恋湘夫人却不敢声张。《九歌》是屈原被流放江南沅湘流域时根据当地民间流传的原始《九歌》基础上再创造的一组祭歌，此诗句所言"沅""澧"即指沅湘流域。《湘夫人》是祠祭湘夫人的祭歌，表现了湘君对湘夫人的思恋、哀怨之情。以白芷、兰花寄予湘君无限思慕湘夫人的情感，是颂神、娱神的表现。

3.《九歌·湘君》"薜荔柏兮蕙绸，荪桡兮兰旌"——薜荔装饰船舱，蕙草装饰幕帐，荪草装饰船桨，兰草作为旗杆顶端装饰。柏，指船舱的壁。绸，通"帱"，指幕帐。湘夫人精心梳妆打扮、驾舟迎接心爱的人湘君，用香草装饰舟楫、船舱。以香草饰舟车和旗帜的，如《湘君》的"沛吾乘兮桂舟""桂棹兮兰枻"，用芬芳的桂木造船和船桨，用兰木作船舷，均以美景抒发胸怀。再如《九歌》中的《河伯》"乘水车兮荷盖"，以绿荷装饰水车之顶。又如《九歌》中的《山鬼》"辛夷车兮结桂旗"，以辛夷饰车，以桂枝饰旗。

4.《九歌·礼魂》"春兰兮秋菊，长无绝兮终古"——每年春秋两季，当兰花盛开的时候，都要举行祭祀，永远不断绝。此诗前有"传芭兮代舞"，春秋时节所传递的鲜花分别是兰花、菊花。《礼魂》是送神曲，送神是祭礼的最后一个环节，所以称送神为礼魂。春兰秋菊之花，有尊贵之香气，以其妆点祭祀场景氛围，庄重而典雅。将其作为祭祀的供品，表现祭者的虔诚与愿望。鲁瑞菁说："在祭祀神灵时，必须准备供祭牲品或神圣法场，以邀神飨——因此，《九歌》香草的作用及

性质，都应放在祭祀仪式的场合氛围下，来考虑其意义。"① 作为祭辞的《九歌》，其中的部分香草被作为供品和陈设，表现人们对神灵的虔诚和对幸福的期待。如《少司命》"秋兰兮麋芜，罗生堂下""秋兰兮青青，绿叶兮紫茎"等。《招魂》中的"光风转蕙，泛崇兰些"，蕙、兰被作为招魂场景的陈设。对神灵以示虔诚的还有《云中君》"浴兰汤兮沐芳"，古人祭神之前，一定要斋戒，用兰汤沐浴，表示虔诚，《大戴礼记·夏小正·五月》："蓄兰为沐浴也。"

六　人事形式的意象群

此类借香草之特性，或阐述事理，或喻指人臣，或寄托情感。继而因物寄情，托物言志。

1.《离骚》"杂申椒与菌桂兮，岂维纫夫蕙茝"——汇集芳香的花椒与菌桂，怎么只连接蕙草和白芷？细阅该诗句上下文意，屈原是针对先王任用人才问题而发问。椒和菌桂（肉桂）属于香木类，即木本，在此喻指一般人才。蕙草和白芷属于香草类，即草本，在此喻指完美贤才。周建忠说："很早以前，人们就发现草本的花比木本的花名贵，因为它们香味更浓，到现在还是这样，草本花的珍贵程度远远超过木本的花。"② 以香草喻指贤才者尚有《九章·惜往日》"自前世之嫉贤兮，谓蕙若其不可佩"、《离骚》"户服艾以盈腰兮，谓幽兰其不可佩""苏粪壤以充帏兮，谓申椒其不芳"。此处的"不可佩""不芳"，是指臭草"艾"及"粪土"等小人的"嫉贤"之言行。

2.《离骚》"既替余以蕙纕兮，又申之以揽茝。亦余心之所善兮，虽九死其犹未悔"——他们攻击我戴香带蕙，又指责我爱好采集香草白芷。这是我心中追求的东西，即使多次死亡我也不会悔改。蕙、茝象征屈原高洁的人格情操。楚廷奸佞嫉妒屈原的贤能，谗言迫害屈原，但屈原始终固守着并坚定不移地追求着自己的信念和人格操守，至死

---

① 鲁瑞菁：《楚辞文心论》，台北里仁书局 2003 年版，第 272—273 页。
② 周建忠：《楚辞讲演录》，广西师范大学出版社 2007 年版，第 259 页。

不渝。

3.《离骚》"兰芷变而不芳兮，荃蕙化而为茅"——秋兰和白芷都失去了芬芳，荃（又名荪）和蕙也都变成了茅草。兰、芷、荃、蕙原本为香草，多喻指贤能者，此处则喻指变节者。茅是一种恶草，喻指奸佞小人。这些贤能者因何变节成了奸佞小人呢？屈原在此诗句后有阐释："岂其有他故兮，莫好修之害也"，这些变节者难道还有别的缘故吗？都是不注重修养而造成的恶果啊！从诗意来看，屈原充满着对变节者的惋惜甚至痛恨。

4.《离骚》"椒专佞以慢慆兮，樧又欲充佩帏"——椒变得专横傲慢，谄媚狂妄，樧又想钻进人们佩带的香袋。这里的椒、樧两种香草，寓意别异。将椒喻为谄媚者，将樧指为投机钻营者。诗句下文曰："览椒兰其若兹兮，又况揭车与江离？"综览前后诗境，意思是说：椒、兰、樧这些贵重的香草都变了质，更何况揭车、江离这些平常的香草！屈原在此将椒、兰、揭车、江离等香草喻为变节小人。但王逸注释椒、兰时却说："兰，怀王少弟，司马子兰也。""椒，楚大夫子椒也。……樧，茱萸也，似椒而非，以喻子椒似贤而非贤也。"并说："言观子椒、子兰变志若此，况朝廷众臣，而不为佞媚以容其身邪。"[1] 认为是指谗害屈原并都曾担任楚令尹之职的司马子兰和大夫子椒。清代王树楠《离骚注》甚至说："王逸以椒为楚大夫子椒，非也。此指怀王幸姬郑袖言。"[2] 游国恩《离骚纂义》则说："（王逸）《章句》既以椒指大夫子椒，而樧则无所指，故强谓似椒而非之樧，以喻子椒之以贤而非贤，如此牵附，已属可笑。……王树楠说更穿凿。"[3] 游氏言之有理。《离骚》"余以兰之可恃兮，羌无实而容长"中，"兰"即喻指人才中的变节者，屈原以为兰草十分可靠，谁知道它却华而不实。

5.《离骚》"步余马于兰皋兮，驰椒丘且焉止息"——我骑着骏马漫步在长满兰花的水边高地，然后奔驰在长满香椒的丘林中去歇息。

① （宋）洪兴祖：《楚辞补注》，中华书局1983年点校本，第40—41页。
② 参见游国恩等《离骚纂义》，中华书局1982年版，第429页。
③ 游国恩等：《离骚纂义》，中华书局1982年版，第430页。

《离骚》是屈原被第一次放逐后的作品，大多称其为"自传"诗。屈原在此诗句中表达了要远离污浊、是非之所，去追求"兰皋""椒丘"理想、光明之地，继续修炼，实现自己的志向。下文"进不入以离尤兮，退将复修吾初服"，是说即使入仕不顺，遭遇不幸，但我还要继续巩固自己人生起点的精神境界，不忘修身、修志、修名，进一步提炼自己。

6.《九歌·少司命》"夫人自有兮美子，荪何以兮愁苦"——世人自有好儿女，你何必愁思苦念。"夫"是发语词，非指"夫人"。荪，古称荃，俗名菖蒲，亦为香草，在此处指代少司命。少司命被称为爱神。以香草指代人或神的，屈原作品中有多处。如《九章·抽思》"数惟荪之多怒""荪详聋而不闻""愿荪美之可光"，此处的荪均喻指楚怀王，《抽思》是屈原在怀王时被放逐汉北期间所作。以荪指代，寄托了屈原的期望，期望楚怀王发扬美德如同荪一样散发芳香。再如《离骚》"荃不察余之中情兮"，意思是说：楚怀王不体察我内心的忠诚。主要表达了屈原对楚怀王不辨忠奸、缺少贤德的怨恨。

7.《九章·悲回风》"故荼荠不同亩兮，兰茝幽而独芳"——苦菜与甜菜不会同地生长，兰草与白芷虽处偏僻之壤仍然芳香。屈原以荼、荠喻指善恶不融、良莠不分的时世。以兰、茝喻指遭遇坎坷的贤能者，本质芳香的兰草虽处幽静之处、白芷虽生偏僻之壤，但仍然散发着馨香。荼，本是一种苦菜，在此喻指奸佞小人。以荠（一种甜菜）、秋兰、白芷喻指贤才良臣。

8.《九章·思美人》"令薜荔以为理兮，惮举趾而缘木。因芙蓉而为媒兮，惮褰裳而濡足"——想请薜荔为我做介绍，又怕抬脚去爬树。想请荷花为我做媒人，又怕下水打湿我的双脚。《思美人》是屈原在顷襄王初期被放逐江南时所作，"美人"喻指顷襄王。屈原以薜荔、芙蓉喻能在顷襄王身边说得上话的媒人，即所谓"通君侧之人"，但屈原内心却又不愿随从流俗而低头献媚，这点还可从下文知晓："登高吾不悦兮，入下吾不能。固朕形之不服兮，然容与而狐疑"。高攀我不喜欢，随便低下我又不可能。我的身心本来就不习惯，所以为此而徘徊犹豫。主要表达了屈原为抛弃随波逐流之俗而痛苦、忧虑的心情。

9.《九章·橘颂》"后皇嘉树，橘徕服兮"——天地间最美的橘树，生来习惯南方水土。《晏子春秋·内篇》："橘生淮南则为橘，生于淮北则为枳，叶徒相似，其实味不同。所以然者何？水土异也。"① 屈原以橘"生南国兮""深固难徙""受命不迁"的特性，既颂品德高尚之士，又喻己。表现屈原以橘树"苏世独立""秉德无私"的内在品性，象征自己坚守人格操行的决心。周建忠等人说："《橘颂》所表现的是一种性格、一种气质、一种纯洁的向往、一种清醒的信念、一种人生的宣言。"②

10.《九章·悲回风》"蘋蘅枯槁而节离兮，芳已歇而不比"——青蘋（亦属香草）和杜蘅枯干而脱节凋零，花朵与香草已叶落香散。此诗句前言"时亦冉冉而将至"，后言"怜思心之不可惩"，可知屈原以香草凋零之景象寓意时光流逝。《悲回风》是屈原沉江前的作品，以香草"枯槁""节离""芳歇"悲叹时不待我，心志难酬。

11.《招魂》"结撰至思，兰芳假些"——宴会赋诗精心构思，借助华丽的词藻创作诗句。此处的"兰芳"，即比喻优美的词藻，"结撰"即构思著述，指宴会赋诗。王夫之《楚辞通释》注："藻思中发，若兰蕙之芳相假借也。"屈原在《招魂》中用夸张手法铺陈了华丽的宴会场景，以此抨击楚王集团穷奢极欲的生活。以"兰芳"的华丽，喻指华丽诗句的词藻，堪称奇妙。《招魂》中还有以香草烘托优美环境的诗句，如"芙蓉始发，杂芰荷些""菉蘋齐叶兮白芷生""兰薄户树，琼木篱些"等。

除以上六类之外，也有如汪瑗所说"无比者"，如《离骚》"巫咸将夕降兮，怀椒糈而要之"，《九歌·河伯》"操余弧兮反沦降，援北斗兮酌桂浆"，《招魂》"兰膏明烛""皋兰被径兮，斯路渐"，《远游》"嘉南州之炎德兮，丽桂树之冬荣"，等等，皆述香草之自然本性，无涉寓意。

---

① 许文畅译注：《晏子春秋》，长春出版社 2015 年译注本，第 164—165 页。
② 周建忠等：《说楚辞》，中国大百科全书出版社 2011 年版，第 21 页。

　　屈原的香草意象在其作品中各有侧重点，《离骚》和《九章》都是带有自叙性质的抒情诗，其香草意象大多集中在"德""贤""美"。《九歌》是一组祭歌，香草意象则大多集中在装饰、陈设、衬托并表示情爱等方面。《招魂》所涉香草较少。有趣的现象是，屈原的其他作品《天问》《卜居》《渔父》几乎无涉香草，《远游》则仅有"悼芳草之先零""谁可玩斯遗芳兮""丽桂树之冬荣"三例，真正涉及香草实名的仅有"丽桂树之冬荣"一例，因为这些诗篇与《离骚》《九章》《九歌》所表达的情感不同，也就是说各诗篇中心思想的表达方式有所区别。

　　从上述六大类意象群可知，屈原作品中不同类的香草及其不同的特性，其意象则不同。即使同类的香草，在不同的场合，其意象也不同。这些香草的共同特点是"香"，但其也有浓淡之分。屈原的香草情结是一个多层面的象征系统和意象群体，以喻"美"者为主，也喻"丑"者（例如喻指变节者），又喻一般者。屈原身上穿的、戴的，以至吃的、住的都是香草，皆喻"美"，主要集中表现在《离骚》《九章》中。其他场合出现的香草，如《九歌》，屈原为了抒发情感，虽然也喻"美"，但喻指对象则各有所别，具有不确定性，此即"香草情结"。居于南方的楚国，气候温和，土壤湿润，是香草栽培、生长的理想之所，屈原信手拈来，既是他的创作艺术手法使然，更是他的胸臆使然。

　　屈原作品中的香草如此众多，意象如此丰富，堪称中国文学史上最早的香草文学的作家。屈原利用各种香草不同的生长形貌、生育环境、气味体态、使用功能等特性，并铺陈不同的场景，以不同的方式寄予不同的寓意。将香草种植、培育、佩戴、装饰、饮食等行为方式融入诗篇，看似普通，却赋予了更美的意象，更深的涵义。既予人以美的享受，又能使人启迪心灵和思维，功高艺深，令人叹绝。

（原载《职大学报》2013 年第 2 期）

屈原廉政文化内涵的挖掘与利用

司马迁《史记·屈原贾生列传》称誉:"屈平正道直行,竭忠尽智……其志洁,故其称物芳;其行廉,故死而不容自疏;濯淖污泥之中,蝉蜕于浊秽,以浮游尘埃之外,不获世之滋垢,皭然泥而不滓者也!推此志也,虽与日月争光可也!"① 屈原不仅在中国文学史上做出了不可磨灭的贡献,而且他的崇高人格和廉洁品质在中国文明史上已成为人们普遍认同的民族精神。

一 挖掘屈原廉政文化的丰富内涵

屈原及其作品中,廉政文化内涵丰富,挖掘和认识屈原廉政文化的内涵,是利用其进行廉政文化教育的前提。

1. 屈原是我国最早的廉政倡导者。"廉洁"一词最早出现于屈原的作品。《卜居》云:"宁廉洁正直以自清乎"。《招魂》云:"朕幼清以廉洁兮,身服义而未沫。"汉代王逸《楚辞章句》注此曰:"不求曰清,不受曰廉,不污曰洁。"② 屈原所言"廉洁",实则与"廉政"词近义同。如何理解"廉政"的含义呢? 廉,即廉洁、高洁、清白、清正、节俭,与"贪污"相对。政,不仅指人们熟知的政权、职责、政令及

---

① (汉) 司马迁:《史记》,中华书局 1959 年版,第 2482 页。
② (宋) 洪兴祖:《楚辞补注》,中华书局 2002 年点校本,第 197 页。

政事等，包涵正直、公正之意，汉代许慎《说文·攴部》曰："政，正也。"① 春秋时期齐国著名的宰相管仲《管子·法法》云："政者，正也。正也者，所以正定万物之命也。"② 自古至今，"廉"与"政"紧密相连，"廉"成为"政"的客观要求，明代汪天赐《官箴集要》云："为政者以正为本，以廉为先。"③ 孔子也曾对执政之人说："政者，正也。子帅以正，孰能不正。"④ 由此可见，"廉"是针对品质、德性、行为而言，"政"不仅是针对事体而言，而且含指意识形态。

屈原极力推行的"美政"思想，即包涵了廉政、廉洁的观念。屈原的"宁廉洁正直以自清"，实则言"廉政"，"廉政"的本来含义与"廉正"相同，"政"为"正"也，屈原《卜居》的"谁知吾之廉贞"，"贞"即"正"也。"廉政"即"廉洁正直""廉洁公正"。因此，屈原堪称我国历史上最早的廉政倡导者。

2. 屈原的廉政思想。屈原的廉政思想，主要集中在他的《离骚》《九章》诗篇中，其次是《远游》《卜居》《渔父》《招魂》《九歌》，能够较全面地表现屈原廉政的核心价值观。屈原既是为官的楷模，也是为人的典范。

（1）修身励志，廉洁清明。屈原的廉政观与修身观，可概括为行廉志洁。行廉包含行正、行健、行壮，表里如一，耿介亮节；志洁包含志高、志美、志清，胸怀理想，终身追求。

不断修炼，"上下求索"。《离骚》："纷吾既有此内美兮，又重之以修能。"屈原既有强烈的、自觉的成才渴望和修治能力，也有提高自身的能力和升华自己理性层次的能力。《离骚》："苟余情其信姱以练要兮，长顑颔亦何伤！"只要我内心确实美好纯洁，即使我长期面黄肌瘦、形销骨立也没有什么值得伤心的！《离骚》："路曼曼其修远兮，吾将上下而求索。"屈原不畏艰难险阻，敢于拼搏，勇于奋进，极力追求

① （汉）许慎：《说文解字》，中华书局 2003 年校定本，第 67 页。
② （春秋）管仲：《管子》，北京燕山出版社 1995 年版，第 72 页。
③ 参见许树侠《干部从政道德读本》，中国方正出版社 2007 年版，第 11 页。
④ （春秋）孔丘：《论语》，内蒙古人民出版社 2005 年版，第 231 页。

美好理想的精神同时被世人颂扬，而且具有强大而又久远的传播力和穿透力。《卜居》："吾宁悃悃款款朴以忠乎！……宁诛锄草茅以力耕乎！……宁正言不讳以危身乎！……宁超然高举以保真乎！……宁廉洁正直以自清乎！……宁昂昂若千里之驹乎！……宁与骐骥亢轭乎！……宁与黄鹄比翼乎！……谁知吾之廉贞！"大意是说：我愿志诚忠恳，朴质真实！我愿铲除邪恶杂草，努力耕耘！我愿不惜性命忠言直谏！我愿远离世俗坚守志节！我愿廉洁正直保持清白！我愿昂首挺胸像千里驹一样勇往直前！我愿作骏马并驾齐驱！我愿与大鸟黄鹄长空比试！谁了解我的廉洁正直！这是屈原在《卜居》中，与太卜（卜筮官名）郑詹尹的一段对话，他直接表明了自己的内心世界。这"八愿"诗句，堪称屈原的"道德宣言"。不仅能启迪人心，而且语言异常精辟。

立志修名，"名不虚作"。《离骚》："老冉冉其将至兮，恐修名之不立。"屈原重视自己的名节，担心已近年老之时还没有树立名声和气节。美好名节是屈原一生之所求，视名声气节重如金、贵如命。屈原修名贵在"德""名"兼重，名不虚立，实至名归，而且是功成名遂，名垂千古，并非逐利争名，急功近利，沽名钓誉。《九章·抽思》："善不由外来兮，名不可以虚作。"堪称屈原的至理名言，优秀品德主要依靠自身的不断修炼，美好名声主要依靠自身的实际行动，做到人不虚生，时不虚度，名不虚传，乃修身、修名、修德之道。

廉正高洁，"闭心自慎"。《离骚》："伏清白以死直兮，固前圣之所厚。"保持清白节操死于正直，这本来就是前代圣贤所称赞的人生道路。《九章·橘颂》："苏世独立，横而不流兮。闭心自慎，终不失过兮。"头脑清醒，独立于世，善于思考，不随波逐流。节制私欲，小心谨慎，自始至终不会犯错。为人处世，要头脑清醒，勤于思索，不同流合污。为官要谦虚谨慎，节制私欲，光明正大，廉洁自律，才能保守节操，不犯错误。这既是屈原的劝世箴言，也是屈原的处世之道。再如《橘颂》："深固难徙，廓其无求兮。"屈原自幼即以廉洁之性约束自己，这种信念在他的心目中已经根深蒂固，心胸开阔而别无所求。

效法先贤，"置以为像"。《离骚》："謇吾法夫前修兮，非世俗之所

服。"我虔诚地向前代修炼道德的圣贤学习，不是世间俗人都能够做得到的。屈原一生，从思想到行动，以先贤为榜样，以前修为表率，刻苦修炼品性，增强情操修养水平，为正直而死亡，为志节而殉身，非一般人所能比。屈原虚心好学，持之以恒的精神值得后人仿效。《九章·橘颂》："行比伯夷，置以为像兮。"学习先贤伯夷清高而又有节操的品行，将他作为自己的榜样。伯夷是商末贤士，他听说周文王能礼贤下士，即慕名投奔于周，至周时文王已死，周武王正封官授爵。伯夷为了保持自己品行清白，拒绝接受爵禄，最终隐居并饿死于首阳山（今山西永济南）。古人一直把伯夷视为清高有节操的人物。屈原以先贤高尚的节操作为自己行动的楷模，这种态度和精神，也值得世人学习。

（2）刚正不阿，敢于斗争。屈原处于诸侯割据、七雄争霸的战国时代，楚国内腐外辱，日渐衰弱。他以一腔忠直清烈的爱国情怀，主张对内举贤授能，富国强兵，对外联齐抗秦，壮大楚国。屈原的才识受到贵族集团子兰、上官大夫靳尚等人的嫉妒，向楚王谗言屈原，屈原屡被放逐，但屈原刚直不阿，勇于与邪恶势力斗争，而且守志不变，终身不悔。

刚直清烈，"抑心自强"。《九章·怀沙》："惩违改忿兮，抑心而自强。离愍而不迁兮，愿志之有像。"我抑制住内心的愤恨，使自己意志更坚强。即遭受忧患也不改变，愿自己的志向成为后世的榜样。屈子为了实现自己远大的理想和抱负，克制个人私念，磨练坚强的意志和信念，为后人树立了榜样。屈原在《离骚》中同样表达了这种克己谋大略的思想，他说："屈心而抑志兮，忍尤而攘诟。"只要是于国于民有利，宁愿内心委屈、心情压抑，忍受罪过和耻辱。《九章·涉江》："吾不能变心而从俗兮，固将愁苦而终穷。"我不能改变心志随波逐流，宁肯忧愁痛苦甚至贫穷到终生。屈原在《离骚》中多次表白不变节从俗，在此再言，说明屈原对自己的道德修养尤其重视，而且意志坚定，非同一般，甚至到愁苦不断、贫困交加之境地，也要坚守自己独特的人格情操。

守志不移，"其犹未悔"。《离骚》："宁溘死以流亡兮，余不忍为此态也。"屈原宁可暴死，宁可死无葬身之地，也不愿忍受的是：是非不分、黑白颠倒、嫉能妒贤、阿谀奉承、媚俗取巧、造谣中伤，这些都是历代仁人志士所厌恶的。同时说明屈原对自己的理想、信念和人格操守坚贞不渝，宁折不弯，决不妥协，至死不改。屈原在其作品中多次表达了这种心愿，如《悲回风》："宁溘死而流亡兮，不忍为此之常愁。"说明屈原精心励志的意识异常坚定。《离骚》："阽余身而危死兮，览余初其犹未悔！"屈原胸怀远大抱负，为坚守理想和节操，哪怕面临死亡的境地，也不会改变自己的初衷，更不会为此而后悔。为志节而死，重如泰山。为利欲而死，轻如鸿毛。死于志节，虽死犹生。生于利欲，生不如死。屈原不悔初志，秉德以求，顽强拼搏，直至献出自己的生命，这正是他的人格魅力之所在。

举贤授能，"秉德无私"。《橘颂》："秉德无私，参天地兮。"保持大公无私的美好品德，其精神则像天地一样伟大。也就是说：要像苍天一样覆盖大地而无私心，要像大地一样生育万物而无私利。大公无私，乃高尚之德。《离骚》："举贤而授能兮，循绳墨而不颇。"举贤授能，乃治国之道。国有贤臣良才，则兴盛；家有贤者能人，则兴旺。《离骚》："余既滋兰之九畹兮，又树蕙之百亩。"我已经栽培了很多兰花，又种植了百亩蕙草。表意是栽培很多兰蕙芳草，实则是为国家培育贤能人才。同时，也是为了更多地修炼自己芳洁的品德。屈原"滋兰""树蕙"，为国家培养各种各样的人才，是他对人才的一种期望，也是他实现自身远大理想的一种寄托。

（3）推行美政，忠贞爱国。屈原《离骚》曰："既莫足与为美政兮，吾将从彭咸之所居。"屈原将"美政"作为他终生追求的目标。他的美政思想中，最重要的是立国兴邦、廉洁清明、强国富民。因此，屈原虽累遭流放，仍矢志不渝，九死不悔。在楚国国都被秦国攻陷之后，悲愤投江而殉国。

眷恋故国，"忠诚事君"。屈原《九章·惜诵》："思君其莫我忠兮，忽忘身之贱贫。"大意是说：思慕楚国，没有人能够比我更加忠诚，我完全不介意自己的地位贫贱。这就是屈原忠心耿耿于国于君于政于民的

誓言。再如《九章·哀郢》:"鸟飞反故乡兮,狐死必首丘。"该诗句喻意发人深省,屈原不论遭受到多大的灾难,一颗忠诚、挚爱之心始终向着自己的祖国。再如《九章·橘颂》:"后皇嘉树,橘徕服兮。受命不迁,生南国兮。"天地间最美的橘树,生性适应于南方水土。领受天地之命,不能移植,只能生长在南方的国度。《晏子春秋·内篇杂下》载:"橘生淮南则为橘,生于淮北则为枳。"①枳味酸苦,俗称臭橘。屈原抓住橘树的特性,既颂橘,又颂人。"生南国"而"不迁"的不仅是橘树,还有屈原至死不离楚的情怀;能拥有"嘉"誉的不仅是橘树,还有屈原孤忠高洁的品性。《橘颂》是一首赞橘之歌,是一首颂德之歌,也是一首爱国之歌。

以德治国,"圣哲茂行"。《离骚》:"夫维圣哲以茂行兮,苟得用此下土。"只有德行高尚和拥有才智的君主,才能够享有天下的疆土。此诗句充分体现了屈原爱国、德政的思想。《九章·涉江》:"余将董道而不豫兮,固将重昏而终身。"我要坚守正道,正直而行,而且为此毫不犹豫,宁肯终身处在黑暗境地,也不会放弃。屈原所言"董道",不仅要识"道"、知"道"、行"道",而且要守"道"。因此,虽身处逆境,仍毫不犹豫地眷顾宗国,坚守正义,可见屈原爱国之情异常执着,根深蒂固,具有崇高的道德境界。

以史为鉴,"遵道得路"。《离骚》:"彼尧舜之耿介兮,既遵道而得路。何桀纣之猖披兮,夫唯捷径以窘步。"唐尧、虞舜多么正大光明,他们沿着正道登上坦途;夏桀、商纣多么狂妄邪恶,只走邪路以致寸步难行。古人说:"恃德者昌,恃力者亡。"②凭借德行治理国家,国家就会昌盛;依靠暴力治理国家,国家就会灭亡。上古时期,尧与舜广布仁德,讲求民主,为政开明,尧、舜"禅让"的故事人尽皆知,因此,国泰民安,政通人和;夏桀与商纣狂妄邪恶,最后夏桀被商汤取代,商纣被周武王消灭,即为例证。屈原非常向往尧舜时代光明、正直、开

---

① 许文畅译注:《晏子春秋》,长春出版社 2015 年版,第 164 – 165 页。
② 参见许树侠《干部从政道德读本》,中国方正出版社 2007 年版,第 133 页。

放、民主的政治社会。《九章·抽思》：“何独乐斯之謇謇兮？愿荪美之可光。”我为什么独自喜欢忠言直谏？是希望宗国的前途美好而又辉煌。屈原为什么独自喜欢忠言直谏于楚王？主要是为了楚国的未来。屈原冒着犯颜之忌，不顾个人安危，诚恳地向楚王进谏，并推行美政思想，一切都是为了国家和人民。

（4）修明法度，德政惠民。屈原具有深刻的亲民、爱民、恤民意识，他通过改革法制、修明法度、摒弃秽政等途径，实现民本思想。因此，闻一多说：“屈原是中国历史上惟一有充分条件称为人民诗人的人。”①

忠耿爱民，“余心所善”。《离骚》：“长太息以掩涕兮，哀民生之多艰。”屈原贴近百姓，关注民生，洞察天下苍生命运，忠诚于民，让利于民，取信于民，是忧国爱民的典范。《离骚》：“亦余心之所善兮，虽九死其犹未悔。”如果是屈原心中所追求的东西，即使粉身碎骨、死亡多次也不后悔。他不愿放弃而执着追求的是什么呢？应该是他高洁的人格情操，应该是他热忱的爱国爱民精神。这些正是屈原内心所向往、所嘉善的一种最高境界，并作为他一生始终不放弃的理想追求。《九章·抽思》：“愿摇起而横奔兮，览民尤以自镇。”很想不顾一切地远走他乡，但是看到人民还遭受着苦难，他自觉地停止了这种想法。屈原一生遭遇劫难，不仅受到小人谗害，而且被罢官，又屡被放逐，生活窘迫，人身困苦，本有离开楚国而远走他乡的念头，但他看到人民的悲惨生活，出走之念戛然而止，忧民爱民之情战胜了自我。

德政惠民，“察夫民心”。《离骚》：“怨灵修之浩荡兮，终不察夫民心。”怨恨楚王荒唐糊涂，始终不体察民众之心。屈原认为德政以德为本，惠顾于民。只有急民之所急，思民之所思，用民之所用，帮民之所需，解民之所危，济民之所难，扶民之所困，排民之所忧，才能国强民富。

修明法度，“章画志墨”。《九章·怀沙》：“章画志墨兮，前图未

---

① 闻一多：《人民的诗人——屈原》，《诗与散文》（诗人节特刊）1945年第6期。

改。"要依照法度办事。屈原提倡依照法度规范言行，才能做到公正无私，也才能有正大光明的行为方向。《九章·惜往日》："国富强而法立兮，属贞臣而日娭。"国家越是富强，越是要重视法令的建立与完善。把国事托付给忠贞之臣去治理，才能使天下永久太平。国家强盛之时，千万不能忽视各种法令的制定与完善，同时也不能忽视人才培养，只有把国家大事交付给有德有才、忠心为国之人，才能使国势更加昌盛，也才能使天下长治久安。建立富强的国家，是每一个公民的责任和义务，热爱祖国，完善法制，建设国家，更是义不容辞。

3. 屈原将廉政思想付诸实践。千百年来，人们长久而普遍地纪念、敬仰非神非圣的屈原，是因为屈原身上集中体现了我们民族历来所崇尚、所追求的一种精神，一种人格，一种品德与情操。他那"廉洁正直以自清""伏清白以死直"的廉洁操行，他那"宁与黄鹄比翼""足与为美政"的远大理想，他那"横而不流""秉德无私"的高尚人格，他那"哀民生之多艰""览民尤以自镇"的爱民情怀，他那"上下求索""求正气之所由"的拼搏精神，他那"独立不迁""深固难徙"的爱国品质，他那"虽九死其犹未悔""虽体解吾犹未变"的坚毅志节，他那"鸷鸟之不群""离慜而不迁"的顽强意志，完全有资格成为我们的"民族魂"。

屈原将其廉政思想付诸实际行动之中。当靳尚、子兰等朝中奸佞谗言他时，地据理力争，敢于揭露他们的腐败行为；当上官等朝中贵族势力为谋取私利，与屈原"夺稿"之时，屈原坚决不从，誓死维护国家利益不受侵害；当郑袖等朝中要人收受秦使张仪贿赂而出卖国家之时，屈原冒死谏言于楚王，欲追杀张仪；当屈原累遭放逐、颠沛流离之时，仍忠心于祖国；当自己的祖国需要自己之时，不计较遭受楚怀王流放之前嫌，出使齐国，谋取强国富民之计。

屈原生活在动荡不安的战国时代，对当时朝廷昏庸、君臣腐败的时世深有感触。他曾任官位较高的左徒一职，"入则与王图议国事，以出号令；出则接应宾客，应对诸侯"，① 极力推行美政思想，却被奸臣诬陷，最后被放逐，又目睹楚都沦陷，在极度悲愤中投江殉国。

二 开展屈原廉政文化教育的有效途径

屈原廉政文化内涵如此丰富，开展屈原廉政文化教育已能言之有据，但还要注重学则有材，教则有制，观则有物，我们认为要坚持理论与实践相结合，才能做到行之有效。

多种渠道创建屈原廉政文化教育阵地。利用纪念屈原建筑物，如屈原祠、屈原纪念馆或博物馆，创建屈原廉政文化教育基地，集中展览陈列屈原廉政内容，既能使来自不同地方的游客受到屈原廉政文化的熏陶，又能有意识地引导本地党员干部、学生等群体以参观、学习等方式使其接受屈原廉政文化教育。秭归县纪委与县文物局于 2012 年 8 月在凤凰山景区屈原祠内建立的"屈原廉政教育基地"，已初步取得成效。至今已接待全国各地近 100 万人次参观学习，县内县、乡（镇）、村（居委会）党政班子成员及县直机关的大部分员干部到该基地分期分批地接受屈原廉政教育，并被湖北省纪委、监察局命名为首批"湖北省廉政教育基地"。

多种形式开展屈原廉政文化教育活动。利用端午节、青年节等节日，从及屈原作品背诵大赛、屈原廉政文化知识竞赛、屈原作品书法大赛、屈原廉政文化研讨会等多种形式及活动，寓教于乐，赛中受教，学中受教。还可以编辑整理《屈原廉政文化知识》读本和教材，或将屈原作品中的相关廉政文化名句制作成绘画、书法，置于公共场地展示。以多种形式增强屈原廉政文化教育的效果。

多种层面谋划屈原廉政文化教育策略。"十年树木，百年树人"，教育是一项艰巨而又长远的巨大工程。屈原廉政教育可以针对农村或城镇党员、干部，机关（指乡镇及其以上机关交事业单位）党员、干部、职工，大专院校或中小学校师生等不同层次或不同对象，或集中讲授屈

---

① （汉）司马迁：《史记》，中华书局 1959 年版，第 2481 页。

原廉政文化课程，或者分类进行短期培训、学习等，让不同层次的受众接受屈原廉政文化教育。

（原载《三峡大学学报·人文社会科学版》2015 年第 3 期。该文获 2015 年宜昌市社会科学优秀成果二等奖)

屈赋与长江三峡文化

　　长江是中国第一长河、亚洲第一大河、世界第三大河，与黄河并称为中华民族的"母亲河"。长江中的瞿塘峡、巫峡、西陵峡合称为长江三峡，三峡是长江的精华所在。我国第一个被世界人民共同纪念的世界文化名人屈原，即诞生于巫峡与西陵峡之交的湖北秭归（春秋战国时期为归乡），近代有极少数人认为屈原作品中极少反映长江三峡文化，试图以此为依据之一进而否定屈原诞生于秭归。其实不然，郭沫若说："屈原是产生在巫峡附近的人，他的气魄的宏伟、端直而又委婉，他的文辞的雄浑、奇特而又清丽，恐怕是受了些山水的影响。"[1] 早在南北朝时期，著名文学理论家刘勰《文心雕龙·物色》指出："屈平所以能洞监《风》《骚》之情者，抑亦江山之助乎！"[2]《水经注·江水》也记述归乡（秭归）"山秀水清，故出俊异"[3]。毫无疑问，屈原及其作品受到雄峻而又奇美的长江三峡山水的影响。甚至可以说，以屈原为主要创始人所创制的《楚辞》，代表着长江文化，屈原自然为其领军人物。

　　长江三峡地区的部分动物与植物、地域名称、方言俚语、民间风俗及传说故事，可以在屈原作品中得到检索和对照，屈赋的部分素材有可能源于三峡区域。屈原作品中的三峡文化意蕴丰富，屈原与三峡文化有着深刻的渊源。

---

　　① 郭沫若：《历史人物》，人民文学出版社1979年版，第20—21页。

　　② （南）刘勰：《文心雕龙》，上海古籍出版社2015年版，第265页。

　　③ （北魏）郦道元：《水经注》，中华书局2013年校证本，第758页。

一 屈赋与三峡区域之地名

屈原及其作品距今已逾2000余年，由于历史和文化的发展变化，又因屈原作品中所记述的地域名称本来较少。所以，当今三峡区域的地域名称与屈原作品《离骚》《九章》等诗篇中可直接对应的主要有以下几处：

高阳——《离骚》："帝高阳之苗裔兮，朕皇考曰伯庸。"洪兴祖《楚辞补注》："张晏曰：高阳，所兴之地名也。"① 著名楚辞学者姜亮夫认为："史称'颛顼高阳氏'……在我国古书上，'氏'一般是指封地或发祥地，所以'氏'与地名有关，后来又与姓有关。……'高阳'应是地名。"②《旧唐书·地理志》："兴山县旧治高阳城，为楚始封地，楚自以为高阳氏裔故名。"《兴山县志》记载："周厉王时（前857—842），熊绎后裔，'熊渠之子熊挚因病'，不能继王位，封至兴山，筑高阳城。"又载："兴山县旧治高阳城，《水经注》载：归州兴山县有高阳城在县西，楚旧城也。"③ 此指西陵峡畔香溪河上游的高阳镇，为兴山县旧治，古属归州（秭归）境。

巫山——《九章·山鬼》："采三秀兮於山间，石磊磊兮葛蔓蔓。"郭沫若注："於山即巫山，凡楚辞兮字每具有於字作用，如於山非巫山，则於字为累赘。"④ "於"字为"于"字繁体，在此如译为与"兮"字相同词性的"于"字，则明显重复而又无意义。"於"字古音为巫，为同声假借。郭沫若之说得到较多学者认同，如梅桐生《楚辞今译》："於山，通'巫'，巫山。"⑤

九畹——《离骚》："余既滋兰之九畹兮，又树蕙之百亩。"现居长

① （宋）洪兴祖：《楚辞补注》，中华书局2002年点校本，第3页。
② 姜亮夫：《楚辞今绎讲录》，北京出版社1981年版，第28—29页。
③ 湖北省兴山县地方志编纂委员会编纂：《兴山县志》，中国三峡出版社1997年版，第15—19页。
④ 郭沫若：《屈原赋今译》，人民文学出版社1953年版，第87页。
⑤ 梅桐生：《楚辞今译》，贵州人民出版社2002年版，第60—61页。

江西陵峡南岸的九畹溪镇，是隶属秭归县所辖的行政镇，山中多产兰草。有学者至实地调查后得知："传说屈原在九畹溪设堂教过书，这里还有屈原当年设坛讲学的旧址，还流传着屈原当年讲学的故事传说。"①时至今日，该地已成为三峡有影响的漂流和旅游之地。

清江——《九章·悲回风》："冯昆仑以瞰雾兮，隐岷山以清江。"汤炳正释曰："'以清江'即'与清江'，古人'以''与'多通用。"②注者多释"清江"为长江，笔者认为屈原是以岷山、清江并举，可从"以"即"与"得知。昆仑山属亚洲中部大山系，也是中国西部山系的主干，在中华民族的文化史上具有"万山之祖"的显赫地位，诗句意谓依凭昆仑山俯视岷山、清江。清江，古称夷水，是长江三峡地域内的第二大支流，因江水清澈而得名。发源于湖北利川市，流经恩施、巴东、长阳、宜都。清江长阳段，被誉为"清江画廊"。

长江——《九章·哀郢》："遵江夏以流亡""上洞庭而下江""江与夏之不可涉"。屈赋中多次言及"江"，但确指长江者为《哀郢》诗句。《哀郢》是屈原流放长江流域思念故乡而作，袁山松《宜都山川记》有"屈原有贤姊，闻原放逐，亦来归"③之记载，清代胡文英说："《离骚》先述祖父，中及其姊，末曰国无人，玩其严整，应是初被流放时，回秭归故居所作。秭归即今宜昌府归州。"④由此可知，屈原流放期间可能曾短时回到故乡秭归。屈原从秭归赴郢都任职或流放期间往返秭归，长江西陵峡是其必经之地。

二 屈赋与三峡地区动物及植物

古代三峡地区良好的生态环境，成为动物、植物的天然乐园，所以屈赋中记述的动物、植物较多。

首先说动物。据楚辞学者周秉高统计，"楚辞中写到的动物有66

---

① 张伟权等：《诗魂余韵——屈原传说及其他》，中国书籍出版社2009年版，第69页。
② 汤炳正等：《楚辞今注》，上海古籍出版社2012年版，第176页。
③ （北魏）郦道元：《水经注》，中华书局2013年校证本，第757页。
④ （清）胡文英：《屈骚指掌》，北京古籍出版社1979年印本，第1页。

种，可分四类：飞禽、走兽、鱼鳖、虫豸。"① 其中涉及屈原作品计 54 种：《离骚》《九歌》《九章》各有 8 种，《天问》14 种，《卜居》3 种，《招魂》13 种。按周氏统计分类，可知部分动物在三峡区域至今仍然存在。笔者粗略统计，现存且已知的约 31 种。禽类如：鸠（斑鸠）、鸡、雉（野鸡）、燕（燕子）、鹄（天鹅）、雁（大雁）、雀（鸟雀）、乌鹊（乌鸦）、鹜（鸭子）、凫（野鸭）、鹈鴂（杜鹃）、鸱（猫头鹰）等，约 12 种；兽类如：牛、马、羊、犬、狼、兔、狸、豹、熊、鹿、狐、猿狖（猿猴）等，约 12 种；虫类如：蜂、蛾、蝉、蛇、蚁等，约 5 种；鱼类如：龟、鳖等，约 2 种。

有学者考证，认为秭归县名与鹈鴂鸟名有特殊联系。《离骚》："恐鹈鴂之先鸣兮，使夫百草为之不芳。"鹈鴂，又名杜鹃、杜宇、姊归、子规。清代方以智《通雅》："杜宇、子鹃、秭归、谢豹，皆怨鸟子规也。"楚辞学者黄崇浩认为"秭归本为鸟名"，他根据宋玉《高唐赋》"姊归、思妇……其鸣喈喈"、《尔雅·巂周》郭璞注"子巂，一名子规，一名姊归"等古文献所述，首先认定"姊归乃鸟名"。又据《史记·历书》"百草奋兴，秭规先噪"、《集解》引徐广"秭音姊，规音归，子规鸟也。一名鹈鴂"、《索引》"鹈音弟，鴂音桂"等古文献记载，结论："秭归为县名，实本于鸟名无疑。"② 刘不朽说："笔者（刘氏自称）通过对秭归地名内涵的解读，认为秭归之名与鸟同名，源自原始人类的动物（鸟）崇拜，或者更准确地说，是由于古代一支以秭归（杜鹃）为图腾的部族在西陵峡一带长期活动而得名。"③

再说植物。据统计屈赋各篇所述植物的学者介绍：《离骚》28 种，《九歌》40 种，《九章》21 种、《招魂》14 种、《天问》9 种，④ 总数量超过 70 种。现仅以屈原的代表作《离骚》为例来看屈赋中的植物在西陵峡的遗存：《离骚》述及 28 种植物，在西陵峡竟然存在 24 种。如：

---

① 周秉高：《楚辞原物》，内蒙古大学出版社 2008 年版，第 165 页。

② 黄崇浩：《屈子阳秋》，湖北人民出版社 2003 年版，第 106 页。

③ 刘不朽：《三峡探奥》，长江出版社 2006 年版，第 259 页。

④ 参见潘富俊等《楚辞植物图鉴》，上海书店出版社 2003 年版，第 216 页。

兰草、荷（荷叶）、芙蓉（荷花）、申椒（花椒）、宿莽（小茅草）、茅（喇叭花儿草）、蕙（薄荷）、菊（菊花）、留夷（芍药）、揭车（珍珠草）、芷（古称茝，俗名白芷）、茝（白芷）、江离（川芎）、杜衡（马蹄香）、胡（大蒜）、绳（蛇床子）、蘋（田字草）、菉（鸡窝烂）、薜荔（壁虎藤）、荪（菖蒲）、荃（菖蒲，荪之别名）、茹（柴胡）、艾（五月艾）、萧（牛尾蒿）等等。屈原其他作品所述植物，如橘、葛、芭、松、柏、兰等等，在西陵峡极为常见。

在屈赋中出现次数最多的是兰，《离骚》10 见，《九歌》11 见，《招魂》6 见，而兰又是三峡区域特别是西陵峡畔分布较广、种类较多的植物，如芝兰乡、九畹溪、周坪等区域为盛产之地。

屈原有咏物名篇《橘颂》，《史记·货殖列传》："蜀、汉、江陵千树橘。"[1] 今日柑橘几乎遍布长江三峡两岸，瞿塘峡的奉节县是柑橘盛产地，巫峡的巴东县被誉为全国锦橙县，西陵峡的秭归县是闻名遐迩的"中国脐橙之乡"。

有的植物唯三峡独存。如木兰，《离骚》"朝搴阰之木兰"，清代王闿运《楚辞释》曰："兰、莲，古字通用。"[2] 木兰即木莲，产于巫峡巴东县（古称巴峡），白居易《白乐天集》记载："木莲生巴峡山谷，民间呼为黄心树。"[3] 现为国家二类保护植物，也是我国特有的濒临绝迹的珍稀树种。有的植物主产于三峡，如花椒。《本草纲目》："今归、峡及蜀川、陕洛间人家多作园圃种之。"[4] 当今已成三峡地区食物中常用的佐料。再如菖蒲，东晋道家、医学家葛洪所著《抱朴子》中，有数例久食菖蒲"不饥不老""长生"之记述，传说他曾在西陵峡口的磨基山上结庐炼丹，常进西陵峡中采食菖蒲。

---

① （汉）司马迁：《史记》，中华书局 1959 年版，第 3272 页。
② （清）王闿运：《楚辞释》，岳麓书社 2013 年点校本，第 5 页。
③ （明）李时珍：《本草纲目》，人民卫生出版社 2014 年版，第 1934 页。
④ （明）李时珍：《本草纲目》，人民卫生出版社 2014 年版，第 1851 页。

三　屈赋与三峡地区民俗及传说

风俗是经过长期积累而形成的地域文化，指特定社会文化区域内历代人们共同形成的行为模式或规范。《吕氏春秋·侈乐》《淮南子·人间训》《汉书·艺文志》《列子·说符》《楚辞章句》等典籍都有楚人信巫祀鬼习俗的记载，屈赋中涉及更多，反映在三峡区域内至今存在并且仍然沿袭和传承的风俗及传说故事较多。现以西陵峡和巫峡区域的民间风俗及传说为例证。

1. 巫山神女是屈赋中的"山鬼"。清人顾成天《楚辞·九歌释》将屈原《九歌·山鬼》中美丽动人、缠绵多情的描述与古代巫峡中的"巫山神女"传说故事联系起来，认为"山鬼"即"巫山神女"。郭沫若还根据《山鬼》篇中"采三秀兮於山间"一句，认为"於"字古音为巫，"於山"即巫山，进一步证成此说。闻一多、孙作云、陈子展、马茂元、姜亮夫等当代著名楚辞学者都对此作过补充论证。马茂元说："我认为现存有关巫山神女的资料，和《山鬼》篇所叙写的都可以相互印证。"① 可以说，《山鬼》是远古神话传说之后的第一篇关于巫山神女的文人创作，随其后的是宋玉《高唐赋》《神女赋》。

2. 西陵峡及巫峡一带的招魂习俗与屈原《招魂》类同。例如西陵峡畔的秭归县，其招魂活动与屈原《招魂》中的语言、内容、形式多相同。从语言看：《招魂》中12处"魂兮归来"、6处"归来"，与秭归境招魂时反复呼唤"快回来阿！快回来阿！……"如出一辙，特别是秭归流传的"招魂词"，几乎与《招魂》中的"招魂词"雷同，均按东、南、西、北及上、下之方位顺序陈述招魂之语言。从形式看：《招魂》的"工祝招君，背行先些"，与秭归屈原镇丧葬的"出柩"仪式中，道士（亦称男巫）倒退行走并执招魂幡引路相同。从内容看：《招魂》所述"兰膏明烛"在秭归称"长明灯"，"粔籹蜜饵"在秭归称"打狗粑粑"等等；《招魂》的"像设君室，静闲安些"，与秭归在亡者

棺材前供奉画像灵位相似；秭归乐平里的招魂习俗在《招魂》中有近20处相似。楚文化学者刘玉堂说："三峡地区原始的崇巫尚鬼的习俗，成为屈原《招魂》的素材。"①

3. 秭归的丧葬祭歌与屈原《九歌》有相同之处。屈原的《九歌》是祭祀之歌，其篇首《东皇太一》是迎神之歌，首句为："吉日兮辰良，穆将愉兮上皇。"而秭归丧葬风俗中，祭祀亡人所唱的第一首歌即《开路歌》，意即迎神，其首句为："吉日辰良，天地开张。"② 二者不仅首句内容相同，而且歌词用韵相同。汉代王逸、宋代朱熹均认为《九歌》是屈原修订民间祭歌而成。显而易见，屈原的《九歌》有秭归祭歌的痕迹。有的学者甚至认为《九歌》源于三峡一带流传的《九歌》，由屈原更定而成，如刘自兵："屈原之所以能作《九歌》，主要是屈原诞生的归地流传有夏人的《九歌》。"他考察认为秭归"为夏人所建立的归国所在地，夏人逃至归地时必然带来自己的礼乐文化"，"屈原诞生于归地，自然要受到夏文化的熏陶，故能熟稔掌握夏人的《九歌》，并对歌的内容进行推陈出新"③。再如刘不朽："直至战国时代的晚期，《九歌》还在楚国南部和三峡一带民间广泛流行。"④

4. 秭归乐平里的占卜习俗在屈原的代表作《离骚》中有记载。从古至今，秭归乐平里人占卜凶吉之事，常常用一双竹筷立于有水的小型器物中，向竹筷浇水使其站立，如立者则为吉，如倒者则为凶，称之为"立水柱子"。《离骚》："索藑茅以筳篿兮，命灵氛为余占卜。"筳篿，指古代占卜用的竹片之类，即竹卜之具，有的学者认为是小竹棍。

5. 西陵峡出土的"太阳人"石刻与屈原的《九歌·东君》可互证。"东君"是日神，即太阳神，因日出于东方而得名，与"东向拜日"之俗有关。1998年，秭归旧城东门头遗址中发掘出一座宽20厘

---

① 参见邓新华主编《现代视野中的三峡文化研究》之《序》，巴蜀书社2006年版，第10页。

② 彭万廷等：《三峡民间文学集粹》(2)，中国三峡出版社1995年版，第247页。

③ 刘自兵：《商周时期的归国为夏人所建简论——兼析〈九歌〉的源流》，载邓新华主编《现代视野中的三峡文化研究》，巴蜀书社2006年版，第62页。

④ 刘不朽：《三峡探奥》，长江出版社2006年版，第259页。

米、高 115 厘米、厚 12 厘米的石刻。长条形石板上雕刻有一人形图像：长长的身躯，两臂下垂，双足分立，头顶一轮既大又圆、光芒四射的太阳，考古专家定名为"太阳人"，也称"太阳神"，断定该石刻年代为距今 6000 年的新石器时代早期，是目前我国境内发现最早的一件新石器时代的太阳崇拜图像。既可说明楚时的西陵峡一带存在祭祀东君（日神）之俗，也可说明三峡地区先民对太阳神的崇拜与颂扬。

6. 屈赋中多次述及的禹，与三峡区域流传的大禹开峡治水的传说故事相互印证。禹，远古夏部落领袖，因治水有方，被后人尊称为"大禹"。屈原在《离骚》《天问》《九章》中共 7 次言及禹。如《天问》的"禹之力献功"，即称赞大禹治水有功。典籍记载很多大禹于三峡开峡治水的故事。《水经注·江水》："其峡（瞿塘峡）盖自昔禹凿以通江。郭景纯所谓巴东之峡，夏后疏凿者也。"① 郭璞（字景纯）《江赋》："巴东之峡，夏后疏凿。……乃禹治水，此江不足泻水，禹更开今峡口。"诸葛亮《黄牛庙记》："古传所载黄牛助禹开江治水，九载而功成，信不诬也。"② 诸葛亮入蜀途经西陵峡长江南岸黄牛岩山下的黄牛庙（亦称黄陵庙），闻知大禹疏凿三峡有黄牛助其开峡，故撰此庙记，碑刻至今尚存该庙。黄牛庙旁还建有黄陵庙，庙中有禹王殿，主祭大禹，庙宇至今尚存，成为三峡游览胜景。据《宜昌地区简志》《宜昌县志》载，黄牛庙和黄陵庙"相传建于春秋"时期③。

四 屈赋与西陵峡一带之方言俚语

吴郁芳先生否认屈原诞生于秭归的《屈原是江陵人不是秭归人》一文说："屈赋使用的楚方言，80% 是郢都所在的南楚、江湘地区的方言。至于秭归一带的方言……则一例不见。"④ 此"一例不见"过于武

---

① （北魏）郦道元：《水经注》，中华书局 2013 年校证本，第 745 页。

② 参见符号《宜昌文林揽粹》，湖北人民出版社 2005 年版，第 246 页。

③ 湖北省宜昌县地方志编纂委员会编纂：《宜昌县志》，冶金工业出版社 1993 年版，第 812 页。

④ 吴郁芳：《屈原是江陵人不是秭归人》，《江汉论坛》1988 年第 2 期。

断。至今秭归乃至西陵峡一带的方言仍可在屈原作品中检索多例。

吴（wú）。汉代杨雄《方言》：“吴，大也。”① 《九章·涉江》：“乘舲船余上沅兮，齐吴榜以击汰。”汉代王逸《楚辞章句》释“吴榜”为“大棹”②，即指大船桨。“吴”为“大”之义在今秭归话中仍然存在，如言：“这家伙吴高八高的。”此“吴高”即大、高，“八”为数词，表多数。

扈（hù）。《离骚》：“扈江离与辟芷兮，纫秋兰以为佩。”王逸曰：“扈，被也。楚人名被为扈。……五臣云：扈，披也。”③ 此“被（pī）”即“披”，动词，含覆盖之义，在今西陵峡一带如言：“把衣服扈到。”意即“把衣服披到”。

搴（qiān）。《广韵》：“搴，取也。”《离骚》：“朝搴阰之木兰兮，夕揽洲之宿莽。”洪兴祖《楚辞补注》释“搴”曰：“拔取也，南楚语。”④ “搴”同“攓”，《说文》：“攓，拔取也，南楚语。……《楚词》曰：‘朝攓阰之木兰’。”⑤ 今西陵峡一带有方言：“搴秧母草。”义即拔取稻谷苗圃中的杂草，“秧母”专指稻谷苗圃。

敦。楚人称“大”为“敦”。杨雄《方言》：“敦，大也。”⑥ 王逸注《招魂》“敦脄血拇”云：“敦，厚也。”⑦ “厚”与“大”义通。由“大”引申为“厚”，秭归人描述厚实体大之物为“厚敦敦”。

抟（tuán）。《九章·橘颂》：“曾枝剡棘，圆果抟兮。”王逸注：“抟，圜也。楚人名圜为抟。”⑧ 《广雅·释诂三》：“圜，圆也。”汤炳正等《楚辞今注》曰：“抟，即‘团’，圆貌。”⑨ 《说文》：“团，圜

---

① （汉）扬雄：《方言》，中华书局 2016 年版，第 155 页。
② （宋）洪兴祖：《楚辞补注》，中华书局 2002 年点校本，第 129 页。
③ （宋）洪兴祖：《楚辞补注》，中华书局 2002 年点校本，第 4 页。
④ （宋）洪兴祖：《楚辞补注》，中华书局 2002 年点校本，第 6 页。
⑤ （汉）许慎：《说文解字》，中华书局 2003 年影印本，第 255 页。
⑥ （汉）扬雄：《方言》，中华书局 2016 年版，第 6 页。
⑦ （宋）洪兴祖：《楚辞补注》，中华书局 2002 年点校本，第 101 页。
⑧ （宋）洪兴祖：《楚辞补注》，中华书局 2002 年点校本，第 154 页。
⑨ 汤炳正等：《楚辞今注》，上海古籍出版社 2012 年版，第 168 页。

也。"① 将"抟"释同"圜","圜（yuán）"音同"圆"，形容物品圆之景状。《天问》有"圜则九重，熟营度之？"洪兴祖《楚辞补注》注"圜"曰："圜，与圆同。《说文》曰：天体也。"② 圜即指天体。秭归人称"肉圆子"为"肉抟（团）子"。同时，称一种竹编圆形盛器为"抟（团）簇"。

侧身。《九章·惜诵》："设张辟以娱君兮，愿侧身而无所。"明代汪瑗《楚辞集解》注："侧身，斜避也。"③ 黄孝纾等《楚词选》注："侧身，转过身子避开。"④ 今秭归一带方言仍有"侧身"之语，多指身体侧面通过狭窄之处时的行为方式。

再如：潭。《九章·抽思》："长濑湍流，沂江潭兮。"王逸注："潭，渊也。楚人名渊曰潭。"⑤ 今西陵峡一带仍言"潭"，义指深水。

从上述四个方面可以看出，长江三峡文化与屈赋存在渊源关系，既可相互对照，又可相互影响。还可以看出，因屈原诞生于巫峡与西陵峡之间的秭归乐平里（今屈原镇屈原村），故于屈赋中反映巫峡特别是西陵峡、秭归的文化要比瞿塘峡相对多一些。因为西陵峡及秭归一带古属楚地，故宋代黄伯思《校定楚辞序》所言屈赋"皆书楚语、作楚声、纪楚地、名楚物"⑥，是也。

（原载《职大学报》2015 年第 1 期）

---

① （汉）许慎：《说文解字》，中华书局 2003 年影印本，第 129 页。

② （宋）洪兴祖：《楚辞补注》，中华书局 2002 年点校本，第 86 页

③ （明）汪瑗：《楚辞集解》，上海古籍出版社 2017 年点校本，第 258—259 页。

④ 参见崔富章等《楚辞集校集释》（下），湖北教育出版社 2003 年版，第 1341 页。

⑤ （宋）洪兴祖：《楚辞补注》，中华书局 2002 年点校本，第 140 页。

⑥ （宋）黄伯思：《东观余论·校定楚辞序》，中华书局 1988 年影印本，第 344 页。

屈原故里"太阳人"石刻探赜

——兼议屈原作品《九歌·东君》及其族祖

1998 年 11 月 4 日，湖北省文物考古研究所在屈原故里秭归县的东门头遗址发掘出一尊"太阳人"石刻。2010 年，该石刻作为代表性文物在上海世博会中国"城市足迹馆"面向世界展出，引起世人惊叹。它是我国迄今为止发现最早的"太阳人"石刻作品，填补了我国新石器时代美术史上极少实物资料的空白，也为楚文化（包含屈原文化）、石刻文化、远古历史文化等方面的研究提供了新的信息。

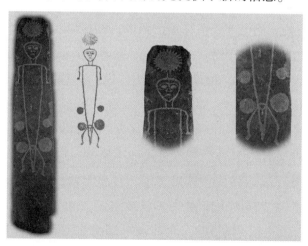

"太阳人"石刻为一造型古朴的长条形褐灰色砂石（如图），长1.05 米、宽 0.2 米、厚 0.12 米，距今约 7000 年。石刻用写意的手法表现了一位身躯修长、双手下垂、双足分立、呈倒三角形的男性，头上方

顶着一轮既大且圆又刻有 23 条光芒的太阳，腰部两侧雕刻的 4 个圆形图案似星辰在宇宙中运行。此石刻实质刻画的是一种抽象的人性化的太阳神符号，实出先民对太阳神的崇拜，因此，亦可称之为"太阳神"石刻。

"太阳人"石刻出土于屈原故里秭归，巧合的是，它与屈原的《九歌·东君》有着千丝万缕的联系。

一　屈原的《九歌·东君》专颂"太阳神"

屈原的《九歌·东君》是祭祀太阳神所演唱的乐歌，因为太阳自东方升起，所以楚人尊称它为"东君"。东君系古人崇拜的太阳神。

在古代农耕之民的心目中，太阳与他们的生产生活等方面的关系至为密切，而且认为"其功大"，是光明的源泉，是正义、吉祥的象征，因而对太阳神非常崇拜与热爱。《东君》赞颂了太阳神的大公无私和普照万物，广布德泽，除暴安良，也赞颂了太阳神运行不息的精神。诗中多铺叙了弹瑟击鼓、鸣篪吹竽、敲钟摇铃、唱歌跳舞的热闹场面，实际是祭祀东君的仪典。自古至今，多认为《东君》是礼赞太阳神的颂歌。"太阳人"石刻人物面部表情凝重，图像古朴怪异，似歌似舞，似祈祷歌颂太阳，造福万众子民。

东君即太阳神。洪兴祖《楚辞补注》说："《博雅》曰：朱明、耀灵、东君，日也。《汉书·郊祀志》有东君。"[1]《广雅·释天》即此言也。由此可见，"东君"既然是"日名"，则可称为人格化的太阳神。为什么太阳神又名"东君"呢？《礼记·祭义》："祭日于东，祭月于西，以别内外，以端其位。日出于东，月出于西，阴阳长短，终始相巡，以致天下和。"[2]"太阳神"不仅被祭于"东"，而又出于"东"，《东君》的"暾将出兮东方"，此"暾"即指东方初升的太阳；"君"是对神灵之尊称。

---

① （宋）洪兴祖：《楚辞补注》，中华书局 1983 年点校本，第 76 页。
② 陈戍国点校：《周礼·仪礼·礼记》，岳麓书社 2006 年版，第 389 页。

秭归"太阳神"石刻的意蕴与《东君》的描述多有相合。《东君》"照吾槛兮扶桑",扶桑是指神话中长在东方日出处的神树,即太阳神木,此处似代指大地与森林,"太阳神"石刻的头顶有一轮太阳,并有23条四射的光芒,喻示普照大地万物;《东君》"援北斗兮酌桂浆",北斗即指北天排列成斗形的七颗亮星。再者,《东君》有"举长矢兮射天狼,操余弧兮反沦降",汉代《易林·噬嗑》曰:"羿张乌号,彀射天狼。"《史记·天官书》认为,弧、矢、天狼、北斗,都是星名。既然有北斗星、天狼星,而"太阳神"石刻也刻划有四个圆点,似星辰闪烁。《东君》言"乘雷""青云衣""白霓裳""援北斗"等,均为星空之物,东君仿佛行走于星辰天际;从《东君》全篇诗意看,东君是一个勇武、刚强的男性神,而"太阳神"石刻不仅具有典型的男性特征,而且具有顶天立地之势和阳刚之气。林河先生曾考察我国南方沅湘地区的太阳祭祀仪式,当地巫师把太阳当成没有妻子的男性,在祭祀中需做出使神欢欣的动作。①

《东君》全诗仅24句、144字(含重复的"兮"字24个),且多为颂言,但在较少描述式语句中,能与秭归"太阳神"石刻形象如此巧合,亦为"太阳神"石刻的探析透露了难能可贵的材料。

二　屈原的先祖崇拜"太阳神",并多为"太阳神"名

屈原《离骚》开篇自述身世:"帝高阳之苗裔兮,朕皇考曰伯庸。"屈原的远祖是高阳。《史记·楚世家》:"楚之先祖出自帝颛顼高阳。……高阳生称,称生卷章,卷章生重黎。重黎为帝喾高辛居火正,甚有功,能光融天下,帝喾命曰祝融。共工氏作乱,帝喾使重黎诛之而不尽。帝乃以庚寅日诛重黎,而以其弟吴回为重黎后,复居火正,为祝融。吴回生陆终,陆终生子六人……六曰季连,芈姓,楚其后也。……周文王之时,季连之苗裔曰鬻熊,鬻熊……其子曰熊丽。熊丽生熊狂,

---

① 参见巫端书《巫风与神话》,湖南文艺出版社1988年版,第91页。

熊狂生熊绎。"① 重黎（祝融）、熊绎、伯庸等皆为屈原先祖。汉代王逸《楚辞章句》引《帝系》曰："楚王（武王）始都是，生子瑕，受屈为卿，因以为氏。"② 屈原乃楚武王之子瑕的后裔。

屈原的先祖不仅崇拜太阳神，而且多为"太阳神"之名。《国语·郑语》："（重黎）为高辛氏火正，以淳耀敦大，天明地德，光照四海，故命之曰'祝融'，其功大矣。"③ 重黎在高辛帝时为火正之职，远古时期火与日同属"光"系统，"日"与"火"密而不分，汉代王充《论衡·说日》："夫日者，天之火也，与地之火无以异也。"《淮南子·天文训》："火气之精者为日""日者阳之主也……故阳燧见日，则燃而为火。"④ 表明重黎不仅是火神，而且是太阳神。从上文所引《史记·楚世家》的记载可明确看出，重黎、吴回俩兄弟皆被命为祝融，《史记·楚世家》集解引虞翻曰："祝，大；融，明也。"⑤ 《大戴礼·五帝德篇》言："高阳氏……载物以天象，依鬼神以制火……大小之神，明所照，莫不砥属。"《史记·五帝本纪》也有如此之记述，《越绝书》："祝融治南方……主火。"汉代高诱注《吕氏春秋·孟夏纪》曰：祝融即"吴回也，为高辛氏火正，死为火官之神"。现代有学者说："高阳氏族的命名，取自旭日。高阳者，高悬蓝天的太阳也。"⑥ 闻一多说："颛顼就是高阳氏，也是崇拜太阳神的部落。"⑦ 日本学者认为："重黎是太阳神祝融的转音，祝融直系祖孙并具太阳神格。"⑧ 宿白考证："颛顼既是高阳，高阳就是太阳。"⑨ 丁山说："颛顼即是日神。……高阳，即是高

① （汉）司马迁：《史记》，中华书局 1959 年版，第 2481 页。
② （宋）洪兴祖：《楚辞补注》，中华书局 1983 年点校本，第 3 页。
③ （春秋）左丘明：《国语》，山西古籍出版社 2007 年译注本，第 226 页。
④ 陈广忠：《淮南子译注》，吉林文史出版社 1994 年版，第 102—104 页。
⑤ （汉）司马迁：《史记》，中华书局 1963 年版，第 1689 页。
⑥ 龚维英：《原始崇拜纲要——中国上古图腾文化与生殖文化》，中国民间文艺出版社 1989 年版，第 30—31 页。
⑦ 闻一多：《闻一多全集》（第一册），生活·读书·新知三联书店 1982 年版，第 69 页。
⑧ （日）御手洗胜：《古代中国诸神》，日本东京创文社 1984 年版，第 437—439 页。
⑨ 宿白：《颛顼考》，《留日同学会季刊》1943 年 6 号，第 34—35 页。

明的太阳。"① 由此可见,高阳、吴回或称祝融也为太阳神。龚维英论证认为"伯庸即祝融",因为"庸、融音同字假",而且"伯庸的'伯'指排行老大,是尊称"②。饶宗颐也有此论:"'融''庸'音同,字通……'融''庸''盈''绎'四字,俱隶喉音喻纽,以声类求之,实同一名",又说"熊绎亦作熊盈""'皇考伯庸',苟谓为熊绎"③。按此而及,熊绎、伯庸亦属太阳神。

楚人与"太阳神"源远流长,"楚"字的甲金文是日照大地森林之状,表明太阳神又包含着创世的意义。"'楚'字象征着楚是太阳神佑护下的民族"④,有学者甚至认为屈氏之"屈"亦与"太阳神"关联,如何新说:"屈,疑即月出之讹形。而日初之光称朏。由此可见,楚王族姓皆以日光为姓。"⑤ 何新引论的依据是《淮南子·天文训》:"(日)登于扶桑,爰始将行,是谓朏明。"⑥ 朏明即指将要升起时的太阳。由上述可见,楚时屈氏至其先祖堪称太阳神世系家族。

屈原的先祖是一个崇拜太阳的世族,又具"太阳神"名,即可说《东君》是屈原缅怀和歌颂先祖的诗歌,亦可说是屈原吊念先祖的祭文。北魏郦道元《水经注·江水》引晋代袁山松《宜都记》曰:"秭归,盖楚子熊绎之始国。"⑦ 由此可知,远古的秭归不仅是屈原先祖熊绎创业之地,而且居住着一支崇拜太阳神并拥有"太阳神"名的楚氏族。

三 秭归"太阳神"石刻的意义

"太阳神"石刻出土于秭归长江边东门头遗址,被考古界认为是目

---

① 丁山:《中国古代宗教与神话考》,龙门联合书局1961年版,第377页。

② 龚维英:《一曲太阳家族的悲歌——对〈离骚〉整体的新考察》,《求索》1987年第5期。

③ 饶宗颐:《楚辞地理考》,商务印书馆1946年版,第48页。

④ 林河:《〈九歌〉与沅湘民俗》,生活·读书·新知三联书店上海分店1990年版,第214页。

⑤ 何新:《诸神的起源——中国远古神话与历史》,生活·读书·新知三联书店1986年版,第26页。

⑥ 陈广忠:《淮南子译注》,吉林文史出版社1994年版,第134页。

⑦ (北魏)郦道元:《水经注》,中华书局2013年校证本,第757页。

前我国境内发现最早的一件新石器时代的太阳崇拜图像，被评定为国家一级文物，堪称国宝。此石刻被归属为城背溪文化（约前5800—前4700），城背溪文化是长江中上游地区已发现的原始文化遗存，主要分布在湖北宜昌市及其周围地区。上古时期，太阳被认为是自然界的造物者，是繁衍万物和人类的生殖大神，亦是主宰世界的万物之源。

秭归"太阳神"石刻出土的意义主要在于：

1. "太阳神"石刻的断代，证明秭归属原始文化发源地，历史悠久。1985年10月，北京大学历史系教授、中国历史博物馆馆长、考古学家俞伟超等人在秭归县茅坪镇长江边朝天嘴遗址进行发掘后，确认该遗址为距今7000多年的新石器时代早期文化遗存，并且是长江中游地区发现的最早的原始文化。表明至少在7000年前，已有人在秭归长江边定居生活，说明长江流域同样是中华民族的文化摇篮。"太阳神"石刻再次证明了这一点。

2. 考察"太阳神"石刻与屈原《东君》诗作的关联，《东君》素材有可能源于上古时期的秭归。也为秭归乃屈原故里提供了新的佐证。

3. "太阳神"石刻古朴怪异，且刻划工整、圆润，图像清晰而又原始，是三峡地区重要的史前美术遗迹和极具珍贵研究价值的原始艺术品，结束了研究史前美术特别是雕刻史上这一时期缺乏高艺术价值实物作品的历史，也是中华民族远古文明程度的显现。

4. "太阳神"石刻的出土，可明确的是，秭归存在较早的太阳崇拜习俗。同时为研究当时原始社会的宗教、艺术、文化和社会性质提供了宝贵的文物资料，也为秭归楚文化和屈原文化研究提供了新的证据，说明秭归是楚文化发源地之一。

（原载《三峡旅游学刊》2015年第2期）

《橘颂》是屈原管教"王族三姓"子弟的训辞

屈原的《橘颂》，是《九章》中最短小的一篇，是我国诗歌史上最早的咏物诗，全文 36 句，152 字。从该诗篇的作时、内容、体裁并结合屈原的生平事迹来考察，似是屈原早期任三闾大夫时为管理和教育"王族三姓"（昭、屈、景）子弟而创作的训辞。

一　屈原任三闾大夫的职掌与时间

东汉王逸《楚辞章句·离骚经序》曰："屈原与楚王同姓，仕于怀王为三闾大夫。三闾之职，掌王族三姓，曰昭、屈、景。屈原序其谱属，率其贤良，以厉国士。"① 王逸注释《渔父》篇中的"三闾大夫"时说："谓其故官。"并认为"屈原放逐，在江、湘之间"② 作《渔父》。王逸所言透露出三个信息：一是屈原在放逐之前任三闾大夫之职，即"谓其故官"；二是屈原在楚怀王时期担任三闾大夫之职；三是屈原在楚怀王时期负责管理和教育王族子弟等事务，即所谓"三闾之职，掌王族三姓""序其谱属"。

现存古文献可证，屈原一生担任过三闾大夫、左徒之职，曾遭受流放。司马迁《史记·屈原贾生列传》说屈原"为楚怀王左徒。博闻强志，明于治乱，娴于辞令。入则与王图议国事，以出号令；出则接遇宾

---

① （宋）洪兴祖：《楚辞补注》，中华书局 2002 年点校本，第 2 页。
② （宋）洪兴祖：《楚辞补注》，中华书局 2002 年点校本，第 179 页。

客，应对诸侯。王甚任之。"① 左徒职掌是对内"与王图议国事，以出号令"、对外"接遇宾客，应对诸侯"。据游国恩《屈原》考证，左徒是仅次于地位最高的令尹②。聂石樵《屈原论稿》进一步说："令尹就是宰相，可见左徒是仅次于宰相的官。"③ 如此之高的官位，应是屈原由三闾大夫低职至"王甚任"之时擢升为左徒高位的。李诚《楚辞文心管窥》即如此认为："屈原应当是先担任职责比较广泛的'三闾大夫'一职，然后转而担任'左徒'一职的。"④ 再者，如果说屈原是在被放逐或被疏远绌职之后由左徒贬而为三闾大夫，既不合任职由低到高的常情，又不符楚王将"掌王族三姓"的至关王族政治命运的重要事务交与被贬者之理，如果说屈原是在被放逐或被疏远绌职之前先任左徒后任三闾大夫，既不合常理也不合古代任职规律，所以屈原任三闾大夫之职应在任左徒之前，亦即放逐之前。因此，陈子展《楚辞直解·〈屈原传〉评注》说："屈原当三闾大夫在当左徒之前，时间不会很短，所以他在楚国是以三闾大夫闻名的。" 又说："屈原初仕为三闾大夫，旋仕为左徒。" 并说屈原任三闾大夫是"在他二十岁后"⑤ 这些观点较为可信，屈原早期任职应为三闾大夫，擢升左徒后，遭谗而被流放。按《屈原列传》记述的顺序："王怒而疏屈平……屈原既绌……屈原既疏……顷襄王立……虽放流……顷襄王怒而迁之。" 由此可见，屈原在怀王朝任左徒期间，因"夺稿事件"而被疏远，同时被罢黜左徒之职，在顷襄王朝被放逐（所谓"放流""迁之"）。

屈原任三闾大夫是在楚怀王时期，正值早年。其职掌是什么呢？褚斌杰《楚辞要论》引王逸《楚辞章句·离骚经序》后说："据此，知三闾大夫乃属管理王族、教育王族子弟之官。"⑥ 姜亮夫《楚辞今绎讲录》也认为三闾大夫主要是教育"三姓宗族、皇亲国戚的子弟"，"希望教

① （汉）司马迁：《史记》，中华书局1959年版，第2481页。
② 游国恩：《屈原》，中华书局1980年版，第18页。
③ 聂石樵：《屈原论稿》，人民文学出版社1982年版，第30页。
④ 李诚：《楚辞文心管窥》，（台北）文津出版社1995年版，第82页。
⑤ 陈子展等：《楚辞直解》，江苏古籍出版社1995年版，第1页。
⑥ 褚斌杰：《楚辞要论》，北京大学出版社2003年版，第14—15页。

育出一批胄子来辅助君王，使祖国强大"①。詹安泰同样认为"这是一个负责管教同姓宗亲（昭、屈、景）、贵族子弟的官职"②。

二 《橘颂》的创作时间

对于《橘颂》的作时，自汉迄今，多有争论，主要有早期、中期、晚期之说，其中还包括遭谗被疏时作、放逐时作、在职时作等等。③ 有的楚辞学者如曹大中则以为《橘颂》是屈原的绝笔④，吴广平认为《橘颂》是屈原的处女作⑤。虽然古今楚辞学者有争讼，但是大部分认为是早期所作。

经过考察，笔者以为《橘颂》不仅是《九章》中最早的一篇，也是屈原所有作品中最早的一篇。主要依据为：

一是从其句式看，多为四言句，是屈原依《诗经》再创楚辞的过渡。如"后皇嘉树，橘徕服兮。受命不迁，生南国兮"等，与《诗经》中《郑风·野有蔓草》"野有蔓草，零露漙兮。有美一人，清扬婉兮。邂逅相遇，适我愿兮"⑥ 完全相同，这类例子较多。

二是从其思想情绪看，其他作品多有怨愁情感，惟有《橘颂》全篇词气舒畅、情感愉悦，没有表露出忧伤愤懑的情绪。屈原后半生遭遇坎坷，后期诗篇特别是流放期间的作品几乎都表现了忧愁情感，王逸概括这期间的诗篇皆有"愁"。如《天问》《九歌》《离骚》及《九章》中的部分诗篇，可以说篇篇见"愁"，但《橘颂》既没有《离骚》的"忧愁幽思"（王逸语），也没有《九歌》的"怀忧苦毒，愁思沸郁"，又没有《天问》的"忧心愁悴""以泄愤满，舒泻愁思"，更没有《渔父》的"忧愁叹吟"。

---

① 姜亮夫：《楚辞今绎讲录》，北京出版社 1981 年版，第 36 页。
② 詹安泰：《屈原》，上海人民出版社 1957 年版，第 32 页。
③ 参见谭家斌《屈学问题综论》，湖北人民出版社 2006 年版，第 206—209 页。
④ 曹大中：《橘颂——屈原的绝笔》，《求索》1986 年第 2 期。
⑤ 吴广平：《白话楚辞》，岳麓书社 1996 年版，第 208 页。
⑥ 袁愈妄等：《诗经全译》，贵州人民出版社 1991 年版，第 116 页。

三是从其内容看，诗篇中的"年岁虽少，可师长兮"，即屈原自称：我年纪虽然不大，但是可以做你们（指王族三姓子弟）的师长，"师长"与古之"傅"、今之"教师"义同。此句即表明是屈原年少时所作，也可证屈原曾为"师长"，说明与屈原担任管教"王族三姓"子弟的职责是相符的。

四是从其结构看，屈原诗篇中大多有"乱辞"或"倡辞"，而《橘颂》却没有，也就是说与《离骚》等后期作品定型而有"乱辞"的结构不同。

五是从其文体看，《橘颂》之"颂"沿用《诗经》中的"风、雅、颂"之"颂"，而且使用的意义也相同，如《周颂》《鲁颂》。所以王逸说："美橘之有是德，故曰颂。《管子》篇名有《国颂》。说者云：颂，容也，陈为国之形容。"①

六是从其内容的意义看，几乎都以启发、训导、教育为主，符合屈原早期任三闾大夫时的职掌。

从以上六点可以看出，《橘颂》是屈原早期所作。因此，郭沫若《历史人物》指出："据我看来，《橘颂》作得最早……大体上是遵守着四字句的古调。"② 赵逵夫《屈原与他的时代》甚至说："《橘颂》是屈原行冠时有意仿效士冠辞所写成。"③ 同时认为是屈原二十岁行冠后抒怀所作。但《橘颂》是否为冠辞，尚需探讨，而说"屈原二十岁……抒怀所作"较为可信。杨义也认为《橘颂》是"屈子少年之作，也可以说是今存屈赋之最早者"，并说"此诗大概作于他二十岁前后"。④ 清代陈本礼《屈辞精义》、吴汝纶《古文辞类纂评点》皆有此说。认同《橘颂》为屈原早期作的当代楚辞学者较多，如姜亮夫、陆侃如、林庚、詹安泰、谭介甫、聂石樵、金开诚等等，意见日趋一致。

按前引陈子展屈原二十岁任三闾大夫、赵逵夫屈原二十岁作《橘

① （宋）洪兴祖：《楚辞补注》，中华书局2002年点校本，第155页。
② 郭沫若：《历史人物》，人民文学出版社1979年版，第32页。
③ 赵逵夫：《屈原与他的时代》，人民文学出版社1996年版，第100页。
④ 杨义：《杨义文存》第七卷《楚辞诗学》，人民出版社1998年版，第382页。

颂》，可见《橘颂》是屈原任三闾大夫过程中所作。金开诚等人的《屈
原集校注》说："《橘颂》可能是屈原担任三闾大夫时的作品。三闾大
夫的责任是教育皇家子弟，屈原写《橘颂》，是要对学生进行思想品格
的教育。《橘颂》是一篇教书育人的作品。"①

三 《橘颂》内容、体裁与三闾大夫职掌的联系

既然屈原任三闾大夫主要是"掌王族三姓"子弟的教育，此间所
作的《橘颂》则与三闾大夫职掌多有联系。

首先看通篇各诗句的内涵及其意义："受命不迁，生南国兮"，是
教育子弟热爱自己的故乡、热爱楚国。因楚国居于南，故古时以"南
国"指代楚国；"深固难徙，更壹志兮"，是教育子弟更加坚定美好的
理想和信念，感情专一。诗中两言"深固难徙"，又两言"不迁"（即：
"受命不迁""独立不迁"），都是教育子弟终生扎根于"南国"（楚
国），永远不改变意志；"绿叶素荣，纷其可喜兮"，是教育子弟要像橘
树一样叶繁花茂，茁壮成长，成为国家有用人才；"曾枝剡棘，圆果抟
兮"，是教育子弟克服层层障碍，取得圆满的成绩；"青黄杂糅，文章
烂兮"，是教育子弟要经受住不同环境的考验，努力学习文化，拥有灿
烂的文采；"精色内白，类任道兮"，是教育子弟造化纯洁的心灵，表
里如一，怀抱道义；"纷缊宜修，姱而不丑兮"，是教育子弟经常注重
修饰，修身养心，做到高雅而脱俗；"嗟尔幼志，有以异兮"，是教育
子弟自幼树立远大志向，出类拔萃，不同凡响。此处的"尔"，即指称
王族子弟，是针对王族子弟而言；"深固难徙，廓其无求兮"，是教育
子弟固守志节，心胸豁达，不求私欲；"苏世独立，横而不流兮"，是
教育子弟保持清醒的头脑，卓绝于世，不随波逐流；"闭心自慎，终不
失过兮"，是教育子弟修养良好性情，谦虚谨慎，洁身自好，终生不犯
错误；"秉德无私，参天地兮"，是教育子弟修炼大公无私的美德，让
光彩如同天长地久；"愿岁并谢，与长友兮"，是教育子弟珍惜青春岁

---

① 金开诚等：《屈原集校注》，中华书局 2011 年版，下册，第 606 页。

月，愿与这些子弟结为天长地久的朋友；"淑离不淫，梗其有理兮"，是教育子弟秉性善良，从不放纵，性情耿直，坚守真理；"年岁虽少，可师长兮"，是说年纪虽然不大，但可以成为学习的榜样，此句既是屈原对这些年轻子弟提出的期望，也是自指。诗题"橘颂"之"颂"，即赞颂、歌颂。通篇的"橘"，均隐指"王族三姓"子弟。诗篇起首言"后皇嘉树，橘徕服兮"，此处的"后皇"，本意是对天、地的尊称，在此指代楚国。意思是说：楚国最美的树是橘树，生来习惯楚地的水土。言下之意是指楚国美好的未来和希望，都寄托在这些生长在楚地（"南国"）的"有以异"而又"参天地"的王族三姓子弟的身上，期望他们成为"嘉树"。篇中两言"可喜"（"纷其可喜""岂不可喜"），即屈原对三姓子弟寄予的厚望。篇首不仅点明主题，而且寓意深邃。篇尾言"行比伯夷，置以为像兮"，意思是说：品行要学习清白而有节操的商末贤士伯夷，以伯夷为典范。

其次从体裁看，《橘颂》为四字句，不仅易记易诵，朗朗上口，还可以入乐且能歌唱。将诗歌作为教育子弟的形式在屈原之前已有先例，两千多年前，孔子创办私学，即将诗与乐作为教育子弟的重要内容。《史记·孔子世家》："孔子以《诗》《书》、礼、乐教，弟子盖三千焉，身通六艺者七十有二人。"[1]《诗经》即以四言为主体。《橘颂》既承袭了《诗经》的体裁，又沿用了《诗经》"颂"的意义。

再者，《史记·货殖列传》《汉书·食货志》都说到"江陵千树橘"，《货殖列传》又说"江陵故都郢"。屈原在楚郢都任三闾大夫时，对江陵的橘观察细微，情有独钟，从橘"生南国"中受到启迪，睹"橘"思人，见"橘"思教，担忧楚国未来，以教育"王族三姓"子弟为己任，故特制此篇以为训辞。屈原表现其教育思想的作品，《橘颂》是代表作。其余作品也有见证，如《离骚》"余既滋兰之九畹兮，又树蕙之百亩""冀枝叶之峻茂兮，愿竢时乎吾将刈"，即针对后代教育而言之。

---

① （汉）司马迁：《史记》，中华书局 1959 年版，第 1938 页。

综观《橘颂》全篇诗意，表面看句句是颂橘之语，实则句句是育人之言。通篇始终以橘的内质美和外形美来训教子弟加强品德修养。同时，训教的内涵广泛，涉及思想品德、文化学习、为人处世、言行举止以及内心、外貌等等，用今天的话说即"德、智、体"等方面。是一篇有特定对象（始终以"生南国"的"橘"为喻体，以"王族三姓"子弟为本体）、特定用途（教育"王族三姓"子弟）、特定内容（以"橘"的独异品性为楷模）、特定意义（训导、教育之言）、特定体裁（四字句）、特定目标（使"王族三姓"子弟成为"南国"的"嘉树""贤良"）的训辞。训辞，即训导、教育之言。《国语·楚语下》："楚之所宝者，曰观射父，能作训辞，以行事于诸侯，使无以寡君为口实。"①观射父为春秋末期楚国大夫之职，且为楚之世官，作训辞以训教政事，而屈原则以楚三闾大夫之职作训辞以训教王族子弟，可见当时已流行训辞。《国语·楚语下》还有此类记载，楚庄王委派楚国大夫士亹教育太子箴，楚国大夫申叔时向士亹传授教育贵族子弟的内容和方法，即"教之训典，使知族类，行比义焉"②。章太炎《与人论朴学报书》称："训辞深厚，宜为典常。"③屈原借橘的特异品性创制成训辞来教育子弟，寓意深厚，富有哲理，堪称经典。

（原载《三峡大学学报·人文社会科学版》2016 年第 3 期。后收入中国屈原学会编《中国楚辞学》第二十一辑，学苑出版社 2016 年版）

---

① （春秋）左丘明：《国语》，山西古籍出版社 2007 年译注本，第 263 页。
② （春秋）左丘明：《国语》，山西古籍出版社 2007 年译注本，第 238 页。
③ 上海人民出版社编：《章太炎全集》（四），上海人民出版社 1985 年版，第 153 页。

关于屈原体貌特征的文献考察

自古至今，屈原画像、塑像数以千计，形态各异，其中明清时期以来尤盛。屈原的体形、容貌到底是什么模样呢？这是人们长期存在的一个疑惑。古文献虽有零星记述，且从屈原作品亦可寻觅其体貌特征的蛛丝马迹。但依然难以形成完整的屈原形貌。

一 屈原作品透露出屈原体貌信息

屈原主要集中在《离骚》《九章》等作品之中透露出自身体貌信息，从含有"余""吾""予"字的第一人称的诗句来看，既可作为屈原体貌的内证，又可称之为屈原的"自传"。《离骚》是屈原作品中带有自叙性的长篇抒情诗，《九章》是屈原对自身人生经历的补充。《远游》《渔父》也言及屈原体貌。

1. 屈原的装扮。《九章·涉江》："带长铗之陆离兮，冠切云之崔嵬。"意思是说：我头戴高高的帽子，身佩长长的宝剑。汉代王逸《楚辞章句》注曰："长铗，剑名也。……长剑，楚人名曰长铗也。"又云："崔嵬，高貌也。……带长利之剑，戴崔嵬之冠，其高切青云也。"[1] 宋代朱熹《楚辞集注》云："切云，当时高冠之名。"[2]《离骚》也有相同自述："高余冠之岌岌兮，长余佩之陆离。"屈原反复叙述自己的装扮

---

① （宋）洪兴祖：《楚辞补注》，中华书局 2002 年点校本，第 128 页。
② （宋）朱熹：《楚辞集注》，上海古籍出版社 2001 年点校本，第 77 页。

是头戴高帽、腰佩长剑。清代著名学者王念孙《广雅疏证·释训》曰："此云'高余冠之岌岌兮，长余佩之陆离。'岌岌为高貌，则陆离为长貌。……《九章》云：'带长铗之陆离兮，冠切云之崔嵬。'义与此同。"①

2. 屈原的面容。《离骚》："苟余情其信姱以练要兮，长顑颔亦何伤?"顑颔之意是指面黄肌瘦的样子。宋代洪兴祖《楚辞补注》："顑颔……面黄貌。"② 《渔父》也形容屈原"颜色憔悴"，即面色瘦损、疲惫。

3. 屈原的形体。《远游》："形枯槁而独留。"其意是述屈原形体枯瘦。《渔父》也称屈原"形容枯槁"，王逸注此曰："癯瘦瘠也。"③ "癯"与"瘠"皆形容身体瘦弱。

4. 屈原的心情。《离骚》是屈原的代表作，其题意迄汉以降多认为与"忧愁"相关，东汉班固以为屈原"忧愁幽思而作《离骚》"，明确解释题意为"遭忧"，其曰："离，犹遭也。骚，忧也。明己遭忧作辞也。"④ 司马迁《史记·屈原贾生列传》云："离骚者，犹离忧也。"⑤ 后人多承袭"遭忧"说。东汉王逸认为《九章》"忧心罔极"⑥，《渔父》"忧愁叹吟，仪容变易"⑦。屈原在作品中也有自述，如《离骚》"忳郁邑余侘傺兮，吾独穷乎此时也"，《九章·抽思》"心郁郁之忧思兮，独永叹乎增伤""数惟荪之多怒兮，伤余心之忧"，《九章·惜诵》"申侘傺之烦惑兮，中闷瞀之忳忳"，《九章·涉江》"吾不能变心而从俗兮，固将愁苦而终穷"等等，都以自叙形式叙述了忧愁、悲伤、抑郁、苦闷的心情。自古至今，多认为《离骚》《九章》是屈原晚年被放逐期间所作。既然屈原遭谗被逐，其于此间的作品"发愤抒情"，不仅

① 参见崔富章等《楚辞集校集释》（上），湖北教育出版社2003年版，第287页。
② （宋）洪兴祖：《楚辞补注》，中华书局2002年点校本，第12页。
③ （宋）洪兴祖：《楚辞补注》，中华书局2002年点校本，第245页。
④ （宋）洪兴祖：《楚辞补注》，中华书局2002年点校本，第51页。
⑤ （汉）司马迁：《史记》，中华书局1959年版，第2482页。
⑥ （宋）洪兴祖：《楚辞补注》，中华书局2002年点校本，第121页。
⑦ （宋）洪兴祖：《楚辞补注》，中华书局2002年点校本，第179页。

有"忧"而且有"怒",故于情理之中。但屈原是为"民生之多艰"而忧,为国家的前途与命运而愁,为腐朽衰败的楚王统治而怒。

自述形貌的屈原作品,如《离骚》《九章》《渔父》等多是屈原晚年被放逐后所作,诗篇所言也符合屈原年老时期和被放逐后的精神面貌。班固《汉书·地理志》称:"屈原被谗放逐,作《离骚》诸赋,以自伤悼。"① 司马迁《史记·太史公自序》亦称:"屈原放逐,著《离骚》。"② 对于《九章》《渔父》《远游》,王逸云:"屈原放在草野,复作《九章》。"③ 认为《渔父》是"屈原放逐,在江湘之间"④ 所作,且《渔父》篇有"屈原既放""行吟泽畔"已言明。司马迁明确指认《九章·怀沙》是屈原的绝笔,他称屈原"作《怀沙》之赋……于是怀石遂自投汨罗以死"⑤。宋代朱熹释《远游》云:"远游者,屈原之所作也。屈原既放,悲叹之余……悼年寿之不长,于是作为此篇。"⑥

二　古籍文献对屈原的体貌有片断记述

记载屈原体貌的古籍文献不仅稀少,而且是片言只语。主要见于两类传世文献之中,第一类是"传记",第二类是汉时代屈原言之诗作。

1. "传记"类。司马迁《史记·屈原贾生列传》载:"屈原至于江滨,被发行吟泽畔,颜色憔悴,形容枯槁。"⑦ 该传是关于屈原生平与创作的现存最早的一篇传记,概述了屈原晚年被放逐后"被发行吟""颜色憔悴,形容枯槁"的形态。唐代沈亚之《屈原外传》载:"屈原瘦细美髯,丰神朗秀,长九尺,好奇服,冠切云之冠,性洁,一日三濯缨。"⑧ 此"传"比较具体地描述了屈原体貌特征:体形瘦细,胡须飘

---

①　(汉)班固:《汉书》,中华书局1962年版,第1668页。

②　(汉)司马迁:《史记》,中华书局1959年版,第3300页。

③　(宋)洪兴祖:《楚辞补注》,中华书局2002年点校本,第2页。

④　(宋)洪兴祖:《楚辞补注》,中华书局2002年点校本,第179页。

⑤　(汉)司马迁:《史记》,中华书局1959年版,第2490页。

⑥　(宋)朱熹:《楚辞集注》,上海古籍出版社2001年点校本,第103页。

⑦　(汉)司马迁:《史记》,中华书局1959年版,第2486页。

⑧　参见符号《宜昌文林揽粹》,湖北人民出版社2005年版,第164页。

曳，神韵精干、俊秀爽朗，身高达九尺，嗜好奇异服饰，头戴高冠，喜爱干净、整洁，以致"一日三濯缨"。《渔父》："屈原曰……新沐者必弹冠，新浴者必振衣"。这些记载与《离骚》《九章》《远游》《渔父》所述相合。屈原不仅"性洁"而且自称"美人"，他在《离骚》中说："惟草木之零落兮，恐美人之迟暮。"明代黄文焕注此："美人，（屈）原自谓也。"①《离骚》"众女嫉余之蛾眉兮"，"蛾眉"即古代美貌的象征。

"长九尺"即近300厘米吗？非也。当代学者根据出土的度量衡文物，考证春秋战国时期常用的尺度是一尺合今尺23.1厘米，"23.1厘米的尺子，战国时除中原地区外，西至秦、南至楚都已行用，统一趋势渐明。目前学术界公认这是秦王朝统一前……的长度，统一后即以此推广于全国。"②据陈梦家对战国、秦、汉尺度的考证，认为："战国时期，逐渐进入23厘米左右，为东周、秦、楚等国共同的标准。西汉尺由23.1稍长至23.3厘米。"③依23.1厘米计算，屈原身高207.9厘米，堪称身材高大，仪表出众。称屈原"长九尺"者是唐代的沈亚之，如果依唐代尺度计算，有学者考证唐代尺度有大、小之分，"唐小尺长度为24.5784厘米，唐大尺长度近29.5厘米"④，按其小尺计算屈原身高达221.2厘米，按其大尺计算屈原身高则有265.5厘米，依这种大、小尺计算屈原身高则出现"巨人"现象，似不可信，因为其既不合客观实际，也不合科学发展规律。"长九尺"应是泛指身材高大。

2. 汉时代屈原言之诗作类。西汉庄忌《哀时命》"冠崔嵬而切云兮，剑淋离而从横"⑤，此与屈原《离骚》"高余冠之岌岌兮，长余佩之陆离"意义相同。东汉王逸《楚辞章句》释《哀时命》曰："（庄）忌

---

① 参见游国恩等《离骚纂义》，中华书局1982年版，第43页。
② 吴慧：《春秋战国时期的度量衡》，《中国经济史研究》1991年第4期。
③ 陈梦家：《战国度量衡略说》，《考古》1964年第6期。
④ 胡戟：《唐代度量衡与亩里制度》，《西北大学学报》1980年第4期。
⑤ （宋）洪兴祖：《楚辞补注》，中华书局2002年点校本，第262页。

哀屈原受性忠贞，不遭明君而遇暗世，斐然作辞，叹而述之，故曰'哀时命'也。"① 认为《哀时命》中的"予"是指屈原，即代屈原言之。

西汉刘向作《九叹》诗篇，其中有三处言及屈原的体貌。王逸云："（刘向）追念屈原忠信之节，故作《九叹》。……言屈原放在山泽，犹伤念君，叹息无已，所谓赞贤以辅志，骋词以曜德者也。"② 同样认为刘向的《九叹》是代屈原所言。《九叹·忧苦》"律魁放乎山间"③，即言身材高大、魁伟的屈原被放逐于山野。梅桐生注此曰："律魁，高大的样子。犹魁伟。王念孙《读书杂志》：''律魁'为'魁垒'之转。'皆高大之意。'"④《九叹·怨思》"身憔悴而考旦"⑤，其意即言屈原被放逐后身心憔憔而夜不能寐。《九叹·惜贤》"冠浮云之峨峨"⑥，也言及屈原头戴高帽。刘向诗篇所述与《离骚》《屈原贾生列传》《屈原外传》能相互印证。

三 古今屈原画像或塑像所表现的屈原体貌

虽然古今屈原画像或塑像有艺术加工或艺术塑造的过程，且有不足为据之嫌，但并非空穴来风。

1. 流传最早的屈原画像。今见能考证且认为较早的屈原画像是元代著名画家赵孟頫的《三闾大夫》，画中题有"大德九年八月二十五日"，可见其作于元成宗大德年间，即 1630 年 8 月 25 日。采用白描手法，屈原身着右衽宽袖袍服，头戴圆型缁冠，面容忧愁。画中屈原所戴之冠被楚辞学者认为是"圆型缁冠，又是儒生所戴之冠"⑦。缁冠是用布做成的没有高度可言的帽子，秦汉时士大夫常戴，形状如同一块布折

① （宋）洪兴祖：《楚辞补注》，中华书局 2002 年点校本，第 295 页。
② （宋）洪兴祖：《楚辞补注》，中华书局 2002 年点校本，第 282 页。
③ （宋）洪兴祖：《楚辞补注》，中华书局 2002 年点校本，第 301 页。
④ 参见梅桐生《楚辞今译》，贵州人民出版社 2002 年版，第 329 页。
⑤ （宋）洪兴祖：《楚辞补注》，中华书局 2002 年点校本，第 289 页。
⑥ （宋）洪兴祖：《楚辞补注》，中华书局 2002 年点校本，第 296 页。
⑦ 周秉高：《楚辞原物》，内蒙古大学出版社 2008 年版，第 285 页。

叠后覆盖于头顶。因其与人们想象的屈原形象有差距，例如无"切云冠"这种高冠之形态，所以多不认同。

1973 年 5 月，湖南长沙城东南子弹库楚墓出土一幅战国时期帛画，画高 37.5 厘米，宽 28 厘米，被称作《人物驭龙帛画》（见图 2）。图上绘一侧身直立的有须男子，头戴高冠，额下系缨，身材修长，身着大袖袍服，腰佩长剑，手挽缰绳，驾驭着一条形状似舟的飞龙。据参与发掘的考古工作人员报告，墓主"身长约 1.7 米，经湖南医学院鉴定为男性"，帛画人物应是墓主，"结合帛画上男性肖像及其装束来看，墓主人应为士大夫一级的贵族"①。当代学者考证图中男子穿着"深衣样式"，"从服装来看，楚人穿深衣是比较普遍的。深衣是春秋时期出现的一种将上衣下裳连在一起的新式服装，也就是袍式的大袖宽衣"，并指出："楚国贵族男子的典型服饰就是头戴切云冠，身着袍服。"② 巧合的是，屈原曾任三闾大夫之职，不言而喻是"大夫"级别。按《史记·屈原贾生列传》屈原与"楚之同姓"可知，屈原也是楚国贵族，《人物驭龙帛画》中人物形态、服饰与《屈子行吟图》如出一辙。更难以想象的是，陈洪绶（1598—1652）19 岁创作《屈子行吟图》应是 1617 年③，与《人物驭龙图》出土前后相距 350 余年，《屈子行吟图》为什么与两千多年前的《人物驭龙图》惊人地相似？这是一个奇特的现象。当年 6 月，郭沫若曾为《人物驭龙图》题诗《西江月·题长沙楚墓帛画》："仿佛三闾在世，企翘狐鹤相从，陆离长剑握拳中，切云之冠高耸。上罩天球华盖，下乘湖面苍龙，鲤鱼前导意从容，瞬上九重飞动。"④ 郭沫若审视画中人物的体形、仪容等特征，认为是屈原真实体貌的再现，郭氏也可能从古文献零星记载、古代画像、屈原自传性作品的叙述中受到启发。该帛画人物所戴高冠，"多数研究者认为，这种冠

① 湖南省博物馆：《长沙子弹库战国木椁墓》，《文物》1974 年第 2 期。
② 姚伟钧等：《楚国饮食与服饰研究·绪论》，湖北人民出版社 2012 年版，第 8—9 页。
③ 参见谭家斌《屈原祠》，湖北人民出版社 2011 年版，第 63 页。
④ 郭沫若：《西江月·题长沙楚墓帛画》，《文物》1973 年第 7 期。

式就是《楚辞》中所说的高冠或切云冠"①。

2. 明末清初的屈原画像。明末清初，尤工人物画的著名画家兼诗人陈洪绶创作的木版画《屈子行吟》，后世称《屈子行吟图》（见图1）。该屈原画像至今仍有名气且被广为流传，视为屈原画像中的精品。画像塑造了年老时孤独行吟的屈原形象，通过高度的艺术概括和简洁的构图，把诗人忧国爱民的精神和孤忠高洁的气质刻画得惟妙惟肖：屈原踯躅于荒凉之境，形容枯槁，颜色憔悴，髯须飘逸，腰佩长剑，头戴高冠，身着右衽宽袖袍服。生动地体现了屈原追求真理、勇于求索的坚定信念。时至今日，《屈子行吟图》被很多出版物沿用。有学者称："明代大画家陈洪绶的《屈子行吟图》……是成功的佳作，难怪现代不少有关屈原的书籍都用它作封面了。"②

3. 现代屈原画像。现代著名画家徐悲鸿、齐白石、傅抱石、刘凌沧、刘旦宅、范曾等，创作的屈原画像多与《屈子行吟图》大致相同。共同特点是：身着右衽宽袖袍服、形容枯槁、颜色憔悴、腰佩长剑，髯须飘逸。不同之处是：如是披发行吟的形态则无高冠，非披发行吟形态则有高冠。

对于屈原右衽服装，近年曾出现一段有趣插曲。2012年10月22日《北京晚报》"科教版"刊发《网友热议屈原衣襟穿反，人教社称新教材将更正》的新闻，称："在七年级《中国历史》（上册）的图片中，大诗人屈原所着服装为'左衽'。衽，就是衣襟。前襟向右，也就是左边一片压住右边那片称右衽，反之称左衽。专家介绍，右衽汉服是中华民族的传统服饰，在中国古代，只有死者和部分少数民族才穿左衽服装。"据了解，发现这一错误的是武汉七一华源中学的初中女生李舒曼。由人民教育出版社出版的七年级《中国历史》（上册）第41页屈原像插图，源自中国历史博物馆通史陈列的屈原画像（见图4），是现代画家的作品。经该出版社历史编辑室人员核实，此历史教材插图由于

---

① 彭浩：《楚人的纺织与服饰》，湖北教育出版社1996年版，第173页。
② 吴汝宁：《屈原的白描画像》，《星岛晚报》1985年6月20日第3版。

翻拍排版时印反了。出版社表示，正在编写的新教材将会更正此错误。当年10月30日，人民教育出版社历史编辑室编审马执斌在《北京晚报》发表《屈原左衽，未必就错》一文，引《论语·宪问》"微管仲，吾其被发左衽"和朱熹所注"被发左衽，夷狄之俗"的原文，指出："楚国居蛮夷之地，屈原属蛮夷，应为少数民族，风俗自然与中原不同，正当左衽，何错误之有？"但是，与马执斌在同一出版社历史编辑室任编审的历史学家臧嵘，2013年6月在当年第2期《邯郸学院学报》发表《从教科书屈原像服饰之争看楚文化在华夏文明中的重要地位》的长文，以出土的战国时期文物和楚文化发展历史为依据，认为"右衽"在战国时期已很普遍，并指出屈原是华夏文明的杰出代表，既非"夷狄"代表又非"蛮夷"人物。至2014年3月，马执斌在第1期《邯郸学院学报》发表《由批评历史教科书插图屈原服饰"左衽"想到的》一文，作了部分回应。

4. 屈原塑像。被多地复制而又有影响的屈原塑像，是1984年揭幕的湖北秭归屈原祠里的屈原铜像（见图3）。该塑像设计的特征是表现屈原老年形象，其主题为"低头沉思，顶风徐步"。具体形貌是：身站立，头微低，眉宇紧锁，脸庞瘦削，忧愁沉思，体瘦高大，腰佩长剑，头戴高冠，髯须飘逸，身着右衽宽袖袍服，迎风迈步。突出刻画屈原忧国忧民的精神，行廉志洁的气节，求索拼搏的意志，魁伟高大的形态。该铜像与《屈子行吟图》的屈原形态近似，堪称屈原形貌的经典之作。如今，有"屈原故里屈氏第一村"①之誉的湖北秭归县归州镇万古寺村，全村2311人口中，屈姓占1285人，占总人口的56%，是秭归屈姓人口最多的村，几乎家家户户供奉着与秭归屈原祠屈原塑像相同的小型屈原立身铜像。

综言之，从古文献零星记载、古今屈原画像或塑像的表现、屈原自传性的《离骚》与《九章》等作品所透露的信息，可粗略考证屈原年

---

① 郑之问等：《万古寺：屈原故里屈氏第一村》，《三峡日报·都市新闻》2009年11月9日A版。

老时期的体貌特征：颜色憔悴，形容枯槁，身材高大，体态细瘦，胡须飘逸，头戴高帽，腰佩长剑，身着右衽宽袖袍服。古今特别是近代以来创作的大量屈原老年时期的画像或塑像，其形态、体貌特征无不出其左右。但是，由于与屈原体貌相证的实物空缺，古文献资料又相对匮乏，因此，我们对屈原体貌特征的探究有可能得不到一致认同。

（原载《高教研究参考》2015 年第 3 期。又载《云梦学刊》2016 年第 1 期）

图 1　明·陈洪绶《屈子行吟图》

图 2　战国时期帛画《人物驭龙图》（白描）

图 3　秭归屈原祠屈原铜像

图 4　屈原右衽服饰画像

三闾大夫音义辨

我国伟大诗人屈原（约前340—前278），曾任三闾大夫之职，对于三闾大夫的"大夫"读音，今天人们有的读 dà fū 音，有的将其与涉医类的"大夫"同读为 dài fū 音，以致发生相互争论、莫衷一是的现象，到底哪一个读音正确呢？

当今"大夫"两种读音的依据

其实，当今"大夫"读 dà fū 音或读 dài fū 音者各有所据。读音为 dài fū 者，如《辞源》"大夫"条："（一）官名。殷朝有大夫、乡大夫、朝大夫、冢大夫等。春秋晋有公族大夫。秦汉有御大夫、谏大夫、光禄大夫、大中大夫等。……（二）职官等级名。三代时，官分卿、大夫、士三等；大夫又分上、中、下三级。（三）爵位名。如秦汉分爵位为公士、上造等二十级，其中大夫居第五级，又分官大夫、公大夫、五大夫等名目。（四）宋医官别设官阶，有大夫、郎、医效、祗候等。见宋洪迈《容斋三笔·医职冗滥》。后称医生为大夫，本此。……"① 该"大夫"词条的这四种词义的汉语拼音都标示为 dài fū。可见，不论是指涉医类的"大夫"还是指行政类官职的"大夫"，读音都是 dài fū。目前，两类"大夫"为同一个读音的，在流行的辞书中仅商务印书馆《辞源》（2011年版）一例。

---

① 《辞源》，商务印书馆2011年修订版，第724页。

其他辞书则区分了涉医类"大夫"与行政类官职"大夫"的读音，涉医类"大夫"读 dài fū 音，行政类官职"大夫"读为 dà fū 音。如《现代汉语词典》（第 6 版）即有两种注释："大夫 dà fū，古代官职，位于卿之下，士之上。"① 此官职指行政类。"大夫 dài fū，（口）医生。"② 并将涉医类"大夫"标注为口语词；商务印书馆出版的《新华词典》虽然没有收入行政类官职"大夫"一词，也没有像《辞源》那样将两类"大夫"标示为同一个读音，但对涉医类"大夫"一词有明确注释："大夫 dài fū，医生。"③《汉语大字典》"大"字条："'山大王'、'大夫（医生）'的'大'读 dài。"④ 此处的"大夫"也是专指涉医类的医生，其汉语拼音明确标示为 dài fū。在其所录《普通话异读词审音表》中区分更清楚："dà，大夫（古官名）。dài，大夫（医生）。"⑤《辞海》"大夫"条也有两种明确解释，其一："在奴隶制时代的诸侯国中，国君之下有卿、大夫、士三级。因此后来成为一般官职者之称。"其将行政官职类"大夫"的读音标示为 dà fū。其二："（dài—）宋代医官别置大夫以下阶官，徽宗政和间改订官阶时始置。今北方仍沿称医生为大夫。"⑥ 其将涉医的医官或医生之"大夫"标示为 dài fū 音。

三闾大夫职掌不涉医

屈原曾为三闾大夫，其"大夫"是行政类官职名称还是涉医类官职名称呢？"三闾大夫"一词最早见于《渔父》："屈原既放，游于江潭，行吟泽畔，颜色憔悴，形容枯槁。渔父见而问之曰：'子非三闾大夫与？何故而至于斯？'屈原曰：'举世皆浊我独清，众人皆醉我独醒，是以见放。'"⑦《渔父》何人作？汉代王逸《楚辞章句》云："《渔父》

① 《现代汉语词典》，商务印书馆 2014 年版，第 240 页。
② 《现代汉语词典》，商务印书馆 2014 年版，第 248 页。
③ 《新华词典》，商务印书馆 1982 年版，第 143 页。
④ 《汉语大字典》，湖北辞书出版社、四川辞书出版社 1995 年缩印本，第 219 页。
⑤ 《汉语大字典》，湖北辞书出版社、四川辞书出版社 1995 年缩印本，第 2249 页。
⑥ 《辞海》（语词分册上），上海辞书出版社 1977 年版，第 610 页。
⑦ （宋）洪兴祖：《楚辞补注》，中华书局 2002 年点校本，第 179 页。

者，屈原所作也。"① 并认为是屈原被放逐于江湘时遇渔父相应答后所作。司马迁《史记·屈原贾生列传》也选录有《渔父》中言及"三闾大夫"一段。

三闾大夫职掌不涉医。《楚辞学通典》"三闾大夫"词条："楚官职，屈原曾任三闾大夫。"② 《楚国历史文化辞典》"三闾大夫"条："楚官名。据王逸《离骚序》，其职掌为管理楚之世族屈、景、昭三姓贵族事务。"③ 王逸《楚辞章句·离骚序》曰："屈原与楚同姓，为三闾大夫。三闾之职，掌王族三姓，曰昭、屈、景。屈原序其谱属，率其贤良，以厉国士。入则与王图议政事，决定嫌疑；出则监察群下，应对诸侯。谋行职修，王甚珍之。"④ 明代汪瑗也说："三闾大夫，官名也，其职掌王族姓，序其谱属，率其贤良，以厉国士。有昭、屈、景三姓，故曰三闾大夫。三闾，言三族也。"⑤ 《辞海》"三闾大夫"条："官名。战国时楚国设置。掌管昭、屈、景三姓贵族。屈原曾任此职。"⑥ 显而易见，三闾大夫是楚国专设的行政类官职，"三闾"指代昭、屈、景王族三姓，其职掌既包含王族三姓昭、屈、景的教育，还包含楚国内政、监察、外交等，三闾大夫明显为楚国行政类官职，并非指涉医类官职，自汉至今的古籍文献也无一例言及三闾大夫是与医相关联的官职。

综观社会发展历程，"大夫"作为一种官职或爵位，随着历史的发展变化而变化。隋唐以后，以大夫为高级官阶之称号。唐、宋时期尚存的御史大夫及谏议大夫等，至明、清时期废除。清朝高级文职官阶称大夫，武职则称将军。这一类"大夫"行使的职权范围主要涉及政治、社会管理等方面的官员，似可称谓广义的"大夫"。另一种"大夫"主要指涉及医疗、医术、医药等医务之类的官员或工作人员，似可称狭义的"大夫"。

---

① （宋）洪兴祖：《楚辞补注》，中华书局2002年点校本，第179页。
② 周建忠等：《楚辞学通典》，湖北教育出版社2003年版，第228页。
③ 石泉：《楚国历史文化辞典》，武汉大学出版社1997年版，第9页。
④ （宋）洪兴祖：《楚辞补注》，中华书局2002年点校本，第1—2页。
⑤ （明）汪瑗：《楚辞集解》，上海古籍出版社2017年点校本，第431页。
⑥ 《辞海》（历史分册·中国古代史），上海辞书出版社1977年版，第130页。

医官被称为"大夫"始于北宋时期。宋代以前宫廷中掌管医药的官员大多称为太医，如《后汉书·东海恭王彊传》："永平元年，彊病，显宗遣中常侍钩盾令将太医乘驿视疾，诏沛王辅、济南王康、淮阳王延诣鲁。"[①] 周官有医师，秦汉有太医令丞，魏、晋、南北朝沿置，隋置太医署令，宋有医官院，金改称太医院，置提点为长官，明清相沿，长官称为院使。北宋徽宗赵佶在政和年间（1111—1117）重订官阶时，在医官中别置大夫、郎、医效、祇候等，加之唐末五代以后官衔泛滥，以官名称呼逐渐形成社会风气，所以北方人尊称医官为"大夫"，也沿袭 dài fū 之读音。当今，人们对医疗机构的医生、医师、医士等都通称"大夫"（dài fū），对管理医疗事务或机构的行政机关的官员则不再称"大夫"（dài fū）而称呼职务名。

大夫"大"音的演变过程

经过认真检阅，发现"大"字读音从古至今经历了一个曲折而又复杂的演变过程。"大"字最早出现在字典的音切资料是南朝梁顾野王所撰《玉篇·大部》："大，达赖切。"可见"大"字读 dài 音而不读 dà 音。此后的音韵典籍如唐代孙愐《唐韵》、宋代官修《广韵》《集韵》、元代《古今韵会举要》、明代《洪武正韵》、清代《音韵阐微》等，以及音义典籍如唐代《经典释文》、明代《字汇》、清代《辞源》、民国时期《新字典》（1913 年版）及再版《辞源》（1915 年版）等，注释"大"字音切的数量多达六种，有"唐佐切""达赖切""他盖切"，或是"徒盖切""铎艾切""铎饿切"，这六种切音按照反切原理拼切出来的只有 duò、dài、tài 三种音，唯独没有 dà 之类的音切。据曾任《汉语大字典》编委、上海医药出版社总编辑的金文明先生考证："作为表示事物大小的'大'，在现代的普通话以及北方许多方言中都读 dà，但翻遍了古代所有的字、词典，却找不到可以折成现代 dà 音的反切资料。""'大'字的 dà 音，早在元代初年就已流行于民间的口语中，不

---

① （南朝）范晔：《后汉书》，中华书局 1965 年版，第 1424 页。

过没有被收入以记录传统读书音为主的官修韵书而已", 并列举了元代戏曲唱词和元代专为曲词押韵使用而编纂的民间韵书, "如周德清的《中原音韵》'家麻韵'去声中就收有'大'字; 卓从之《中州音韵》'家麻韵'去声中的'大'字注作'堂那切', 正好读 dà"。同时, 他查考后认为"大"字的 dà 音是在民国成立以后才被收入官修字韵书籍之中: "1919 年(民国八), 北洋政府的教育部正式公布了注音字母后, 同年出版的《国音字典》才第一次于'大'字条下注上了 ㄉㄚˋ(dà), 作为全国统一的国语标准音", "但是这一规定, 并没有被以后编纂的所有词典遵照执行。例如 1937 年(民国二十六)中华书局出版的《辞海》仍然沿袭《辞源》, 只注 dài、duò 二音而不注 dà 音"①。由此可知, "大"字在元代以前原本就没有 dà 的读音, 读 dà 音是元朝初期才从民间口语中演变而来。

据我们考察, "大"字 dà 音最早收入的辞书是《康熙字典》。《康熙字典》是中国第一部以字典命名的汉字辞书, 由张玉书、陈廷敬等三十多位著名学者奉康熙圣旨编撰而成, 成书于康熙五十五年(1716)。该典"大部"之"大"字条下标注有"他达切"音切,② 可拼切出 dà 音, 比民国八年(1919)出版的《国音字典》早 200 年。

大小之"大"读什么音呢?据《汉语大字典》"大"字条: "……与'小'相对,《广韵·泰韵》: '大, 小大也。'"③ "大"字为泰韵, 即读 tài 音。又据《康熙字典》大部: "《唐韵》《集韵》, 徒盖切。《正韵》, 度柰切, 音汏。小之对。"④ "音汏"之"汏", 同"汰"。此"大"字即读 tài 音。由此可见, 大小之"大"字在元代以前读 tài 音。

当今修订后的《辞海》《辞源》虽然都按普通话的标准音将"大"字的正音确定为 dà 音, 但《辞源》对"大"字或"大夫"的注音却与《辞海》不同。如商务印书馆 2011 年修订版的《辞源》, 其"大"字词

---

① 参见金文明《"大"字原本不读 dà》,《咬文嚼字》2010 年第 6 期。
② 《康熙字典》(丑集下), 成都古籍书店 1980 年影印本, 第 3 页。
③ 《汉语大字典》, 湖北辞书出版社、四川辞书出版社 1995 年缩印本, 第 219 页。
④ 《康熙字典》(丑集下), 成都古籍书店 1980 年影印本, 第 3 页。

目分别列有 dà、dài、tài 三种读音，① 在序列（1）中将普通话的标准音 dà 与切音"唐佐切"（去，箇韵）、"徒盖切"（去，泰韵）注为一体，这两种音切按反切原理却不能拼切出 dà 音，该版"辞源修订本体例"第 2 条称："单字有几个读音的，分别注音。"但在"大"字这个有几个读音的单字中，在 dà 音中注有两个音切而且音切与 dà 音不一致，在《辞源》里是少有的一例，其在"大夫"词条中仍将行政类官职"大夫"和涉医类"大夫"都归为 dài fū 音，而修订后的《辞海》如上海辞书出版社 1977 年版，已将行政类"大夫"和涉医类"大夫"的读音区分为 dà fū、dài fū 两种。这种现象可能存在版本源流问题。《辞源》始编于 1908 年（清光绪三十四年），1915 年以甲乙丙丁戊五种版式出版，商务印书馆在 2011 年出版修订的《辞源》时，在其"出版说明"中称："根据与《辞海》《现代汉语词典》分工的原则，将《辞源》修订为阅读古籍用的工具书和古典文史研究工作者的参考书"，又称"《辞源》以旧有的字书、韵书、类书为基础，吸收了现代辞书的特点"，此"旧有"之范围，按该"出版说明"划定为"收词一般止于鸦片战争（公元 1840 年）"，所以对"大夫"的读音仍沿用"旧有的字书、韵书、类书"。既然修订本《辞源》即以古代为主，其将行政类"大夫"和涉医类"大夫"都归为 dài fū 音也不为错，因为旧有（元代以前）的音韵典籍或音义典籍本身都存在 dài fū 音而无 dà fū 音。商务印书馆出版的辞书除 2011 年修订版的《辞源》以外，出版的其他辞书已将涉医类"大夫"与行政类官职"大夫"的读音进行了区分，如本文前举《现代汉语词典》（第 6 版）即如此，并明确将涉医类"大夫"（dài fū）标注为口语词。再如该馆辞书研究中心修订的《古代汉语词典》（第 2 版）则作出特殊处理，其"大夫"词条："dà fū，①职官等级名。……②官名。……⑤宋代医官另设官阶，有大夫、郎、医效等。后因称医生为'大夫'（今读 dài fū）。"② 虽然其注释与《辞源》仿佛

① 《辞源》，商务印书馆 2011 年修订版，第 723 页。
② 《古代汉语词典》（缩印本），商务印书馆 2014 年版，第 242 页。

相同，但在官职"大夫"（dà fū）中则将涉医类"大夫"（dài fū）做了特别标注。

如今，修订后的《辞海》以及《现代汉语词典》《汉语大词典》《汉语大字典》等大型工具书，都按字词意义将"大"字的读音分门别类标注为 dà、dài、tài，而 duò 读音被废除，并将广义的行政类"大夫"和狭义的涉医类"大夫"的读音进行了明确区分，广义的行政类"大夫"均读 dà fū 音，只有口语词"山大王"（旧时多指山寨头领）和"大夫"（涉医之医生、医师等）中的"大"还保留着传统的读音 dài。也就是说，今天现代汉语中大小的"大"读 dà 音，但双音词"大王"的"大"却有两个读音：用于称古代国君或诸侯王时读 dà 音，用于称戏曲中的山寨头领或强盗头目则读 dài 音。"大夫"的"大"也是如此：用于称古代广义的行政类"大夫"官职时均读 dà fū 音，用于称看病的医生、医师时则读 dài 音。因此，其他专业辞书对行政类"大夫"统一了读音，如《楚辞语言词典》"三闾大夫"词条："三闾大夫：sān lú dà fū，屈原曾经担任过的官职，主要负责楚国王族屈、景、昭三姓族谱的编写、子弟的教育等事务。"① 因此，三闾大夫作为古代官职名称，其"大夫"在古代读 dài fū 音，而在今天则应读 dà fū 音。我们因在屈原纪念馆工作的关系，曾致函咨询专攻文字音韵训诂学、研究楚辞文献的浙江师范大学中文系教授、中国古代文学硕士生导师、中国屈原学会副会长黄灵庚及《咬文嚼字》杂志副主编王敏先生，二位均答复说三闾大夫之"大夫"应读 dà fū 音。

（原载《职大学报》2017 年第 4 期）

---

① 赵逵夫：《楚辞语言词典》，上海辞书出版社 2013 年版，第 428 页。

邮票上的屈原文化及其内涵

邮票是由邮政机关发行，供寄递邮件贴用的邮资凭证，素有"国家名片"之称，拥有精美的画面和艺术的语言。在其方寸之间，表现题材大多是一个国家或地区的历史、科技、经济、文化、风土人情等具有代表性的内容，有较强的思想性、艺术性、知识性和史料价值。

屈原既是中国历史上第一个伟大的爱国诗人，也是中国历史上第一个被世界人们共同纪念的文化名人。毛泽东曾评价："屈原的名字对我们更为神圣。他不仅是古代的天才歌手，而且是一名伟大的爱国者。无私无畏，勇敢高尚。他的形象保留在每个中国人的脑海里。无论在国内国外，屈原都是一个不朽的形象。我们是他生命长存的见证人。"[1] 对于这样一位具有深远影响的爱国者和天才歌手，其被选入邮票题材是一种必然，既充实了屈原文化内涵，又拓展了屈原文化传播与研究的空间和方式。

截至目前，中国大陆及港澳台地区先后发行与屈原文化题材相关的邮票20多枚（套），包括屈原画像、屈原作品、龙舟竞渡、端午节俗、纪念屈原建筑物，等等。虽然邮票又称"方寸"，但其文化含量和艺术空间却很大。邮票既具有艺术价值，又具有经济价值和收藏价值，还具有流通形式特殊、传播渠道广阔等特征。因此，屈原文化类型的邮票富

---

① 丁毅：《"我们是他生命长存的见证人"——毛泽东谈屈原》，《党的文献》2006 年第 4 期。

有重要的历史意义和现实意义。

一 屈原及其作品在邮票上的艺术表达

屈原其人璀璨夺目，是因为他饱含"美政"理想，其精髓是炽烈的爱国情感。屈原作品辉耀于世，是因为他创造了崭新的文学式样——楚辞，或称骚体，在中国文学史上具有划时代的意义。屈原其人还在于上下求索、九死不悔的拼搏精神及刚直不阿、才俊志洁的高尚情操。屈原作品还在于构思奇特、想象丰富、文辞瑰丽、情感浓郁、思想深邃的艺术特色。将屈原及其作品内容以邮票艺术形式进行展现，是历史发展过程中新生的屈原文化事象。

（一）邮票上的屈原画像

自古至今，有关屈原画像的作品众多，但绘制的屈原头像第一次出现在我国邮票上是 1953 年。当年 6 月，世界和平理事会号召全世界人民在当年纪念四位世界文化名人，即中国诗人屈原、法国作家佛朗索瓦·拉伯雷、波兰天文学家尼古拉·哥白尼、古巴作家和民族独立运动领袖何塞·马蒂。12 月 30 日，我国邮电部发行了以这四位名人肖像为图案的《世界文化名人》纪念邮票，一套 4 枚，由新中国第一位邮票设计家、高级设计师孙传哲设计。第一枚主图以元代著名画家赵孟頫的《屈原像》为画样。屈原画像面容端庄，天庭饱满，蛾眉柳眼，美髯飘逸，身着右衽服装，头戴圆形儒冠。邮票右下侧标注有"前 278—1953·中国诗人屈原"的字样。由此可见，该邮票是为纪念屈原逝世 2230 周年（前 278—1953）而专门设计发行的。它成为新中国诞生后的第一枚屈原画像邮票。

1967 年 6 月 12 日端午节，我国宝岛台湾专题发行《中国诗人》邮票，一套 4 枚，分别是先秦大诗人屈原，唐代大诗人李白、杜甫、白居易。第一枚图案即屈原半身画像，其构图与邮电部于 1953 年发行的纪念屈原逝世 2230 周年的屈原画像邮票大同小异。票面上的画像构图，浸透着中国古代诗人特有的儒雅与气质。

1994 年 6 月 8 日，我国香港发行《中国的传统节日》邮票，一套 4 枚，其中第一枚名为"端午节·端阳竞渡"图的邮票，以中国传统木刻版年画手法设计而成，图案以手执诗卷的屈原全身画像为主，背景为山川与龙舟。

1994 年 6 月 25 日，国家邮政局发行《中国古代文学家》（第二组）邮票，一套 4 枚，由擅长油画、版画艺术的邮票设计师黄木设计，采用木刻版画艺术形式。票面中的人物分别是晋宋时期的诗人、文学家陶渊明，三国时期魏国诗人曹植，西汉史学家、文学家、中国第一部传记体通史《史记》的作者司马迁，以及楚辞的创立者和代表作家屈原。屈原位列于第四枚，主图案是"披发行吟""面容憔悴""身佩长剑"等三种类型的屈原形象，主要描绘屈原被放逐期间的形态。图案右侧题有屈原代表作《离骚》中的名句"路漫漫其修远兮，吾将上下而求索"①，同时标注有屈原生卒年代"约前三三九——约前二七八"，图案左下侧设计"国殇"篆体字样的椭圆形印章。"国殇"是屈原《九歌》中的诗篇，赞颂勇武刚强、为国牺牲的将士，该邮票在此以"国殇"名之，则颂扬屈原以身殉国的伟大精神。这是时隔 41 年后，中国第二次发行屈原画像邮票。1994 年 11 月 4 日，国家邮政局又发行了《长江三峡》特种邮票，其中一枚是"屈原祠"。一年之中，两次在"国家名片"上反映屈原文化，堪称史无前例。

（二）邮票上的屈原作品

1989 年 6 月 7 日，即端午节前一天，台湾地区发行《中国古典诗词邮票——楚辞》，一套 4 枚，纪念爱国诗人屈原。邮票设计以"楚辞"为主题，采用诗意的画面表现形式，第一枚至第三枚选取屈原《离骚》"余既滋兰之九畹兮，又树蕙之百亩"②、《九歌·少命司》"悲莫悲兮生别离，乐莫乐兮新相知"③、《九章·涉江》"苟余心其端直兮，

---

① （宋）洪兴祖：《楚辞补注》，中华书局 1983 年点校本，第 27 页。
② （宋）洪兴祖：《楚辞补注》，中华书局 1983 年点校本，第 10 页。
③ （宋）洪兴祖：《楚辞补注》，中华书局 1983 年点校本，第 72 页。

虽僻远之何伤"① 等代表性名句的诗情意蕴作为主体构图。第四枚则是
宋玉《九辩》中"骥不骤进而求服兮，凤亦不贪喂而妄食"② 诗句的诗
意构图。描述《离骚》《九歌·少命司》《九章·涉江》等诗句的 3 枚
邮票的构图中绘制屈原全身画像，其头戴缁布高冠，身着右衽宽袖袍
服。这是我国邮票史上第一次出现屈原全身画像，其头戴高冠的形象也
是首次出现。《离骚》是屈原作品中带有自叙性的长篇抒情诗，《九章》
是屈原对自身人生经历的补充。屈原在《离骚》中自述："高余冠之岌
岌兮"③，《九章·涉江》也有相同自述："冠切云之崔嵬"④，反复叙述
自己头戴高帽。《九辩》的构图中则是宋玉的画像，"屈宋"是《楚
辞》的主要作者。宋代黄伯思《新校〈楚辞〉序》云："盖屈宋诸骚，
皆书楚语，作楚声，纪楚地，名楚物，故可谓之《楚辞》。"⑤《史记·
屈原贾生列传》云："屈原既死之后，楚有宋玉、唐勒、景差之徒者，
皆好辞而以赋见称。"⑥ 汉代王逸《楚辞章句·九辩》云："宋玉者，屈
原弟子也。悯惜其师，忠而放逐，故作《九辩》以述其志。"⑦《九辩》
则是《楚辞》的代表作之一。自汉代流传至今的《楚辞》传本，既有
以屈原为主要作者的 20 多篇作品，又有宋玉、唐勒、景差、王逸等汉
人仿《楚辞》而作的诗篇。

2004 年 5 月 28 日，澳门地区邮政局发行《文学与人物——离骚》
邮票，一套 6 枚，同时推出小型张 1 枚，由著名女画家潘锦玲设计。这
6 枚邮票票面以屈原《离骚》为主题，表现诗人"道夫先路"（《离骚》
"乘骐骥以驰骋兮，来吾道夫先路。"⑧ 意为我骑上驰骋的骏马，为你在
前面来引路）、"女媭詈予"（《离骚》"女媭之婵媛兮，申申其詈予。"⑨

---

① （宋）洪兴祖：《楚辞补注》，中华书局 1983 年点校本，第 130 页
② （宋）洪兴祖：《楚辞补注》，中华书局 1983 年点校本，第 190 页。
③ （宋）洪兴祖：《楚辞补注》，中华书局 1983 年点校本，第 17 页。
④ （宋）洪兴祖：《楚辞补注》，中华书局 1983 年点校本，第 128 页。
⑤ （宋）黄伯思：《东观余论·校定楚辞序》，中华书局 1988 年影印本，第 344 页。
⑥ （汉）司马迁：《史记》，中华书局 1959 年版，第 2491 页。
⑦ （宋）洪兴祖：《楚辞补注》，中华书局 1983 年点校本，第 182 页。
⑧ （宋）洪兴祖：《楚辞补注》，中华书局 1983 年点校本，第 7 页。
⑨ （宋）洪兴祖：《楚辞补注》，中华书局 1983 年点校本，第 18—19 页。

意为女婆急得气喘吁吁，反反复复地告诫我不要过于理想，要面对现实）、"吾令凤腾"（《离骚》"吾令凤鸟飞腾兮，继之以日夜。"① 意为寻找真理，我可以令凤凰振翅飞腾，夜以继日奔驰不停）、"彭咸居所"（《离骚》"既莫足为美政兮，吾将从彭咸之所居。"② 意为既然我无法实现"美政"理想，我将效法先贤彭咸投水身亡）、"滋兰树蕙"（《离骚》"余既滋兰之九畹兮，又树蕙之百亩。"意为我已栽种了九畹春兰，又种植了百亩蕙草。喻意屈原为国家培养大批人才）、"修远周流"（《离骚》"遭吾道夫昆仑兮，路修远以周流。"③ 意为我就是被放逐到远方难走的昆仑山，也不会屈服于小人）等六个不同的场景。选用《离骚》中六个不同诗境进行绘画创作，突出屈原的"美政"、爱国思想和求索、拼搏精神，也表现出《离骚》的文学艺术特色。这是我国首次以《离骚》为主题而设计的不同意境的邮票。邮票中的屈原画像均是头戴高冠，身着右衽宽袖袍服。但是，画像中的屈原所戴高冠改缁布冠为尖而分立的似鹿角形状的高冠，其冠型如同吉林省集安县高句丽古墓壁画中被称为"仙人天鹿"的头饰。

《离骚》是屈原的代表作，具有强烈的艺术魅力和深刻的思想内涵，是我国古代最瑰丽的一首抒情长诗，也是世界文学史上最雄奇的诗篇之一。以《离骚》为题材的邮票也在我国邮票史上多次出现。

二　邮票传播的龙舟与端午文化

龙舟竞渡与端午习俗是屈原文化的组成部分，龙舟竞渡及端午节的起源虽然众说纷纭，但随着历史文化的演变，形成了以纪念屈原为主流的习俗。龙舟竞渡已成为我国独特的体育竞技项目，端午节也成为我国独特的端午习俗。2009 年 9 月 30 日，以湖北秭归县"屈原故里端午习俗"、黄石市"西塞神舟会"、湖南汨罗市"汨罗江畔端午习俗"、江苏

---

① （宋）洪兴祖：《楚辞补注》，中华书局 1983 年点校本，第 29 页。
② （宋）洪兴祖：《楚辞补注》，中华书局 1983 年点校本，第 47 页。
③ （宋）洪兴祖：《楚辞补注》，中华书局 1983 年点校本，第 43 页。

苏州市"苏州端午习俗"四部分组成的"中国端午节",被列入《人类非物质文化遗产代表作名录》,成为世界非物质文化遗产。人们通过龙舟竞渡、包粽子等传统端午节俗活动,使屈原永远活在民俗和人民心中。

（一）邮票上的龙舟竞渡

龙舟竞渡又称赛龙舟,或称赛龙船。龙舟,即龙形或饰有龙纹的船只,也称龙船,其始于西周时期。《太平御览》引《穆天子传》曰:"天子乘鸟舟龙本,浮于大沼。(沼,池。'龙'下宜有'舟',皆以龙、鸟为形制)"[1] "穆天子"即周穆王,是周王朝第五位帝王。《穆天子传》又称《周王游行记》《周王传》等,是西周历史神话典籍。由此可见,西周时的龙舟主要供帝王游览之用。屈原作品中也言及龙舟,如《九歌·东君》"驾龙辀兮乘雷,载云旗兮委蛇"[2] 的"龙辀",即龙舟形之车,也称"水车",晋代至南朝文献即有水车之说。1973 年 5 月,湖南长沙子弹库楚墓出土一件战国时期帛画,被称作《人物驭龙帛画》,图中的男子所乘即形似昂首翘尾的龙舟,舟下有游鱼。龙舟竞渡与屈原相联系应在东晋初期,今见较早的文献是《北堂书钞》卷一三七引东晋葛洪《抱朴子》外篇佚文,其云:"屈原没汨罗之日,人并命舟楫以迎之,至今以为竞渡,或以水车为之,谓之飞凫,亦曰水马,州将士庶悉观临之。"[3] 至南朝时期,梁时宗懔的《荆楚岁时记》曰:"五月五日竞渡,俗为屈原投汨罗日,人伤其死,故并命舟楫以拯之。"[4] 说明荆楚地区于五月五日进行龙舟竞渡主要是为了拯救投江的屈原。

我国最早关于龙舟竞渡题材的邮票,是由福州书信馆于 1895 年 8 月 1 日发行的"商埠龙舟",全套 9 枚,皆同图异色异值,图案描绘的是福建闽江于端午节赛龙舟的情景。1894 年,在福州的英国商人看到

---

① （宋）李昉:《太平御览》(769 卷),中华书局 1960 年版,第 3409 页。
② （宋）洪兴祖:《楚辞补注》,中华书局 1983 年点校本,第 74 页。
③ 参见刘晓峰《人类非物质文化遗产代表作:中国端午节》研究卷,广西师范大学出版社 2013 年版,第 192 页。
④ （南朝）宗懔:《荆楚岁时记》,岳麓社 1986 年辑校本,第 36 页。

其他地方的商埠邮局发行邮票，于是在第二年的 1 月 1 日成立了福州书信馆，并公开征求邮票图案，最后选择了由西班牙人绵嘉义设计的"龙舟竞渡图"。1895 年 8 月 1 日，这套邮票正式发行。邮票图案正中间是一条由 20 多人挥桨划水的龙舟，其背景有起伏的山峦，河岸边一排排密集的船桅杆林立。有称"1895 年福州发行的'龙舟竞渡图'商埠邮票，这比世界公认最早在希腊发行的体育邮票早了一年"①。也就是说，这套邮票比希腊于 1896 年发行的体育邮票——首届奥运会纪念邮票还要早发行近一年，是世界体育邮票之最。1896 年 7 月，福州书信馆又发行了第二版"商埠龙舟"邮票，共 8 枚。

1995 年 3 月 22 日，香港发行《香港国际体育活动》邮票，一套 4 枚，其中第三枚《香港国际龙舟邀请赛》，以写实的手法表现了由香港旅游协会主办的这项年度龙舟竞渡赛事。

2001 年 6 月 25 日端午节，香港与澳大利亚联合发行了《龙舟竞渡》邮票，一套 2 枚。图案是齐头并进的两条龙舟，而这两条龙舟的背景分别为香港会展中心新翼和悉尼歌剧院。采用中西结合绘画手法，描绘龙舟竞渡场景。

2002 年 2 月 26 日，台湾地区发行《民俗》邮票，一套 8 枚，第四枚即题名"划龙舟"邮票。

2003 年 1 月 5 日，国家邮政局发行《2003 中国·吉林首届国际冬季龙舟赛》纪念邮资明信片一套 1 枚。明信片展现了端午节的传统活动——赛龙舟。图案的主图是以龙舟和雪花为中心的龙舟赛会徽，片图是多条龙舟争先恐后、破浪前行的竞渡场面。

2010 年 11 月 12 日，第 16 届亚运会在广州开幕，同日发行了《第16 届亚洲运动会开幕纪念》邮票，一套 6 枚。图案是吉祥物"乐羊羊"与运动项目造型，其中第五枚"龙舟"表现的是吉祥物"乐羊羊"在龙舟上持桨摇橹、破浪前进的画面，展现了亚运会的魅力与风采。

---

① 参见黄妍《世界第一套体育邮票 1895 年福州发行》，《东南快报》2012 年 7 月 31 日第 4 版。

（二）邮票上的端午习俗

农历五月初五端午节，是我国三大传统节日（春节、清明、端午）之一。端午节之源歧见众多，"屈原说"为其中之一。端午节当源自先秦的夏至节，实属先秦时期的岁时节日，其起源本与屈原无关，所以西晋周处《风土记》云："仲夏端午谓五月五日也，俗重此日，与夏至同。"① 至晚于东汉初期，人们过端午节"亦因屈原"，而致端午节俗与屈原相联系，历经汉魏六朝的节俗演变，屈原成为端午节俗的主角。东汉应邵《风俗通义》云："五月五日，以五采丝系臂……辟兵及鬼，命人不病瘟。又曰，亦因屈原。"② 屈原和端午节融合的时间是在东汉初期，至隋唐时期发展尤甚，唐代诗人文秀《端午》曰："节分端午自谁言？万古传闻为屈原。"③ 闻一多考证后曾说："我们也不否认这个节日，远在屈原出世以前，已经存在，而它变为纪念屈原的纪念日，又远在屈原死去以后。……惟其中国人民愿意把这样一个重要的节日转让给屈原，足见屈原的人格，在他们生活中，起着如何重大的作用。……屈原与端午的结合，便证明了过去屈原是与人民结合着的，也保证了未来屈原与人民还要永远地结合着。"④ 闻一多一语中的，如今我国大部分地区，尤其是湖湘一带，屈原与端午节俗活动已紧密地结合在一起。

中国大陆和港澳台地区，都曾发行过端午习俗题材的邮票。其中，香港地区多次发行此类邮票。1975 年 7 月 31 日，发行《香港节日》邮票，一套 3 枚，其中第三枚以"端午节"命名，为七巧板拼制成的龙舟竞渡图。这是香港地区首套以"端午节"为名的邮票，以端午节标志性的龙舟竞渡构图。1985 年 6 月 22 日端午节，又发行了《端午节》邮票，一套 4 枚连齿小全张。4 枚邮票首尾相连，可组成一幅完整的龙舟竞渡图，龙头、龙身、龙尾齐全。图中鼓手高举鼓槌、划手挥舞木桨，呈现出乘风破浪、奋勇争先的热闹场景。2012 年 5 月 22 日，即当

---

① （宋）李昉：《太平御览》（31 卷），中华书局 1985 年版，第 146 页。
② （汉）应劭：《风俗通义》（下），中华书局 2013 年校注本，第 605 页。
③ 刘济民：《歌咏屈原古今诗词选》，中国炎黄文化出版社 2008 年版，第 70 页。
④ 闻一多：《神话与诗》，武汉大学出版社 2009 年版，第 222 页。

年端午节的前三天，再次发行《香港节日》特别邮票，一套 4 枚。第四枚为"端午节"，邮票画面由两幅相连的七巧板六边形图画组成"8"字形状，上为昂首张嘴的龙舟头特写，下为两条竞渡场景的龙舟和一艘护卫艇。

1966 年 6 月 23 日，台湾地区发行《民俗》邮票，一套 3 枚。以中国传统绘画的技法，分别描绘了春节、端午节和中秋节的场景。第一枚即端午节"龙舟竞渡"图案，其主题是"台湾端午节"。

1987 年 5 月 29 日，即当年端午节的前两天，澳门地区发行《端午节》邮票，一套 2 枚。以龙舟为图案，分别为"龙舟龙头""龙舟竞渡"。邮票上还有"澳门"铭记，这是澳门地区第一套出现中文铭记的邮票。

2001 年 6 月 25 日端午节，国家邮政局发行《端午节》特种邮票，一套 3 枚，是中国大陆第一套也是迄今为止唯一一套全面反映端午习俗的邮票。三幅图案分别描绘了三项端午最重要的民间传统习俗活动。第一枚是"赛龙舟"，票面上的两条龙舟上插着"风调雨顺""国泰民安"的彩旗，呈现你追我赶景象。如同唐代诗人张建封《竞渡歌》所咏："鼓声三下红旗开，两龙跃出浮水来。棹影斡波飞万剑，鼓声劈浪鸣千雷。"① 第二枚是"包粽子"，图案中除了粽子之外，既有五颜六色的"端午佩饰"，即端午节日佩戴的香包、五彩缕（亦称延寿线）等装饰品，又有艾草、菖蒲、彩瓶、蝙蝠、荷花、莲子等，这些都是端午节俗中使用的物品，同时寓意平安、幸福。第三枚是"避五毒"，被古今人们称为"五毒"的五种小动物——蛇、蜘蛛、壁虎、蜈蚣、蟾蜍，汇集于名谓"葫芦"之周围。"葫芦"图画反映的是近代山东蓬莱一带民间端午帖的艾虎类型，图形外观形似葫芦，故称葫芦，实际是艾虎寓意。在葫芦外分布有艾叶、虎头、蜘蛛等，虎头上画有"王"字。方寸之上，色彩鲜艳，生动逼真。该套邮票由青年女画家尚予设计，采用民间木版年画的艺术手法，突出邮票图案的年画风味。"包粽子"是端

---

① 江南：《屈原赞古今诗词选》，中国文联出版公司 1989 年版，第 97 页。

午节俗活动中的主要内容之一，其与屈原联系大约在东汉建武年间（25—56），南朝梁时吴均《续齐谐记》云："屈原五月五日投汨罗水，楚人哀之，至此日，以竹筒子贮米投水以祭之。汉建武中，长沙区曲忽见一士人，自云'三闾大夫'，谓曲曰：'闻君当见祭，甚善。常年为蛟龙所窃。今若有惠，当以楝叶塞其上，以采丝缠之。此二物，蛟龙所惮。'曲依其言。今五月五日作粽，并带楝叶、五色丝，遗风也。"① 端午节包粽子投于水是为了保护自投汨罗而死的屈原尸体不被蛟龙伤害，实际也是为了祭祀屈原。屈原与端午节俗的联系比其与龙舟竞渡相联系要早100余年。

2012年6月20日，台湾地区发行《传统节庆习俗》邮票，一套4枚，第三枚名为"端午蒲酒"。饮用菖蒲酒是台湾地区端午节的习俗之一。端午节也称"蒲节"。《本草纲目·草部》载：菖蒲主治"风寒湿痹，咳逆上气，开心孔，补五脏，通九窍，明耳目，出声音。……久服轻身，不忘不迷惑，延年。益心智，高志不老"②。以菖蒲叶或根泡制菖蒲酒饮用，乃传统习俗。明代张一中《尺牍争奇》卷六曰："五月五日，俗以菖蒲泛酒，故曰蒲节。"③

三 邮票选择的纪念屈原建筑物

中国纪念屈原的建筑物，有着悠久的历史文化传统，无疑是屈原精神在民间传承最直接的物质载体。其主要分布于屈原生前活动过的今湖北、湖南等地域，其他如江苏、福建、重庆、台湾等地区也分布有纪念屈原建筑物。据相关学者最新统计，"现有文献记载的10省（市）、49市（县、区）共计60余处"④。该统计数字不包含湖南汨罗屈原"十二疑冢"及秭归屈原墓，实际应是70余处。邮票及邮资明信片反映的纪

① （南朝）吴均：《续齐谐记》，上海古籍出版社2012年点校本，第230页。

② （明）李时珍：《本草纲目》，人民卫生出版社2014年点校本，下册，第1357—1358页。

③ 参见张勃《人类非物质文化遗产代表作：中国端午节》史料卷，广西师范大学出版社2013年版，第164页。

④ 龚红林：《屈原庙史料通考》，湖北人民出版社2014年版，第99页。

念屈原建筑物主要有以下三种。

（一）秭归屈原祠

秭归屈原祠始建于唐元和十五年（820），位于长江北岸的归州屈原沱，1978 年修建葛洲坝水利枢纽工程时，迁至归州东 1.5 千米的向家坪。2006 年，因长江三峡水利枢纽工程兴建，又迁建至长江南岸秭归新县城茅坪镇凤凰山，建筑面织达 5800 平方米，是目前国内外建筑面积最大、展览陈列内容最多的纪念屈原建筑群。

1994 年 11 月 4 日，国家邮政部发行《长江三峡》特种邮票，一套 6 枚。设计者是以山水邮票见长的杨文清和李德福，采用写实手法，以点概面，融自然风光与人文景观于一体，表现出长江三峡两岸山峰险峻和江水奔腾东流的壮观气势。秭归屈原祠位列第六枚，图案描绘的是向家坪的屈原祠风貌，刻画出该祠巍峨挺拔、绿树掩映的秀丽景象。

1994 年 11 月 4 日，邮政部还发行邮资明信片《湖北风光》A、B 组，各 10 枚，其中 A 组第九枚邮资图案也是"屈原祠"。

（二）秭归屈原墓

北宋邵博《闻见后录》载："（秭归）归州屈沱，屈原故居也。上有屈原祠、墓。"[①] 说明秭归屈原墓最迟建于北宋时期。该墓如今已随屈原祠迁建至长江南岸秭归新县城。

2007 年 6 月 13 日，国家邮政局发行《长江三峡库区古迹》纪念邮票，全套 4 枚。邮票主图分别为三峡库区最具代表性的古迹：秭归归州屈原墓、重庆云阳张飞庙、重庆忠县石宝寨、重庆巫山大昌古镇。第四枚即屈原墓，票面上的屈原墓采用写实手法，主图呈三排六柱八字开扇、三级压顶的石碑结构彩图，墓前立有两尊石刻青狮，墓门二级中间是墓名横额，镶嵌着"屈原墓"三个大字。图案右侧标注"长江三峡库区古迹·屈原墓"。

（三）武汉行吟阁

湖北武汉东湖之畔的行吟阁，于 1955 年为纪念屈原而修建，坐落

---

① 转引自王健强《世界文化名人屈原》，湖北辞书出版社 2001 年版，第 100 页。

在占地 18 亩的武汉武昌东湖听涛景区内。"行吟阁"乃郭沫若手书，其名源自《楚辞·渔父》中的"屈原既放，游于江潭，行吟泽畔"①。阁前立有屈原全身塑像，高 3.6 米。屈原形象端庄凝重，清癯飘逸，昂首视天，款款欲步，仿佛正在高诵《天问》。叶剑英于 1979 年 4 月视察、游览东湖行吟阁后，曾咏《过屈原故里》七绝诗："泽畔行吟放屈原，为伊太息有婵娟。行廉志洁泥无滓，一读骚经一肃然。"② 赞颂屈原行廉志洁、泥而不滓的高尚品质，也表达了对屈原的无限敬仰及悼念之情。2000 年 10 月 9 日，国家邮政局发行《武汉东湖》特种邮资明信片一套 4 枚，第一枚即"行吟阁"。

总而言之，邮票不仅是一种特殊的文化和艺术，而且成为传承屈原文化和精神的载体，是我们不可忽视的文化现象。邮票具有宣传面广、传播形式独特、艺术表现空间大、艺术欣赏性较强、用途单一但不可替代等特点，将屈原文化融入邮票文化之中，使屈原文化内涵更为丰富。同时，为屈原及其作品的宣传、推介和研究创造了有效的新途径，也为屈原及其作品走向世界提供了特有的渠道。

（本文与周浩合作。原载三峡大学三峡文化与经济社会发展研究中心、湖北省三峡文化研究会等编《三峡文化研究》第十三辑，湖北人民出版社 2017 年版）

---

① （宋）洪兴祖：《楚辞补注》，中华书局 1983 年点校本，第 179 页。
② 叶剑英：《过屈原故里》，《湖北日报》1979 年 5 月 7 日第 1 版。

论历代吟咏屈原诗词的基本特征

屈原伟大的精神和他辉煌的作品是中华文化的瑰宝，也是世界文化的瑰宝。其骚体作品，独步肇开，享誉中外，流芳万代。其人其诗，璀璨千古，光争日月。自汉迄今，骚人词客或赞或叹，或歌或泣，吟咏屈原的诗词旨意醇厚，五彩纷呈，名篇迭出，脍炙人口，成为中国文学史中的一朵奇葩，也成为中国诗歌史上的一种独特文化。

辑注历代吟咏屈原的诗词，也是一件很有意义的事情。我们在辑注《屈原颂——历代咏颂屈原诗歌选注》① 过程中，曾搜集整理相关诗词400 余首，发现这些诗词既具有独特的区域性，又具有独特的文学艺术性，而且具有独特的思想性和传承性。

一 我国南方是滋生吟咏屈原诗词的主要区域

综观古今，历代吟咏屈原的诗词在我国南方较多，有其独特的区域性。

（一）诗词作者大多集中在南方

其根源可能有两个方面：一是与屈原世居南方有关。屈原本为南方楚国人，所以南方诗词作者对其更为熟知；二是与南方风俗相关。以长江为主干的南方多湖泊江河，以纪念屈原为主的端午节龙舟竞渡、悬艾

---

① 谭家斌：《屈原颂——历代咏颂屈原诗歌选注》，内蒙古人民出版社 2009 年版。本文所引相关诗词均源于该著，不再一一注明。

挂蒲等习俗，则多源于南方，由这些活动而衍生吟咏屈原的诗词则盛矣，也为吟咏屈原的诗词创作提供了大量素材。异地的作者大多或徙居南方，或曾游历南方，或从其他渠道获知屈原其人或阅读屈原作品后而作之。从作者的身份上看，有平民百姓，有达官政要，自古皆然。

（二）屈原行踪区域主要在南方

屈原人生经历中，按传统说法，他生于湖北秭归，出仕于湖北荆州（郢都），流放于湖南溆浦及汉水以北（即湖北郧襄一带），沉逝于湖南汨罗。自古至今，屈原在其行踪区域声名广布，影响甚大，深受人们爱戴，这些区域吟咏屈原的诗词则不断涌现。因此，历代吟咏屈原的诗词中，涉及上述地域名称者众多，直接以秭归（或归州）、汨罗等地名作吟咏屈原诗题者亦多。

（三）吟咏屈原诗词的传播载体大多集中在南方

除了前述南方独特的地理环境及纪念屈原风俗之外，涉及屈原的古遗址也多在南方。例如古今纪念屈原的大型建筑，数湖南、湖北境内最多。湖南汨罗有屈子祠、屈原纪念馆、天问阁、独醒亭、屈原墓，溆浦有涉江楼、屈原庙、招屈亭，常德武陵区有三闾大夫祠、四贤祠，桃江县有五贤祠、凤凰庙；湖北秭归有屈原祠、屈原纪念馆、屈原庙、独醒亭、望归亭、屈原墓、江渎庙、屈子桥、"屈原故里"牌坊、屈原诞生地"乐平里"牌坊，荆州市有江渎宫、濯缨台、三闾寺，武汉有行吟阁、屈原纪念馆；四川忠县有屈原塔；安徽望江县有忠洁侯庙，东至县有忠洁祠，等等。据学者考察，仅湖南、湖北境内的屈原庙宇多达42处①。另外，产于南方且有影响的《荆楚岁时记》《水经注》《荆州记》《襄阳风俗记》等等，既保存了部分吟咏屈原及其作品的诗词，又记载着关联屈原的遗风趣事，也为吟咏屈原及其作品提供了传播载体。

二 吟咏屈原诗词的文学艺术性

吟咏屈原的诗词，从体裁和类型上看，既有诗、赋、词、歌，也有

---

① 参见龚红林等《屈原文化版图考》，南京大学出版社2017年版，第27页。

七律、七绝、五绝、五古等。其文学艺术表现手法大致可分为四类。

（一）借景寄情

即以涉及屈原的古迹或其他景物为素材，既咏赞屈原，又寄情述怀。此类诗词数量较多，以端午节日、屈原祠庙、龙舟竞渡、角黍艾蒲等景物风貌为主题，藉以传情，融情于景。如南宋爱国诗人、民族英雄文天祥的《端午》，称颂屈原"唯有烈士心，不随水俱逝"，感慨"人命草头露，荣华风过尔"。以端午入题，赞颂屈原的殉国精神万古长存。表达内心情感，不管人生何等尊荣显赫，只有为国为民逝去的人才极为尊贵，以景寓情，幽怨不尽。再如唐代戴叔伦《过三闾庙》，清人施补华《岘佣说诗》评价："《过三闾庙》并不用意，而言外自有一种感慨之气，五绝中此格最高。"①含蓄悠隽，情伤无限。郭沫若《过汨罗江感怀》，途经"屈子行吟处"，使己"朝气涤胸科"，敬慕屈原"忧天下"之精神，抒豪气壮志，托物寄兴。

（二）以事寓理

即以事象抒发感悟，阐述道理，兼咏屈原。如晚唐诗人文秀《端午》："节分端午自谁言，万古传闻为屈原。"遍及神州各地的端午节日是为谁设立的呢？"万古传闻为屈原"，因为屈原是人们无限景仰和值得永远怀念的伟大诗人。再如宋代苏轼《屈原塔》，当时有人怀疑四川忠州的"屈原塔""无凭"，不当有。苏轼先叹"屈原古壮士，就死意甚烈"，后述此塔"应是奉佛人"。虽然如此，但"楚人悲屈原，千载意未歇""此意固已切"，千百年来人们祭吊屈原之情却至诚至切，对屈原塔"何必较考折"，阐述没有必要斤斤计较去考察清白的道理。北宋文学家欧阳修《端午帖子》先述"楚国因谗逐屈原"，后叹"可鉴前王惑巧言"，阐明君王应吸取历史教训，而不应被谗言迷惑。再如唐代杜甫《戏为六绝句》、明代蔡毅中《秋兴》等，纪事述理。

（三）直咏屈骚

即直接吟咏屈原及其作品，以凸显敬慕、追悼之情。如汉代贾谊

---

① 参见刘济民《歌咏屈原古今诗词选》，中国炎黄文化出版社 2008 年版，第 28 页。

《吊屈原》，即"敬吊先生""自沉汨罗"。司马迁的《屈原赞》，直颂"屈原行正""日月争光"。南北朝刘勰《离骚赞》称赞《离骚》"金相玉式，艳溢锱毫"，"不有屈原，岂见《离骚》!"坚定的语气中饱含崇敬之意，颂扬屈原创造了绚丽多姿、精美绝伦的"骚体"诗赋。这种类型的诗作数量最多，而且大多对仗工整，意蕴深刻，情感丰腴。如唐代王鲁复《吊灵均》，虽然"万古汨罗深"，但"骚人道不沉"，深深的汨罗江水只是沉没了屈原的躯体，屈原的道义却永远不会沉没。再如宋代司马光《屈平》、元代侯克中《吊屈原》、叶剑英《过屈原故里》、于右任《贺诗人节》等等，均直接颂扬屈原及其作品。

（四）引典譬喻

即用引经据典的方式来喻示屈原、赞扬屈原。《史记·屈原贾生列传》记载屈原被楚怀王"放流"①，因屈原遭遇放逐，吟咏屈原的诗词中，故谓屈原"放臣"，元代柳贯《题〈离骚九歌图〉》："究观神保意，皇恤放臣悲。"既喻指屈原又喻指屈原放逐之事。明代刘基《读史有感》："千古怀沙恨逐臣，章台遗世最酸辛。"《渔父》载："屈原曰：'举世皆浊我独清，众人皆醉我独醒。'"② 吟咏者则称谓屈原"醒魂""独醒人"等，彰显屈原志洁行廉的情操。宋代胡仲弓《端午》："年年此日人皆醉，能吊醒魂有几人?"再如"骚人""汨罗魂"等，都有特定涵义，特指屈原。这些称谓内涵大致相同，只是不同语境下的表现形态。

三 吟咏屈原诗词的思想特征

吟咏屈原诗词的作者群，呈现一个值得深思的现象：大多人生坎坷，遭遇曲折。因此，独特的作者群产生独特的思想性。因屈原人生及其作品思想的独特性，吟咏其诗词大多呈现激愤、励人、苍凉、哀惋等

---

① （汉）司马迁：《史记》，中华书局1959年版，第2485页。

② （汉）王逸：《楚辞章句》，上海古籍出版社2017年点校本，第171页。本文所引相关屈原作品诗句均源于该著，不再一一注明。

情感。其共同特点是以屈原为喻体，不同思想表达方式则纷呈。

（一）感叹自身遭遇

既表达怀念屈原之意，又以屈原身世经历感叹自身人生遭遇。如唐代宋之问，先遭遇流放，后被赐死，其在《送别杜审言》中，悲己"卧病人事绝"，且不忘"维舟吊屈原"。宋代曾任宰相的寇准，受朝廷权贵排挤而被黜，后又被贬而远离他乡，其在《巴东书事》诗中，袒露"孤淡厌琴樽""因思楚屈平"。另如唐代元稹于元和五年（810）被贬江陵期间所作的《楚歌十首》，感慨"愤愤屈平篇"，古今二人"各自埋幽恨"。再如唐代遭贬谪"乃知汨罗恨"的白居易《读史五首》、唐代"远谪南荒一病身"的朝廷大臣李德裕《汨罗》等等，悲怀屈原的同时，也悲叹自身坎坷遭遇。

（二）针砭时弊

以屈原史事为引点，讽谏时政。如唐代遭贬谪的刘禹锡，在其《采莲行》诗中，先叹"屈平祠下沉江水"，再叹"长安北望三千里"，忧虑都城长安（今西安）遥不可及，愁患"长安"并非"长远安宁"。宋代曾任县令后被黜流的胡仲弓，在《端午》诗中直问端午节"年年此日人皆醉，能吊醒魂有几人?"讥讽南宋君臣昏庸腐败，为"醒魂"难容，风俗异常之势伤时感世，怀古伤今，愤怼时世。这类诗词作者的人生经历类似，或遭贬，或受黜，或不满朝政而辞官，诗词中蕴含讽谏之意。他们推行屈原的"美政"思想，抨击时政弊端。

（三）勉励他人

以屈原为典型，寄语他人。如明代忌恨朝廷腐败而辞职归乡的王鏊，在《送高良新知归州事》诗中，先感慨"屈子宅空江渺渺"，再奉劝"使君抚宇无多术，夔府如今正阻饥"，意在勉励友人启用忠良，抨击邪恶，不再让谗言屈原之悲剧重演。北宋遭受两次贬谪的余靖《端午日寄酒庶回都官》诗："家酿寄君须酩酊，古今嫌见独醒人。"表达了对朋友的劝勉和期盼。另有南宋常被排斥出任外职的杨万里《戏跋朱元晦〈楚辞解〉二首》、明初时称"吴中四杰"之一，后因触犯权贵而被斩的高启《角黍二首》等等。既与屈原遭遇类同，又寄情寓意。

上述作者群的诗词，并非思想消沉，而是慷慨激昂、求索上进，崇尚屈原"九死不悔"之志和"泥而不滓"之节。常颂扬屈原高风峻节，爱国忧民；或赞美屈原作品清词丽句，辉耀千古；或悲叹屈原生不逢时，遭遇放逐；或抨击邪恶，仰慕忠贞；或讽谏时世，推崇"美政"；或以史为鉴，述志抒怀；或景物寓意，于事寓理。

四　传承屈原文化的独特方式

阅读吟咏屈原的诗词，不仅是一种艺术享受，而且是一种特殊的知识享受。综览这些诗词，还可发现其构架、用典、语言等方面承袭屈原作品范式，是一条传承屈原文化独特而又有效的途径，有其独特的传承性。

（一）沿引屈原作品典故

这类诗作数量较多。如明代李达《楚屈原》："箕子披发晚，微子抱器迟。"源于《天问》："梅伯受醢，箕子详狂。"箕子即商代末期历史人物，为纣王叔父，因谏王而不用，故装疯。北宋文学家宋庠《屈原二首》中"司命湘君各有情，九歌愁苦荐新声"，"司命""湘君"是屈原《九歌》中的典故。南宋诗人张孝祥《金沙堆庙有曰忠洁侯者，屈大夫也。感之赋诗》中的"伍君（伍子胥）""司命""太一（东皇太一）""宓妃""娥女"等，均是屈原作品中的典故，将其巧妙沿引于诗作之间，使其诗意别开生面，抒情淋漓尽致。诸如此类典故，包含古代神话、历史、地理、天文、人物等。

（二）化用屈原作品句意

即借用屈原的诗句原意，经过自己的艺术改造而化为己用的诗句。如唐代李白《古风五十九首》有"蓂葹盈高门""比干谏而死""女婴空婵娟""彭咸久沦没"诗句，均化用屈原作品句意。屈原《离骚》："薋蓂葹以盈室兮，判独离而不服。"蓂与葹均为恶草，李白在诗中喻

谗佞小人；屈原《九章·涉江》："伍子逢殃兮，比干菹醢。"伍子即伍子胥，与比干有相似之遭遇；《离骚》："女媭之婵媛兮，申申其詈余。"汉代王逸注："女媭，屈原姊也。"① "娟"与"媛"音近义通，"婵媛"是多情、关切的意思；《离骚》："愿依彭咸之遗则""吾将从彭咸之所居"，王逸注："彭咸，殷贤大夫也，谏其君不听，自投水而死。"② 此种类型在吟咏屈原的诗词中比较普遍。

（三）承袭屈原作品风格

"兮"字在屈原作品中的广泛运用，成为"骚体"的显著特色。吟咏屈原的诗词中，如汉代贾谊《吊屈原》、扬雄《吊屈原》、庄忌《哀时命》、唐代皎然《吊灵均祠》等等，均袭用"兮"字以表情达意。屈原作品常以香草、美人喻君，或喻贤，或喻己；以臭草、恶鸟喻奸佞，或喻小人，或喻昏庸朝政。再如夸张、排比、对偶、设问、反问等修辞手法，特别是屈原作品的浪漫风格，在历代吟咏屈原诗词中有承继的痕迹。

除了前述基本特征之外，吟咏屈原的诗词还具有独特的历史性。其随着历史的发展变化而变化。从中国文学发展脉络来看，汉赋、唐诗、宋词、元曲为盛，吟咏屈原诗词的发展亦然。文学兴衰（包括诗词发展）与历史背景、政治环境、文化氛围等元素紧密相连，在某种程度上说，社会的进步会带来文化的昌盛。唐代鼎盛时期，诗词发展尤盛。"焚书坑儒"的秦代，吟咏屈原的诗词则寥若晨星。通过这些诗词，可以透视社会历史及诗词历史兴衰的不同时期及其发展过程，还可窥见古今人们对特殊历史人物屈原的不同认识与评介。因此，具有深远的历史意义。首先，这些诗词本身就是一种历史文化，它不同程度的表现了不同历史阶段的政治、文化、经济等状况。其次，这些诗词的传承，对中国文学起到了承前启后的作用。

总而言之，历代吟咏屈原的诗词及其作者，是中国文学发展史不可

---

① （汉）王逸：《楚辞章句》，上海古籍出版社 2020 年点校本，第 16 页。
② （汉）王逸：《楚辞章句》，上海古籍出版社 2020 年点校本，第 11 页。

缺失的一个组成部分，又融历史性、社会性、知识性于一体，不仅具有文学艺术价值，而且富有较高的学术研究价值。

（原载《职大学报》2020 年第 1 期）

论橘颂文化的内涵

　　屈原是柑橘文化的创始人，我国第一首咏颂柑橘的诗歌就是屈原《九章》中的《橘颂》。屈原所赞美的橘，是橘类（柑橘属）水果的泛称，不具体指柑橘中的哪一种橘。① 橘包括所有的宽皮柑橘和一部分橙，东汉著名文字学家许慎《说文解字》即认为橙和橘是同一个属科的水果："橙，橘属。"并指出了橘的主要产地："橘，果出江南。"②

　　人们说到屈原，自然会联想到秭归。屈原诞生于秭归（今秭归县屈原镇屈原村乐平里），出仕于郢都（今湖北荆州市江陵县）。因其《橘颂》诗篇的深远影响，又衍生出"橘颂"文化。什么叫橘颂文化呢？我们认为，橘颂文化是指《橘颂》在柑橘活动过程中为人类社会所创造的物质财富和精神财富的总和。可以说，橘颂文化融会于政治、经济、历史、文学、艺术之中，它以物质即柑橘为主体，反映出明确的精神内容，是物质文明与精神文明高度和谐统一的产物。也可以说，橘颂文化是秭归两千多年来逐步形成的一种独特文化。

　　《橘颂》③原文虽然只有 36 句、152 个字，但其蕴意深厚。清代林云铭《楚辞灯》评价《橘颂》说"句句是颂橘，句句不是颂橘"④，我们认为橘颂文化蕴涵十个方面的意义。

---

　　① 黄仲先等：《柑橘文化》，中国农业出版社 2012 年版，第 16 页。
　　② （汉）许慎：《说文解字》，中华书局 2003 年校定本，第 114 页。
　　③ 参见（宋）洪兴祖《楚辞补注》，中华书局 2017 年点校本，第 153—155 页。
　　④ （清）林云铭：《楚辞灯》，华东师范大学出版社 2012 年点校本，第 111 页。

一 蕴涵"深固难徙"的爱国精神

《橘颂》:"深固难徙,更壹志兮。"深固难徙,意思是根深蒂固,难于迁移。更,是更加、越发的意思。壹,即专一。壹志,专一的志向。此诗句连接起来,即:根深蒂固难于迁移,志向更加坚定专一。此诗句前面有"受命不迁,生南国兮",意思是说,禀受天命不可迁移,只愿生长在南方国度。明代汪瑗《楚辞集解》曰:"南国,谓楚国也。"①"深固难徙",即表达了屈原坚定不移,坚忍不拔,至死不渝的爱国精神。其行为具有强烈的爱国情怀,其作品富含浓厚的爱国思想。

屈原生于楚、长于楚、仕于楚,对自己的宗国有着深厚的感情,并且这种情感根深蒂固,难以改变,自始至终眷恋着自己的国家。屈原时代"楚材晋用""朝秦暮楚"已经成为时尚,但他对楚国不离不弃,一心一意为国。屈原虽屡遭奸佞诬言,被楚王放逐,但他对楚国仍然不离不弃,"九死其犹未悔"(《离骚》),爱国之情始终如一。《橘颂》短短的36句诗中,却两次重复"深固难徙"之语,两次言及"不迁",即"受命不迁""独立不迁"。"难徙""不迁"都饱含屈原对自己宗国的情感。前278年,当屈原闻知楚国郢都被秦军攻破后,痛心疾首,悲愤投江,以身殉国。可见屈原爱国之情至深至切。屈原的一生也践行了"受命不迁,生南国""深固难徙,更壹志"的诺言,也是他后来人生道德信仰的精神支柱。可以说,《橘颂》既是一首颂橘之歌,更是一首爱国之歌。因此,毛泽东称赞屈原"是一名伟大的爱国者"②。

二 蕴涵"秉德无私"的廉洁思想

《橘颂》:"秉德无私,参天地兮。"即秉持美德,没有私心。秉德,保持美好的品德。秉,执、持。参天地,即与天地相合。简而言之,其

---

① (明)汪瑗:《楚辞集解》,上海古籍出版社2017年点校本,第352页。
② 丁毅:《"我们是他生命长存的见证人"——毛泽东谈屈原》,《党的文献》2006年第4期。

诗意是，只有大公无私，才能够顶天立地。屈原在《橘颂》中还说道："苏世独立，横而不流兮。闭心自慎，不终失过兮。"即头脑清醒，特立独行，不随波逐流。节制私欲，小心谨慎，结果就不会犯过得咎。又言"深固难徙，廓其无求兮"，即深固其根，难以迁徙。胸怀开阔，不求私利。这都是屈原廉洁思想的体现。《橘颂》也是一首廉洁之歌。

屈原曾提出的"美政"思想，其中之一即真挚爱民，廉洁清明。屈原是最早提出"廉洁"这一概念的人，最早出现在他的作品《卜居》和《招魂》中，《卜居》云："宁廉洁正直以自清"，大意是说，我应该廉洁自律，正直处世，以确保自己清清白白。《招魂》云："朕幼清以廉洁兮，身服义而未沫。"大意是说，我自幼保持清白廉洁，身体力行仁义而不含糊。什么叫廉洁呢？东汉王逸《楚辞章句》解释说："不受曰廉，不污曰洁。"① 南宋理学家朱熹《楚辞集注》释曰："清者，其志之不杂；廉者，其行之有辩；洁者，其身之不污。"② 屈原在《卜居》还提出"廉贞"一词。廉贞，即廉洁忠贞。所以近代享有国际声誉的著名学者王国维在《屈子文学之精神》一文中说："屈子之自赞曰：'廉贞'。余谓屈子之性格，此二字尽之矣。"③ 屈原廉洁思想自古以来得到世人称赞。司马迁《史记·屈原贾生列传》曰："屈平正道直行，竭忠尽智……其志洁，故其称物芳；其行廉，故死而不容……推此志也，虽与日月争光可也！"④

三 蕴涵"梗其有理"的人格范式

《橘颂》云："淑离不淫，梗其有理兮。"淑离，即贤淑美丽。离，通"丽"。淫，惑乱。梗，直也。理，即纹理，以橘树枝干笔直而有纹理来比喻人之坚守直道。理，也有道理、事理之意。这两句释意是，贤

---

① （宋）洪兴祖：《楚辞补注》，中华书局 2017 年点校本，第 197 页；

② （宋）朱熹：《楚辞集注》，上海古籍出版社 2017 年点校本，第 167 页

③ （清）王国维：《屈子文学之精神》，胡晓明选编《楚辞二十讲》，华夏出版社 2003 年版，第 4 页。

④ （汉）司马迁：《史记》，中华书局 1959 年版，第 2482 页。

淑美丽不乱其志，端正耿直而坚守正道。"淑离不淫"是处乱不惊的高风亮节之情操，"梗其有理"是目不斜视地正道直行之品性。黄孝纾《楚辞选》注释："淑是内美，丽是外美。"[①] 由此而言，屈原既注重内在品质又重视外在形象的统一，保持表里如一的高尚人格。屈原内外兼修的品性，梗然坚挺的人格由此显得更加高大，所以人们称屈原为"特操之士"。宋代高元之《变离骚·自序》云："屈原当斯世，正道直行，竭忠尽智，可谓特操之士。"[②] 意思是说屈原是一个具有正直忠耿独立人格操守的贤者。《橘颂》通篇闪耀着崇高的人格光辉。

屈原处于战国"七雄"纷争的时代，又逢昏庸腐朽的楚王朝廷，却坚守正直气节，固持高远理想，而且刚直不阿，真言直谏，不惧邪恶，敢于斗争。这种人格情操难能可贵，无与伦比，是古今人们推崇的典范。例如屈原听从楚怀王之命在草拟宪令文稿过程中，上尚大夫为了谋取贵族利益，抢夺宪令文稿，屈原面临佞臣陷害和被楚怀王放逐的境遇，却仍然针锋相对，坚守正义，毫不动摇，誓死捍卫自己的人格底线。这就是屈原烁古震今，光耀千秋万代的人格范式。

四 蕴涵"纷缊宜修"的励志理想

《橘颂》云："纷缊宜修，姱而不丑兮。"纷缊，茂盛的样子。宜修，善于修饰。姱，即美好。丑，类。不丑，不同一般，出类拔萃。这两句表面是说橘树长得繁茂，清香馥郁，枝叶稀疏得体，美而不丑。实质是以物喻人，表达了自己的励志理想。《橘颂》的"嗟尔幼志，有以异兮"，即从小要有志向，而且要与众不同。

屈原的励志理想突出表现在"宜修""好修"之中。屈原25篇作品里，言及"修"字达33处之多，而且多具有励志的意义。他以"修能"（《离骚》"又重之以修能"）来表达锻炼才智、提升品德的决心；

---

① 参见崔富章等《楚辞集校集释》（下），湖北教育出版社2003年版，第1785页。

② 参见曾枣庄主张《全宋文》卷二七七册，上海辞书出版社、安徽教育出版社2007年版，第225页。

他以"修名"(《离骚》"恐修名之不立")来表达树志立身、建功立业的信心。屈原在其作品中五次言及"好修"(《离骚》"余独好修以为常""余虽好修姱以鞿羁兮""汝何博謇而好修兮""苟中情其好修兮""莫好修之害也"),即反复强调修身励志的重要性和必要性。正如屈原自己在《离骚》所言:"余独好修以为常。"如果不"好修",其结果则截然不同,屈原在《离骚》中举例说:"何昔日之芳草兮,今直为此萧艾也?岂其有他故兮?莫好修之害也。"为什么从前的香草,现在简直成了臭艾?难道还有别的缘故?这都是不爱好修饰的祸害。实质意思是说,为什么原来的贤者君子,现在却变成了奸佞小人?原因就是不好修造成的。屈原在其作品中又两次言及"宜修"(《橘颂》"纷缊宜修";《九歌·湘君》"美要眇兮宜修"),都申述了自己修身励志的理想。

修,其本义原指从容装饰,精心美化,后引申至改造、整治,又引申为学习、追求、完善等。《橘颂》"纷缊宜修"即指修身励志。屈原修身励志可以概括为:修身自励、修节(节操)自省、修名自立、修能自正、修廉自清、修性自慎、修先自悟。这也是屈原的励志理想。清代贺贻孙在《骚筏·离骚经》中评价屈原说:"屈子一生,至性过人,多忧少乐。所乐者,惟'好修'而已。"[1]屈原是修身励志、树立远大理想的楷模。

五 蕴涵"精色内白"的果品文化

《橘颂》云:"精色内白,类任道兮。"精色,鲜艳的颜色。内白,指橘子内瓤洁白。类,像。任,抱。任道,指怀抱道义的人,意言铁肩担道义之人。类任道兮,就像抱着大道一样,或者说就像担当重任的人一样。这两句是说橘子的表皮颜色鲜明,内瓤雪白莹洁,好像可以赋予重任的人一样。汉代王逸《楚辞章句》释曰:"言橘实赤黄,其色精明,内怀洁白。以言贤者亦然,外有精明之貌,内有洁白之志,故可任

---

① 参见蔡守湘《历代诗话论诗经楚辞》,武汉出版社 1991 年版,第 226 页。

以道，而事用之也。"① 屈原将橘果人性化，以橘果外精内白的品质比喻有道德节操和有担当道义的贤者，这是屈原对柑橘果品文化的突出贡献。屈原虽然以拟人手法，赋予橘果以道义，但也很细致地观察和描绘了橘果的品质特征。屈原从对橘果的细微观察中获得人生价值取向和品质定位。

《橘颂》诗篇不仅是我国诗歌史上第一首真正的咏物诗，南宋诗人刘辰翁称之为"咏物之祖"，而且是柑橘果品文化的开创者。《橘颂》里的"圆果抟兮"，描述圆圆的果实饱满而又丰腴。抟，通"团"，指圆圆的外形。"精色内白"，描述金黄或红色的果皮包裹着洁白的内瓤。屈原由表及里，由物及人，堪称体察入微，想象妙趣。今天的柑橘品种已逾百类，内瓤或白或红或红黄，果皮或红或淡黄或金黄，正如《橘颂》所言："青黄杂糅，文章烂兮。"烂，指柑橘果皮光彩灿烂的样子。当今秭归的柑橘种类堪称色彩缤纷，橘果品质可谓光彩夺目。

六　蕴涵"后皇嘉树"的植物文化

《橘颂》云："后皇嘉树，橘徕服兮。"后，即后土，是对地的尊称。皇，皇天，是对天的尊称。嘉，即美、善。徕，通"来"。服，习惯。橘徕服兮，适宜南方水土。这两句意思是说，天地间最美的橘树，生来习惯南方水土。"后皇嘉树"是《橘颂》诗篇的第一句，首言即点明赞颂橘树主题。随后描写橘树的根、叶、花、枝、棘、果、树干这七个方面：橘树的根——"深"。即"深固难徙"，表现橘树只适宜南方水土的特性；橘树的叶——"绿"。即"绿叶素荣"之"绿叶"，表现橘树生机勃勃的形态；橘树的花——"素"。即"绿叶素荣"之"素荣"，表现橘花洁白无瑕、芬芳馨香的魅力；橘树的枝——"曾"。即"曾枝剡棘"之"曾枝"，"曾"通"层"，表现橘树枝丫层层叠叠而又纷繁茂盛的样子；橘树的棘——"剡"。即"曾枝剡棘"之"剡棘"。剡，锐利。棘，即刺。表现橘树坚强而不可摧、神圣而不可侵犯的形

---

① （宋）洪兴祖：《楚辞补注》，中华书局 2017 年点校本，第 154 页；

象；橘树的果——"抟"。即"圆果抟兮"，"抟"通"团"。表现橘果秀美圆润的外形；橘树的树干——"梗"。即"梗其有理兮"，表现橘树树干挺拔直立的风采。由此可见，《橘颂》诗中用"深""绿""素""曾""刻""抟""梗"这七个词语，对橘树的根、叶、花、枝、棘、果、树干描绘得惟妙惟肖，给人以可亲可敬、赏心悦目的感觉，并恰到好处地以"嘉"字总括橘树之美质。屈原从这七个方面描绘了柑橘树的全貌，刻划细润，构成优美的柑橘植物文化。这是屈原对柑橘植物文化的伟大贡献。因此，我们认为屈原也是创造柑橘植物文化的第一人。

同时，橘树不但是"嘉树"，而且还是楚国的社树。古时，国必立社，社必树木。以封土为社，各随其地所宜种植的树木，称社树。据当代学者吴郁芳、鄢维新、刘不朽、夏奇娇等学者考察，认为橘树是古代楚国的社树，是古代楚人崇拜的神木。夏奇娇认为："在楚地，'橘树'并非是普通的树，它是楚国的封疆之木，是社稷的象征。"① 社稷，是土神和谷神的总称，是以农为本的中华民族最重要的原始崇拜物。"社"，即土地之神，象征国土。"稷"，即五谷之神，西周始被尊为五谷之长。从字面来看，"社稷"是说土谷之神，实质并非如此。由于古时的君主为了祈求国事太平，五谷丰登，每年都要祭祀土地和五谷神，即祭社稷，后来"社稷"就被用来借指国家。吴郁芳也说："《橘颂》听颂的'受命不迁'的'后皇嘉树'，即楚人社木。"② 鄢维新考证认为，古代楚地民俗中存在敬奉社木的遗痕。③ 由此，对作为植物的橘树赋予了神圣的地位。

七 蕴涵"置以为像"的教育理念

《橘颂》云："行比伯夷，置以为像。"行，德行。伯夷，古代贤

---

① 夏奇娇：《〈橘颂〉——是屈原的作品，是屈原晚年的作品》，《名作欣赏》2014 年第 30 期。
② 吴郁芳：《楚社树及荆、楚国名考》，《求索》1987 年第 3 期。
③ 鄢维新：《〈橘颂〉本义与楚社木》，《湖北大学学报》1998 年第 4 期。

士，纣王之臣。伯夷固守臣道，反对周武王伐纣，与弟叔齐逃到首阳山，不食周粟而饿死。置，即设、立。像，榜样。这两句的意思是，道德品行可与伯夷相比，把贤能者作为榜样。"置以为像"的词义如同"为人师表"，师表即表率、榜样。"置以为像"可称为屈原的教育理念。

屈原曾担任过三闾大夫之职，汉代王逸《楚辞章句·离骚经序》曰："屈原与楚王同姓，仕于怀王，为三闾大夫。三闾之职，掌王族三姓，曰昭、屈、景。屈原序其谱属，率其贤良，以厉国士。"[1] 此言透露出两个有价值的信息：一是屈原在楚怀王时期担任三闾大夫之职；二是屈原在楚怀王时期负责管理和教育王族子弟等事务，即所谓"三闾之职，掌王族三姓"，"序其谱属"。中国屈原学会第二任会长褚斌杰《楚辞要论》说："三闾大夫乃属管理王族、教育王族子弟之官。"[2] 著名楚辞学者姜亮夫《楚辞今绎讲录》也认为三闾大夫主要是教育"三姓宗族、皇亲国戚的子弟"，"希望教育出一批胄子来辅助君王，使祖国强大"[3]。

从《橘颂》全篇内容看，仿佛句句都是教育王族子弟之言："受命不迁，生南国兮"，是教育子弟热爱自己的故乡、热爱楚国；"深固难徙，更壹志兮"，是教育子弟更加坚定美好的理想和信念，感情专一；"绿叶素荣，纷其可喜兮"，是教育子弟要像橘树一样叶繁花茂，茁壮成长，成为国家有用人才；"曾枝剡棘，圆果抟兮"，是教育子弟克服层层障碍，取得圆满的成绩；"青黄杂糅，文章烂兮"，是教育子弟要经受住不同环境的考验，努力学习文化，拥有灿烂的文采；"精色内白，类任道兮"，是教育子弟造化纯洁的心灵，表里如一，怀抱道义；"纷缊宜修，姱而不丑兮"，是教育子弟经常注重修饰，修身养性，做到高雅而脱俗；"嗟尔幼志，有以异兮"，是教育子弟自幼树立远大志向，出类拔萃，不同凡响；"深固难徙，廓其无求兮"，是教育子弟固

①　（宋）洪兴祖：《楚辞补注》，中华书局 2017 年点校本，第 1—2 页。
②　褚斌杰：《楚辞要论》，北京大学出版社 2003 年版，第 14—15 页。
③　姜亮夫：《楚辞今绎讲录》，北京出版社 1981 年版，第 36 页。

守志节，心胸豁达，不求私欲；"苏世独立，横而不流兮"，是教育子弟保持清醒头脑，卓绝于世，不随波逐流；"闭心自慎，不终失过兮"，是教育子弟修养良好性情，谦虚谨慎，洁身自好，终生不犯错误；"秉德无私，参天地兮"，是教育子弟修炼大公无私的美德，能担负顶天立地之大任；"愿岁并谢，与长友兮"，是教育子弟珍惜青春岁月，愿与这些子弟结为天长地久的朋友；"淑离不淫，梗其有理兮"，是教育子弟秉性善良，从不放纵，性情耿直，坚守真理；"年岁虽少，可师长兮"，是说年纪虽然不大，但可以成为学习的榜样。中国屈原学会第一任会长汤炳正《楚辞类稿》一著中的《"三闾"余义》一文说："三闾大夫对楚国三大贵族昭、屈、景的子弟，是全权担负教育培养之责……屈原当时欲通过贵族子弟为表率，以激励全国士气，为革新政治培养骨干。"① 屈原藉橘的特异品性来教育子弟，寓意深厚，堪称经典。

八　蕴涵"受命不迁"的地域文化

《橘颂》云："受命不迁，生南国兮。"受命，受天地之命，即禀性、天性。不迁，不能移植。南国，即楚国。因楚国位居于南，故称南国。如果从橘的生长地域和特性来理解，这两句是说橘树禀受天命，不能移植，只能生长在南方的楚国。春秋时期《晏子春秋·内篇杂下》记载："橘生淮南则为橘，生于淮北则为枳，叶徒相似，其实味不同。所以然者何？水土异也。"② 这里即涉及地域文化。橘只能生长在淮河以南的地域，否则就变成味道酸苦的枳。《橘颂》中两言"不迁"（即："受命不迁""独立不迁"），强调橘树适宜生长地域的重要性。从古籍文献记载来看，我国柑橘的确最早产于南方，特别是春秋时期的南方楚地，是柑橘的核心产区。西汉史学家司马迁《史记·货殖列传》记载："江陵千树橘。"③ 江陵即楚国郢都所在地。明代汪瑗《楚辞集解》论

---

① 汤炳正：《楚辞类稿》，巴蜀书社 2015 年版，第 54 页。
② 许文畅译注：《晏子春秋》，长春出版社 2015 年版，第 164—165 页。
③ （汉）司马迁：《史记》，中华书局 1959 年版，第 3272 页。

曰："《汉书》'江陵千树橘，是楚地正产橘也。'"① 1965 至 1966 年，湖北省文物考古研究所考古人员先后在江陵望山一号、二号战国时期楚墓中都发现有柑橘的遗骸。

地处古楚地的屈原故里秭归，因屈原而成为"中国诗歌之乡"，因《橘颂》而成为"中国脐橙之乡"。其柑橘栽培历史久远。有学者考证，早于屈原的《山海经》已经记载秭归产橘。据宋公文、张君合著的《楚国风俗志》一书介绍："《山海经·中山经·中次九山》魊（山'又东二百里，曰葛山……其木多柤栗橘櫾。'据考，'魊山即夔山，今湖北秭归县地之山'（温少峰《山海经新探》）。"② 另外，吴郁芳在《从橘树的分布看楚人的迁徙及楚疆的开拓》一文中论证认为，上述《山海经·中山经·中次九山》的葛山"当位于今秭归与宜昌市西陵峡中"③。按这些学者的考证，《山海经》中关于产橘的魊山、葛山都在秭归。如今秭归境内确实有夔山（即魊山），位于茅坪镇，即秭归新县城所在地，又称夔龙山。此山即地处西陵峡中。秭归柑橘驰名中外，既是"绿色食品"，又是"中华名果"，土壤及气候均适宜柑橘生长，不仅果品鲜艳，而且味道香甜。现已发展到 80 多个品系，成为国内唯一的一年四季有柑橘鲜果上市的地域。秭归因《橘颂》而形成独特的柑橘文化，独特的柑橘文化又衍生出独特的地域文化。

九　蕴涵"文章烂兮"的文学特色

《橘颂》云："青黄杂糅，文章烂兮。"文章，文采。烂，斑斓、明亮、灿烂。这两句的本意是说橘子皮色青黄相杂，富有光彩的样子。如果用"文章烂兮"来形容《橘颂》诗篇的文学特色，堪称恰如其分，名副其实。《橘颂》的文学价值在于是我国柑橘文化的奠基石，是柑橘诗词的开篇之作，在我国文学史上具有划时代的意义。《橘颂》虽然是

---

① （明）汪瑗：《楚辞集解》，上海古籍出版社 2017 年点校本，第 352 页。
② 宋公文等：《楚国风俗志》，湖北教育出版社 1995 年版，第 15 页。
③ 吴郁芳：《从橘树的分布看楚人的迁徙及楚疆的开拓》，《江汉论坛》1987 年第 12 期。

《九章》中最短小的一篇诗歌，但其文学特色鲜明。

一是抒发的情感丰腴。《橘颂》是屈原初仕三闾大夫期间所作，楚辞学者吴广平认为："从思想内容和语言形式来看，应是屈原早年的作品，很可能是处女作。"① 屈原初登政治舞台，又正值风华正茂的年少时期，胸怀大志，朝气蓬勃，又文采飞扬，奋进向上，所以充满着豪情壮志。以浓郁的情感，畅达的语词，优美的文笔，交融的情景，创制出千古名篇《橘颂》，也为《橘颂》增添了灿烂的文学特色，以其丰腴的情感和独到的艺术形式使《橘颂》拥有不可取代的文学地位。

二是采用的艺术形式多样。以精巧的构思，丰富的想象，比兴的手法，凝练的语言，浪漫的色彩，首开我国古代咏物诗之先河，琢成了诗歌艺术宝库中的一件精品。把咏物、颂人和抒情紧密结合，说物则物中有人在，说人则人中有物在。既颂橘，又颂人；既言天论地，又论德述理。彼此互映，有镜花水月之妙。南北朝时期的文学理论家刘勰《文心雕龙·颂赞》曰："及三闾橘颂，精采芬芳，比类寓意，又覃及细物矣。"② 对《橘颂》的文学艺术特色给予了高度评价。

三是赞橘的文格体式新颖。《橘颂》之"颂"，在《诗经》"风、雅、颂"之"颂"体的基础上，以四言句式为主，增加语气助词"兮"字，创制长短句，既增强语言情感，又充分表现"颂"的意义。所以汉代王逸《楚辞章句》云："美橘之有是德，故曰颂。《管子》篇名有《国颂》。说者云：颂，容也，陈为国之形容。"③ 以赞美祝颂的诗歌体式，既颂贤人又颂宗国，既颂大德又颂美物。如同橘之色彩，既绚丽灿烂，又文采斑斓。其文辞瑰丽、思想深邃的文学艺术形式无与伦比。所以说，屈原是创造中国橘文学的第一人，《橘颂》是柑橘文化的开篇典范。

① 吴广平：《楚辞全解》，岳麓书社 2008 年版，第 234 页。
② （南朝）刘勰：《文心雕龙》，人民文学出版社 1987 年版，第 95 页。
③ （宋）洪兴祖：《楚辞补注》，中华书局 2017 年点校本，第 155 页。

十 蕴涵"纷其可喜"的求索情怀

《橘颂》两言"可喜":"绿叶素荣,纷其可喜兮";"独立不迁,岂不可喜兮"。表面看,"绿叶素荣,纷其可喜"是说枝叶碧绿,花朵雪白,繁荣茂盛,令人欢喜,其实是言操行纯洁,志向高远。"独立不迁,岂不可喜兮"以反问句式设问,表面看是说橘的本性独立不可改易,让人欣慰欢喜。其实是言人之道德品质,只有独立于世、品德高尚的人,才能让人欣喜。两言"可喜"均表现了屈原的求索情怀。

同时,屈原在《橘颂》中明确地表述了自己构建的不懈求索的目标体系:只有"苏世独立",才能"横而不流";只有"纷缊宜修",才能"姱而不丑";只有"闭心自慎",才能"不终失过";只有"淑离不淫",才能"梗其有理";只有"秉德无私",才能"参天地";只有"深固难徙",才能"更壹志"。简言之,只有达到这些追求目标的人,只有具备这些追求情怀的人,才能让人"可喜"。屈原自幼就孕育着这些求索的情怀,他在《橘颂》中所说"嗟尔幼志,有以异兮"就表明了自己幼时的理想。其实,这也都是屈原对真、善、美的追求。《离骚》中的千古名句:"路漫漫其修远兮,吾将上下而求索。"意思是说,前面的道路漫长而又遥远,我要上天下地去追求自己的理想。这既是屈原为追求远大理想而立下的铮铮誓言,也是屈原追求高远理想的伟大情怀。现代文学评论家茅盾1953年9月27日在北京纪念四位世界文化名人大会上的演说中评价说:"屈原是一个从小就重视人格的人,他极力把自己锻炼成为一个坚定、正直、廉洁,而又有操守,不和恶势力妥协的人物。"[①]

综而言之,橘颂文化由《橘颂》发其端、启其式,由柑橘文化衍生、发展,与屈原文化互为并存,相得益彰。橘颂文化表现了屈原的爱国精神、廉洁思想、人格典范、励志理想、求索情怀、植物和果品文

---

① 茅盾:《纪念我国伟大的诗人屈原——一九五三年九月二十七日在北京纪念四位世界文化名人大会上的演说》,《人民日报》1953年9月28日第3版。

化。同时，橘颂文化也有其独特的地域性、特指性、文学性、教育性。借物抒志，沟通物我，橘人互存，德操互映，境界神奇，寓意高远。《橘颂》始于屈原，屈原生于秭归，既为秭归柑橘文化赋予了生机与活力，也为秭归橘颂文化充实了特殊的内涵与意义。橘颂文化与屈原及其作品同样泽被后世，流光溢彩。

（原载《三峡大学学报·人文社会科学版》2020 年第 6 期）

探论屈赋中的端午文化因子

　　农历五月初五端午节，是中国唯一入选世界非物质文化遗产的传统节日。言及端午节，大都会自然而然地想到屈原，大多认为端午节是纪念屈原的节日，但经过近代学术界多年探讨，认为端午节在屈原出世之前已经存在，较可信的是端午节起源于夏商周时期的夏至节。

　　虽然端午节在屈原出世之前已经存在，但随着节俗的演变，端午节与屈原确实有着密切联系。传世文献中，将屈原与端午联系起来的较早文献是东汉末年应劭的《风俗通义》（简称《风俗通》），其曰："五月五日，以五采丝系臂……辟兵及鬼，令人不病温。又曰，亦因屈原。"[1]龙舟竞渡、食用粽子是端午节俗的两大主要活动，将屈原与龙舟竞渡联系起来的较早文献记载见于东晋葛洪《抱朴子》，其曰："屈原投汩罗之日，人并命舟楫以迎之，至今以为竞渡。"[2]（隋末唐初虞世南《北堂诗钞》卷一三七"水车水马"条引《抱朴子》外篇佚文）将屈原与粽子联系起来的较早文献是南朝梁人吴均的《续齐谐记》，其曰："屈原五月五日投汩罗水，楚人哀之，至此日，以竹筒子贮米投水以祭之。汉建武中，长沙区曲忽见一士人，自云'三闾大夫'，谓曲曰：'闻君当见祭，甚善。常年为蛟龙所窃，今若有惠，当以楝叶塞其上，以彩丝缠之。此二物，蛟龙所惮。'曲依其言。今五月五日作粽，并带楝叶、五

<hr>

[1]　王利器：《风俗通义校注》，中华书局2010年版，下册，第605页。
[2]　参见刘晓峰《人类非物质文化遗产代表作·中国端午节》研究卷，广西师范大学出版社2013年版，第192页。

花丝，遗风也。"① 虽然端午节之源众说纷纭，但自魏晋南北朝开始，屈原已成为端午节俗活动的主角了。

屈原其人璀璨夺目，是因为他炽烈的爱国情感及高洁的人格情操；屈原作品光耀于世，是因为它奇特的文学创造及高超的艺术成就。故能使屈原及其作品双璧生辉。屈赋素以浪漫奇异、想象丰富而著称，是中华文化乃至世界文化的瑰宝。

我们发现屈赋中透露龙舟竞渡、粽子、挂艾、香包、浴兰等事象，这正是如今端午节日的主要传统习俗。

首先探讨屈赋中的龙舟及龙舟竞渡。《九歌·湘君》："驾飞龙兮北征，邅吾道兮洞庭。"② 宋代朱熹《楚辞集注·九歌》注："驾飞龙者，以龙翼舟也。"③ 指两侧绘有龙鳞之舟。而明代周拱辰《离骚草木史·九歌》则直释"飞龙"为"龙舟"，其曰："飞龙，即龙舟。"④ 又如《九歌·湘君》："石濑兮浅浅，飞龙兮翩翩。"汤炳正《楚辞今注》云："飞龙，指龙舟。与上文'驾飞龙'同义。"⑤《九歌·河伯》："乘水车兮荷盖，驾两龙兮骖螭。"其"水车"也是龙舟。《北堂诗钞》卷一三七引东晋葛洪《抱朴子》外篇佚文："屈原没汨罗之日，人并命舟楫以迎之，至今以为竞渡。或以水车为之，谓之飞凫，亦曰水马，州将士庶悉观临之。"⑥"水车""飞凫""水马"都是古代龙舟的别称。再如《九章·涉江》："乘舲船余上沅兮，齐吴榜以击汰。船容与而不进兮，淹回水而凝滞。"有学者认为："屈原乘坐的狭长而微小的舲船，实质上就是当年竞渡用的船只。"⑦ 又如《九歌·东君》："驾龙辀兮乘雷，载云旗兮委蛇。"有学者直释"龙辀"为"龙舟"，并申述："意思

① （南朝）吴均：《续齐谐记》，上海古籍出版社2013年点校本，第230页。

② （宋）洪兴祖：《楚辞补注》，中华书局2002年点校本，第60页。本文引用屈原诗句，均源于该著，不再一一注明。

③ （宋）朱熹：《楚辞集注》，上海古籍出版社2017年点校本，第46页。

④ （明）周拱辰：《离骚草木史》，上海古籍出版社2019年点校本，第42页。

⑤ 汤炳正等：《楚辞今注》，上海古籍出版社2012年版，第52页。

⑥ 参见刘晓峰《人类非物质文化遗产代表作·中国端午节》研究卷，广西师范大学出版社2013年版，第192页。

⑦ 杨兴文：《端午节并非为悼念屈原》，《文史博览》2020年第6期。

是说驾在那飞驰的龙船上，就像坐在轰轰的雷声之中……"① 上述屈赋的龙舟意象中似也可以看出龙舟竞渡的意象。从"飞"字具有"快速"态势之涵义来看，与今之龙舟竞渡情景相似。在屈原时代的确也存在龙舟竞渡，如 1976 年浙江鄞县石秃山出土的春秋战国时期的青铜钺上，就刻有龙舟竞渡的图案。有趣的是，1973 年 5 月出土于湖南长沙战国楚墓的"人物御龙帛画"则引出一段龙舟与屈原的佳话。画中男子侧身左立，身材巍峨，美髯飘逸，高冠长袍，手挽缰绳，腰佩长剑，立于虬龙之上。所乘之龙就像乘风破浪、昂头翘尾的龙舟，舟下还有游动的鲤鱼，犹如龙舟竞渡。更有趣的是舟上男子如同屈原在诗中描写的自我形象一样，所以郭沫若目睹这幅帛画后，指着画中的男子，脱口而出："屈原！屈原！"并即兴赋诗《西江月·题长沙楚墓帛画》："仿佛三闾再世，企翘孤鹤相从。陆离长剑握拳中，切云之冠高耸。上罩天球华盖，下乘湖面苍龙。鲤鱼前导意从容，瞬上九重飞动。"② 他认为画中男子形象就是屈原。屈原曾任三闾大夫之职，所以郭沫若以三闾代称屈原。

再探讨屈赋中的粽子。屈赋中涉及粽子事象有 3 处。一处是《离骚》："巫咸将夕降兮，怀椒糈而要之。"明代李陈玉《楚词笺注》释曰："椒糈，即今之粽子，以椒裹之，所以享神。"③ 西晋周处《风土记》："仲夏端五，烹鹜角黍。"④（唐代徐坚《初学记》引）粽子古称角黍，祭祀多用角黍，《本草纲目·谷部》载："稷，俗作粽。……曰角黍。……言为祭屈原，作此投江，以饲蛟龙也。"⑤ 南朝梁人顾野王《大广益会玉篇》（亦称《玉篇》）："糈，祠神米。"⑥《山海经》里的《五藏山经》中，言及祠神之礼用"糈"者达 12 篇之多。至今长江西陵峡一带称祭祀用的黄色小米（古时做粽也用此米）为"糈米"或

---

① 金陵等：《中国传统龙舟竞渡源流考》，《中北大学学报》2008 年第 5 期。
② 郭沫若：《西江月·题长沙楚墓帛画》，《文物》1973 年第 7 期。
③ 参见崔富章等《楚辞集校集释》（上），湖北教育出版社 2003 年版，第 575 页。
④ （晋）周处：《风土记》，（唐）徐坚《初学记》引，中华书局 1962 年版，第 74 页。
⑤ （明）李时珍：《本草纲目》，人民卫生出版社 2014 年点校本，下册，第 1541 页。
⑥ （南朝）顾野王：《大广益会玉篇》，中华书局 2014 年版，第 75 页。

"糯谷"。由此可见，"粽子"与"糯米"都具有作祭品的功用，而且"糈"与角黍之"黍"在古代同音，"椒糈"与"角黍"之音又完全一致，故"角黍""椒糈"可能就是角黍，即今之所谓粽子。其二是《招魂》："粔籹蜜饵，有食餦餭些。"宋代《尔雅翼·黍》："黍又捣以为饧，谓之餦餭。《楚辞》曰：'粔籹蜜饵有餦餭。'言以蜜和米麫煎熬作粔籹。又有美饧，众味甘具也。及屈原死，楚人以菰叶裹黍祠之，谓之角黍。"① 宋代张表臣《珊瑚钩诗话》卷二曰："角黍之事肇于风俗。昔日屈原怀沙忠死，后人每年以五色丝络粔籹而吊之，此其始也。"② 张氏所言"以五色丝络粔籹"与南朝梁人吴均《续齐谐记》"以彩丝缠之"之物实指同一种物品"角黍"，而且"粔籹"与"粔籹"之形、音均相近，又与"角黍"音近，说明"粔籹"可能是角黍。清代王闿运《楚辞释·招魂》称："粔籹，盖煮糈声转改字，今或以角黍为粔籹。二者皆用蜜调馅之。"③ 其三是《天问》："咸播秬黍，莆雚是营。何由并投，而鲧疾修盈？""秬黍"与"角黍"音近。"莆雚"为菖蒲、芦叶之类，《康熙字典》释粽曰："粽，角黍也，同糉。"同时释糉曰："糉，芦叶裹米之角黍也。"④ 《汉语大字典》释粽曰："粽，用箬叶、芦叶包裹糯米做成的食品……也作'糉'。"⑤ 《天问》将秬黍与芦叶放在一起，这就体现出角黍所具有的基本特征。

屈原作品中，除了上述龙舟竞渡、粽子等端午节俗的文化元素外，其他至今仍在流行的端午习俗也在屈赋中留有信息。

浴兰。南朝宗懔《荆楚岁时记》云："五月五日，谓之浴兰节。"⑥ 说明农历五月初五端午节也称"浴兰节"。《九歌·云中君》："浴兰汤兮沐芳，华采衣兮若英。"仲夏端午时节，正是病疫多发之时，古代人

① （宋）罗愿：《尔雅翼》（卷一），吉林出版集团有限责任公司 2005 年版，第 278 页。

② 参见张勃《人类非物质文化遗产代表作：中国端午节》史料卷，广西师范大学出版社 2013 年版，第 70 页。

③ （清）王闿运：《楚辞释》，上海古籍出版社 2019 年点校本，第 85 页。

④ （清）张玉书等：《康熙字典》卷三，天津古籍出版社 2013 年影印本，第 930—931 页。

⑤ 《汉语大字典》，湖北、四川辞书出版社 1995 年缩印本，第 1314 页。

⑥ （南朝）宗懔：《荆楚岁时记》，岳麓书社 1986 年辑校本，第 34 页。

们用兰花或兰草等芳香植物入汤进行沐浴，认为可以避邪、祛病、除秽，并且能散发出芳香之气，又可避免虫蚁之毒。《本草纲目·草部》释兰草曰："时人煮水以浴，疗风，故又名香水兰。"① 另外，古人祭祀神灵之前，必须要斋戒，用兰汤沐浴，表示虔诚，如《大戴礼记·夏小正·五月》云："（五月五日）蓄兰，为沐浴也。"②

挂艾。《离骚》："户服艾以盈要兮，谓幽兰兮其不可佩。""何昔日之芳草兮，今直为此萧艾也。"屈原将艾与兰相对，以兰为香草，视艾为贱草，意在以艾影射楚王朝廷奸党邪人。至今，屈原故里湖北秭归乐平里有家家户户于端午节在门框上挂艾的习俗。据传，该地人们为表达对屈原的热爱和对昏君奸臣的痛恨，故悬艾于门框，意将奸臣邪人悬于门框之上示众。同时，艾又有驱邪及医药之用，《荆楚岁时记》载："荆楚人以五月五日并蹋百草，采艾以为人，悬于门户，以禳毒气。"又说："常以五月五日鸡未鸣时采艾……用灸有验。"③《本草纲目·草部》释艾曰："医家用灸百病，故曰灸草。……治病灸疾，功非小补。……五月五日鸡未鸣时，采艾似人形者揽而取之，收以灸病甚验。"④ 但"户服艾以盈要"让人联想到将艾"悬于门户，以禳毒气"的习俗。"服"之"使用"义项可引申为"悬挂"之义。早在宋代，朱熹《楚辞集注·楚辞辩证》已言及："楚人以重午插艾于要，岂其故俗耶？"⑤ 朱熹在此释"要"为"腰"，他似乎认为古代楚人在端午节挂艾不应是挂在腰间，而是挂在门框之上，因为据《荆楚岁时记》端午节有挂艾于"门户"之说，此俗至迟在南北朝就已流行了。虽然如此，但从朱熹注语中可以看出，朱氏当世已存在"楚人以重午插艾于要"的说法。

香包。《离骚》："昔三后之纯粹兮，固众芳之所在。杂申椒与菌桂

---

① （明）李时珍：《本草纲目》，人民卫生出版社 2014 年点校本，上册，第 903 页。
② （清）王聘珍：《大戴礼记解诂》，中华书局 1983 年版，第 39 页。
③ （南朝）宗懔：《荆楚岁时记》，岳麓书社 1986 年辑校本，第 34 页。
④ （明）李时珍：《本草纲目》，人民卫生出版社 2014 年点校本，上册，第 935—936 页。
⑤ （宋）朱熹：《楚辞集注》，上海古籍出版社 2017 年点校本，第 235 页。

兮，岂维纫夫蕙茝。”这里的椒，指花椒；桂：指桂树；蕙：与兰草同类的香草；茝：指白芷。椒、桂、蕙、茝，皆为“众芳”的香草植物。纫：缝纫，连缀。“纫夫蕙茝”，似指缝制成的装有蕙茝的香包。端午节即有将香包作为饰物佩戴的习俗。金开诚《屈原集校注》说：“‘三后’兼有花椒、菌桂等各种香物，岂止是把蕙草和白芷连结起来作为饰物？”① 其意是指“三后”将香物作为饰物的不只是蕙草和白芷，还应包括花椒、菌桂等。秭归民间在端午节制作香包时，装有桂皮、花椒、丁香、茴香、山奈，或装上白芷、雄黄、花椒、细辛、苍术，称为“五香”，故有“香包身上带，伢儿逗人爱”② 的俗语。相传，幼童佩戴香包既可驱邪避凶，又能强身健体。这些香草植物均是屈原在其作品中多次出现并颂扬的，古今称谓屈原的“香草情结”。

上述屈赋中的龙舟竞渡、粽子、挂艾、浴兰、香包等五类事象，正是从古至今端午节日中广为流布及历史传承的主要习俗，也是当今端午节日重要的文化元素。将端午文化与屈赋相对照，探论其于端午节日的文化因子，本文标题中的“端午文化”之义即在于此。

端午节日纪念屈原，屈赋蕴涵端午文化。端午节纪念屈原风俗盛行的唐代，诗人文秀感慨激言：“节分端午自谁言？万古传闻为屈原。”③ 也正如现代著名诗人、文学家闻一多所说：“我们也不否认端午节这个节日远在屈原出世之前已经存在，而它变为纪念屈原的纪念日，又远在屈原死去以后。……惟其中国人民愿意把这样 ·个重要的节日转计给屈原，足见屈原的人格在他们生活中起着如何重大的作用。”④ 端午节祭祀屈原，已经成为不变的习俗，也成为中华民族端午文化的主线。

（原载《宜昌社会科学》2021 年第 4 期）

---

① 金开诚：《屈原集校注》，中华书局 2011 年版，上册，第 22 页。
② 参见何怀强等《秭归风物》，中国三峡出版社 1995 年版，第 45 页。
③ 刘济民：《歌咏屈原古今诗词选》，中国炎黄文化出版社 2008 年版，第 119 页。
④ 闻一多：《神话与诗》，武汉大学出版社 2009 年版，第 222 页。

试析屈赋中的医药文化

伟大诗人屈原的作品不仅对我国文学艺术产生了深远影响，而且其蕴涵的医药文化对于我国古代医药研究也富有历史意义。屈赋中大量出现的中医药物名称，多具有药用价值，虽然没有直接阐述药用功能，多以香草植物来喻人喻物，但其为我们了解和认识先秦时期药物状况及医药文化大有裨益。

屈赋中直接言及"医""药"有三处，《九章·惜诵》："九折臂而成医兮，吾至今而知其信然。"《九歌·湘夫人》："桂栋兮兰橑，辛夷楣兮药房。"《天问》："安得夫良药，不能固臧？"自古至今，人们对屈赋的医药文化鲜有论及，几近空白，本文意在抛砖引玉。

一 屈赋如同百药园

《汉书·艺文志》载："屈原赋二十五篇。"① 多认为系指《九歌》（11 篇）、《九章》（9 篇）、《离骚》、《天问》、《卜居》、《渔父》、《远游》各 1 篇。据统计各篇植物数量：《离骚》28 种、《九歌》40 种、《九章》21 种、《天问》9 种、《远游》3 种②，剔除各篇交叉重复的之外，尚有 50 余种。与《本草纲目》③ 相互对照，这 50 余种植物都有药

---

① （汉）班固：《汉书》，中华书局 1962 年版，第 1747 页。
② 参见潘富俊著《楚辞植物图鉴》，上海书店出版社 2002 年版，第 216 页。
③ （明）李时珍：《本草纲目》（上、下册），人民卫生出版社 2014 年点校本。后引该著不再注明。

用功能，而且都可以入药。屈赋中不仅有药用植物，而且还涉及动物、矿物等医疗药物，是中国传统中医特有药物。

（一）屈赋药用植物

1. 药用植物类别。按植物属性大致可分为三类：

（1）木本（13 种）：木兰（玉兰、木莲）、桂（菌桂、肉桂）、桂树（桂花、桂枝）、椒（申椒、花椒）、椴（食茱萸）、柏（柏木）、松（马尾松）、辛夷（紫玉兰、木笔）、三秀（灵芝）、棘（酸枣）、橘、楸、桑。

（2）草本（37 种）：兰（兰草、泽兰）、石兰（石斛、金钗石斛）、留夷（芍药、药）、杜衡（杜蘅、南细辛、马蹄香）、茝（芷、白芷）、胡（大蒜）、绳（蛇床）、芰荷（荷叶）、芙蓉（荷花）、菤（苍耳、枲耳）、杜若（高良姜）、荃（荪、菖蒲）、蕙（九层塔、薰草、荆芥）、薋（蒺藜）、菉（荩草）、蘋（田字草）、荼（苦菜）、茅（茅草）、女萝（松萝）、萹（萹蓄）、江离（川芎）、紫（紫草）、萧（牛尾蒿）、白蘋（水毛花）、揭车（珍珠菜）、枲（大麻）、宿莽（葳草）、茹（柴胡）、扶桑（朱槿）、葌茅（香茅、白茅）、艾（五月艾）、芭（芭蕉、香蕉）、浮萍、蒲（香蒲）、薇（野豌豆）、荠（荠菜）、麋芜（当归）。

（3）藤本（2 种）：葛（葛藤、葛花、葛根）、薜荔（木莲）。

上述 52 种植物既可用于医药，又可用于保健、养生，还可作为调味品和美味食物，也可用于观瞻欣赏。

2. 药用植物特性略例。屈赋中出现频率最高的药用植物是兰，其次是白芷（茝、芷）。"兰"字凡 23 见，其中《离骚》10 见、《九歌》11 见、《九章》2 见。屈原所咏之兰实为木本、草本两类。木本主要指玉兰、木莲，草本主要指兰草、泽兰、石兰（石斛）等。《神农本草经》（又称《本草经》《本经》）列兰草于"上品"，列泽兰于"中品"，足见兰在汉代前已受到医家重视。《本草经》谓兰草"杀蛊毒，辟不祥，久服益气，轻身不老"[1]，《本草纲目》称兰草"为妇人要药"，并

---

① （清）孙星衍：《神农本草经》，人民卫生出版社 1963 年版，第 32 页。

能"消痈肿,调月经。煎水,解中牛马毒"。其谓泽兰主治"乳妇内衄,中风余疾,大腹水肿""痈肿疮脓""治鼻血吐血,头风目痛"。《本草纲目》列木兰于"上品",其皮主治"恶风癞疾""明耳目""疗中风伤寒,及痈疽水肿"。"芷(茝、芷)"字凡 10 见,其中《离骚》6 见、《九歌》2 见、《九章》2 见。《本草纲目》列白芷于"中品",其根主治"一切伤寒,一切风邪""一切眼疾",还"可作膏药";其叶治"小儿身热""浴丹毒瘾疹风瘙"。

(二)屈赋药用动物

1. 药用动物类别。按动物形态特征大致可分为四类[①]:

(1)飞禽(12 种):凫(野鸭、水鸭子)、鸠(斑鸠)、鸡、鸥(鹕鹰)、雉(山鸡、野鸡)、鹈鴂(杜鹃、我哥回)、鹜(鸭子)、鹄(天鹅)、鸳(鸥)、燕、雀(麻雀)、鹊(喜鹊)。

(2)走兽(16 种):牛、马、羊、犬、兔、鹿、麋、象、豹、熊、孤、猿、狸、犀、豨(猪)、狖(猴)。

(3)虫豸(3 种):蝉(蝉蜕)、蛇、虺(蟒)。

(4)鱼龟(5 种):文鱼、鲮鱼、龟、鼋、鳌。

2. 药用动物特性略例。药用植物草本中有整株入药者,而药用动物则不然,上述 36 种大多只能取其部分入药。如鹄(天鹅),其油"涂痈肿,治小儿疳耳""疳耳出脓"。例如牛,其皮"主治水气浮肿,小便涩少"。又如蝉(蝉蜕),药之用途较多,主治小儿"惊痫""夜啼""噤风""阴肿""疮疹出不快"等,亦治"大人失音""破伤风及疔肿毒疮"等。再如鼋,其甲"炙黄酒浸,治瘰疬,杀虫逐风,恶疮痔瘘,风顽疥瘙"。

(三)屈赋药用矿物

屈赋中所述药用矿物主要有玉(瑾、瑜、玦)、翡翠。例如玉,《本草纲目》沿用《抱朴子》之言:"服金者,寿如金;服玉者,寿如

---

① 参见周秉高《楚辞原物》,内蒙古人民出版社 2008 年版,第 165—172 页。

玉。"故认为玉屑"久服轻身、长年",且"除胃中热,喘息烦满,止渴""润心肺,助声喉,滋毛发"。

二　屈赋中的药物种植与使用方式

屈原在其作品中描述了多种药物的种植及使用方式。

（一）培植药草

1. 大面积栽培。《离骚》："余既滋兰之九畹兮,又树蕙之百亩。"屈原以第一人称叙述他种植"九畹"之兰和"百亩"之蕙。畹,《说文解字》："田三十亩也。"① 如按此计算,栽培的兰草面积达几百亩之多,虽然古今计量单位略有不同,但仍可见其栽培面积之大。《九章·惜诵》"播江离与滋菊",也叙及播种江离、菊花等药草。

2. 科学种植。根据药草特性,实行科学种植。《离骚》："畦留夷与揭车兮,杂杜蘅与芳芷。"朱熹《楚辞集注》释曰："畦,垄种也。"② 金开诚《屈原集校注》云："畦,动词,分畦栽种的意思。""杂,动词,穿插种植的意思。"③ 此"畦""杂",即指药用植物分垄种植、穿插间种、套种的方式。在留夷、揭车药草地里,分垄种植杜蘅、白芷。《九章·悲回风》"故荼荠不同亩兮,兰茝幽而独芳"、《离骚》"杂申椒与菌桂",也讲述了同样的科学种植技术,荼与荠药用特性不同,避免混杂而不能栽培在一起。兰与茝适宜种植在阴凉的地方。申椒与菌桂则可以套种。《离骚》的"滋兰""树蕙"则述及移植技术,何剑薰《楚辞拾瀋》注："兰无实,分株以植,故需别种,即移植。蕙亦当如是。"④ 再如《九歌·少司命》："秋兰兮麋芜,罗生兮堂下。绿叶兮素枝,芳菲菲袭予。"秋兰和麋芜并列而生,既叶绿枝翠,又香气袭人。《卜居》"宁诛锄草茅以力耕",还言及修剪、锄草、耕作等技术。

---

① （汉）许慎:《说文解字》,中华书局 2003 年校定本,第 291 页。
② （宋）朱熹:《楚辞集注》,上海古籍出版社 2017 年点校本,第 14—15 页。
③ 金开诚等:《屈原集校注》,中华书局 2011 年版,上册,第 31 页。
④ 何剑薰:《楚辞拾瀋》,四川人民出版社 1984 年版,第 3 页。

3. 采摘收割。《离骚》在言"滋兰树蕙"之后说："冀枝叶之峻茂兮，愿俟时乎吾将刈。"意思是说，我要让兰、蕙药草枝叶茂盛，待其成熟后收割。《离骚》又曰："揽木根以结茝兮，贯薜荔之落蕊。"揽，采之意。贯，串起之意。采收木兰之根并编结白芷，再串联起薜荔的花蕊。又曰："朝搴阰之木兰兮，夕揽洲之宿莽。"早晨搴（采）阰（山坡）上的木兰，傍晚采收水中小岛上的宿莽。《九歌·湘君》"采芳洲兮杜若"、《九章·思美人》"揽大薄之芳茝兮，搴长洲之宿莽"、《九章·悲回风》"折芳椒以自处"、《离骚》"索藑茅以筳篿兮"等等，分别以"采""搴""揽""折""索"等动词表现采收药草的手段。

屈赋中出现的科学种植药草技术，为药学研究提供了珍贵的文献资料。

（二）披挂芳香药草

1. 身挂药包。《离骚》："昔三后之纯粹兮，固众芳之所在。杂申椒与菌桂兮，岂维纫夫蕙茝。"这里的椒、桂、蕙、茝，皆为"众芳"的香草药物。纫，即缝纫、连缀。"纫夫蕙茝"，似指缝制成的装有蕙茝的香包。《离骚》"矫菌桂以纫蕙兮，索胡绳之纚纚""既替余以蕙纕兮，又申之以揽茝"，也言及了佩挂桂、蕙、茝的草药香包等饰品。

2. 腰系药带。《九歌·山鬼》："被薜荔兮带女萝"，又言"被石兰兮带杜衡"，即言腰系松萝、马蹄香的药带。《离骚》："户服艾以盈要兮"。要，即"腰"，言腰间系艾草。南朝宗懔《荆楚岁时记》载："荆楚人以五月五日并蹋百草，采艾以为人，悬于门户，以禳毒气。"又说："常以五月五日鸡未鸣时采艾……用灸有验。"[①]《本草纲目·草部》释艾曰："医家用灸百病，故曰灸草。……治病灸疾，功非小补……五月五日鸡未鸣时，采艾似人形者揽而取之，收以灸病甚验。"

3. 身披药草。《离骚》："扈江离与辟芷兮，纫秋兰以为佩。"扈，是楚国方言，即"披"的意思。身披川芎和白芷草药，并将兰草连接起来作为佩饰。

---

① （南朝）宗懔：《荆楚岁时记》，岳麓书社1986年辑校本，第34页。

4. 穿戴药草。即将香草药物制作成衣裳。《离骚》："制芰荷以为衣兮，集芙蓉以为裳。"以芰荷（荷叶）为上衣，以芙蓉（荷花）为下裳。《九歌·少司命》"荷衣兮蕙带"，也以荷叶为上衣，以蕙草为衣带。

屈原作品中的香草植物都有药用价值。上述椒、桂、蕙、艾、茝（芷）、薜荔、杜蘅、江离、芰荷、芙蓉、兰草，都是香草药物，既含芳香成分，也含药用、营养成分。香气是人类最喜欢的气味，因其具有芳香开窍、辟毒祛邪功能。现代药理学研究证实，佩戴香味药物能够增强人体抵抗力，提高血清免疫球蛋白的质量，从而起到防疫、治病的作用。既有香的气味，又有药的功效，因而深受人们的喜爱。

（三）服用药草

1. 饮用药草。《离骚》："朝饮木兰之坠露，夕餐秋菊之落英。"早晨饮用木兰之露，傍晚食用秋菊之花。露，是中成药剂型之一。制作方法是将药剂和水，用蒸馏之法制作而得到的澄明液体药品，一般供内服。至清朝时，食用菊花花瓣竟成了慈禧太后的保健专方。

2. 药草为粮。《九章·惜诵》："捣木兰以矫蕙兮，䂮申椒以为粮；播江离与滋菊兮，愿春日以为糗芳。"矫，即糅；䂮，即舂也；糗，干粮。这两句是说，捣碎木兰，揉和蕙草，舂碎花椒，做充饥的口粮；播种江离，培植菊花，愿春天来临时做芬芳的干粮。

3. 食用药草。《九歌·东皇太一》："蕙肴蒸兮兰藉，奠桂酒兮椒浆。"蕙肴，指用蕙草蒸的肉。汉代王逸《楚辞章句》曰："蕙肴，以蕙草蒸肉也。"[1] 兰藉，将兰草铺垫在蕙肴之下。桂酒、椒浆，分别指泡有花椒、桂花或桂皮的酒，均为祭品。意思是说，用兰草铺垫蕙草蒸肉，以桂酒、椒浆献祭。虽然是指祭礼，但也说明当时已有食用药草的现象。

---

① （汉）王逸：《楚辞章句》，上海古籍出版社 2017 年点校本，第 43 页。本文后引该著不再一一注明。

（四）沐浴药草

《九歌·云中君》："浴兰汤兮沐芳，华采衣兮若英。"此兰是指泽兰，其叶与花均有香味。农历五月初五端午节也称"浴兰节"。《荆楚岁时记》云："五月五日，谓之浴兰节。"仲夏端午时节，正是病疫多发之时，古代人们用兰花或兰草等芳香植物入汤进行沐浴，认为可以避邪、陆病、除秽，并且能散发出芳香之气，又可避免虫蚁之毒。《本草纲目·草部》释兰草曰："时人煮水以浴，疗风，故又名香水兰。"

（五）建筑药房

《九歌·湘夫人》："筑室兮水中，葺之兮荷盖。荪壁兮紫坛，播芳椒兮成堂。桂栋兮兰橑，辛夷楣兮药房。罔薜荔兮为帷，擗蕙櫋兮既张。"又云："芷葺兮荷屋，缭之兮杜衡。合百草兮实庭，建芳馨兮庑门。"此处的"药房"之"药"，特指芍药。这一段叙述既妙趣，又富有想象。用荷叶覆盖房顶，用菖蒲装饰墙壁，用紫贝铺砌庭院，用花椒拌泥涂刷墙面，用桂木做屋梁，用木兰做椽子，用辛夷做门梁，用芍药拌泥粉刷卧室，编结薜荔做帷帐，用蕙草做屏风。以白芷为墙，以荷叶为屋，房屋周围是杜衡。汇集的百种香草药物充满庭院，馨香飘溢走廊和外门。读完这一段诗句，仿佛看到了一栋有百种香药植物和满是草药香味的"药房"。屈原浪漫的情感和夸张的手法描绘了药草在建筑、装饰房屋的精彩场景。

从上述可以看出，这些药物体验方式记载多源于《离骚》《九章》。《离骚》是屈原带自传性质的抒情诗篇，也是屈原的代表作，《九章》有"小《离骚》"之誉，似乎我们可以说，屈原对药用植物的特性、功效等方面是了解的。

三 屈赋的医药文化与巫术

远古时期，医、巫同源。巫的职业为祝祷、占卜、祭祀神灵，同时担负诊断和救治疾病的使命，由此产生了巫医、巫术，随之形成巫文化。巫者，《说文解字》曰："祝也，女能事无形，以舞降神者也。像

人，两褎舞形，与工同意。古者巫咸初作巫。"褎，"袖"之古字。"巫"是象形字，像人之长袖善舞，手舞足蹈，这就是巫觋的原始形态。繁体"醫（医）"字，古作"毉"，上为医，下为巫，反映了历史上医巫不分的事实。东汉今文经学家何休注释《公羊传·隐公四年》曰："巫者，事鬼神祷解以治病请福者也。"① "事鬼神祷解"即巫术。巫术是企图借助超自然的力量对某些人或事物施加影响或给予控制的方术。屈原作品中虽然有巫术反映，如《天问》中说鲧"化为黄熊，巫何活焉"，将巫术与治病相提并论。但以此认为屈原是"大巫学家"，② 则言过其实。我们认为屈赋中有巫术记载。

（一）药草与巫术

屈赋所述巫术活动所使用的植物多为芳香型药草。用其祭祀神灵以示敬意，用作占卜道具以示庄重。

1. 香型药草占卜。《离骚》："索藑茅以筵篿兮，命灵氛为余占之。"藑茅，即香茅、白茅，古代被称为灵草，其花、根、茅针皆可入药。灵氛，古代神巫，"古明占吉凶者也"（王逸语）。诗句之意是说，索取灵草和竹片，让神巫灵氛为我占卜。屈原《卜居》一诗全篇言及占卜。

2. 药草降神祭祀。《离骚》："巫咸将夕降兮，怀椒糈而要之。"其意是说，傍晚巫咸降临下界，我怀抱香椒和精米去祭祀。王逸云："巫咸，古神巫也。"《说文解字》也有"古者巫咸初作巫"之说。椒糈，即花椒和精米。花椒味香且辟邪祛毒。在此将香椒作为祭祀供品之用。朱熹《楚辞集注》说："椒，香物，所以降神。"《淮南子·说山训》："病者寝席，医者用针石，巫之用糈籍，所救钧也。"③ 认为巫觋方术与医学可以同等看待，都以治病救人为其目。再如《九歌·东皇太一》"蕙肴蒸兮兰藉，奠桂酒兮椒浆"，将蕙、兰、桂、椒等芳香草药用于

---

① 王维堤等：《春秋公羊传译注》，上海古籍出版社 2004 年版，第 25 页。
② 张中一：《屈原新传》，贵州人民出版社 1993 年版，第 25 页。
③ （汉）刘安：《淮南子》，上海古籍出版社 2018 年点校本，第 407 页。

祭祀供品之中。蕙草身为草药和香草，其原始巫术特色最为明显，《本草纲目》云："古者烧香草以降神，故曰薰曰蕙。薰者，熏也。蕙者，和也。"点明了蕙草的巫术功用和药用特性。

3. 香型药草洁身斋戒。《九歌·云中君》："浴兰汤兮沐芳，华采衣兮若英。"指古人在祭祀之前要沐浴更衣、整洁身心，以示虔诚。《大戴礼记·夏小正·五月》："（五月五日）蓄兰，为沐浴也。"① 以兰草香药之汤洁身，以兰之香悦神娱人。《周礼·春宫·女巫》云："女巫掌岁时被除、衅浴。"② 郑玄注："衅浴，谓以香熏草药沐浴。"郑玄所言衅浴的材料即香草药物。

4. 女巫持草舞蹈。《九歌·礼魂》："成礼兮会鼓，传芭兮代舞，姱女倡兮容与。春兰兮秋菊，长无绝兮终古。"大意是说，祭礼告成后齐击大鼓，手持香草轮番歌舞。女巫演唱起来姣艳从容。年年春兰秋菊之时，祭祀大典忘不了。《礼魂》全篇虽然只有5句、22字，但对祭礼场景的渲染，特别是对女巫的描写，可谓栩栩如生。也有对情爱巫术的描绘，"祭祀神灵时，善男善女们常常手执香草，互相赠遗，彼此表达爱慕之情。芳草香花本是宗教上被除不祥的道具，在这种场合下又变为互通灵犀的恋爱信使"③。

（二）屈赋巫术之源

屈原时代存在亦巫亦医现象。对于屈原作品所受巫术的影响，我们认为主要源于楚地及其习俗。《汉书·地理志》认为楚地风俗"信巫鬼，重淫祀"，《隋书·地理志》载："大抵荆州率敬鬼神，尤重祠祀之事。"汤炳正曾说："屈原并非'巫官'，屈赋并非'巫辞'。"④ 屈赋的部分内容对上古巫术神话及巫风巫俗有着生动而丰富的反映。例如《九歌》，是屈原吸取楚地巫风的营养而加以改造和提升的祭神之歌，是民间巫术祭神舞乐。王逸说："昔楚南郢之邑，沅湘之间，其俗信鬼

---

① 王聘珍：《大戴礼记解诂》，中华书局1983年版，第39页。

② 陈戍国点校：《周礼·仪礼·礼记》，岳麓书社2006年版，第57页。

③ 石观海：《中国文学简史》，武汉大学出版社2007年版，第25页。

④ 汤炳正：《渊研楼屈学存稿》，中国社会科学出版社2006年版，第88页。

而好祀，其祠必作乐鼓舞以乐诸神。"并认为屈原在楚地"见俗人祭祀之礼，歌舞之乐"而作《九歌》。屈原《九歌》中的 11 篇诗作，也确实记载较多巫术事象。《离骚》中的灵氛、巫咸，《九章·惜诵》的厉神、《卜居》的郑詹尹等，皆通巫术。屈原在《离骚》《九章》中 7 次言及的彭咸，即殷时的神医和神巫巫彭、巫咸，因为《吕氏春秋·勿躬》有"巫彭作医，巫咸作筮"①之述。《山海经·大荒西经》："有灵山，巫咸、巫即、巫盼、巫彭、巫姑、巫真、巫礼、巫抵、巫谢、巫罗十巫，从此升降，百药爰在。"②灵山，即巫山。屈原故乡秭归与巫文化发源地巫山相接，是巫咸、巫彭等"十巫"的活动范围之一。"十巫"不仅从巫山进出，而且这里生长有各种药物，"十巫"之首的巫咸即上古名医。据考古成果表明，在秭归朱家台、鲢鱼山、石门嘴、卜庄河等遗址中发现一批商周时期的具有楚文化特色的卜甲、卜骨等卜筮遗物。③

（三）屈赋医药文化与巫术的作用

屈原作品中大量描写的医药香草植物，不仅具有药用价值，而且可以治病、养生，并融入巫术活动。与《神龙本草经》对照，用于"轻身延年"的医药香草植物多达 20 多种，从《本草经》可知，菊花"久服利血气，轻身，耐老，延年"；兰草"辟不祥，久服益气，轻身不老"；杜若"久服益精，明目轻身"；菌桂"久服轻身不老，面生光华，媚好常如童子"；辛夷"久服下气，轻身明目，增年增志"；木兰"能令人明耳目"；椒"久服轻身，好颜色，耐老，增年，通神"；白芷"上肌肤润泽"；蕙草"久服轻身明目，益精"；菖蒲"轻身延年"，等等。这些香草植物经过人类的使用与了解，将其融入诗篇中，并被赋予了一种巫术情感和意义，能促使人们愉悦并健康、长寿，这就掺杂了巫术的作用。

---

① 谷声应：《吕氏春秋白话今译》，中国书店 1995 年版，第 275 页。
② 袁珂：《山海经校注》，巴蜀书社 1993 年版，第 453—454 页。
③ 参见周昊《三峡地区楚文化遗存中发现的卜筮遗物》，楚文化研究会编《楚文化研究论集》（第十集），湖北美术出版社 2011 年版，第 419—420 页。

屈原对医疗有认识，他在《九章·惜诵》中说："九折臂而成医兮，吾至今而知其信然。""九折臂成医"是古代成语，言称九次折臂可以成为良医。诗句表面意义是说，我终于相信一个真理：通过九次折臂的治疗过程可以成为一个医术良好的医生。其实不然，屈原是以古语"九折臂成医"为例，表达他对医疗的深刻体会。《天问》"安得夫良药，不能固臧？"也阐明了同样的想法。

总而言之，屈赋中的医药文化以文学艺术形式为载体，反映古楚地丰富的药物资源，既与楚地物产种类、生活习性、巫风传统等相关联。既是楚人生存实践和文学思维的产物，也折射出植物崇拜意识和追求美好生活的愿望。

（原载《伟大的思想家屈原》，团结出版社 2021 年版）

《招魂》探源

屈原的《招魂》，自汉迄今存在招亡魂和招生魂两说。据郭沫若、姜亮夫、詹安泰、陈子展、郭维森等著名楚辞学者考证，认为是屈原为招"客死于秦"的楚怀王之亡魂而作。明代黄文焕及清代林云铭、蒋骥，今人游国恩等认为《招魂》是屈原招己之生魂，并从民间招生魂的习俗强化其说。秭归民间也存在招亡魂和招生魂之俗。

笔者认为《招魂》的内容可分为两大部分，首先是陈述东南西北四方及"上天""幽都"之险恶，不可居留，劝诫游离的魂魄安然回归。这一部分是《招魂》的主体，其主要内容就是"招魂词"。然后阐述居室、饮食之豪奢及歌舞、游戏之安乐，诱导魂魄及早回归故居。

屈原创作《招魂》的素材来源于楚地民间。中国屈原学会首任会长汤炳正教授说："正如历来文学史家评定的那样，屈原的作品是采用民间文艺形式而加以创造和发展的。其中如歌谣体裁、神话传说、民族习俗、地方风物、方言土语等的广泛吸收，正是构成屈赋绚丽多彩、奇特瑰丽的艺术风格的最丰富的营养。而屈原的《招魂》，更集中地表现了这一特色。"① 说明《招魂》源于民间习俗。蔡靖泉说："《楚辞·招魂》，则是在楚国民间'招魂词'基础上改作的诗歌。"② 此"民间"的地域是指哪里呢？笔者认为湖北秭归是其中之一。据晋代庾仲雍

---

① 汤炳正：《屈赋新探》，齐鲁书社 1984 年版，第 375 页。
② 蔡靖泉：《楚文学史》，湖北教育出版社 1996 年版，第 410 页。

《荆州记》、袁山松《宜都山川记》记载：秭归是屈原的故乡。北魏郦道元《水经注·江水》及唐代沈亚之《屈原外传》所引《江陵志》等记述：秭归乐平里是屈原的诞生地。秭归民间至今仍盛行招魂习俗，而且其俗与屈原的《招魂》有很多相似之处。虽然没有古文献记载屈原的《招魂》来源于秭归民间习俗，但从《招魂》的内容、语言、形式等方面来看，与秭归招魂习俗多有雷同，有可能《招魂》来源于楚时的楚地秭归。

秭归的招魂习俗，既招亡魂也招生魂，以招亡魂为盛。若将《招魂》与秭归民间习俗相互对照，可发现很多线索。

一 《招魂》的内容与秭归招魂习俗类同

秭归的招魂习俗多在丧葬的祭祀活动中进行。

《招魂》中两处所说“兰膏明烛”，即指加了香料的油脂烛灯。秭归有在亡者棺材后置放桐油或芝麻油（俗称香油）加捻的烛灯，称为“长明灯”。也有在棺材前设置香案，燃烧加有香料的香烛，称为“烧香”。从“兰膏明烛”句意看，《招魂》所述的招魂活动应在夜间，秭归招亡魂的仪式亦在夜晚举行。

《招魂》的“粔籹蜜饵”，即指用米粉或面粉油煎而成的一种环形甜饼。粔籹，是一种点心，用蜜和面油煎而成；蜜饵，是掺蜜的糕饼。秭归有用面粉加糖油煎而成的小型环饼，称“打狗粑粑”，用线或蔑条将其串成环状后戴入亡人颈项，传说意为亡者在赴“幽都”（阴府）的路途中抛其饲狗，免遭狗扰。

《招魂》的“陈钟按鼓，造新歌些”，即陈设编钟及鼓，并敲击，同时唱新编的歌词。陈钟，即陈设乐钟；按鼓，即击鼓；造，通“作”，犹演唱也。这种场景犹如秭归的“打丧鼓”。也许楚时常以编钟为乐器，其后，随着时代的变迁，现多用鼓、钹、锣、唢呐等乐器合奏。“打丧鼓”者边敲鼓边唱歌，如唱古文典籍，称“唱正本”，如随口便答或唱新编歌词，称“落口数”。《招魂》的“竽瑟狂会，搷鸣鼓

些"，竽，古代吹奏乐器；摈，急击，即连续不断地敲击。秭归打丧鼓时，也常用唢呐与鼓等乐器合奏。

《招魂》的"室家遂宗，食多方些"，描述的是家庭聚集，陈设各种样式的食物。室家，指家庭；遂，尽、都；宗，聚集；方，式样。秭归民间，夜晚在亡者棺材周围聚集着孝男孝女及其他祭吊者，称为"守灵"。灵堂的棺材前置放有五谷杂粮及各类美味佳肴，意为供奉亡人享用。

《招魂》的"翡帷翠帐，饰高堂些。红壁沙版，玄玉梁些。仰视刻桷，画龙蛇些"。再如"高堂邃宇，槛层轩些。层台累榭，仰高山些"。描写的均是装饰豪华的居室。秭归乐平里有为亡人用纸扎制的"灵屋子"，先是供奉灵前，安葬时焚烧于墓地。"灵屋子"为豪华居室形状，配有彩绘，亭榭楼台，雕梁画栋，檐飞角翘，栩栩如生。意为亡人建造的豪华、舒适的阴间居室。同时，在灵堂门外摆设四张大木桌，用厚纸壳扎成"四所"（魂魄所、灵寝所、沐浴所、冠带所或梳妆所）依次置于木桌之上，孝子随着执有招魂幡的道士每绕游一所则绕游棺材一周，称之为"绕棺游所"。旁有领唱者、合唱者，唱词均为引导亡魂入所享用之类。此俗《秭归县志》有明确记载。[①]

《招魂》的"二八齐容，起郑舞些"，二八，舞者数量；齐容，同样的装饰；郑舞，郑国的一种舞蹈。指成双成对妆扮相同的舞者。这种描述很像秭归乐平里的"跳丧舞"。两人或八人在灵前狂舞，一边舞蹈一边歌唱。参跳者有男有女，腰间或头上均捆扎有相同的红绸或红布带。

《招魂》的"像设君室，静闲安些"，像设，设置画像；安，安乐。此句为置像安魂之意。秭归有在亡人棺材前供奉画像之俗，有的以照片替代，有的以"灵牌"（书写有"某某之灵位"）替代，有的称"灵位"，有的称"魂位"。萧兵在《楚辞的文化破译》一书中指出："这

---

① 湖北省秭归县地方志编纂委员会编纂：《秭归县志》，中国大百科全书出版社1991年版，第428页。

'灵牌'大概有些像《招魂》'像设君室'之像。"①

《招魂》的"工祝招君，背行先些"，工，巧；祝，男巫；背行，倒退着行走；先，领路。意思是说：灵巧的男巫正在招你魂，倒退着在前面引路。秭归乐平里的"出柩"仪式与此类同，男巫（有的称道士）手执招魂幡，从灵堂倒退着走出门，众人随男巫将棺材捧抬至门外，在屋门前再用绳索和木杠捆扎棺材，便于抬运。男巫从灵堂到"金井"（即葬坑），手执招魂幡并倒退着行走在送葬队伍前面引路，意将亡魂招至指定的居处，以防失散。

二 《招魂》的形式与秭归招魂习俗类同

秭归招生魂习俗中，倘若某人受到惊吓，精神不振，有的则恐其失魂，其亲人便于夜间为其招魂，称为"叫魂"。招魂者用竹篮装着红、黑、黄等七种颜色的"七彩线"和被招魂者的衣物，立于门外，反复呼叫："某某，快回阿！……"这种形式在屈原的《招魂》中也有记载，《招魂》的"秦篝齐缕"即此意，篝，指竹笼；缕，指彩线。

《秭归县志》在《行为习俗·丧祭》篇中记载："在祭祀仪式中，百姓袭用屈原《招魂》词作为招魂文。"② 秭归的丧葬仪式中，首先是"开路"，唱"开路歌"，开路的实质是招魂，即开辟路途让亡魂回归。其歌曰："我打须弥山经过，孝男孝女在织绫罗。绫罗织了三丈三，将它做了三首幡。一首扯在东岳庙，二首扯在太行山。只有三首无处扯，把个大人做个招魂幡。招魂幡不绕上，上有三十二天堂；招魂幡不绕下，下有地狱一十八；招魂幡不绕东，东岳大海路不通；招魂幡不绕南，南山有个普陀山；招魂幡不绕西，西方路上有锦鸡；招魂幡不绕北，北方寒冷去不得；招魂幡绕中央，大人灵魂回天堂。"③ 此"开路歌"实际是"招魂词"。秭归乐平里一带的"招魂词"是："魂魄归来

---

① 萧兵：《楚辞文化的破译》，湖北人民出版社 1991 年版，第 1071 页。

② 湖北省秭归县地方志编纂委员会编纂：《秭归县志》，中国大百科全书出版社 1991 年版，第 427 页

③ 参见彭万廷等《巴楚文化源流》，湖北教育出版社 2003 年版，第 480—481 页。

阿！天地宽裕阿！天不可上阿，上有云层万里；地不可下阿，下有九关八极；东不可逝阿，东有溺水无底；南不可往阿，南有朱明浩池；西不可向阿，西有流沙千里；北不可去阿，北有冰层千尺。盼望君魂，快回故里。"再看屈原的《招魂》，其"招魂词"为："魂兮归来，东方不可以托些……南方不可以止些……西方之害，流沙千里些……北方不可以止些……君无上天些……君无下此幽都些。"这些歌词均为亡人而歌。秭归招魂词不仅均与屈原《招魂》的主体部分——"招魂词"类同，其过程和方式也都是首先向被招魂者（或亡人）陈述东、南、西、北、上、下之险恶，然后劝诫其魂回归。那么，秭归的招魂词是不是在屈原《招魂》面世之前作为楚时的秭归早就有了呢？虽然至今无确凿证据，但这种可能应该是存在的。郭维森说："《招魂》的形式主要来自民间"，又说"屈原写作《招魂》，就是模仿民间的创作"①。蔡靖泉也说《招魂》"是在楚国民间'招魂词'基础上改作的诗歌"②。这些楚辞学者的论述，具有启迪性。

三 《招魂》的语言与秭归招魂习俗类同

《招魂》中每句结尾均独用"些"字，实与屈原《离骚》《九歌》等篇多用"兮"字的性质相同，均为语气词，其作用与秭归招魂时呼唤"快回来阿"之"阿"字类同，其音高而长。宋代徐铉校定汉代许慎《说文解字》时注释："些，语辞也。见《楚辞》。"③ 郭沫若说："兮字古音当读如阿。"并说"要拉长着发出一个'阿'声来"④。为什么《招魂》独用"些"字呢？明清之际的贺贻孙在《骚筏》中说："《招魂》之些，独用楚中方语者，闻声则感，故招魂者必使亲爱之人以方语俚句频频相呼，则魂魄来附。"⑤ 贺贻孙的意思是说：用方言俚

---

① 姜亮夫等：《名家品诗坊·楚辞》，上海辞书出版社2004年版，第255—256页。
② 蔡靖泉：《楚文学史》，湖北教育出版社1996年版，第410页。
③ （汉）许慎：《说文解字》，中华书局2003年校定本，第38页。
④ 郭沫若：《历史人物》，人民文学出版社1979年版，第39页。
⑤ 参见蔡守湘《历代诗话论诗经楚辞》，武汉出版社1991年版，第251页。

语招亲人之魂，则倍感亲切，而且能较快地招回魂魄。

综上所述，可明显看出，屈原的《招魂》与秭归的招魂习俗是有很多相同之处的。屈原的《招魂》在吸收民间习俗的基础上进行了艺术加工，例如在居室、饮食等方面的描写，即采用了夸张手法，这是文学艺术的表现形式，正如历来楚辞学者评定的那样，屈原的《招魂》是在民间文艺的基础上加以创造的。再者，《招魂》是屈原为招楚怀王亡魂而作，因此，其内容"外陈四方之恶，内崇楚国之美"①，描写的居室、宴食、歌舞等与王者的宫廷生活相似，从另一个侧面也反映了楚国统治集团穷奢极欲、寻欢作乐、腐朽没落的生活方式。当今秭归的招魂习俗，也许就是屈原创作《招魂》时楚地秭归招魂习俗的遗存。秭归是屈原的故乡，屈原对故乡的习俗应该是熟知和了解的，屈原的《招魂》可能来源于楚时的秭归。

（原载《职大学报》2007 年第 3 期）

---

① （宋）洪兴祖：《楚辞补注》，中华书局 2002 年点校本，第 197 页。

屈原"世界文化名人"考证

笔者因承担秭归迁建屈原祠后的展览陈列及其提档升级文案设计工作，在搜集整理相关资料过程中，发现近几年"屈原是世界四大文化名人"的表述不一，对与屈原同时推选为"世界文化名人"的"四大"对象列述也存在张冠李戴等问题。再如屈原被推选为"世界文化名人"的时间、地点等，也有异说。经过查阅历史资料并考证，感到存在以讹传讹的现象，而且这种现象的传播面较大。因此，有必要辨别真伪，以正视听。

首先，要弄清"世界和平理事会"成立的历史背景和"世界文化名人"推选经过，然后才能分辨存在的问题。

"世界和平理事会"成立的历史背景

"世界文化名人"由世界和平理事会推出。世界和平理事会的组建有其特殊历史背景。第二次世界大战给参战各国带来了深重的灾难，大战结束后，国际形势仍然紧张，从而兴起了声势浩大的反对核武器、反对战争、保卫和平的运动。

1948年11月，世界文化工作者国际联络委员会、国际民主妇女联合会以及17个国家的75位著名人士联合发出召开世界保卫和平大会的倡议。

1949年4月20日至25日，72个国家的2000多名代表接受倡议，在法国巴黎和捷克斯洛伐克的布拉格，两地同时召开第一届世界保卫和平大会。大会倡导世界各国和平共处，反对侵略、反对战争。中国人民保卫世界和平委员会于 1949 年 10 月成立，主席是时任中华全国文学艺术界联合会（1953 年 10 月更名为中国文学艺术界联合会）主席郭沫若。

1950 年 11 月 16 日至 22 日，第二届世界保卫和平大会在波兰首都华沙召开，有 81 个国家的代表参加，大会的一个重要议程是决定成立负责保卫世界和平运动的机构，即"世界和平理事会"。法国核物理学家 F·约里奥·居里担任主席，郭沫若被选为理事会副主席之一。此次会议也称世界和平理事会第一届会议。世界和平理事会是世界保卫和平大会的核心组织。组建并成立世界和平理事会，是 20 世纪四五十年代国际和平运动的需要。

"世界文化名人"推选始末

1951 年 11 月，世界和平理事会在奥地利维也纳召开第二届理事会，主要议题是关于文化关系，认为文化是促进世界和平的重要途径之一，最后形成了《关于文化关系决议案》。时任中华全国文学艺术界联合会副主席、中国文学工作者协会（后改为中国作家协会）主席、中央人民政府文化部部长、世界和平理事会理事的茅盾参加了这次会议。会议决定，在 1952 年举办两件大事，其中一项即在 1952 年举行四大文化名人周年纪念。当年，世界和平理事会推出了首批世界文化名人，即俄国作家果戈理（逝世 100 周年）；意大利文艺复兴时期的画家、科学家达·芬奇（诞生 500 周年）；法国作家雨果（诞生 150 周年）；中世纪阿拉伯医学家、哲学家、文学家阿维森纳（诞生 1000 周年）。建议各国在当年纪念这四位文化名人。其中的雨果就是茅盾提议的。①

1952 年 5 月 4 日，中国人民保卫世界和平委员会等七个团体，在北

---

① 湘渔：《世界四大文化名人的纪念》，《世界知识》1952 年第 17 期。

京举行了首批世界四大文化名人纪念大会及展览会。①

　　1952 年 12 月 12 日至 20 日，世界人民和平大会（亦称缓和国际紧张局势问题小组委员会）在维也纳召开。会议通过了多件建议事项，其中一项关于保卫文化的建议案提出："世界各国都庆祝并纪念人类的伟人。"② 世界和平理事会常务委员会接着通过决议：在 1953 年纪念中国最伟大的诗人和爱国者屈原逝世 2230 周年、波兰天文学家尼古劳斯·哥白尼逝世 410 周年、法国文学家弗朗索瓦·拉伯雷逝世 400 周年、古巴作家和民族运动领袖何塞·马蒂诞生 100 周年。"屈原是世界文化名人"的说法由此而始。1953 年 5 月，世界和平理事会常务委员会在瑞典首都斯德哥尔摩举行会议，重申建议各国当年纪念这四大文化名人。因此，屈原堪称是我国第一个被世界和平理事会推出并被多国人民纪念的诗人。随后，世界和平理事会又推出了关汉卿（1958）、杜甫（1962）、齐白石（1963）等我国文化名人。③

　　1953 年 9 月 27 日，由中国人民保卫世界和平委员会、中华全国文学艺术界联合会等五部门组织，在北京举行了隆重的纪念屈原等世界四大文化名人大会。28 日，四位世界文化名人纪念展览会在北京图书馆开幕，用近百幅巨幅图片、杂志、文献等介绍屈原、哥白尼、拉伯雷、何塞·马蒂的生平事迹及其文学成果。

　　世界和平理事会将屈原列为"世界文化名人"，与郭沫若密切相关。郭沫若作为中国人民保卫世界和平委员会主席及世界和平理事会副主席之一，全程参加了关于纪念屈原等文化名人的两次国际会议，与他的推介分不开。同时，郭沫若作为声名卓著的楚辞或称屈原学家，考证认为屈原于前 278 年自投汨罗江殉国，④ 至 1953 年正值 2230 周年，确定这年纪念屈原也与郭沫若的屈原研究相关。

　　① 《中国人民保卫世界和平委员会等七团体举行世界四大文化名人纪念大会及展览会》，《科学通报》1952 年第 3 期。
　　② 吴荣勤：《纪念世界四大文化名人》，《世界知识》1953 年第 18 期。
　　③ 郭沫若：《屈原研究》（增订本），文津出版社 2021 年版，第 37 页。
　　④ 陈亮：《屈原成为"世界文化名人"始末》，《中国社会科学报》2016 年 6 月 6 日第 7 版。

屈原及"世界文化名人"相关对象与表述的误传

1953 年至今已 60 多年了，也许是历经时间较长的缘故，近几年"屈原是世界文化名人"的相关问题误传越来越多，误传的渠道也较多，涉及面也越来越广，不仅波及著述文献，而且渗透网络媒体，大有愈演愈烈之趋势，就连历史教科书等普及性读物也频繁出现差错。主要问题有以下几个方面：

1. 与屈原同时列为世界四大文化名人的对象问题。2015 年 8 月，人民文学出版社出版的"大家说古典"丛书之一的《屈原》称："一九五三年'世界和平理事会'将屈原……与波兰哥白尼、英国莎士比亚、意大利但丁同列为'世界四大文化名人'隆重纪念。"① 此说是张冠李戴。有的教辅资料也出现同样错误，如北京教育出版社于 2008 年 5 月出版的《语文基础知识手册·高中语文》（2008 年 5 月第 5 版）②、光明日报出版社于 2006 年 7 月出版的《5 年高考 3 年模拟·语文》（2006 年 7 月第 3 版）③ 等。1953 年与屈原同时被列为世界四大文化名人的应是尼古劳斯·哥白尼、弗朗索瓦·拉伯雷、何塞·马蒂，没有莎士比亚和但丁。可靠证据有四：一是 1953 年 9 月 28 日《人民日报》第一版刊载的《我保卫世界和平委员会等五团体举行盛会纪念四位世界文化名人》新闻中，载明被纪念对象是尼古劳斯·哥白尼、弗朗索瓦·拉伯雷、何塞·马蒂、屈原。同时，从随文配发的会议照片上，清晰可见大会主席台上方悬挂着这四人的肖像图片。郭沫若在纪念大会上的《争取世界和平的胜利与人民文化的繁荣》的演讲④，与茅盾在纪念大会上的《纪念我国伟大的诗人屈原》的演讲中都清清楚楚地言明纪念对象

---

① 郭维森：《屈原》，人民文学出版社 2015 年版，第 114—115 页。
② 薛金星：《语文基础知识手册·高中语文》，北京教育出版社 2008 年版，第 238 页。
③ 《5 年高考 3 年模拟·语文》，光明日报出版社 2006 年版，第 145 页。
④ 郭沫若：《争取世界和平的胜利与人民文化的繁荣——一九五三年九月二十七日在北京纪念世界四大文化名人大会上的演说》，《人民日报》1953 年 9 月 28 日第 1 版。

是这四人。① 二是当年郭沫若等编著的《纪念屈原：逝世二千二百三十周年》② 一书之记载，该著扉页很清楚地标注着"世界四大文化名人屈原逝世二千二百三十周年、哥白尼逝世四百一十周年、弗朗索瓦·拉伯雷逝世四百周年、何塞·马蒂诞生一百周年纪念大会编印"的字样。三是当年《文艺报》刊发的《屈原和我们》③ 社论也记载的是屈原、哥白尼、拉伯雷、何塞·马蒂。四是当年 12 月 30 日，我国邮电部发行了以这四位名人肖像为图案的《世界文化名人》纪念邮票，一套 4 枚，每枚票面上都标有被纪念对象的名字。

2. 推选屈原与哥白尼、拉伯雷、何塞·马蒂为世界四大文化名人的时间问题。按相关文献记载，世界和平理事会于 1952 年推选并确定这四人为 1953 年纪念的文化名人对象。也就是说，屈原被列为世界四大文化名人的时间是 1952 年，1953 年是正式纪念的时间。历史学刊物《历史教学》在 2004 年第 10 期 "问题解答"中的《关于世界四大文化名人屈原》短文称："1953 年，世界和平理事会把屈原列为世界四大文化名人之一。"④ 再如中国人民大学出版社《国学经典解读系列教材》之一的《楚辞解读》称："1953 年，世界和平理事会当年评选出的四大文化名人包括了屈原。"⑤ 张俊伟主编的《屈原：南阳诵歌》称："1953年，世界和平理事会通过决定将屈原列为世界四大文化名人之一。"⑥这些说法都不够准确。因为世界和平理事会把屈原列入或评选或通过决定成为世界四大文化名人的时间是 1952 年而不是 1953 年，1953 年只是重申了这项决议并实施纪念活动。

3. 召开推选屈原等为世界四大文化名人的会议地点问题。《屈原：南阳诵歌》称："1953 年，在芬兰赫尔辛基，中国诗人屈原与波兰天文

① 茅盾：《纪念我国伟大的诗人屈原——一九五三年九月二十七日在北京纪念四位世界文化名人大会上的演说》，《人民日报》1953 年 9 月 28 日第 3 版。
② 郭沫若：《纪念屈原：逝世二千二百三十周年》，北京出版社 1953 年版，第 1 页。
③ 文艺报社论：《屈原和我们》，《文艺报》1953 年第 11 期。
④ 史浩：《关于世界四大文化名人屈原》，《历史教学》2004 年第 10 期。
⑤ 詹杭伦、张向荣：《楚辞解读》，中国人民大学出版社 2008 年版，第 24 页。
⑥ 张俊伟：《屈原：南阳诵歌·前言》，河南人民出版社 2012 年版，第 1 页。

学家哥白尼……共同当选为世界四大文化名人。"① 王健强编著的《世界文化名人屈原》称："1953 年，世界和平理事会在芬兰首都赫尔辛基开会，号召全世界人民纪念世界四大文化名人，其中一位便是中国的屈原。"② 这些说法也是不够准确的。据当时资料记载，世界和平理事会于 1952 年 12 月 12 日至 20 日，在维也纳召开会议确定屈原与哥白尼等世界四大文化名人为 1953 年纪念的对象，1953 年 5 月，又在瑞典首都斯德哥尔摩举行会议，重申建议各国当年纪念这四大文化名人。③ 可见其地点不在芬兰首都赫尔辛基。赫尔辛基只是 1950 年根据第二届世界保卫和平大会决议成立的世界和平理事会的总部。从严格意义上讲，召开推选屈原等为世界四大文化名人的会议地点应是维也纳。有的说法甚至误差更大，如《永远的屈原——屈原与屈子祠》一书云："1953 年版，第一届世界和平理事会在北京召开，在会上确定屈原与波兰的天文学家哥白尼……列为世界四大文化名人。"④

4. "屈原是世界四大文化名人之一"的表述问题。如果说"屈原是世界四大文化名人之一"，这种表述有模糊之嫌，也是不恰当的，容易引起人们的误解。第一，世界和平理事会推出的"世界四大文化名人"不仅只有 1953 年纪念的屈原、哥白尼、拉伯雷、何塞·马蒂这四个对象，还有 1951 年推出的果戈理、达·芬奇、雨果、阿维森纳。1953 年后又推选有文化名人，如 1956 年的迦梨陀沙、海涅、陀思妥耶夫斯基三位，并且只有三位文化名人而不是四位。第二，世界和平理事会推出纪念的世界文化名人有其指定的纪念时间年限，也就是说当初旨意并非指宽泛的、无期限的纪念，也不是一般意义上的推选和纪念。如屈原，即作为 1953 年当年纪念的对象之一。郭沫若在纪念大会上演讲称"接受了世界和平理事会的建议，在今年一九五三年纪念四位伟大的国际文化名人……"茅盾的演讲也称"我国伟大的诗人屈原——是

① 张俊伟：《屈原：南阳诵歌·序二》，河南人民出版社 2012 年版，第 2 页。
② 王健强：《世界文化名人屈原》，湖北辞书出版社 2001 年版，第 4 页。
③ 湘渔：《世界四大文化名人的纪念》，《世界知识》1952 年第 17 期。
④ 何林福、李翠娥：《永远的屈原——屈原与屈子祠》，湖南地图出版社 2008 年版，第 3 页。

今年世界和平理事会号召纪念的世界四位文化名人之一",可见,屈原只是作为 1953 年当年纪念的对象之一。第三,被纪念的对象还有当年生卒时间为一百周年或几十周年的整数周年的惯例限制。如屈原,1953年是其逝世 2230 周年。再如法国作家雨果,1952 年是其诞生 150 周年,所以才将其推选为 1952 年纪念的世界文化名人之一。因此,我们认为较妥当的表述是:"屈原是世界和平理事会 1952 年推出并在 1953 年当年纪念的四位世界文化名人之一。"在此需要表明的是,我们并非意在低估或否定包括屈原在内的这些世界文化名人的贡献和成就,而是为了弄清来龙去脉,正本清源,还原历史,避免那些误说和不准确的记述任其漫延。

(原载《三峡文化》2022 年第 1 期)

屈原与秭归

屈原与骚坛

——浅议屈原对秭归乐平里骚坛诗社的影响

屈原诞生地湖北秭归乐平里有一个农民诗社，名"骚坛"。清代《归州志》记载："（乐平里）诗风特盛，明清时代有好诗者结社'骚坛'。每逢端午节前后，好诗者邀约相聚，饮酒赋诗，述志抒怀，蔚为风气。"① 自明代兴起的以农民为主体的"骚坛"，成为乐平里"泥巴杆子"诗人们的乐园。"骚坛"享誉中国诗坛，它的萌芽、发展，与屈原有着渊源的关系。骚坛诗社与屈原有什么联系？乐平里为何存在这种独特的文化现象？笔者身为土生土长的乐平里人，对此思考并考察后，颇有感想，现略陈己见，以飨诸君，并求证于方家。

一　屈原文化对骚坛的影响

乐平里的文化氛围较为特殊。晋代袁山松（又称袁崧）《宜都山川记》② 记载乐平里为屈原诞生地。该地的屈原文化底蕴深厚，历史悠久。伟大诗人屈原的作品影响着一代又一代乐平里人，以屈原为荣耀，以屈原精神为楷模。明代中期，方圆不足 10 千米的乐平里，办有 11 所私塾，出现 20 多个秀才，文人辈出，诗作频传，骚风盛行。周围的东

① 参见湖北省秭归县地方志编纂委员会编纂《秭归县志》，中国大百科全书出版社 1991 年版，第 337 页。

② 陈桥驿：《水经注校证》，中华书局 2013 年版，第 757 页。

湖（今夷陵区）、兴山、巴东的文人骚客，时常游览乐平里，到屈原庙朝圣屈原，以诗会友，交流诗作。至清初，此风仍盛，乐平里农民酝酿组建骚坛诗社，旨在传承屈原文化及其精神，但只是一个自发的民间结社，尚未得到改府承认。至民国初年，一批颇有影响的农民诗人先后辞世，骚坛名存实亡，活动中断。直至1982年，农民诗人谭光沛、杜青山、郝大树等人，再次倡义向政府申请恢复骚坛。当年，获得县文化局批准后，即举办了一次规模较大的骚坛诗会，湖北省委宣传部副部长、作家李晓明，宜昌市文联主席、著名诗人刘不朽及省内外的110多名诗人参会，并于会咏诗，《中国农民报》《文汇报》《瞭望》《新观察》《诗刊通讯》《湖北日报》等报刊编发了消息及部分诗词，骚坛诗社由此而声名远播。其后，全国著名诗人、学者张震泽、魏际昌、刘禹昌、吴丈蜀、公刘、严辰、汤炳正等，曾至秭归参与骚坛诗会，与农民诗人同台吟诗，并唱和诗词，其情殷殷，其乐融融。

乐平里的人们受到伟大诗人屈原遗风的影响，农民诗人自发钻研屈原辞赋，以能背诵屈原诗篇、咏诗作对为自豪，创作了大量的旧体诗词或新诗。目前，楚辞已成为乐平里小学生的必修课。

二　屈原古迹对骚坛的影响

乐平里地理环境也有其特殊性。该地形似盆地，四面环山，山清水秀，风景旖旎，有丰富的饱含文化元素的屈原古迹或遗址。乐平里先后建有四座屈原庙：一座位于乐平里西南的香炉坪，明代始建，清光绪十五年（1889）重修，后废；一座位于乐平里西北边北峰村界垭，清康熙四十二年（1703）归州知州魏国磷建，后废；一座位于乐平里西边的墓岭，于1980年修建，后因地质等原因而废；新建屈原庙位于乐平里北边的降钟山麓，建筑面积264平方米。"屈原庙"题名为郭沫若1965年手迹，正殿内有高大的屈原塑像，厢房内存有清乾隆以来修建屈原庙的石刻碑文及名人字画。现任骚坛诗社名誉社长徐正端，独居庙内十余年，一边为屈原守灵，一边创作诗词。自明清至今，屈原庙成为

骚坛诗人经常聚集咏诗作赋、赛诗唱和的主要场所之一。

乐平里还有远近闻名的屈原"八景",清代农民诗人留有《三闾八景》(乐平里旧建三闾乡)诗:"降钟伏虎啸天来,响鼓岩连擂鼓台。照面井寒奸佞胆,读书洞出《离骚》才。丘生玉米扬清烈,帘滴珍珠荡俗埃。锁水回龙吟泽畔,三闾八景胜蓬莱。"伏虎山上有香炉坪、玉米三丘,传为屈原故宅及屈原躬耕之地;响鼓岩、擂鼓台,有屈原击鼓招兵抗秦的传说;照面井,有屈原洗漱照面且能辨别忠奸的传说;读书洞,有屈原幼时读书和作《离骚》的传说。除了这些屈原遗迹的传说之外,与屈原相关的传说还有很多,如"三星照半月",传说星月照明,陪伴屈原夜读;"灵牛",传说屈原担书途中向农夫求耕牛的绳索;"红漆棺材",传说乡民制作百余红棺迷惑秦差以保护屈原尸首,等等。还有郭沫若及其夫人题写的"屈原诞生地""读书洞""玉米田"等碑刻,都成为乐平里农民诗人创作诗词的源泉和素材。

时至今日,慕名游览乐平里的国内外骚人墨客络绎不绝,有的因敬仰屈原而往,有的因拜见骚坛农民诗人而往,时有带着诗作与骚坛社员或切磋或唱和的诗人。

三 屈原人格对骚坛的影响

屈原高洁的人格和精神对乐平里人影响较深。骚坛的农民诗人不仅传承屈原诗风,而且对屈原独有钟情,主要表现在传统习俗中。端午节,在乐平里又称"诗人节",每年五月初五日,骚坛诗社的社员纷纷汇聚屈原庙,搭设诗台,赋诗作对。诗词与对联的内容多以怀念、祭祀屈原或歌颂、赞扬屈原为主,时而融以田园、时政、志趣等诗篇,或感或叹,或吟或诵,声情并茂,慑人肺腑。有些已出嫁的姑娘也回娘家参与纪念屈原的活动,到屈原庙的屈原塑像前祭拜,或鞠躬叩首,或敬献香烛。乐平里人端午节在门窗悬艾挂蒲的习俗至今久盛不衰,传说屈原在《离骚》中视艾为恶草,乐平里人则视艾为谗言屈原的奸佞小人,将其悬于门窗示众。有《菖蒲剑》歌谣曰:"五月午日午,屈公骑艾

虎，手持菖蒲剑，驱魔归地府。"① 另外，乐平里人在端午节包裹粽子时，放一粒红枣于粽中，有《粽子歌》曰："有棱有角，有心有肝；一身洁白，半生煎熬。"② 这是对屈原人格及其人生的真实写照。

乐平里骚坛的诗人们既称屈原为"先祖"，又称其为"诗祖"。以家乡能拥有这个伟大爱国诗人、世界四大文化名人而骄傲，视其为宝贵的精神财富。骚坛的农民诗人一手扶犁、一手作诗的生活，奇妙而又浪漫，是屈子遗风熏陶的结果。

综上所述，笔者认为，骚坛诗社在很大程度上是受到屈原的影响，因屈原而立，因屈原而兴，可以说没有屈原及其作品就没有骚坛诗社，"骚坛"之"骚"即缘于诗人屈原及其代表作《离骚》。甚至可以说，是屈原人格、精神力量和屈原作品魅力在激励着骚坛诗人，也是乐平里独特的屈原文化现象为骚坛诗人提供了独特的文学营养及素材。"骚坛"不仅是一个农民文学社团，更重要的是一个典型的屈原文化传承载体。

（原载《三峡大学学报·人文社会科学版》2009 年增刊）

---

① 江南：《屈原赞古今诗词选》，中国文联出版公司 1989 年版，第 295 页。
② 江南：《屈原赞古今诗词选》，中国文联出版公司 1989 年版，第 296 页。

屈原文化是秭归的宝贵遗产

屈原文化，是指屈原及其作品为人类社会所创造的物质财富和精神财富的总和。从其定义上看，主要包括两大内涵，即：物质、精神（亦可称为非物质文化），其核心是屈原的精神和艺术，从而形成了相关的文化现象和文化传统，包括各种物质文化载体和非物质的文化现象，是屈原为我们留下的宝贵财富。

一　屈原文化的物质内涵是秭归的一座富矿

屈原文化的物质内涵在秭归具有多种特性：独有性、永久性、效益性、多样性。为秭归文化积蓄了厚重的底蕴。

（一）有意蕴深厚的屈原古遗址

1. 屈原故宅。北魏郦道元《水经注》引东晋袁山松（又称袁崧）《宜都山川记》（亦称《宜都记》）曰："秭归，盖熊绎之始国，而屈原之乡里也。原田宅于今具存。"又说："（秭归）县北一百六十里有屈原故宅，累石为室基，名其地曰乐平里。"① 乐平里为屈原镇所辖，相传乐平里香炉坪为屈原诞生地，留存有屈原故宅遗址，位于秭归县东北。《宜都山川记》记载秭归乐平里有屈原故宅，是唯一的最早的而且明确的古文献记载。因此，具有独有性。

---

① 陈桥驿：《水经注校证》，中华书局 2013 年版，第 757 页。

2. 屈原八景。清代诗人汪国霖《三闾八景》诗曰:"降钟伏虎啸天来,响鼓岩连擂鼓台。照面井寒奸佞胆,读书洞出离骚才。丘生玉米扬清烈,帘滴珍珠荡俗埃。锁水回龙吟泽畔,三闾八景胜蓬莱。""屈原八景"又称"三闾八景",皆集中于乐平里(旧称三闾乡)。每一个景点有一个传说故事,每一处遗迹有一个神奇的自然景观。"降钟伏虎"形神兼备,"锁水回龙"栩栩如生,"帘滴珍珠"天然巧成,"丘生玉米"(亦称玉米田)奇特种秘,"响鼓岩"宛若咚咚战鼓之声四季不断。"读书洞"传说屈原幼时读书之地,至今书声琅琅;"照面井"传说屈原梳洗照面之处,井水粼粼如镜,照面能辨忠奸;"擂鼓台"传说屈原招兵抗秦击鼓之地,至今鼓声回荡。"读书洞""照面井""玉米田"等屈原遗迹都立有郭沫若夫人于立群于1978年题写景名的石碑。

3. 独醒亭。位于秭归县水田坝乡,其名源于屈原作品《渔父》:"举世皆浊我独清,众人皆醉我独醒。"据传建于清康熙九年(1670)前后,乾隆四十六年(1781)重建。至十年"文化大革命"期间被毁,尚存遗址。

(二)有源远流长的纪念屈原建筑物

1. 屈原祠。唐代归州刺史王茂元于元和十五年(820)在城东五里长江边的屈沱首建屈原祠,作《楚三闾大夫屈先生祠堂铭并序》,称屈原"秭归人也",又言屈原"旧宅之址存焉"[1]。北宋邵博《闻见后录》亦载:"(归州)屈沱……上有屈公祠、三闾大夫墓。"[2] 因三峡水利枢纽工程的兴建,屈原祠于2006年11月迁建于距三峡大坝一千米的凤凰山景区,建筑面积达到5800多平方米,2010年1月竣工,2010年端午节正式对外开放。成为国内外规模最大的纪念屈原的建筑群,而且以屈原为主题的展览陈列内容也最为全面。

2. 屈原庙。仅乐平里先后建有五座屈原庙:第一座位于香炉坪,

① 参见湖北省秭归县地方志编纂委员会编纂《秭归县志·附录》,中国大百科全书出版社1991年版,第562页。

② 光绪《荆州府志》卷二《疆域·古迹》,江苏古籍出版社2001年版,第112页。

于明代嘉靖年间始建，清光绪十五年（1889）重建。第二座位于双龙泉，于清末从香炉坪迁建。第三座位于墓岭，于1980年从双龙泉迁建。第四座位于降钟山（亦称钟垴），于1984年从墓岭迁建，至今仍存，门楣之上有郭沫若于1965年10月题写的"屈原庙"。第五座位于北峰村界限垭，为清康熙四十二年（1703）由归州知州魏国璘领建。除上述五座屈原庙外，屈原镇长江南岸小新滩还有一座屈大夫庙，由当地商人、乡绅捐资建造于明代嘉靖年间，室内供有屈原石像，该石像有铭文，现存于屈原祠内，是国内外现存最早的一尊屈原石像。

3. 牌坊。一是"屈原故里"牌坊，清光绪十年（1884）建于古城归州，上有郭沫若于1965年题写的"屈原故里"四个大字，侧有清光绪十二年（1887）竖立的"楚大夫屈原故里""汉昭君王嫱故里"两块石碑，均于1999年原样搬迁至新县城的凤凰山景区。二是乐平里牌坊，建于1983年。

除上述之外，还有屈子桥、屈姑桥、屈原墓、招魂亭、独醒泉、屈氏宗祠、女媭庙、宋玉宅等等。

（三）有得天独厚的与屈原关联的品牌文化

秭归除了屈原古遗址和纪念建筑物之外，与屈原关联的品牌文化也极为丰富。主要有三大类：

一是地名文化。即地理名称：如秭归，《宜都记》曰："屈原有贤姊，闻原放逐，亦来归，喻令自宽全。乡人冀其见从，因名曰秭归。即《离骚》所谓'女媭婵媛以詈余'也。"① 另外，以屈原作品内容命名的，如橘颂广场、天问路、问天简、九畹溪镇、芝兰乡等。再如以屈原命名的，如屈原镇、屈原村、屈原路等。

二是品名文化。即物质名称：如屈原酒、橘颂牌柑橘、屈幺姑食品等产品，又如楚王井、屈平河、熊家岭等山河名称，还有屈原酒店、屈氏家宴等饮食。

三是事名文化。即事象名称：如"端午节""端午文化节""柑橘

---

① 参见陈桥驿《水经注校证》，中华书局2013年版，第757页。

文化节"“屈原杯”系列赛事（包括龙舟赛、书法赛、诗歌赛、书画赛、摄影赛等）、“屈原文化”征文、“屈原文学”刊物、“屈原文化研究会”“屈氏宗亲会”等。

（四）有绚丽多彩的屈原作品中的香草植物

屈原的代表作《离骚》述及香草植物 28 种，在秭归境内几乎都存在。具体品种有：宿莽（小茅草）、椒（花椒）、蕙（薄荷）、留夷（芍药）、揭车（珍珠草）、菊（菊花）、胡（大蒜）、绳（蛇床子）、荷（藕）、（鸡窝烂）、茹（柴胡）、茅（喇叭花儿草）、艾（五月艾）、萧（牛尾嵩）、杜衡（马蹄香）、兰（兰草）、虆茅（茅草）等。屈原其他作品所述植物，如菖蒲、橘、葛、荼、芭等等，秭归存在 30 多种。另外，涉及秭归乔木类的尚有松、柏、桑、枫、桂等。屈原有咏物名篇《橘颂》，而柑橘又为秭归驰名特产。

秭归境内的屈原文化景点多达 20 余处，如果将这些丰富的屈原文化资源利用好、开发好，就会产生应有的经济效益。

二　屈原文化的精神内涵是秭归的一座宝库

屈原文化的精神内涵在秭归亦具有多种特性：广泛性、历史性、文学性、教育性。

（一）有广为流传的屈原传说

秭归是屈原传说的发源地，如：孜孜不倦、勤奋好学的《读书洞》《三星照半月》；助人为乐、扶危济困的《米仓口》《珍珠岩》；惩恶扬善、明辨忠奸的《照面井》；诚实正直、廉明奉公的《金粳稻》；忧国爱民、举贤授能的《九畹芝兰》；情真意切、感人肺腑的《我哥回》；神秘奇妙、真实存在的《灵牛》等等。这些传说故事生动感人，惟妙惟肖，脍炙人口，启迪心灵，回味无穷。“屈原传说”已成为国家级非物质文化遗产。

（二）有享誉中外的端午习俗

秭归端午习俗融入了龙舟文化、饮食文化、祭祀文化、佩饰文化、禳疫文化、节庆文化、学术文化、信仰文化等方面。2009 年 9 月 30 日，以秭归流传千余年的端午习俗为主体的"中国端午节"，成功入选《世界人类非物质文化遗产代表名录》。

（三）有闻名遐迩的骚坛诗会

在屈原诞生地乐平里有一个以农民为主体的诗社，名"骚坛"，有"泥巴杆子诗社"之称。清代《归州志》记载："（乐平里）诗风特盛，明清时代有好诗者结社'骚坛'。每逢端午节前后，好诗者邀约相聚，饮酒赋诗，述志抒怀，蔚为风气。"①农民一手扶犁，一手作诗，只有屈原故乡的农民才具有如此天赋。是屈原文风熏陶的结果，是秭归秀丽山水赐予的灵感，是怀念屈原情感的抒泄。

（四）有寓教于乐的屈原文化基地

近些年来，相关部门和部分院校以秭归屈原祠为中心，建立了"屈原廉政教育基地""大学生社会实践基地""德育教育基地""人文历史教育基地"，等等。湖北省人民政府于 1995 年 3 月 24 日又将其命名为"屈原故里爱国主义教育基地"。

综上所述，不论是屈原文化的物质财富还是屈原文化的精神财富，在秭归境内如此众多而又独特，是秭归最大的财富。

（原载《三峡文化》2013 年第 1 期）

---

① 湖北省秭归县地方志编纂委员会编纂：《秭归县志》，中国大百科全书出版社 1991 年版，第 337 页。

宜昌和秭归的文化核心地标是屈原

　　屈原是中国历史上第一个伟大诗人，也是中国历史上第一个被世界人民共同纪念的文化名人。屈原其人其诗双璧生辉，耀眼世界。他那"深固难徙"的爱国情怀、"上下求索"的拼搏精神、"九死未悔"的美政思想、"廉洁正直"的清白节操，延绵 2000 千余年生生不息，完全有资格称为我们的"民族魂"。司马迁评价屈原"与日月争光"，毛泽东评价屈原是"天才诗人"。如此伟人之根脉出于我们宜昌和秭归，屈原文化的源头也在宜昌和秭归。屈原的诞生地在宜昌与秭归，因屈原而衍生的世界非物质文化遗产"中国端午节"的代表性地域也在宜昌和秭归。因此，我们可以说，宜昌和秭归的文化核心地标应该是屈原。

　　最近，宜昌市委提出，把传承发展屈原文化作为品牌战略来抓，让屈原文化成为宜昌靓丽的精神标识和文化品牌，以屈原文化的突破性发展，全面擦亮宜昌文化品牌，构筑宜昌精神高地。既让人鼓舞，又予人启迪。屈原文化是我们独特的物质资源和精神财富，发挥屈原文化的最大效益我们责无旁贷。为了更好地开发和利用好具有世界级地位的屈原这一宜昌和秭归的文化核心地标，笔者有一孔之见。

　　搭建屈原文化传承平台。即创造性建立国家级研究机构。如建立公益性事业单位"中国屈原文化研究院"或"屈原文化研究中心"，为区别于一般社会团体，做到有编制机构、有专业团队、有经费保障，真正让屈原文化"坐正席""出正果"。与中国屈原学会、三峡大学等专业团体和大专院校合作，阐释好屈原文化内涵，并促使屈原文化研究成果的转化，为地方社会、经济、文化的发展服务。同时，收集整理古今中外屈原文化研究著作、影视作品等资料及实物，创建质量高、品位高、规模大、影响大的特色资料库或展馆，使其成为国内外独一无二的文化地标。自汉代至今，研究屈原的著述堪称汗牛充栋，但专属且有规模的屈原文化资料库或展馆目前在国内外却存在缺憾。

制定屈原文化发展规划。即规划屈原文化发展蓝图。在广泛调查研究的基础上，针对宜昌和秭归屈原文化这一专项，制定专门规划、谋划发展方向。包括近期与远期的发展目标、可行性、经济及社会效益等。规划形成的同时，将目标任务、项目建设等逐一分解到相关部门，达到一"本"统领、众力实施的要求。

弄清屈原文化物质资源家底。即进行一次全方位的屈原文化物质资源调查。用普查登记的方法建立台账、弄清家底。屈原文化在宜昌和秭归历经几千年，屈原文化物质资源已至丰富多样。如秭归境内古今先后修建的屈原庙宇就有近十座，另外还有屈子桥、独醒亭（共有4处）、求索楼、"屈原八景"、牌坊、屈原故里文化园，等等。宜昌和秭归至今仍存的诸如楼亭、雕塑、景区、风物等，也有不少。既有历史遗存的，也有后来新建的，还有因各种原因已消失的，对这些屈原文化物质资源进行分门别类普查登记、建立档案，并结集出版公布于世，很有意义。这些资源既是历史发展的见证，又对今后屈原文化传承发展有借鉴作用。同时，有针对性的实施保护和利用，则又有利于文旅发展。

注重屈原文化人才培养。即扶持培养屈原文化专业人才。人才建设是屈原文化传承、发展的重要环节。虽然宜昌和秭归是多数世人认可的屈原故里，但目前研究屈原文化的专业人才缺乏，甚至存在后续乏人的现象。要改变这一现状，可制定专门的政策措施，扶持、激励专业人才。既要培育屈原文化学术研究类人才，也要培育屈原文化普及传讲类人才，还要培育屈原文化项目开发利用类人才，为各类屈原文化专业人才搭桥铺路。鼓励多出成果、出大成果和好成果。真正让屈原故里人了解屈原文化，传承屈原精神。

广泛利用屈原文化素材。即多领域注入屈原文化元素。这里所说将屈原文化融入多个领域，是针对屈原文化的直观氛围而言。所涉领域，大到城市建设，小至衣、食、住、行等日常生活。还包括文化、旅游产品的研发、利用。例如，境内公益性单位及机关日常使用的一次性水杯，能否统一印上郭沫若题写的"屈原故里"几个字？还有桥梁、道路、公园、街道以及各种赛事，能否以屈原文化方面的内容命名？让人们感受到屈原文化的真实存在及其魅力所在。再如，宜昌和秭归进口道路能否创建屈原文化标识？只有多领域注入屈原文化元素，才能促进屈原文化成为宜昌靓丽的精神标识和文化品牌。

（原载《三峡文化》2021 年第 4 期）

"屈原故里屈氏第一村"与屈原的渊源

——湖北秭归县归州镇万古寺村屈原文化考察

屈原故里秭归的归州镇有一个万古寺村，被誉为"屈氏第一村"。2009 年 11 月，秭归县委宣传部与《三峡日报》联合组成的"屈原后裔寻访组"发布了一条《万古寺：屈原故里屈氏第一村》[①] 的新闻。2014 年，笔者与三峡大学、秭归县文联及屈原文化研究会的 11 名同仁专程赴归州镇万古寺村进行实地考察。在村委会办公室内，目睹了村委会主任、党支部书记屈家明珍藏的北京籍著名书法家柳国庆于 2012 年题写的"中华屈氏第一村"匾额。

该村地处长江西陵峡北岸的香溪河东侧，位于古城归州之东，与鲢鱼山遗址（又称楚始都丹阳之址）不足 5 千米，与屈原诞生地乐平里相距约 8 千米，有"离屈原诞生地最近的屈姓大村"[②] 之称。

经过考察和查阅相关文献，发现该村的屈原文化资源丰富，并且与伟大诗人屈原有着深厚的渊源。

一 有考古发掘成果可证该村历史久远

万古寺村西侧有一个官庄坪遗址，仅一河（香溪）相隔。长江三

---

① 郑之问等：《万古寺：屈原故里屈氏第一村》，《三峡日报·都市新闻版》2009 年 11 月 9 日 A 版。

② 郑之问等：《屈原后裔寻访记》，长江出版社 2010 年版，第 110 页。

峡水利枢纽工程库区未蓄水之前，万古寺与官庄坪一水相连，人们蹚水涉河相互交往密切。考古发掘资料《三峡湖北库区墓葬初步研究》称："1997 年至 2003 年，湖北省文物考古研究所在官庄坪遗址发掘中，发现东周时期的墓葬 67 座。是三峡湖北库区发现东周墓葬最多的遗址之一。"① 这 67 座墓葬中，有 56 座可明确分期为：春秋早、中、晚期 35 座，战国早、中、晚期 21 座，② 还发现少量的商代遗迹，"其时代应为商末周初"③。"东周时期遗存是官庄坪遗址最主要的遗存，而且分布范围很广"④。由此说明该地至少在 4000 多年前即有人类活动。出土的很多陶器 "和江陵纪南城等楚文化中心的陶器相同，属于楚文化系统"⑤。江陵纪南城即楚郢都所在地，亦称"纪郢"，说明官庄坪遗址与楚文化中心郢都具有相同的文化遗存。万古寺与官庄坪相互对应又都分布在香溪河两岸的宽谷地带，国务院三峡工程建设委员会办公室、国家文物局于 2005 年 6 月编辑出版的考古报告《秭归官庄坪》指出："这里土地肥沃，气候适宜，从新石器时代……至今，共 4500 多年，孕育了丰富灿烂的古今文化。"⑥ 万古寺村内山脚下的香溪河边，有一个张家坪遗址，湖北省及宜昌地区博物馆的考古工作人员于 1984 年在该遗址发掘出土具有商周时期特征的器物多件，据考古报告称："张家坪遗址位于秭归县三闾乡黄阳畔村（三闾乡实为三闾区，现为归州镇。黄阳畔村今为万古寺村——笔者注）二组，香溪河东岸一级台地上。……张家坪遗址的时代大致属于商周时期。"⑦ 1994 年，湖北省文物考古研究所

① 朱世学等：《三峡湖北库区墓葬初步研究》，科学出版社 2010 年版，第 78 页。

② 朱世学等：《三峡湖北库区墓葬初步研究》，科学出版社 2010 年版，第 121—122 页。

③ 国务院三峡工程建设委员会办公室、国家文物局：《长江三峡工程文物保护项目报告——秭归官庄坪》，科学出版社 2005 年版，第 116 页。

④ 国务院三峡工程建设委员会办公室、国家文物局：《长江三峡工程文物保护项目报告——秭归官庄坪》，科学出版社 2005 年版，第 117 页。

⑤ 国务院三峡工程建设委员会办公室、国家文物局：《长江三峡工程文物保护项目报告——秭归官庄坪》，科学出版社 2005 年版，第 499—500 页。

⑥ 国务院三峡工程建设委员会办公室、国家文物局：《长江三峡工程文物保护项目报告——秭归官庄坪》，科学出版社 2005 年版，第 602 页。

⑦ 国家文物局三峡工程文物保护领导小组湖北工作站：《三峡考古之发现》，湖北科学技术出版社 1998 年版，第 19 页。

在该村又发现了河坎上遗址,据发掘简报称:"河坎上遗址位于秭归县香溪镇黄阳畔村二组","是香溪河流域考古的一次重要发现","与官庄坪遗址所出土的同类器物最为接近,其年代约在春秋时期……具有楚文化的特征"。并指出:"第二期遗址……所有器类的形制与纪南城遗址周围所出土的战国时期的同类器物如出一辙……可推定其年代约在战国早期,应是一批楚文化遗存。"① 由此说明,该村不仅历史久远,而且具有丰富的楚文化遗存。

《史记·楚世家》记载:"熊绎当周成王之时,举文、武勤劳之后嗣,而封熊绎于楚蛮,封以子男之田,姓芈氏,居丹阳。"② 楚国创业始封君主即熊绎,熊绎之丹阳居何处?南北朝陈·顾野王《舆地志》说:"秭归县东有丹阳城,周回八里,熊绎始封也。"③ 秭归鲢鱼山遗址成为丹阳所在地之一说。汉代王逸《楚辞章句》注释屈原《离骚》"帝高阳之苗裔"时说:"熊绎事周成王,封为楚子,居于丹阳。周幽王时,生若敖,奄征南海,北至江、汉。其孙武王求尊爵于周,周不与,遂僭号称王。始都于郢,是时生子瑕,受屈为客卿,因以为氏。"④ 唐代林宝《元和姓纂》载:"屈,楚公族芈姓之后。楚武王子瑕食采于屈,因氏焉。"⑤ 由此可知,自楚武王之子瑕被封于"屈"地之后,其后裔则以食邑之地"屈"为姓氏。如熊绎始封于秭归鲢鱼山之丹阳,至楚武王时迁丹阳于江陵纪南城为郢,其后武王之子瑕被封于"屈"地而为"客卿""食采于屈",有可能"屈"地仍在秭归丹阳之周围,也许在万古寺与官庄坪一带,因为这一带今天考古发现有与楚郢都(江陵纪南城)相同的楚文化。张海彤、金连昌《百家姓探源》说:"春秋时期,楚武王之子瑕……食采于屈,即今湖北秭归县东。"⑥ 赵嘉

① 国务院三峡工程建设委员会办公室、国家文物局:《湖北库区考古报告集》(第二卷),科学出版社2005年版,第350页。

② (汉)司马迁:《史记》,中华书局1959年版,第254页;

③ (南朝)顾野王:《舆地志》,上海古籍出版社2011年辑注本,第131页。

④ (宋)洪兴祖:《楚辞补注》,中华书局2002年点校本,第3页。

⑤ 参见(宋)洪兴祖《楚辞补注》,中华书局2002年点校本,第1页。

⑥ 张海彤等:《百家姓探源》,首都师范大学出版社1996年版,第121页。

树、舒雁《千家姓查源》也认为"历史上的屈在今湖北秭归县东一带"①。万古寺与官庄坪即属秭归县（归州）之东。

二　有明确记述屈原后裔的古墓碑

万古寺村境内的香溪河边，有一座"大清光绪十四年孟夏月吉日立"的夫妻合葬双通墓碑，至今保存完好。碑名为"清故显考屈公讳真字尚朴老大人之墓"，碑文显示，左边为妻，右边为夫。墓碑前立两根石柱，八字开扇，三层构建，长 3 米多的石檐覆盖着两通石碑，两通石碑镶嵌在三根方形石柱之间。靠右边屈真碑面两侧的石柱上分别刻有墓志铭文，主要记述屈真的生平事迹。文中曰："予乡有真公者，楚灵均之裔也。"墓柱上雕刻的楹联是："灵均后裔钟灵远；茂叔令媛发茂长。"铭文中有 5 次言及灵均，明确表明屈真为屈原（字曰灵均）的后裔。墓主人屈真，字尚朴，生于清代嘉庆二十四年（1820），卒年约为光绪十四年（1889）。墓茔之外 200 余米的山坡上，居住着屈真的第五代孙。据屈真的后代讲述，屈真曾中秀才，在乡邻为贤达之人。

笔者曾参与全国性"屈原后裔寻访"活动，对所到 9 个省市屈姓村落的了解和目睹，该墓碑是现存最早明确记载自称屈原后裔的屈氏祖墓，也是保存较好的实物。2010 年长江出版社出版的《屈原后裔寻访记》② 一书，对该墓有专文述及。

三　有屈氏宗祠古建筑

万古寺村靠北边的橘树林中，有一栋别具特色的古代建筑，名曰"屈氏宗祠"。这栋砖木结构的祠堂，由三个开间组成，占地 200 多平方米，建筑面积约 160 平方米。薄青砖装斗砌成墙体，中间填充石块和泥土。木柱撑顶，小青瓦覆面，抬梁穿斗式梁架。白色石灰泥浆装饰瓦头、屋脊及马头墙檐。部分墙面的彩绘清晰可见，正面墙体檐下有檐面

---

① 赵嘉树等：《千家姓查源》，吉林人民出版社 1988 年版，第 112 页。
② 郑之问等：《屈原后裔寻访记》，长江出版社 2010 年版，第 111—113 页。

画，绘画为兰草、荷花、梅花等花草及鸟兽图案。左右山墙装饰墀头。大门上方有一长方体凹形匾额，隐隐约约能见一个红色楷体"忠"字，据房主人及一熊姓邻居介绍，原匾额阳刻有"屈氏宗祠"四字，在"文化大革命"中被铲掉，以"破四旧"为名而换上这个"忠"字。门前台阶及房屋墙基均由打制的麻条石砌筑而成。室内部分木构架上的精细的雕刻依稀可辨，木柱及柱础仍然存在。

据屈真墓志铭文记载，屈真率屈氏众裔于清光绪乙亥年（1875）重修该祠，原祠始建于明代初期。查阅《秭归县志》记载："（长）江北屈氏宗祠在黄阳畔""（长）江南屈氏宗祠在童庄河东之屈家岭"①。据王健强《世界文化名人屈原》一书记载："屈氏家族在秭归有江北、江南两支，但是一个祖宗，屈氏宗祠在江北黄阳畔。明朝时期，江南屈家岭立分祠。"② 现在的万古寺村于2002年由原来的黄阳畔、贯垭、万古寺三村合并而成。现居住在祠内的主人就是屈真第6代孙屈万军，据他介绍，秭归县内主要居住着两支屈氏家族，万古寺这一支的屈姓人口最多。另一支在长江南岸的郭家坝镇屈家岭（现为文化村），屈姓的人口只有471人③，是从黄阳畔迁徙过去的。从与屈万军的座谈中还了解到，原黄阳畔村的屈氏家族保存有一套《屈氏家谱》，也是在"文化大革命"期间被收缴烧毁，他清楚记得族谱上记的祖先就是屈原。同时，屈万军说他先辈6代连续守护着这个屈氏宗祠，所以他至今仍居住在祠堂里。

四 有居住密集的屈氏后裔

《秭归县志》记载："据秭归县《第三次全国人口普查表（底表）》和《秭归县地名志》统计：1982年秭归居住着……屈氏家族近1000

---

① 湖北省秭归县地方志编纂委员会编纂：《秭归县志》，中国大百科全书出版社1991年版，第65页。

② 王健强：《世界文化名人屈原》，湖北辞书出版社2001年版，第131页。

③ 参见郑之问等《屈原后裔寻访记》，长江出版社2010年版，第115页。据该著第115页记载："（文化村2009）全村屈姓471人。"

户、4000 人。……屈氏以黄阳畔为最，1982 年这个村有 342 户、1335
人，其中屈姓 229 户、911 人，分别约占 67% 和 68%。"① 当时，黄阳
畔村的屈姓人口约占全县屈姓总人口的 23%。据万古寺村村主任屈家
明介绍，至 2002 年时，因长江三峡工程修建库区移民而合并三村，如
今的万古寺村已有总户数 720 户、2311 人，其中屈姓 365 户、1285 人，
分别约占 51%、56%。目前，秭归全县屈姓人口有 5100 余人，全县 12
个乡镇都有分布，屈姓最集中的是万古寺村，屈姓人口约占全县屈姓总
人口的 25%，即占全县屈姓总人口的四分之一。由此可知，该村有居
住密集的屈氏后裔。经统计，原来三个村在三峡工程库区移民期间，还
外迁屈氏人口 110 多户、420 余人。

　　据《屈原后裔寻访记》专著记载："（万古寺）合并以后，全村
2500 多人，其中屈姓人口 1200 多人，占全村人口一半以上。按照秭归
县 2008 年统计，全县屈姓人口 5143 人，万古寺屈姓人口占全县屈姓总
数的 26%，是名副其实的秭归第一屈姓大村。"同时指出："因为太久
远了，没有人能够说清楚屈姓是什么时候从乐平里搬出来的。不过，他
们依然保持着过去的风俗，祖祖辈辈都知道他们是屈原的子孙。"② 万
古寺村不仅屈氏聚居，而且屈姓人口数量位居秭归县第一，堪称"屈
原故里屈氏第一村"。

　　有趣而又值得思考的是，秭归有熊、屈二姓相伴而居的现象。熊、
屈二姓与楚国的起源有密切的关系。据秭归县地方志编纂委员会编辑并
于 2010 年出版的《秭归县志（1979—2005）》记述，全县熊姓人口已
达 7003 人③，其中万古寺村 126 人，万古寺与周边的官庄坪村、贾家店
村、盐关村、向家店村共有 1125 人，占全县熊姓人口的 16%。这些周
边村的屈姓人口共有 500 余人。万古寺村村民熊作政说：熊、屈本是一

　　① 湖北省秭归县地方志编纂委员会编纂：《秭归县志》，中国大百科全书出版社 1991 年版，
第 65 页。
　　② 郑之问等：《屈原后裔寻访记》，长江出版社 2010 年版，第 114 页。
　　③ 湖北省秭归县地方志编纂委员会编纂：《秭归县志（1979—2005）》，方志出版社 2010 年
版，第 78—79 页。

家人。熊作政所言的确如此,在楚国历史上,屈姓源于瑕,因为瑕被封于屈地而以封地为氏,瑕之父即熊通,从此,这一支便由熊氏而易为屈氏了。熊通于前741年立为武王,他就是楚国始君熊绎之裔。《史记·屈原列传》说:"屈原者,名平,楚之同姓也。"① 意思就是说屈原与楚王是同一个姓氏,并且是同一个祖先。屈原主要生活在怀王、顷襄王时代,怀王即熊槐,顷襄王即熊横。这些现象说明,万古寺及其周边与屈原、楚王有渊源。

五　有众多的屈原文化元素

万古寺村不仅有屈原文化的物质资源,而且有与屈原文化相关联的非物质文化资源。既有以"屈"命名的"屈家湾""庙地"等地理名称,又有老少皆传的屈原传说故事,还有独具特色的端午祭祀屈原的习俗。每届端午,该地屈氏后裔自发到屈氏宗祠或长江边的屈原祠烧香叩拜,祭吊屈原。挂菖蒲、悬艾草、包粽子、食盐鸡蛋、喝雄黄酒、做小麦面馍等端午习俗绵延不断,源远流长。如今部分屈氏后裔家中都供奉着特制的高尺余的屈原铜像,有的则供奉着写有屈原为先祖的灵位。

值得一提的是,该村现已拥有3500多亩柑橘,年产量达5000余吨。当地屈姓农民喜称:感谢祖宗留下《橘颂》诗篇,也为屈氏后裔留下丰实的物质财富。

综上所述,万古寺村历史悠久,其屈氏认为自己是屈原的后裔有一定可信性,有古墓碑、屈氏宗祠等文物和独特的端午习俗可证。2012年5月15日,该村屈家明代表屈原后裔应河南卫视《知根知底》栏目邀请,参与录制"屈"姓专题节目,主要介绍屈原后裔的相关知识,当年端午节期间播出后,影响较大。

（原载《三峡旅游学刊》2014年第3、4期合刊）

---

① （汉）司马迁:《史记》,中华书局1959年版,第2481页。

"女嬃砧""捣衣石"非指洗衣事象

说起"捣衣石",人们比较熟知,且多认为即"洗衣石"。如果谈起"女嬃砧",熟知者较少,但也多认为即指"洗衣石"。其实,"捣衣石"或"女嬃砧"并非是"洗衣石"。

一 "女嬃砧"及其传说

女嬃者,何许人也?屈原《离骚》曰:"女嬃之婵媛兮,申申其詈予。"[①] 汉代王逸《楚辞章句》注:"女嬃,屈原姊也。"[②] 女嬃即屈原之姐。

"女嬃砧"何源?晋代庾仲雍《荆州记》:"秭归县有屈原田宅、女嬃庙,捣衣石犹存。"[③] "捣衣石"居秭归何处?北魏郦道元《水经注·江水》载:"(秭归)县北一百六十里有屈原故宅,累石为室基,名其地曰乐平里。……女嬃庙、捣衣石犹存。"[④] 秭归乐平里(今湖北省秭归县屈原镇屈原村)大多认为是屈原诞生地,多种古籍记载乐平里响鼓溪(又称捣衣溪)边有捣衣石。至唐代,沈亚之《屈原外传》曰:"(屈)原故宅在秭归乡,北有女嬃庙,至今捣衣石尚存。时当秋风夜

---

① (宋)洪兴祖:《楚辞补注》,中华书局 2002 年点校本,第 18 页。
② (宋)洪兴祖:《楚辞补注》,中华书局 2002 年点校本,第 18 页。
③ (清)陈应溶、王仁俊辑,石洪运点校《荆州记九种》,湖北人民出版社 1999 年版,第 100 页。
④ 陈桥驿:《水经注校证》,中华书局 2013 年版,第 757 页。

雨之际，砧声隐隐可听也。"① 由此，"捣衣石"亦称谓"女嬰砧"。何称"捣衣石""女嬰砧"？从当今有关公开出版之书籍中可知，即女嬰洗衣时所垫用之石，如宁发新整理《屈原传说》之《女嬰砧》②、卢丹主编《屈原传说》之《女嬰砧》③、白庚胜总主编《中国民间故事全书·湖北秭归卷》之《女嬰砧》④，均有女嬰"洗衣的砧石"之言。再如王健强《世界文化名人屈原》之《屈原遗址与传说：捣衣石》⑤、张伟权与周凌云著《诗魂余韵——屈原传说及其他》之《屈原传说的类型：其他类型》⑥ 等等，均有"捣衣石是女嬰给屈原洗过衣裳的地方"之说。

上举有关女嬰的"捣衣石"或称"女嬰砧"的传说，故事梗概大致相同："捣衣石"又名"女嬰砧"，相传屈原的母亲死得很早，比屈原大10岁的屈姊女嬰对他百般疼爱。女嬰是一位贤德的女性，对屈原深怀姊弟之情，从小便由她取代了母爱。女嬰经常亲手给屈原洗衣，似乎要从屈原的穿着上寻找有没有照顾不周的地方。捣衣石是女嬰经常给屈原洗衣裳的地方，遗址在秭归乐平里响鼓溪边。

对于屈原《离骚》中的"女嬰"，迄今有姊说、妹说、妻说、姜说等十余种说法，最早是王逸之姊说。《水经注·江水》引晋代袁山松《宜都山川记》："屈原有贤姊，闻原放逐，亦来归，喻令自宽全。"⑦ 有关女嬰的"捣衣石"或称"女嬰砧"的传说故事，可能是根据王逸"屈原姊"和袁山松"屈原有贤姊"之言扩展而来。

① 参见朱碧莲《还芝斋读楚辞》，上海古籍出版社2008年版，第706页。
② 宁发新：《屈原传说》，中国少年儿童出版社1983年版，第27页。
③ 卢丹：《屈原传说》，三峡电子音像出版社2012年版，第144页。
④ 白庚胜等：《中国民间故事全书·湖北秭归卷》，知识产权出版社2007年版，第23页。
⑤ 王健强：《世界文化名人屈原》，湖北辞书出版社2001年版，第107页。
⑥ 张伟权等：《诗魂余韵——屈原传说及其他》，中国书籍出版社2009年版，第113页。
⑦ 陈桥驿：《水经注校证》，中华书局2013年版，第757页。

二 从古代捣衣的源起考察"捣衣石"或"女媭砧"之本义

今《汉语大字典》辞条直曰:"砧,捣衣石。"① 但是,"捣衣石"或"女媭砧"并非为女媭洗衣时所垫用之石。

捣,含"捶"之义,故臆测"捣衣"即用木棒或棒槌等器具捶洗衣物。"捣衣石"或"女媭砧"本义并非如此。砧,是指捶、砸或切割东西之时起垫托作用的器具。汉代许慎《说文新附·石部》曰:"砧,石树也。"② 意谓垫衬之石。因此,"砧"亦可指"捣衣石"。但"捣衣"非指"洗衣",古代洗衣多称浣衣,如明朝宦官官署专门设置有"浣衣局",俗称浆家房。"捣衣"之"捣",明代张自烈《正字通·手部》曰:"捣,俗捣字。"③《说文解字·手部》曰:"捣,手推也。一曰筑也。"④ 清代朱骏声《说文通训定声·孚部》释曰:"一曰筑也……今字作捣,又作捣。"⑤ 均无"洗衣"之义。

古代,捣衣是制作衣物过程中的一道工序,即"精练"制作衣物的织物原料或成品织物,是一种加工工艺。为了得到质地细柔的蚕丝、葛麻纤维等纺织原材料或成品,将其置于砧或光滑之石上杵捣,使其松软或柔熟。对蚕丝加工,须经过"练丝"工艺,先用弱碱性的草木灰汁浸泡生丝,再将其置于砧或光滑之石上以木杵捶打。此法不仅容易使包裹在蚕丝外表的黏性物质——丝胶脱落而使丝质柔熟,可在一定程度上防止丝束紊乱,还能促使其外观增加光泽。对生丝进行加工,称为"练丝",亦称"捣素";对丝织成品进行加工,称为"练帛",亦称"捣帛";对葛麻纤维进行加工,也须经过脱胶工艺,称为"治"。简言之,古代的"捣衣",即用木棒器具在砧、石上杵捣将用作制衣的纺织

---

① 《汉语大字典》,湖北辞书出版社、四川辞书出版社 1995 年缩印本,第 1013 页。
② (汉)许慎:《说文解字》,中华书局 2003 年校定本,第 196 页。
③ 参见《汉语大字典》,湖北辞书出版社、四川辞书出版社 1995 年缩印本,第 812 页。
④ (汉)许慎:《说文解字》,中华书局 2003 年校定本,第 255 页。
⑤ 参见《汉语大字典》,湖北辞书出版社、四川辞书出版社 1995 年缩印本,第 812 页。

原材料或成品织物，亦即指捣熟制衣织物，并非捣洗衣物。此事象从古籍文献中可考证。最早的"捣衣"事象出现于西汉成帝时女辞赋家班婕妤的《捣素赋》，宋代郭茂倩所编《乐府诗集》中收有唐朝诗人王建《捣衣曲》，其小序载："班婕妤《捣素赋》曰：'广储县月，晖水流清。桂露朝满，凉衿夕轻。改容饰而相命，卷霜帛而下庭。于是投香杵，加纹砧，择鸾声，争凤音。'又曰：'调无定律，声无定本。但落手之参差，从风飙之近远。或连跃而更投，或暂舒而常卷。'盖言捣素裁衣，缄封寄远也。"其诗曰："月明中庭捣衣石，掩帷下堂来捣帛。……回编易裂看生熟，鸳鸯纹成水波曲。"① 即先"捣素""捣帛"，后"裁衣"，再"缄封"。由此可见，捣衣的对象应为制衣的织物原料或成品织物。未经捣制的织物原料称"生"料，其容易破裂，捣制后的织物原料称"熟"料，其有纹理，经久耐磨。六朝著名文学家谢惠连《捣衣》诗有"纨素既已成，君子行未归。裁用笥中刀，缝为万里衣"②，该诗描述的捣衣事象也是先捣成"纨素"（白色细绢），后裁剪，再缝制。唐代杨凝《秋夜听捣衣》"砧杵闻秋夜，裁缝寄远方"③ 亦如此。

捣衣起源于何时呢？首先要考察衣料的历史。《诗经·国风·周南》的"葛覃"曰："葛之覃兮，施于中谷，维叶莫莫，是刈是濩，为絺为綌，服之无斁。"④ 葛，指葛麻，有称苎麻，即制衣原料。诗意谓：当苎麻叶繁茎壮之时，用刀割取，劈作一丝一缕，织成细的麻布"絺"和粗的麻布"綌"，衣服穿着耐看耐用。考古学的成果告诉我们，"现代考古学已经证明，早在仰韶文化时期，黄河流域已经出现了完整的丝织物。从那时起，蚕丝的生产与纺织逐渐遍及中国南北。除了丝织物外，麻葛织物也普遍存在着，甚至有毛织物的发现"⑤。仰韶文化的持续时间大约在前5000年至3000年之间，既然前5000年至3000年已经

---

① （宋）郭茂倩：《乐府诗集》，上海古籍出版社2018年点校本，下册，第1121—1122页。

② （清）沈德潜：《古诗源》，中华书局1980年版，第246页。

③ （清）彭定求：《全唐诗》，中华书局1979年点校本，第九册，第3299页。

④ 袁愈荌等：《诗经全译》，贵州人民出版社1991年版，第3页。

⑤ 参见《全国干部学习读本·中国艺术》，人民出版社2002年版，下册，第732—733页。

出现丝织物、麻葛织物，因此笔者以为捣衣形式最迟在前3000年左右随着制衣织物的出现而出现。因为有了"生"织物，人们为了穿着舒适、耐用，在生产生活中则会探索一种途径使"生"料变为"熟"料，便有"捣衣"的劳作形式，"捣衣"由此应运而生。有学者引晋代庾仲雍《荆州记》"秭归县有屈原田宅、女嬃庙，捣衣石犹存"之载，认为："屈原、女嬃为战国时期人，所以，完全可以论断：'捣衣'之俗起源于春秋战国。"① 此言不够准确。庾仲雍距屈原约600年，捣衣石有可能"犹存"吗？屈原与女嬃在世时可能有捣衣石存在，但至600年后的晋代时，女嬃的捣衣石不应是"犹存"，可能是"犹疑"，也可能是传说。再则，如按庾仲雍所言"捣衣石犹存"，也就是说捣衣石在晋时真实存在，也不可能"论断""'捣衣'之俗起源于春秋战国"，有"武断"之嫌。

三　古诗文所述捣衣之形式并非指洗衣

捣衣，是我国古代妇女的一种劳作形式。古代捣衣的具体形式是怎样的呢？明代学者杨慎《丹铅总录》第二十卷曰："《字林》云：'直春曰捣。'古人捣衣，两女子对立，执一杵如春米然。今易作卧杵，对坐捣之，取其便也。尝见六朝人画《捣衣图》，其制如此。"② 虽然六朝人所绘《捣衣图》已佚，但有六朝人谢惠连《捣衣》诗可证，其中有"微芳起两袖，轻汗染双题"③ 之句，因为"题"即指人之额头，《说文解字·页部》曰："题，额也。"④ 诗中称"双题"，则为二人。尚有宋徽宗所临摹唐代张萱《捣练图》（现藏美国波士顿美术馆）可寻，其所绘唐代妇女即用直杵的形式捣衣。明代《农政全书·蚕桑》又载："盖古之女子，对立，各执一杵，上下捣练于砧。"⑤ 晋代吕忱在《字

① 参见李晖《唐代"捣衣"风俗考略》，《广西民族学院学报》2000年第2期。

② 参见张选举《唐诗捣衣民俗综论》，《清远职业技术学院学报》2010年第2期，第42页。

③ （清）沈德潜：《古诗源》，中华书局1980年版，第246页。

④ （汉）许慎：《说文解字》，中华书局2003年校定本，第181页。

⑤ 参见《汉语大字典》，湖北辞书出版社、四川辞书出版社1995年缩印本，第1013页。

林》中有"直舂曰捣"之说，直接将"捣"释为"舂"，即杨慎《丹铅总录》所言"如舂米然"。元王祯撰《农书》卷二十一："衣杵十，《荆州记》曰：'秭归县有屈原宅、女媭庙，捣衣石犹存。'盖古之女子对立，各执一杵，上下捣练于砧，其丁东之声，互相应答。"[①] 由此，古代捣衣形式可一目了然。如果说捣衣即捶洗衣物，既不需要多人操作，又与古代诗文所述捣衣形式不符。当然，古代捣衣由两人捣杵者是其形式之一，尚有独自捣杵者，如南朝梁时高僧惠侃《咏独杵捣衣诗》，在此不再枚举和赘述。

"捣衣石"并非完全等同"女媭砧"，二者使用范围略有别也。虽然"女媭砧"之"砧"，可指"捣衣石"，但其并非独指。因为"砧"还可指捣草石，《正字通·石部》释"砧"曰："砧，藁砧，农家捣草者。"[②] 再如，锻造金属器具时用铁铸成的受锤之垫具即称铁砧。虽然"捣衣石"与"女媭砧"的垫托作用相同，但使用范围又有所不同，"女媭砧"之砧既可用于捣衣，也可用于捣草，而"捣衣石"只限于捣衣。可能因古今洗衣多由女性劳作，部分人以为作为"屈原姊"的女媭，"女媭砧"当然是指洗衣事，这种推测即"想当然"，不足为信。

再者，从古代诗文中可知，捣衣多将砧、杵之类工具连用，如唐代范灯《忆长安·九月》诗"更想千门万户，月明砧杵参差"[③]、杜甫《新秋》"几处园林萧瑟里，谁家砧杵寂寞中"[④] 等等。杵，《易·系辞下》曰："断木为杵，掘地为臼。"[⑤]《说文解字·木部》曰："杵，舂杵也。"[⑥] 清代段玉裁《说文解字注》又曰："杵，舂、捣粟也。其器曰杵。"[⑦] 虽然用于捣衣或洗衣之工具形状多为一头略粗一头略细之木棒，但这种木棒有长短及大小之分，且用途及名称也有区别。大而长者名

① 参见龚红林、何轩《屈原文化版图考》，南京大学出版社 2017 年版，第 96 页。
② 参见《汉语大字典》，湖北辞书出版社、四川辞书出版社 1995 年缩印本，第 1013 页。
③ 张璋等：《全唐五代词》，上海古籍出版社 1987 年版，第 71 页。
④ 方飞：《千家诗赏析》，广西民族出版社 1996 年版，第 200 页。
⑤ 参见《汉语大字典》，湖北辞书出版社、四川辞书出版社 1995 年缩印本，第 492 页。
⑥ （汉）许慎：《说文解字》，中华书局 2003 年校定本，第 1122 页。
⑦ 参见《汉语大字典》，湖北辞书出版社、四川辞书出版社 1995 年缩印本，第 492 页。

杵，主要用于舂米、捣粟、筑土墙、捣熟织物（捣衣）等。小而短者称槌（俗称棒槌；古同"捶"），主要用于捶洗衣物。砧、杵是捣衣的主要工具。

同时，古诗文描写捣衣时间又多在秋天且在夜晚，如南朝谢朓《秋夜》诗"秋夜促织鸣，南邻捣衣急"①、柳恽《捣衣诗》"轩高夕杵散，气爽夜砧鸣"②，唐代杜甫《秋兴八首》（其一）"寒衣处处催刀尺，白帝城高急暮砧"③、李白《子夜吴歌·秋歌》"长安一片月，万户捣衣声。秋风吹不尽，总是玉关情"④、钱起《乐游原晴望上中书李侍郎》"四野山河通远色，千家砧杵共秋声"⑤、杜荀鹤《秋夜闻砧》"荒凉客舍眠秋色，砧杵家家弄月明"⑥，宋代陆游《秋思》"砧杵敲残深巷月，井梧摇落故园秋"⑦等等，此类不胜枚举，俯拾皆是。在这些捣衣诗中，很难见有"水"的意象出现。如果捣衣即捶洗衣物，既不可能常在秋天，也不可能常在夜晚。试想，女嬃能常常于夜晚行至响鼓溪（或称捣衣溪）这条小溪边洗衣吗？于情于理皆不合。古诗文描写捣衣地点又多在庭院或厅堂，鲜见言及溪河之畔，如前举宋代郭茂倩编《乐府诗集》中唐代无名氏《捣衣》诗的"月明中庭捣衣石"，唐代王建《捣衣曲》（一作《送衣曲》）亦有"月明中庭捣衣石"⑧。再如晋代曹毗《夜听捣衣诗》"寒兴御纨素，佳人理衣襟。冬夜清且永，皎月照堂阴。纤手叠轻素，朗杵叩鸣砧"⑨等等。

综上所述可知，"女嬃砧"或"捣衣石"是指屈原之姊女嬃于石上杵捣用于制衣的丝织物和葛麻纤维织物，非指于石上捶洗衣物。换言之，"女嬃砧"或"捣衣石"是丝织物和葛麻纤维织物在加工"精练"

① （清）沈德潜：《古诗源》，中华书局1980年版，第281页。
② （清）沈德潜：《古诗源》，中华书局1980年版，第309—310页。
③ 方飞：《千家诗赏析》，广西民族出版社1996年版，第198页。
④ （清）彭定求：《全唐诗》，中华书局1979年点校本，第五册，第1711页。
⑤ （清）彭定求：《全唐诗》，中华书局1979年点校本，第八册，第2671—2672页。
⑥ （清）彭定求：《全唐诗》，中华书局1979年点校本，第二十册，第7983页。
⑦ 方飞：《千家诗赏析》，广西民族出版社1996年版，第201页。
⑧ （清）彭定求：《全唐诗》，中华书局1979年点校本，第四册，第1299页。
⑨ （清）沈德潜：《古诗源》，中华书局1980年版，第182页。

过程中所使用的工具，并非是洗衣的工具。元代农学家王祯曾有如此推测，其《农书》卷二十一"衣杵十"载："《荆州记》曰：'秭归县有屈原宅、女媭庙，捣衣石犹存。'盖古之女子对立，各执一杵，上下捣练于砧，其丁东之声，互相应答。"①

（原载《荆楚学刊》2015 年第 1 期）

---

① 参见龚红林等《屈原文化版图考》，南京大学出版社 2017 年版，第 96 页。

"乐平里"探考

  伟大诗人屈原的诞生地秭归乐平里，享誉中外。屈原诞生地为何称为乐平里？有何寓义？其称谓又始于何时？凡到乐平里观光旅游或瞻仰屈原的中外文人游客，时常提出此类问题，但迄今尚未释然。笔者经过几载探考，试陈己见，以飨诸君。

  乐平里取意与屈原密不可分，其涵义浪漫独特，源远流长。

  首先，解读"乐"字。"乐"有五种读音和涵义：一为 yuè（读月）。主要指音乐。《广韵·觉韵》："乐，音乐。"① 二为 lè（读勒）。有喜悦、安乐等意。《广韵·铎韵》："乐，喜乐。"② 三为 yào（读耀）。有喜好、爱好等意。《广韵·效韵》："乐，好也。"③ 《集韵·效韵》："乐，欲也。"④ 四为 luò（读洛）。专指暴乐，也作"爆烁"，犹剥落，即稀疏之意，指树枝稀疏之貌；五为 liáo（读聊）。通"疗"（疗），治疗之意。清代朱骏声《说文通训定声·小部》曰："乐，假借为疗。"⑤ 那么，乐平里之"乐"到底怎样解读呢？我们认为正确的读音应为第一种，即 yuè（读月）。《说文·木部》："乐，五声八音总名。"⑥ 此"乐"除主指音乐外，尚含"生"之意。西汉刘安《淮南子·本经》：

---

① 参见《汉语大字典》，湖北辞书出版社、四川辞书出版社 1995 年缩印本，第 538 页。
② 参见《汉语大字典》，湖北辞书出版社、四川辞书出版社 1995 年缩印本，第 538 页。
③ 参见《汉语大字典》，湖北辞书出版社、四川辞书出版社 1995 年缩印本，第 538 页。
④ 参见《汉语大字典》，湖北辞书出版社、四川辞书出版社 1995 年缩印本，第 538 页。
⑤ 参见《汉语大字典》，湖北辞书出版社、四川辞书出版社 1995 年缩印本，第 539 页。
⑥ （汉）许慎：《说文解字》，中华书局 2003 年校定本，第 124 页。

"天覆以德，地载以乐。"东汉高诱及许慎注刘安《淮南子》时，释此"乐"曰："乐，生也。"① 认为土地是生长万物之源，"生"乃地之德。此"乐"为"生"，包含生长、诞生之意。

其次，解读"平"字。"平"有四种读音和涵义：一为 píng（读坪）。有宁静、平坦、公正等意；二为 pián（读便宜之便）。通"辨"（biàn），为辨治之意；三为 bìng（读病）。专指平定物价，《集韵·映韵》："平，平物价也。汉谓之月平。"② 四为 bēng（读抨）。通"抨"，含"使"之意。那么，乐平里之"平"又怎样解读呢？其读音应为第一种，即 píng（读坪）。寓平正之意。三国时吴人韦昭注《国语·郑语》"正七体以役心，平八索以成人"时说："平，正也。"③《玉篇·亏部》载："平，均也。"④ 乐平里之"平"实指屈原，为屈原之名。《史记·屈原列传》载："屈原者，名平，楚之同姓也。"⑤ "平"为屈原之名，"原"为屈原之字。《离骚》曰："名余曰正则兮，字余曰灵均。"屈原又自称名正则、字灵均。东汉王逸《楚辞章句》释曰："正，平也；则，法也。""灵，神也；均，调也。言正平可法则者，莫过于天；养物均调者，莫过于地。高平曰原，故父伯庸名我为平以法天，字我为原以法地。"⑥ 由此而论，如同宋代洪兴祖《楚辞补注》所言："'正则'以释名'平'之义，'灵均'以释字'原'之义。"⑦《尔雅·释地》说："大野曰平，广平曰原。"⑧ 王逸《楚辞章句》说："高平曰原。"⑨ 由此可见，"平"与"原"的意义也是相互关联的。同时，韦昭与《玉篇》所释之"平"，也符合"屈原名平"之涵义，而且此"平"又与"正则""灵均"意义相联。值得思考的是，作为地名，乐

---

① （汉）刘安：《淮南子》，上海古籍出版社点校本，第 175 页。
② 参见《汉语大字典》，湖北辞书出版社、四川辞书出版社 1995 年缩印本，第 172 页。
③ 参见《汉语大字典》，湖北辞书出版社、四川辞书出版社 1995 年缩印本，第 171 页。
④ （梁）顾野王：《大广益会玉篇》，中华书局 2014 年辑刊本，第 44 页。
⑤ （汉）司马迁：《史记》，中华书局 1959 年版，第 2481 页。
⑥ （宋）洪兴祖：《楚辞补注》，上海古籍出版社 2015 年点校本，第 6 页。
⑦ （宋）洪兴祖：《楚辞补注》，上海古籍出版社 2015 年点校本，第 6 页。
⑧ （晋）郭璞注，王世伟校点：《尔雅》，上海古籍出版社 2018 年版，第 106 页。
⑨ （宋）洪兴祖：《楚辞补注》，上海古籍出版社 2015 年点校本，第 6 页。

平里之"平"一般应是"坪"字，此处却为"平"，则有其特殊的含意。

最后，解读"里"字。"里"之读音为 lǐ（理），古今惟此一读。其涵义主要有两个方面：其一，指居住之地。《说文》："里，居也。"①《尔雅·释言》："里，邑也。"② 里、邑均包含居地之意；其二，指故乡。如《史记·汲郑列传》："（汲）黯耻为令，病归田里。"③ 此"里"即指故乡。乐平里之"里"应指居地、故乡。

综上所述，"乐平里"可直释为"诞生屈原的故居"。其本意是为了纪念屈原而名曰"乐平里"。在中国历史上，类似事例已屡见不鲜，而且在屈原之前已有先例。春秋时代晋臣介子推居功不愿得赏的品行感动了国君晋文公，将介子推隐居并自焚身亡的绵上山（今山西介休东南）封为"介山"，《史记·晋世家》载："文公环绵上山中而封之，以为介推田，号曰'介山'，'以记吾过，且旌善人'。"④ 古代人们将屈原与其生地联系起来命名为"乐平里"，亦是"旌善人"、昭后人之举。乐平里尚有"落脚坪""三闾""屈坪"之称。该地早期设有小型客栈，来往之人在此憩宿，故曰落脚坪。三闾之称源于屈原曾任"三闾大夫"之职。屈坪之称源于屈原之姓。

乐平里之称谓始于何时呢？现存古籍文献可查的是晋代庾仲雍的《荆州记》，载曰："（秭归）县北一百里，有屈原故宅，方七顷，累石为屋基，今其地名乐平。"⑤ 南北朝刘昭注释《后汉书·郡国志》时引有此记载。北魏郦道元《水经注·江水》也说："（秭归）县北……有屈原故宅，累石为室基，名其地曰乐平里。"⑥ 宋代王象之《舆地纪胜》、乐史《太平寰宇记》等，均载有乐平里之称。晋代以前的史籍是否记载有乐平里之名称呢？笔者推测应该是有的。在历史进程中，经过

① （汉）许慎：《说文解字》，中华书局 2003 年影印本，第 290 页。
② （晋）郭璞注，王世伟校点：《尔雅》，上海古籍出版社 2018 年版，第 42 页。
③ （汉）司马迁：《史记》，中华书局 1959 年版，第 3105 页。
④ （汉）司马迁：《史记》，中华书局 1959 年版，第 1662 页。
⑤ 参见自王健强《世界文化名人屈原》附录，湖北辞书出版社 2001 年版，第 112 页。
⑥ 陈桥驿：《水经注校证》，中华书局 2013 年版，第 757 页。

秦火及战乱，晋代以前的很多古籍早已亡佚，只是很难查寻而已。按常理，乐平里之名应始于屈原身亡之后，最迟至汉末，因为屈原的事迹及其作品在汉代史籍里已广为记载，如西汉司马迁《史记·屈原列传》、刘向《新序·节士》、贾谊《吊屈原赋》及东汉王逸《楚辞章句》等。再者，东汉应劭的《风俗通》载："五月五日，以五采丝系臂者，辟兵及鬼，令人不病瘟。亦因屈原。"① 据此可以说明，屈原在东汉时期已被视为重要民俗节日中祭祀和纪念的主要对象。因此，为纪念屈原而将其故乡地名与屈原联系起来更名为乐平里也就不足为奇了。这些汉代古籍对于屈原的生地或是正处于更名初始简略未记，或是有记载之古籍久已亡佚，所以在汉代文献中尚难查寻。落脚坪也许就是最原始的名称，不言而喻，乐平里、三闾、屈坪之称谓应在屈原卒后而得名。

（原载《三峡晚报》2007 年 6 月 17 日副刊。后被 2018 年版《秭归县志》收入）

---

① （汉）应劭：《风俗通义》（下），中华书局 2010 年校注本，第 605 页。

屈原生于秭归乐平里新证

先秦古籍对屈原生地的记载阙如，对此之争讼，古今众说纷纭。屈原诞生于湖北秭归乐平里是最早之说，笔者经过多年探究，在秭归乐平里发现了新的证据。

一 "乐平里"之名本源于屈原生地之意

秭归"乐平里"地名之渊源，本与屈原相关联①。"乐"应读 yuè，包含"生"之意，例如东汉高诱注释《淮南子·本经训》"天覆以德，地载以乐"时说："乐，生也。""平"即指屈原，《屈原列传》："屈原者，名平。"值得思索的是，作为地名，乐平里之"平"一般应是"坪"字，此处却为"平"，则有其特殊的用意。"里"即指故居，《说文》曰："里，居也。"概而言之，"乐平里"可直释为"屈原诞生之故居"。此地名难作其他释意。"乐平里"名称最早出现于东晋《宜都山川记》。

二 屈原作品《九歌·东君》在秭归有出土文物佐证

"东君"是日神，即太阳神。1998 年冬，秭归旧城东门头遗址中发掘出一座高 1.1 米、宽 0.2 米的石雕。刻有一人形图像：长长的身躯，

---

① 参见谭家斌《"乐平里"探考》，《三峡晚报》2007 年 6 月 17 日第 4 版。

两臂下垂，双足分立，头顶一轮既大又圆、光芒四射的太阳，考古专家定名为"太阳人"，也可称"太阳神"，断定该石雕为距今 6000 年的新石器时代早期。乐平里距"太阳人"石雕的发掘处不足 20 千米。既说明楚时的秭归存在祭祀东君（日神）之俗，也证明与屈原有联系。屈原远祖高阳、祝融等即为太阳神。闻一多说："颛顼就是高阳氏，也是崇拜太阳神的部落。"① 国外学者考证认为："祝融直系祖孙并具太阳神格。"②

三　乐平里风土人情在屈原作品中有大量记载

现略举几例：

1. 屈原的《招魂》与乐平里招魂习俗类同。屈原《招魂》中的语言、内容、形式多与乐平里遗俗类同。③ 从内容看：《招魂》所述"兰膏明烛"在乐平里称"长明灯"，"粔籹蜜饵"在乐平里称"打狗粑粑"等等；从形式看：《招魂》的"工祝招君，背行先些"，与乐平里丧葬的"出柩"仪式中，道士（亦称男巫）倒退行走并执招魂幡引路相同。《招魂》的"像设君室，静闲安些"，与乐平里在亡者棺材前供奉画像灵位相似；从语言看：《招魂》中 12 处"魂兮归来"、6 处"归来"，与乐平里招魂时反复呼唤"快回来阿！快回来阿！……"如出一辙，特别是秭归流传的"招魂词"，几乎与《招魂》中的"招魂词"雷同，均按东、南、西、北及上、下之方位顺序陈述招魂之语言。乐平里的招魂习俗在《招魂》中有近 20 处相似。屈原创作《招魂》时所取素材可能源于楚地的秭归乐平里。

2. 乐平里传说的"野人"与屈原的"山鬼"相似。乐平里传说的野人具有"体巨、足大、善笑、身披草木"等特征，屈原的《九歌·山鬼》有"若有人兮山之阿，被薜荔兮带女萝，既含睇兮又宜笑"。现

---

① 闻一多：《闻一多全集》，生活·读书·新知三联书店 1982 年版，第一册，第 69 页。
② ［日］御手洗胜：《古代中国诸神》，日本东京创文社 1984 年版，第 437—439 页。
③ 参见谭家斌《〈招魂〉探源》，《职大学报》2007 年第 3 期。

代人类学家刘民壮、朱长超认为"山鬼"是神农架野人。朱氏有专论《山鬼是神农架野人》①。乐平里与神农架毗邻，关于野人的传说几乎家喻户晓。

3. 乐平里的占卜习俗在屈原的代表作《离骚》中有反映。《离骚》："索藑茅以筳篿兮，命灵氛为余占卜。"筳篿，指古代卜卦用的竹片之类，即竹卜之具，有的学者认为是小竹棍。乐平里占卜凶吉之时，用一双竹筷立于盛有水的碗瓢之中，向竹筷浇水使其站立，立者为吉，倒者为凶，称之为"立水柱子"。

4. 乐平里的丧葬祭歌在屈原的《九歌》中有遗存。屈原的《九歌》是祭祀之歌，其篇首《东皇太一》是迎神之歌，而乐平里丧葬中，祭祀亡人所唱的第一首歌即《开路歌》，意即迎神，其首句为："吉日辰良，天地开张。"②《东皇太一》首句为："吉日兮辰良，穆将愉兮上皇。"二者不仅首句内容相同，而且歌词用韵相同。汉代王逸、宋代朱熹均认为《九歌》是屈原修订民间祭歌而成。显而易见，屈原的《九歌》有承袭乐平里祭歌的痕迹。

四　屈原作品中的香草植物也在乐平里大量存在

《离骚》述及植物 28 种③，乐平里竟然存在 19 种之多。具体名称有：兰草、宿莽（小茅草）、申椒（花椒）、蕙（薄荷）、留夷（芍药）、揭车（珍珠草）、荪（菖蒲）、芷（古称茝，俗名白芷）、菊（菊花）、胡（大蒜）、绳（蛇床子）、荷（藕）、蘋（田字草）、菉（鸡窝烂）、茹（柴胡）、茅（喇叭花儿草）、艾（五月艾）、萧（牛尾蒿）、杜衡（马蹄香）④ 等。屈原其他作品所述植物，如菖蒲、橘、葛、荼、苣等等，乐平里存在 30 多种。另外，涉及乐平里乔木类的尚有松、柏、

① 朱长超：《山鬼是神农架野人》，《中国文化之谜》（第三辑），学林出版社 1987 年版，第 187 页。

② 彭万廷等：《三峡民间文学集粹》，中国三峡出版社 1995 年版，第 2 册，第 247 页。

③ 参见潘富俊等《楚辞植物图鉴》，上海书店出版社 2003 年版，第 216 页。

④ 括号内名称为秭归乐平里之俗称。

桑、枫、桂等。屈原有咏物名篇《橘颂》，而橘又为乐平里特产。

五 屈赋的部分素材可能源于长江三峡区域及秭归

因屈原诞生于长江巫峡与西陵峡交界一带的湖北秭归，长江三峡地区部分动物、地域名称、方言俚语、民间风俗及传说故事，可以在屈原作品中得到检索和对照，屈赋的部分素材可能源于三峡区域。郭沫若说："屈原是产生在巫峡附近的人，他的气魄的宏伟、端直而又娬婉，他的文辞的雄浑、奇特而又清丽，恐怕是受了些山水的影响。"① 早在南北朝时期，著名文学理论家刘勰《文心雕龙·物色》指出："屈平所以能洞监《风》《骚》之情者，抑亦江山之助乎!"② 如地名"九畹"，《离骚》："余既滋兰之九畹兮，又树蕙之百亩。"现居长江西陵峡南岸的九畹溪镇，是隶属秭归县所辖的行政镇，山中多产兰草。有学者至实地调查后得知："传说屈原在九畹溪设堂教过书，这里还有屈原当年设坛讲学的旧址，还流传着屈原当年讲学的故事传说。"③ 时至今日，该地已成为三峡有影响的漂流和旅游之地。再如方言俚语"搴"（qiān），《广韵·释诂三》："搴，拔也。"其《释诂一》又云："搴，取也。"④《离骚》："朝搴阰之木兰兮，夕揽洲之宿莽。"洪兴祖《楚辞补注》释"搴"曰："拔取也，南楚语。"⑤ "搴"同"攓"，《说文》："攓，拔取也，南楚语……楚词曰：'朝攓阰之木兰'。"⑥ 今西陵峡一带有方言："搴秧母草。"义即拔取稻谷苗圃中的杂草，"秧母"专指稻谷苗圃。屈原作品中的动物、地域名称、方言俚语、民间风俗及传说故事等，在长江西陵峡岸畔的秭归还能列举多例，在此不一枚举。

---

① 郭沫若：《历史人物》，人民文学出版社 1979 年版，第 20—21 页。
② （南朝）刘勰：《文心雕龙》，上海古籍出版社 2015 年辑校本，第 265 页。
③ 张伟权等：《诗魂余韵——屈原传说及其他》，中国书籍出版社 2009 年版，第 69 页。
④ 参见《汉语大字典》，湖北辞书出版社、四川辞书出版社 1995 年缩印本，第 809 页。
⑤ （宋）洪兴祖：《楚辞补注》，中华书局 2002 年点校本，第 6 页。
⑥ （汉）许慎：《说文解字》，中华书局 2003 年校定本，第 255 页。

六　秭归有屈氏聚居的"屈氏第一村"及其考古发现屈原后裔古墓碑

　　秭归归州镇万古寺村，与秭归乐平里毗邻，被誉为"屈原故里屈氏第一村"①。全村现有 720 户、2311 人，其中屈姓 365 户、1285 人，分别约占总数的 51%、56%。1994 年，湖北省文物考古研究所在该村发现了"河坎上遗址"。据发掘简报称：该遗址"是香溪河流域考古的一次重要发现"，"其年代约在春秋时期……具有楚文化的特征"。并指出："第二期遗址……所有器类的形制与纪南城遗址周围所出土的战国时期的同类器物如出一辙……可推定其年代约在战国早期，应是一批楚文化遗存。"② 2010 年，全国文物普查时，在该村又发现了一座"大清光绪十四年孟夏月吉日立"的夫妻合葬双通墓碑，碑文曰："予乡有真公者，楚灵均之裔也。"铭文中有 5 次言及灵均，明确表明屈真为屈原（字曰灵均）的后裔。墓主人屈真，字尚朴，生于清代嘉庆二十四年（1820），卒年约为光绪十四年（1889）。此碑文比西峡"屈原岗"碑文早 20 多年。

　　从以上所述可以看出，屈原与乐平里有着特殊的联系。

　　除以上所述之外，尚有古籍文献记载、古迹遗址、考古资料可证。

　　其一，屈原诞生于秭归乐平里，有唯一的最早的古文献记载。北魏郦道元《水经注》引东晋袁山松（有称袁崧）《宜都山川记》："秭归，盖楚子熊绎之始国，而屈原之乡里也。原田宅于今俱存。"又说："（秭归）县北一百六十里有屈原故宅，累石为室基，名其地曰乐平里。"③ 东晋以前的古文献至今尚未发现屈原生地的记载。至于说汉代东方朔《七谏·初放》的"平生于国兮，长于原野"④，此"国"应指封地、

---

　　① 郑之问等：《万古寺：屈原故里屈氏第一村》，《三峡日报》2009 年 11 月 9 日 A 版。

　　② 国务院三峡工程建设委员会办公室、国家文物局：《湖北库区考古报告集》，科学出版社 2005 年版，第二卷，第 350 页。

　　③ 陈桥驿：《水经注校证》，中华书局 2013 年版，第 575 页。

　　④ （宋）洪兴祖：《楚辞补注》，中华书局 2002 年点校本，第 236 页。

食邑。如《战国策·齐策四》："孟尝君就国于薛。"① 因此，"平生于国"可直释为：屈原出生于屈氏封地。而且《七谏》只是纯文学作品，东方朔被史称"滑稽家"，以散文笔调作诗，诗不是史志。因此，其可信度不高。《宜都山川记》是地理志书，《七谏》只是一篇诗作，很显然，古地理志书的记载是可信的。袁山松（？—401），东晋阳夏人，即今河南太康人，曾任宜都郡守（今属湖北宜昌市），秭归在东晋时即属宜都郡所辖，袁山松对秭归风土人情应该是了解的。据《晋书》记载，袁山松叔爷袁耽因功被封为秭归男，其随祖出征，后任宜都郡守。袁山松本人自少多有才名，博学能文，著《后汉书》百篇（已亡，有辑本），他的故乡阳夏与南阳的距离远比阳夏与秭归要近，他身为今河南人既熟知秭归又熟知阳夏，竟然将屈原生地记述为秭归。

其二，屈原先祖熊绎始封之地在秭归。《山海经·海内南经》："夏后启之臣曰孟涂……居山上，在丹山西。丹山在丹阳南，丹阳居属也。"东晋郭璞注曰："今建平郡丹阳城秭归县东七里，即孟涂所居也。"② 吴永安三年（260）孙休置建平郡，辖秭归等4县。《水经注》称："（秭归）丹阳城，城踞山跨阜，周八里二百八十步。东北两面，悉临绝涧。西带亭下溪，南枕大江，险峭壁立，信天固也。楚子熊绎始封丹阳之所都也。……又楚子先王陵墓在其间，盖为征矣。"③ 随后，南北朝陈顾野王《舆地志》、唐李泰《括地志》、宋王象之《舆地纪胜》等地理志书均有记载，并多确指丹阳在秭归县"东七里"。今秭归归州镇（旧县治）东七里的鲢鱼山遗址即其故地，清同治《归州志·古迹》载："丹阳城，州东南七里，南枕大江，周成王封熊绎于荆蛮居丹阳即此。"鲢鱼山遗址位于长江南岸，地理概貌与《水经注》所述相合。早在1960年4月至7月，中国科学院考古研究所长江队三峡工作组对该遗址进行试掘，发现S型、圆圈形印纹器物及方凿卜甲数片，划

---

① 缪文远等译：《战国策》，中华书局2015年版，第192页。
② 李润英等译：《山海经》，岳麓书社2012年版，第236页。
③ 陈桥驿：《水经注校证》，中华书局2013年版，第575页。

定"其时代似相当于中原西周或稍早"①。1979 年夏，湖北省博物馆文必贵等考古人员在该遗址进行了一次较详的勘查，所采集的陶器有的也可早到西周，认为："长江西陵峡秭归一带处荆山南麓，与《左传·昭公十二年》记载楚人'辟在荆山'史实相合，并且找到了史籍记载的丹阳居址，即鲢鱼山遗址"，"秭归县一带有较多的文献记载为楚人早期活动的中心地区"，"楚初封丹阳的居址，只能是秭归鲢鱼山遗址"②。由此可见，鲢鱼山遗址为丹阳，既有考古资料佐证，也有古籍文献记载，还有具体地点所指，理应可信。

其三，秭归有早期修建的屈原祠为证。据宋代《文苑英华》载，唐代归州刺史王茂元于元和十五年（820）在城东五里首建屈原祠，作《楚三闾大夫屈先生祠堂铭并序》，称屈原"秭归人也"，又言屈原"旧宅之址存焉"。③ 北宋邵博《闻见后录》亦载："归州屈沱，屈原故居也。上有屈原祠、墓。"④

其四，乐平里有史籍记载至今尚存的屈原古遗址。《水经注》载："（秭归）县东北数十里有屈原旧田宅。虽畦堰縻漫，犹保屈田之称也。"⑤ 唐沈亚之《屈原外传》曰："屈原……时楚大荒，原堕泪处独产白米如玉。《江陵志》有玉米田，即其地也。"⑥ 这些史籍所述"田宅""玉米田""屈田"，指乐平里"玉米三丘"之田及"屈原旧宅"。另外，乐平里尚有屈原庙、屈原读书咏诗之地——读书洞、洗漱照面之处——照面井等古遗址。著名历史学家、考古学家郭沫若于 1929 年说：

①　中国科学院考古研究所长江队三峡工作组：《长江西陵峡考古调查与试掘》，《考古》1961年第 5 期。

②　文必贵：《商周时期楚文化踪迹探索》，湖北省考古学会选编《湖北省考古学会论文选集》（二），《江汉考古》1991 年增刊，第 121—126 页。

③　参见湖北省秭归县地方志编纂委员会编纂《秭归县志》附录，中国大百科全书出版社1991 年版，第 562 页。

④　参见光绪《荆州府志》卷二《疆域·古迹》），江苏古籍出版社 2001 年版，第 112 页。

⑤　陈桥驿：《水经注校证》，中华书局 2013 年版，第 575 页。

⑥　参见符号《宜昌文林揽粹》，湖北人民出版社 2005 年版，第 164 页。

"他（指屈原——笔者注）是生在秭归县的人。"① 其于 1935 年撰成的长篇学术论著《屈原》仍重申此言。1965 年 10 月 25 日，郭沫若专为秭归题名为"屈原故里"。1977 年 1 月，又为秭归屈原纪念馆题写馆名。1979 年 2 月，委托夫人于立群为屈原诞生地乐平里题写了"读书洞""乐平里""楚三闾大夫屈原诞生地""楚三闾大夫屈原故里"等碑名。

其五，乐平里发现新石器时代有人类活动。1989 年 7 月 12 日，乐平里东侧"北峰村八组李东风修建房屋挖基脚时，发掘出一有孔石铲，经专家鉴定属新石器时代器物"②。虽然乐平里一带至今没有进行考古发掘，但这一意外发现，说明乐平里早在 5000 多年前左右就有人类活动，也为屈原诞生于乐平里提供了历史条件。

总而言之，屈原诞生于湖北秭归说，不仅历史最早，而且有多种古文献史籍的明确记载。仅凭此据，是其他各说所无法比拟的。在其他各说尚无确证之前，应以秭归乐平里之说为宜。

（原载《职大学报》2009 年第 1 期。2011 年 7 月获宜昌市第四届社会科学优秀成果三等奖）

---

① 郭沫若：《今昔蒲剑·蒲剑集》，海燕出版社 1947 年版，作于 1929 年 6 月。转录于崔富章《楚辞评论集览》，湖北教育出版社 2003 年版，第 581 页。

② 湖北省秭归县地方志编纂委员会编纂：《秭归县志（1979—2005）》，方志出版社 2010 年版，第 11 页。

驳"屈原故里西峡"说

西峡县位于河南省南阳市，秦汉置析县为析县境，属南阳郡所辖。元明清时期为南阳府辖区，清末民初为内乡县西峡口镇。1948 年 5 月，自内乡分出置西峡县，至今隶属南阳市。

2013 年 8 月，刊载于《中国楚辞学》第二十辑并署名段文汉的《河南西峡屈原岗历史渊源考证及其价值》① 一文（以下简称"段文"），基本上综合了"屈原故里西峡说"的所有观点，既具有概括性又具有代表性。该文由三个部分构成："屈原岗的由来""屈原岗及周边的遗址和文物""屈原与西峡"。第三部分是段文的重点，列有六个方面的证据，可窥"屈原故里西峡说"之全貌。因此，对段文所列证据逐一辨析，可分辨其说之是非真伪。现按段文之列顺序辨析如下。

一 屈原曾流放汉北，流放地在南阳西峡

屈原曾在楚怀王时期流放过楚汉北。即相当于今天的西峡、淅川、内乡等。根据学者的研究，屈原这次被放逐，实际上只是与楚王"疏离"。屈原的《抽思》："有鸟自南兮，来集汉北。好姱佳丽兮，牉独处此异域。"即多年阔别的故乡，虽然美景如故，但是心

---

① 段文汉：《河南西峡屈原岗历史渊源考证及其价值》，中国屈原学会编《中国楚辞学》第二十辑，学苑出版社 2013 年版，第 346—352 页。

情却有着进入外乡的感觉。

段文称"屈原曾流放汉北",此言的确有据,屈原的《抽思》"有鸟自南兮,来集汉北"可证。汉北,即汉水之北,指郧、襄、樊、宛之间,宛即南阳之古称。但是,段文所言有两处值得商榷,似有不确。

第一是对《抽思》"有鸟自南兮,来集汉北。好姱佳丽兮,牉独处此异域"解释。段文释为"即多年阔别的故乡,虽然美景如故,但是心情却有着进入外乡的感觉",此释不合文意。《抽思》是屈原《九章》中的一篇诗作,是屈原初放汉北时所作,学者多称其为"小《离骚》",言下之意是谓屈原对自己人生经历叙述的延续或补充。屈原自喻为鸟,朱熹《楚辞集注》释:"鸟,盖自喻。"[1] 屈原从楚郢都被放逐于汉北,郢都在汉北之南,故称"有鸟自南兮,来集汉北"。因此,这一段诗句的意思是说:有一只孤独的鸟从南方飞来,停留在汉北。他有美好的德操和才能,却被迫离开南方而独处于汉北这个异地。"好姱佳丽兮"的关键词为"姱",是针对人之容貌及道德情操而言,意指人之美德、美貌,王逸《楚辞章句》注:"容貌说美,有俊德也。"[2] 并非指自然地理景观,屈原其他作品凡言及"姱"之词时皆如此,如《离骚》"余好修姱以鞿羁兮""纷独有此姱节",再如《九歌·礼魂》"姱女倡兮容与"、《九章·抽思》"览余以其修姱"等,均不涉"美景"。王逸释"牉独处此异域"曰:"背离乡党,居他邑也。"[3] 清代屈复《楚辞新注》:"(屈原)迁之于此,非所生之地,故曰异域。"[4] "异域"已表明不是故乡。屈原遭谗放逐,也难有闲情逸致描绘"美景"或感受"美景如故"。认为"姱"形容美景乃曲解。

第二是关于屈原被"疏"或被"逐"的问题。审阅司马迁《史记·屈原列传》(以下简称《屈原列传》),知屈原在楚怀王时期有"疏"

---

① (宋)朱熹:《楚辞集注》,上海古籍出版社2001年点校本,第85页。
② (宋)洪兴祖:《楚辞补注》,中华书局2002年点校本,第139页。
③ (宋)洪兴祖:《楚辞补注》,中华书局2002年点校本,第139页。
④ 参见崔富章等《楚辞集校集释》(上),湖北教育出版社2003年版,第1530页。

"绌""不复在位"之经历。屈原被罢黜去职、不在朝位，实际即流放、放逐。古今绝大多数学者认为屈原在楚怀王时期被"逐"于汉北，如林云铭、戴震、屈复、钱穆、游国恩等。如果说汉北一带是屈原的故乡，那么，不论是屈原被"疏"于汉北还是被"逐"于汉北，于情于理均不可思议，楚怀王不可能放心地将曾任左徒要职的屈原放逐到屈原自己的故乡。正因为汉北不是屈原的故乡，屈原方被放逐于此荒蛮边远之地，以示惩处。

二 屈原曾经掌管丹淅，南阳西峡是屈原的施政地

王逸注《楚辞》："屈原与楚同姓，仕于怀王，为三闾大夫。三闾之职，掌王族三姓，曰：昭、屈、景。"《水经注》："丹水又经丹水县故城西南县有密阳乡，古商密之地，昔楚申息之师所戎也。春秋之三户矣。"杜预曰："县北有三户亭。"《明嘉靖南阳府志》："三户城，在淅川县西南，丹水之阳。"

段文中的关键词是"三户"。王逸注《楚辞》释语中有"三闾""王族三姓"，段文可能以"三闾之职，掌王族三姓，曰：昭、屈、景"① 而为"掌管三户"，进而推测"三户"为地名或邑名。笔者揣测此说受钱穆影响，钱氏在《屈原居汉北为三闾大夫考》一文中考证"三闾大夫"职掌时认为："三闾乃邑名"、三闾大夫即"以公邑称大夫"，意谓屈原在名为"三闾"之地任邑大夫。又说："余考楚有三户，盖即三闾也""丹淅之三户，实楚人开国发祥之地"，意谓丹淅的"三户"即"三闾"。② 钱氏的主要依据是汉代应劭《风俗通》"三闾大夫屈原之后有三闾氏"、唐代《元和姓纂》称屈原后嗣以"屈南""三闾"为氏，继而认为"三闾"即"三户"，皆为邑名。钱氏是将"三

---

① （宋）洪兴祖：《楚辞补注》，中华书局 2002 年点校本，第 1 页。
② 钱穆：《先秦诸子系年》，商务印书馆 2001 年版，第 443—449 页。

间"与"三户"合二为一，混为一谈了，因为古文献只有《左传》《水经注》记载丹淅一带有一个"三户"地名，但没有古籍记载"三闾"为地名或为邑名，所以钱氏也坦承："惟三闾之邑，不见他书。"通观古今文献记载，也无"屈南""三闾"二氏人物，钱氏引应劭"三闾大夫屈原之后有三闾氏"也不可考，并与"楚人开国发祥之地"无涉。丹淅一带在战国之时多称为"商於之地"（见《屈原列传》），或称"丹阳"（见《史记·韩世家》），且为区域概称，并非称"三户"或"三闾"。从钱氏"余考楚有三户，盖即三闾"之"盖"可知，他也只是推测、估计。因此，"三闾"为地名或为邑名或因"三闾"衍变为"三户"地名或邑名，殊不可信。虽然《史记·项羽本纪》有"楚虽三户，亡秦必楚"①之说，但此"三户"是特指，"三"是虚数，所以南朝宋裴骃《史记集解》释曰："楚人怨秦，虽三户犹足以亡秦也。"②后世常以此比喻虽势弱人寡，但通过奋发图强也能战胜强敌。钱氏主要是探讨"三闾"为邑名，故而推测丹淅的"三户"地名源于"三闾"。特别值得回味的是，他在该文中说："屈原楚之同姓，其生地在秭归容可信。"③

近当代学者据出土文物结合相关文献考证，"昭"氏源于楚昭王，"屈"氏源于楚武王，"景"氏源于楚平王。④按《左传》《史记》等记载，楚昭王、楚武王、楚平王在位时间分别约在前515年至前489年、前740年至前690年、前528年至前516年，而屈原在世约为前340年至前278年。至屈原"掌王族三姓"时，这三位楚王后代已经过200多年的繁衍生息，形成庞大的三大贵族，如此众多而又为贵族的群体不可能集于一地，也不可能因此而得地名或邑名"三户"。"三闾大夫"实为官职名称，王逸称"三闾之职"已明矣。如同古代"公族大夫"之名，宋代程公说《春秋分纪》即有"公族大夫"条目，并释曰："公族

① （汉）司马迁：《史记》，中华书局1959年版，第300页。
② （汉）司马迁：《史记》，中华书局1959年版，第301页。
③ 钱穆：《先秦诸子系年》，商务印书馆2001年版，第443—449页。
④ 周建忠：《"三闾"渊源考》，《江汉论坛》2005年第2期。

大夫掌公族及卿大夫子弟之官……公族专主教诲也。"① 此与"三闾大夫"之职掌类同。王逸所言昭、屈、景，乃楚之三大公族，三族皆芈姓之后，为楚王族之强者，故合之曰"三闾"，掌此三姓之官，谓之"三闾大夫"，"三闾"非地名或邑名亦明矣。因此，将"三闾"或"三姓"与"三户"划等号，足不可取。

另外，丹淅一带在屈原时期战争连连，如前312年的丹阳之战、前299年的韩、魏攻楚之战、前292年秦将白起攻取宛城之战等等，屈原被派往一个战火纷飞、硝烟弥漫之地任职施政，足不可信，更无施政可言。

既然屈原在丹淅一带任职不可信，段文的"屈原曾经掌管丹淅，南阳西峡是屈原的施政地"也难以立足。至于说丹淅一带的"三户亭""三户城"或"三户"，前已辨析，与屈原的职掌无关。同时，王逸所言"三闾""三姓"与丹淅"三户"等地名无涉。

三　怀王伐秦，屈原竭力劝阻，西峡是屈原扣马而谏地

> 根据明嘉靖《南阳府志》、清康熙《内乡县志》、清屈原岗碑文记载，屈原岗原名劝王岗，相传屈原在此劝阻楚怀王伐秦，怀王不听，导致丹阳战败，兵败后楚怀王返回此岗，仰天长叹，悔不听屈原的劝告，后人称此岗为屈原岗。

段文所言主要源于一个屈原"扣马谏王"的传说故事。从现任西峡县屈原文化研究会副秘书长张俊伟主编的《屈原：南阳诵歌》② 一书中可知，此传说故事有两个版本，均与西峡县城东南回车镇境内一个名叫屈原岗的地名相关。对照史实检阅此传说，应属节外生枝、张冠李戴之类，有附会之嫌。

---

① 参见姜亮夫《楚辞通故》，齐鲁书社1985年版，第二册，第884—887页。
② 张俊伟：《屈原：南阳诵歌》，河南人民出版社2012年版，第30页。

第一个版本是言秦昭王与楚怀王欲会武关前屈原"扣马谏王"的传说故事。据《屈原列传》：楚怀王三十年（前299），"时秦昭王与楚婚，欲与怀王会。怀王欲行，屈平曰：'秦虎狼之国，不可信，不如毋行。'怀王稚子子兰劝王行：'奈何绝秦欢！'怀王卒行。入武关……竟死于秦而归葬"①。《史记·楚世家》（以下简称《楚世家》）也有如此记载。屈原此劝言发生于何处？该传说故事则称屈原"在南阳内乡（今属西峡）一道山岭处拦住了楚怀王，他扣马而谏……可是，楚怀王不听苦谏执意前往。……结果是楚怀王客死于秦。从此，屈原扣马而谏的山岗被当地人称作'屈原岗'，遗存至今"②。虽然《屈原列传》没有明确记载劝言之地，但该传叙述屈原劝言时子兰也在场，子兰却没有随王前往，可知屈原劝言之地可能在朝廷，不应在僻山野林。再从《屈原列传》叙述此事中的"怀王欲行，屈平曰"的情节来看，屈原劝言发生在"怀王欲行"之时，怀王尚未启程，则不存在"扣马谏王"之事。

第二个版本是言"丹阳之战"前屈原"扣马谏王"的传说故事，即段文所引之"屈原岗的由来"。此传说由《屈原列传》记载的"丹阳之战"编撰而来。史实是：前312年，楚怀王因受秦使张仪"秦愿献商於之地六百里"之诈骗，怒而兴师伐秦，从而引起丹阳之战。该传说故事在此史实之后便嫁接了一个屈原"扣马谏王"的情节：相传，屈原在"西峡县的霄山脚下，有一道横贯东西的山岗"上劝阻怀王勿往，怀王不听，导致丹阳战败。人们为了纪念屈原，将这道山岗定名为"屈原岗"。③《屈原列传》在记"丹阳之战"的开头已点明"屈平既绌"，屈原既然被绌，就没有可能去冒险犯上"扣马谏王"。

两个版本的传说故事都与史实有出入。将《屈原列传》秦昭王与楚怀王会武关前屈原劝言的史实移植到有关"丹阳之战"的故事中，混淆了史实，与史实不符。

---

① （汉）司马迁：《史记》，中华书局1959年版，第3484页。
② 张俊伟：《屈原：南阳诵歌》，河南人民出版社2012年版，第39—42页。
③ 张俊伟：《屈原：南阳诵歌》，河南人民出版社2012年版，第122页。

总而言之，段文取传说故事为证，当不可信。虽然西峡明清方志有载，但记载内容仍为传说，而且志载均出现于明清时期，历史较晚。特别是屈原岗上所立石碑及其牌文，还是 1911 年（清宣统三年）才有的，已经与屈原相距 2100 多年了。

四 屈原始祖在丹淅，南阳是屈原故里，有学者主张西峡是屈原出生地

屈原《离骚》："帝高阳之苗裔兮，朕皇考曰伯庸。"据学者研究，屈原所说的"伯庸"不是其父辈，而是指屈姓的始祖，即见于《世本》和《史记·楚世家》的句亶王"熊伯康"，或者"熊毋康""熊无康"。根据历史事实，到楚武王之前，楚都和楚人的活动一直徘徊于汉水、淅水和丹水区域，并没有越过汉水。因此，句亶应该在丹淅境内。专家普遍认为，丹淅地区关于楚国昭、屈、景三姓的记载，西峡地区屈姓自然村的普遍存在，以及秦楚大战的故地，大量楚国贵族墓葬的发现，都说明屈原祖籍与南阳的密切关系。

段文所列此据其实是言两层意思：一是屈原始祖在丹淅，二是西峡是屈原出生地。这两点中间用推理的方式得出最后结论——"西峡是屈原出生地"，这种推理本身就存在缺陷，因为人的出生地不仅仅只是在始祖之地，用今天的话说，在他乡某地任职或活动期间所生之子女的生地就不一定是始祖之地。换言之，如果屈原始祖在丹淅西峡，屈原的出生地则不一定就在丹淅西峡。

首先，谈谈屈原始祖在丹淅的问题。段文此据来源于两个方面：

来源之一——屈原始祖熊绎居丹阳之说。《楚世家》："熊绎当周成王时，举文武勤劳之后嗣，而封熊绎于楚蛮，封以子男之田，姓芈氏，居丹阳。"[①] 熊绎为楚始封君，乃屈原先祖。丹阳为楚之始都，丹阳居

---

① （汉）司马迁：《史记》，中华书局 1959 年版，第 1091—1092 页。

何地呢？唐代司马贞《史记索隐》注《史记·韩世家》"（韩宣惠王）二十一年，与秦共攻楚，败楚将屈丐，斩首八万于丹阳"时，释"丹阳"曰："故楚都，在今均州。"① 丹淅区域于唐初即属均州。但是，熊绎所居丹阳从古至今已出现多种说法，除"丹淅说"之外，还有"当涂说""秭归说""枝江说"等，由此又派生出多种"迁徙说"，如唐代杜佑《通典》的"先秭归后迁枝江"、清宋翔凤《过庭录》的"先淅川后迁南漳"、当代学者石泉等《楚都丹阳地望新探》的"先陕西商县后迁淅川"、顾铁符《楚三邑考》的"先丹淅后迁荆山"等等②，歧说纷纭，至今未定论。如果以"熊绎所居丹阳在丹淅"为前提，结论"屈原始祖在丹淅，南阳是屈原故里""西峡是屈原出生地"，如同沙中建塔，前提或基础未定论，则据此作出的推论难以立足。有学者针对"丹淅说"，直言不讳地认为"绝不可信"③。同时，丹阳居"丹淅说"实有三类说法：一是"丹淅说"，即指丹水与淅水之间；二为"丹淅之会说"，即指丹水与淅水交会处；三是"淅川说"，即指淅川县境的淅水边。"丹淅说"所指区域比"丹淅之会说""淅川说"所指区域大得多。虽然如此，但多数论者仍只是以"丹淅一带"代指"丹阳"，没有确指丹阳的具体地点。极少数论者为了寻求丹阳具体地点，又提出"淅川龙城说"，如裴明相《楚都丹阳试探》④、张西显《浅说丹阳在淅川》⑤ 等，该说是"丹淅说"中至今为止唯一指定有具体地点的说法。1978—1979 年，淅川县丹水下寺发现几处楚墓群，并在下寺东北数千米处发现一座长 900 米、宽 400 米的龙城遗址，推论其可能是丹阳。该地位于今河南省淅川县李官桥镇 5 千米的顺阳村，亦可称"顺阳说"。但是，有的学者认为"龙城遗址只是春秋以后的楚城……作为西周初

① （汉）司马迁：《史记》，中华书局 1959 年版，第 1872 页。
② 参见谭家斌《屈学问题综论》，湖北人民出版社 2006 年版，第 266—271 页。
③ 参见杨宽《西周时代的楚国》，《江汉论坛》1981 年第 5 期。
④ 裴明相：《楚都丹阳试探》，《文物》1980 年第 10 期。
⑤ 张西显：《浅说楚都丹阳在淅川》，《长江志季刊》2001 年第 1 期。

年的楚丹阳的可能性很小""遗址的年代尚不清楚"①。张正明认为：
"淅川县境内迄今已知的周代古城，还没有一座能指实为丹阳。""龙城
的始筑年代尚未查明。"② 认同丹阳在丹淅一带的鞠辉认为："在淅川境
内至今还没有确定楚都丹阳的故址，虽有较清楚的龙城，但时代还是战
国时期的。"③ 言下之意是说龙城的时代晚于"丹阳为楚之始都"所必
备的时间条件。因此，段文第三部分序言中的"春秋战国时期，楚国
初定都于丹阳，也就是现在南阳淅川境内的龙城"之说扑朔迷离，难
以置信。同时，段文所叙丹阳在地理位置上前后矛盾，其在第二部分
"屈原岗及周边的遗址和文物"中声称："丹阳之战遗址，位于西峡县
丹水镇七峪一带。"丹水镇七峪村位于西峡县东南部，而段文第三部分
"屈原与西峡"序言中则指为"在南阳淅川境内的龙城"。龙城位于淅
川县城东南部，现已被丹江口水库淹没。按段文之言，好像西峡与淅川
各有一个丹阳，其说不知所以然。今西峡县东南的丹阳，最早出现于战
国时代文献只是一个区域泛称，可以说只是概指区域或曰笼统之称谓，
既不是确指某一具体地名，也不是都邑之名。《屈原列传》以"丹淅"
代指，即"大破楚师于丹淅"，多以为"大破楚师"之地在丹水之北，
《玉篇·阜部》："阳，山南水北也。"④ 故以"丹水之阳"为"丹阳"
取而代之。先秦文献中，始终没有在丹淅一带出现过丹阳为都邑的记
载。既然此地没有称为丹阳的都邑存在，熊绎居丹阳于丹淅之说难以成
立。在段文中，还涉及屈原"始祖"界定问题。王逸《楚辞章句》云：
"……武王求尊爵于周，周不与。遂僭号称王。始都于郢，是时生子
瑕，受屈为客卿。因以为氏。"⑤ 楚武王熊通称王都郢，生子瑕，瑕被

① 尹弘兵：《商末周初的丹阳及其考古学探索》，楚文化研究会编《楚文化研究论集》第十集，湖北美术出版社 2011 年版，第 388 页。
② 张正明：《豫西南与楚文化》，楚文化研究会编《楚文化研究论集》第四集，河南人民出版社 1994 年版，第 23 页。
③ 鞠辉：《浅析楚始都丹阳地望》，楚文化研究会编《楚文化研究论集》第四集，河南人民出版社 1994 年版，第 62 页。
④ 参见《汉语大字典》，湖北辞书出版社、四川辞书出版社 1995 年缩印本，第 1724 页。
⑤ （宋）洪兴祖：《楚辞补注》，中华书局 2002 年点校本，第 3 页。

封于"屈"地，便有屈氏著世。严格地说，屈原为屈氏，其始祖应为被始封于"屈"而以"屈"为氏的屈瑕。如果断为熊绎，则还可追溯到高阳帝，屈原在《离骚》中自叙曰"帝高阳之苗裔"，《楚世家》开篇曰"楚之先祖出自帝颛顼高阳"，但屈原始祖并非高阳，高阳乃"楚之先祖"，或称楚人始祖，并非屈原始祖，而是屈原远祖。由此而论，段文"屈原所说的'伯庸'不是其父辈，而是指屈姓的始祖，即见于《世本》和《楚世家》的句亶王'熊伯康'，或者'熊毋康''熊无康'"不准确，"熊伯康"或者"熊毋康""熊无康"既不是屈原始祖，也不是屈姓始祖。

段文之据来源之二——屈原先祖熊伯庸居丹阳之说。此据可能隐引于赵逵夫《屈氏先世与句亶王熊伯庸——兼论三闾大夫的职掌》①（以下简称赵文）一文。宋代《太平御览》引《世本》："（熊渠）有子三人：其孟之名为庸，为句祖王。其中之名为红，为鄂王。其季之名为疵，为就章王。"② 赵氏据此认为古人"在名字前面依排行加伯仲叔季的习惯，'孟之名为庸'即伯庸"。但《楚世家》记载为"长子康为句亶王""熊毋康"，《帝系》又记为"无康"，均与《世本》所记"庸""句祖王"有异，赵文则以"因为'庸''康'形近易混""古韵'庸'在东部，'康'在阳部，旁转可通""上古无轻唇音，'无''毋'之声纽与'伯'同"，"祖"与"亶"皆从旦得声且古音相同之释断之。又据《楚世家》熊渠伐庸之记载，称"熊渠伐庸取胜，以'庸'名其子，以旌其功"。"句亶王熊伯庸被封在近庸之地。"庸之封地居何处？赵氏据《水经注》《括地志》等对古庸国的记载，认为"熊渠不会将其子封在庸或庸以南的山林地带"，并说："句亶王熊伯庸的封地，当在庸以北的汉水边上。"再将《汉书·地理志》《水经注》《大清一统志》等记载"庸以北的汉水边上"的"甲水""吉水"水名和"句澨"地名进行考察，认为"'句''甲'均见纽字，为一音之转""甲借为屈，

① 赵逵夫：《屈原与他的时代》，人民文学出版社1996年版，第1—20页；
② 赵逵夫：《屈原与他的时代》，人民文学出版社1996年版，第2页。

音同见纽"，所以"句亶王的'句'也就是句澨的'句'，甲水的'甲'，句亶同句澨一样是甲水边上的地名。伯庸正由于被封于甲水边上的句亶，才号句亶王"。"句亶王的封地既近庸，又在甲水边上，那么其地当在锡穴以东，句澨以西。这个地域与后麇国的地域大体相合。甲水由锡入汉，而古麇国正在锡穴一带。"赵文认为熊伯庸被封于今湖北郧县一带（今汉水支流金钱河入汉水处）。《中国古今地名大辞典》称："麇，周国名，祁姓，一作嬴姓。子爵，春秋灭于楚，今湖北郧县治即其国。"① 赵文又据《吴越春秋·勾践阴谋外传》"楚三侯，所谓句亶、鄂、章，人号麇侯、翼侯、魏侯"，认为："这里说句亶人号之曰'麇侯'，'麇'当是'麋'字之误，而'麋侯'是'屈侯'的音转。……句亶王则应称为句亶侯或屈侯。"故而推论被封于"屈"地的是句亶王熊伯庸，并非王逸所言武王之子瑕，封地当在庸以北的汉水边，所以屈原始祖应是句亶王熊伯庸。就连倡导屈原生于南阳的黄崇浩也认为赵文"犹有三疑"，"谓康作庸，但以毋康径作伯庸，仍嫌过于直接"，"毋康之后仍以毋康为姓，未见姓屈（《世本·氏姓》《通志·氏姓》），故屈氏得姓未必本于毋康"②。黄氏疑"熊伯康"，或者"熊毋康""熊无康"即"熊伯庸"，屈氏得姓也与"毋康"无涉。易重廉也认为"改'亶'为'祖'，改'康'为'庸'，虽合声音通假的原理"，却"有失慎重"。并针对赵文"熊渠伐庸取胜，以'庸'名其子"之说反驳："逯夫先生还认为'熊伯庸'的'庸'是熊渠在周夷王时'伐庸得胜'后命定的。……但从《史记》上看，熊渠三子在伐庸之前似均已有名，与逯夫先生的推想难以相符。"又针对赵文"句""甲""屈"通转之论反驳："'句'与'甲'音近，'甲'又通'屈'云云，熊无康可能根本就不懂，他如果喜欢改氏，要么，直接用'句'，要么，直接用'甲'。何必转弯抹角从'句'和'甲'的声音里'通'出一个'屈'来作为自己新改的氏呢？而且，还有更加使我

---

① 臧励酥等：《中国古今地名大辞典》，商务印书馆香港分馆1931年版，第1258页。
② 黄崇浩：《屈子阳秋》，湖北人民出版社2003年版，第74页。

们不可思议的地方。如果熊无康真的有自己的儿子，又真的已经改氏为"屈"了，那么，从他到楚武王封子瑕于屈之前，将近十代人，时间的跨度不可谓不大嘛，为什么严肃的历史著作如《左传》之类，从来就没有提到半个以"屈"为氏的人物呢?"同样，《史记》在"楚武王之前，'屈'氏人物也是半个也没有的呀!"① 易重廉以"'熊毋康'不是'屈伯庸'""熊无康不可能成为受姓之祖""屈氏的受姓之祖还是屈瑕"为题，以三段式进行了驳论。

同时，段文与赵文所言存在差异。段文曰："根据历史事实，到楚武王之前，楚都和楚人的活动一直徘徊于汉水、淅水和丹水区域，并没有越过汉水。因此，句亶应该在丹淅境内。"段文不仅过于武断，而且与史实不符，如果依此定论"句亶应该在丹淅境内"，则又大错特错。首先是存在依大前提得出小结论且前提与结论相互矛盾的逻辑错误，换言之，即有含糊其辞之嫌。其次，赵文指"句亶王熊伯庸的封地，当在庸以北的汉水边上"，即今湖北郧县一带。段文却指"句亶应该在丹淅境内"，地理位置有差异。其三，《楚世家》曰："熊渠……乃兴兵伐庸、杨粤、至于鄂。"② 熊渠是熊绎第五世孙，是楚武王先祖，也是楚国一个有胆略的国君，其南征"至于鄂"之"鄂"，《史记正义》《元和郡县志》《太平寰宇记》等均指今长江南岸的湖北鄂城。活动范围不仅已越过汉水，而且触及长江边。熊渠立其三子为王，三王之地也在长江边，即《楚世家》所言"皆在江上楚蛮之地"。多数学者认为，长子康为句亶王，居今湖北江陵；中子红为鄂王，居今湖北鄂城；少子执疵为越章王，居今江西九江湖口。③ 越章王不但越过汉水，而且越过长江。段文言"根据历史事实，到楚武王之前，楚都和楚人的活动一直……没有越过汉水"，其"历史事实"之"根据"令人费解。

对于"句亶"，郑先兴在《屈原出生地究竟在哪里》文中甚至认为："根据南阳境内尚流存上古语音的情况，今内乡县内的'菊潭'是

---

① 易重廉：《屈原综论》，岳麓书社 2012 年版，第 285—307 页。
② （汉）司马迁：《史记》，中华书局 1959 年版，第 1692 页。
③ 参见魏昌主编《楚国简史》，中国地质大学出版社 1992 年版，第 9 页。

不是'句亶'语音的保留？菊潭距丹阳很近，熊伯康封地于此，情理上也说得通。"① 此言纯属揣测。"菊潭"，即"菊花潭"之简称，又名菊水，位于西峡县丹水镇南部的菊花山北坡之谷涧中，因菊花山上的菊花倒映水潭而名。《风俗通》《水经注》记菊潭之名源于"得菊花滋液""潭涧滋液"。今日为了附会"句亶"，如同"拉郎配"。

从上述可以看出，所言所论多用古韵通转的方式进行推论，或以情度理，或推测，令人难以足信。例如伯庸为父为始祖的问题，汉代注者早已言明。屈原在《离骚》中自叙家世："朕皇考曰伯庸"。王逸注："朕，我也。皇，美也；父死称考。……伯庸，字也。屈原言我父伯庸。"② 从古至今，多以伯庸为屈原之父承之，但没有古籍文献记载伯庸或句亶王是屈姓始祖。又如谁人是封于"屈"地的屈氏始祖问题，王逸注明为武王之子瑕。王逸于东汉曾任朝中校书郎，广涉历史文献，所注必有据，其《楚辞章句》是现存最早的屈原作品的注释本，具有较高的历史和文学价值，否定古人并非轻而易举。再如句亶王其地问题，南朝宋裴骃《史记集解》注明："今江陵也。"句亶封地居今荆州江陵一带，段文却称"句亶应该在丹淅境内"。

其次，谈谈段文"有学者主张西峡是屈原出生地"问题。此言实是隐指黄崇浩《屈原生于南阳说》③ 一文（以下简称黄文）。黄文提出所谓十点证据，力证屈原生于南阳（含及西峡）。虽列"十点证据"，实以第一条"屈原得姓之地——南屈"立论。先看黄文对此之考证。晋代杜预注《左传·庄公二十八年》"蒲与二屈，君之疆"曰："二屈，今平阳北屈县。或云'二'当作'北'。"三国韦昭《国语》注："二屈，屈有南北，河东有北屈。"可知春秋时晋国有一个"屈"地，或称"北屈"，居今山西西部吉县，晋代为平阳郡北屈县。黄文认为"既有北屈，必有南屈"，"南屈"于何处？依郦道元《水经注》引《汲冢古文》"翟章救郑，次于南屈"，春秋战国时韩灭郑后迁都于新郑（今河

① 郑先兴：《屈原出生地究竟在哪里》，《南阳晚报》2010年6月12日第3版。
② （宋）洪兴祖：《楚辞补注》，中华书局2002年点校本，第3页。
③ 黄崇浩：《屈原生于南阳说》，《中州学刊》1998年第5期。

南新郑市），以"所次之'南屈'，必近于郑"进行推理，汉代南阳宛县有"南就聚"之地，"南就"即"南屈"，"因为，古音屈、就为旁纽，故可通"。"我认为，南屈地在汉代南阳之宛县"，所以，这个"南就聚"就是屈原的得姓之地，也就是屈原的出生地。黄文此言过于牵强，有五大疑点：

其一，假如"南屈"在古南阳宛县，最多勉强言屈原始祖楚武王子瑕的得姓之地，不可能是屈原的生地。但是，宛邑本属申伯国，《清一统志》载："（宛）本属申伯国，春秋时属晋，战国为韩邑，汉因之，明属南阳府。"虽《水经注》称"楚文王灭申以为县"，但与楚武王封瑕于屈地的时间明显不符。由此可见，楚武王封瑕于"屈"之地也不在南阳宛县。

其二，黄文定"南就聚"即"南屈"，以古韵通转推理地名，有模棱两可之嫌，令人生疑。况且，作为屈原始祖得姓之"南屈"所指至今已有多处，何光岳《楚源流史》据《吕氏春秋·召类》"夏桀伐屈骜"，联系屈瑕为莫敖之官，以为"决非晋之北屈（山西吉县北）"，并推指为"今湖北房县西北堵河有屈家坡"古遗址。[①] 陈建梁《从文献与考古学角度论〈左传〉的大屈》一文，据《左传·昭公七年》"楚子享公于新台……好以大屈"，推指其地"在今湖北黄石市西南的大冶"[②]。

其三，按《史记》《左传》《战国策》等载，战国初期，韩、赵、魏"三家分晋"，韩建都平阳（今山西西部吉县一带），韩哀公灭郑后又迁都于新郑（今河南新郑市）。韩都于山西为"北屈"，迁都于新郑为"南屈"，乃以别一国两都之名，《水经注》"翟章救郑，次于南屈"[③] 也是指韩而言。此"南屈"与"南就聚"似无因果关系。

其四，据《史记·韩世家》："（韩哀侯）二年，灭郑，因徙都郑。"[④] 韩哀侯于前375年迁都于新郑，秦于前230年灭韩，新郑先属

① 何光岳：《楚源流史》，湖南人民出版社1988年版，第347—348页。
② 陈建梁：《从文献与考古学角度论〈左传〉的大屈》，《江汉论坛》1995年第8期。
③ 陈桥驿：《水经注校证》，中华书局2013年版，第97页。
④ （汉）司马迁：《史记》，中华书局1959年版，第1868页。

郑，后属韩，再属秦，倘若说"南屈"居新郑一带，此"南屈"既不是屈原的得姓之地，也不是屈原的出生之地。

其五，南阳宛县的"南就聚"之名，始见于《后汉书·郡国志》，战国时期是否存在"南就聚"之名？至今未见先秦文献记载，既然没有"南就聚"之名，"南就"是"南屈"则为虚推之地名。既然这条主据不能立足，其他九条围绕主据以辅证之据自然不值置辩。例如其中的"楚邑屈申城"一条，对《汉书·地理志》南阳宛县"屈申城"得名缘由，认为"有以下三种可能"，黄氏却取"第三可能"，即"因屈氏人物世守申、息边境而得名"，文中多以"可能"而推论，显而易见其言也只是猜想和推测。正如黄氏在《屈原生于南阳说新证》一文中所言："我提出'屈原生于南阳说'，并不是要简单地否定'秭归说'，而是要深入探讨一个问题。"提出一个新说，或深入探讨一个新问题，若"要简单地否定"旧说，的确不容易。

最后，谈谈西峡考古发现情况。近期，据西峡县文物管理委员会办公室主任谢洪亮发表的《由楚文化遗存看西峡与楚文化的关系》（以下简称谢文）一文介绍："二十世纪八十年以后，在西峡县的回车镇花园村、县城莲花寺岗析邑故城内外、县城南塘岗遗址内、五里桥镇杨岗村、沪陕高速公路五里桥段、邪地段、水峡河段等地相继发现了多处春秋战国时期的墓葬区，出土了一批价值较高的青铜器……其特征、类型与淅川楚墓群中出土的青铜器物基本一致。虽无文献记载，但这批珍贵文物足以说明西峡区域的葬俗文化与楚文化的关系，西峡也可能是楚国达官贵人的又一墓葬区。"① 该言透露出三个信息：一是境内有"春秋战国时期的墓葬区"，而且"与淅川楚墓群……基本一致"；二是"西峡也可能是楚国达官贵人的又一墓葬区"；三是西峡"可能是"楚国达官贵人的墓葬区，但"无文献记载"。此文来源于西峡县文物部门，主要介绍了"二十世纪八十年以后"的考古发现情况，其可信度理应较高。但是，结合段文所言，却发现有多处抵牾：段文言"西峡地

---

① 张俊伟：《屈原：南阳诵歌》，河南人民出版社 2012 年版，第 122 页。

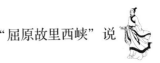

区……大量楚国贵族墓葬的发现",按谢文所列举墓葬区仅 7 处左右，"大量楚国贵族墓葬"不知从何而来。西峡境内"春秋战国时期的墓葬区"都是"楚国贵族墓葬"吗？显然不是，谢文已明确说"无文献记载"。更重要的是，春秋战国时期的墓葬区不等于都是楚人的墓葬区。对于丹淅（含西峡）一带 20 世纪 80 年代以前的考古发现情况，著名考古学家、曾任中国历史博物馆馆长的俞伟超曾说："那里的文化面貌既是类似于周文化系统，楚人的祖先就不像是发迹于此。"① 更为甚者，有学者根据河南境内的考古发掘资料提出了引人思索的几个结论：一是将湖北的考古资料与其进行分析和比较后，认为："河南境内的楚文化的形成在时间上比湖北境内的楚文化要晚"。二是根据其已发掘墓葬和出土文物的特点，认为："河南境内楚文化的器物或多或少包含着中原文化的因素，与湖北、湖南等地的楚文化有一些差别。"总的结论是："河南不是楚文化的发祥地和主要活动中心，而是楚国势力扩张的地域；河南境内楚文化的形成，不是从当地原有的文化自行发展的必然结果，而是楚国统治者在占领中原地区强力推行楚文化所造成的，所以它的形成时间比湖北等地的楚文化要晚。……河南境内的楚文化……却包涵了较多的中原文化的因素。"② 这些文字引于河南省考古学会、河南省博物馆、河南省文物研究所共同编辑的《楚文化觅踪》一书中，虽然该书是 1987 年出版的，但对于今天的"屈原故里西峡说"仍有较大的反作用力。

五　西峡是屈原作品的主要创作地

学者普遍认为，屈原流放汉北，创作了《抽思》；在回到祖籍地创作了《天问》，在丹阳之战后创作了《国殇》。

① 俞伟超：《关于当前楚文化的考古学研究问题》，湖南省博物馆编《湖南考古辑刊》第 1 辑，岳簏书社 1982 年版。

② 李绍连：《河南境内楚文化的特点与分期》，河南省考古学会、河南省博物馆、河南省文物研究所编《楚文化觅踪》，中州古籍出版社 1986 年版，第 54—69 页。

段文称"屈原流放汉北，创作了《抽思》，随后创作了《天问》《国殇》等三篇诗作。其实不然，《汉书·艺文志》称"屈原赋二十五篇"，如果屈原在西峡仅仅创作了这三篇诗作，也不能称其为"主要创作地"。《抽思》是屈原流放汉北之作，正如段文所言是"学者普遍认为"，但《天问》《国殇》的作地不能贸然断定为西峡。

按段文叙述之意，《天问》是屈原流放汉北期间在所谓祖籍地西峡一带创作的，其实该立意难成立。《天问》被称为长篇抒情性哲理诗，广涉天文、地理、神话、人事、历史等等，如此众多素材既不可能来源一个地方，也不可能作于一时。再者，其创作的时与地至今仍争讼不断，如游国恩"《天问》中绝无放逐的痕迹""是放逐后的作品"[1]。姜亮夫"屈子在作《天问》时，尚在青壮年时期，所以思想中消沉的东西比较少"[2]。有的学者甚至认为《天问》是屈原的绝笔，即屈原自沉前所作，如陆侃如的《屈原评传》[3]、龚维英的《从内证探索〈天问〉的著作期》[4]、蒋天枢的《楚辞论文集》[5]等等。近年，有学者主张是屈原被放逐江南"在汨罗江畔玉笥山定居后……再行整理而成"[6]。段文称屈原"回到祖籍地创作了《天问》"，如此草率定论，难以服人。

《国殇》到底作于何地？该诗篇毫无疑问的是屈原为歌颂在沙场上为国捐躯之将士的祭歌。段文却据此推定，在西峡区域曾发生丹阳之战，屈原则"在丹阳之战后创作了《国殇》"。

从历史记载来看，屈原时代战争频仍，《楚世家》记载了几次大的战争，除楚怀王十七年（前312）的秦楚丹阳之战外，有楚怀王十八年（前311）的"战于蓝田，大败楚军"的蓝田之战；楚怀王二十八年

① 游国恩：《游国恩楚辞论著集》第三卷，中华书局2008年版，第80页。
② 姜亮夫：《楚辞今绎讲录》，北京出版社1981年版，第77页。
③ 陆侃如：《屈原评传》，龚克昌、牟世金编选《陆侃如古典文学论文集》，上海古籍出版社1987年版，第278页；
④ 龚维英：《从内证探索〈天问〉的著作期》，《延安大学学报》1984年第3期；
⑤ 蒋天枢：《楚辞论文集》，陕西人民出版社1982年版，第34页。
⑥ 刘石林：《〈天问〉呵壁说质疑》，《中国楚辞学》第八辑，学苑出版社2007年版，第254—266页。

（前301）的秦"与齐、韩、魏共攻楚，杀楚将唐昧，取我重丘而去"；再如楚怀王二十九年（前300）的"秦复攻楚"之战，此战惨烈，"楚军死者二万，杀我将军景缺"，《资治通鉴》记载"大破楚师，斩首三万"①；还有楚怀王三十年（前299）的"秦复伐楚，取八城"等等，这几次大的战争也并不都是发生于西峡一带。所以，硬性断定《国殇》作于西峡或作于丹阳之战后，或屈原只为歌颂丹阳之战中牺牲的将士而作之，只能是臆测。

六　西峡屈原庙是中国最早的屈原庙

《后汉书·延笃传》：延笃"遭党事禁锢，卒于家乡。乡人图其形于屈原之庙"。延笃，字叔坚，南阳犨人。生年不详，卒与汉桓帝永康元年（一六七年）。《后汉书·延笃传》关于南阳屈原庙的记载，是已知见于正史的最早的关于屈原纪念建筑的记录，这说明最迟在东汉，南阳已建立了屈原庙。

仔细推敲段文并查阅相关文献古籍，犹有三疑。

一疑：中国最早的屈原庙在西峡吗？《后汉书·延笃传》："延笃，南阳犨人也。……后遭党事禁锢，永康元年，卒于家，乡里图其形于屈原之庙。"② "犨"为何地？《汉语大字典》释曰："犨，古地名。在今河南省鲁山县东南。《集韵·尤韵》：'犨，地名。'……裴骃集解：'《汉书·地理志》南阳有犨县。'《史记会注考证》卷八：'犨，河南汝州鲁山县东南。'"③ 延笃为鲁山县人，按"乡人图其形于屈原庙"之记述，屈原庙应在鲁山县，所以"图其形于屈原庙"的应是鲁山县之"乡人"。如果屈原庙在西峡，不可能有"乡人"之称，"乡人"也不会"图其形"于西峡这个外乡的屈原庙。鲁山与西峡相距较远，"乡人图

---

①　（宋）司马光：《资治通鉴》，中华书局1956年版，第110页。

②　（南朝）范晔：《后汉书》，中华书局1965年版，第2108页。

③　《汉语大字典》，湖北辞书出版社、四川辞书出版社1995年缩印本，第765页。

其形"于他乡,既无意义和价值也无情理可言。西峡于汉置析县为析县境,虽然犨县与析县于汉皆属南阳郡,但延笃作为犨县名贤不可能被"图其形"于析县。因此,"图延笃形"的屈原庙应在鲁山。倡导屈原生于南阳的黄崇浩在《屈原生于南阳说》一文也承认:"既然如此,在南阳鲁山境内有屈原祠庙的可能性就比较大。"① 所以说,"中国最早的屈原庙在西峡"值得怀疑。

二疑:西峡的屈原庙是否存在附会?笔者实地考察,今存西峡屈原岗上的屈原庙,实称屈夫子祠,建筑规制非常小,面积不足 20 平方米,土木单层结构。室内仅有两块近代的石碑文:一是清光绪四年(1878)内乡县知事题写的"楚三闾大夫屈子神位"碑文;二是民国二十七年(1938)的一块碑文。据该碑文曰:"此屈夫子祠也。据屈夫子祠肇建于关帝庙东边,渺焉,斗室不容膝,乡人爰改建于兹。……"由此可知,今存之祠原建于另处,而且比现存之祠规模还要小。我们认为此祠如果称为庙则有可能是后人附会。此庙实为祠,"祠"就是后人为纪念伟人名士而修建的供舍,相当于今天的纪念堂,其碑文已明言"此屈夫子祠也"。

三疑:有屈原庙的地方即屈原故里吗?所谓故里,即指故乡,换言之即多指生地。屈原曾被放逐于包括西峡的汉北一带,后人为了纪念他而修建屈原庙是有可能的。但是,建有屈原庙的地方不等于就是屈原的故里,例如在汉时建有屈原庙的湖南汨罗即如此,《水经注》卷三十八:"汨水又西为屈潭,即汨罗渊也。屈原怀沙自沉于此……渊北有屈原庙。"倘若说汨罗有屈原庙,就认为汨罗是屈原的生地,则明显有悖于事实。

黄崇浩最先于1998年在深圳大学举办的中国楚辞研究会暨国际学术讨论会上提出"屈原生于南阳说"。随后,在相关刊物发表多篇文章力主"屈原生于南阳说",他在《屈原生于南阳说》一文中引《后汉书·延笃传》"延笃,南阳犨人也。……乡人图其形于屈原庙"指出:"犨

---

① 黄崇浩:《屈子阳秋》,湖北人民出版社 2003 年版,第 74 页。

县，旧属南阳，今南阳鲁山东南五十五里有其故城。既然如此，在南阳鲁山境内有屈原庙的可能性就比较大。当然，不能就肯定屈原是鲁山人，但祠庙与屈原生地的关系肯定非同一般。"① 在"西峡说"争论尾期，黄氏突然发文以《河南平顶山市鲁山县是屈原故里——"屈原生于南阳说"的一个新结论》为题为其"亡羊补牢"。黄氏在该文中称："在西峡会议前后，一批学者及专家力图将笔者所持'屈原生于南阳说'直接坐实为屈原生于西峡。……也是有违笔者愿意的。坦率地说，笔者在提出'屈原生于南阳说'之初，并没有能确指屈原生于南阳何地何处。这也是笔者今日深感遗憾的。然而，亡羊补牢，犹未为晚。"② 阅读黄氏全文可知其意：一是针对段文"有学者主张西峡是屈原出生地"之说表明自己的观点，也就是说否定了"西峡是屈原出生地"；二是为其"屈原生于南阳"自圆自说；三是"亡羊补牢"提出"河南平顶山市鲁山县是屈原故里"之新说。并说："屈原故里，准确地说，是在今日之平顶山市之鲁山县，不在南阳西峡县。"细阅其早先《屈原生于南阳说》一文中"鲁山境内有屈原庙的可能性就比较大。当然，不能就肯定屈原是鲁山人，但祠庙与屈原生地的关系肯定非同一般"之说，前后矛盾。鲁山古属南阳所辖，1970 年，为许昌地区所辖，1983 年 10 月，许昌地区所属的鲁山县划入平顶山市。钱征《对〈后汉书·延笃传〉所载屈原庙遗迹的历史考察》也称："《后汉书·延笃传》所记载的屈原庙……其遗址在今河南省平顶山市鲁山县境内。"③

综上所述，屈原曾流放于汉北，其流放期间有可能到过丹淅一带的西峡。如果说西峡是屈原故里或是屈原祖籍地，证据明显不足。

（原载《三峡论坛》2014 年第 2 期。收入本集时略有增改。该文获2014 年宜昌市社会科学优秀课题三等奖）

① 黄崇浩：《屈子阳秋》，湖北人民出版社 2003 年版，第 120—131 页。
② 黄崇浩：《河南平顶山市鲁山县是屈原故里——"屈原生于南阳说"的一个新结论》，《黄冈师范学院学报》2015 年第 5 期。
③ 钱征：《对〈后汉书·延笃传〉所载屈原庙遗迹的历史考察》，《云梦学刊》2015 年第 4 期。

屈赋楚语的秭归方言探赜

  屈赋即指屈原以《离骚》为代表的作品,所以清代文学家刘熙载《艺概·赋概》称"骚为赋之祖"。屈赋是在楚地民歌基础上发展创造的一种新型文学样式,亦称"楚辞",楚语是《楚辞》最重要的特征之一,屈赋语言同样具有楚之地域性。汉代班固《汉书·艺文志》载:"屈原赋二十五篇。"① 虽只载明篇数而未载明篇目,但自汉至今多认为这二十五篇是:《离骚》、《天问》、《九歌》(十篇。有说十一篇,实则尾篇《礼魂》是前十篇共用的"乱辞")、《九章》(九篇)、《招魂》、《远游》、《卜居》、《渔父》。宋代黄伯思《东观余论·校定楚辞序》称以屈赋为主的《楚辞》"皆书楚语、作楚声、纪楚地、名楚物"②,所谓楚语、楚声,即指楚地的方言词语和楚地的方言读音。

  湖北秭归于战国时期属楚地归乡,楚宣王二十九年(前339),"屈原诞生于楚国归乡乐平里"③,即今秭归县屈原镇屈原村。考古学者依据考古发掘成果和古籍文献记载认为:"秭归一带有较多的文献记载为楚人早期活动的中心地区",并指出:"这一地区内发现的商周时期的文化遗存较多"④。秭归作为古楚地,至今,秭归方言中尚遗存有屈赋

---

① 陈国庆:《汉书艺文志注释汇编》,中华书局1983年版,第166页。

② (宋)黄伯思:《东观余论·校定楚辞序》,中华书局1988年影印本,第344页。

③ 湖北省秭归县地方志编纂委员会编纂:《秭归县志》,中国大百科全书出版社1991年版,第6页。

④ 文必贵:《商周时期楚文化踪迹探索》,湖北省考古学会选编《湖北省考古学会论文选集》(二),《江汉考古》1991年增刊,第122页。

中的楚语、楚声。吴郁芳先生否认屈原诞生于秭归，他在《屈原是江陵人不是秭归人》一文中说："屈赋使用的楚方言，80% 是郢都所在的南楚、江湘地区的方言。至于秭归一带的方言……则一例不见。"① 此"一例不见"过于武断。至今，秭归一带的方言仍可在屈赋中检索多例。

东汉王逸《楚辞章句》明确标注《楚辞》中的"楚语"共 21 例。王氏为楚地宜城人，曾任校书郎于宫中藏书处校勘典籍，其生于楚地又博览群书，自然熟悉楚语，并开"楚语"研究之先河。其所作十七卷本的《楚辞章句》是现存《楚辞》最早的完整注本，且于任校书郎期间著述，颇为后世所重视。自王逸之后，经过历代特别是当代学者对《楚辞》中楚语的研究与考证，颇有成果。例如《楚辞学通典》专设《楚语》部分，收录《楚辞》中的楚语词条共 217 例。② 其中，涉及屈赋里的"楚语"大致有 152 例。本文通过考察，将秭归方言与古今文献明示之"楚语"，并结合屈赋楚语与秭归方言中字形、字音、字义相同的字或词语进行比较研究，发现屈赋里遗存有 14 例秭归方言，从而揭开了屈赋里蕴涵秭归方言的幽深玄妙之面纱。

吴（wú）。屈赋中的"吴"字有七见，按其涵义可分为两类：第一类是形容词，涵义为"大"者有三见。《九章·涉江》："乘舲船余上沅兮，齐吴榜以击汰。"汉代王逸《楚辞章句》释"吴榜"为"大棹"③，即指大船桨，以"吴榜"为"大棹"，说明"吴"有"大"之义。汉代扬雄《方言》云："吴，大也。"④ 《九歌·国殇》"操吴戈兮披犀甲"，袁庆述考证"吴戈"为大的兵器，释"吴"为"大"，并认为《招魂》"陈吴羹些"之"吴"也为"大"义解，同时说："'吴'作'大'解，是楚方言中所特有的词义。"⑤ "吴"为"大"之义在今秭归

---

① 吴郁芳：《屈原是江陵人不是秭归人》，《江汉论坛》1988 年第 2 期。
② 周建忠等：《楚辞学通典》，湖北教育出版社 2003 年版，第 156—196 页。
③ （宋）洪兴祖：《楚辞补注》，中华书局 2002 年点校本，第 129 页。
④ （汉）扬雄等：《方言》，中华书局 2016 年注本，第 6 页。
⑤ 袁庆述：《〈楚辞〉楚语札释十例》，《求索》1983 年第 1 期。

方言中仍然存在，如言："这家伙吴高八高的。"意思是指称人或物高大，"吴高"即大、高，两字同义连用。"八"为数词，表多数，也引申为"大"义。值得关注的是，检索《诗经》《左传》等先秦两汉典籍及已发现的帛书、竹简、木牍中，虽然"吴"字多见，但无一例能释为"大"之义项，惟屈赋中之"吴"字能作"大"解。第二类是名词，指代国名或国王者有四见。《天问》"吴光争国"之"吴"，王逸注指春秋时期吴王阖闾，因其名光，故称"吴光"；《九章·惜往日》"吴信谗而弗味兮"之"吴"，多注指吴国末代国王夫差，即阖闾之子。如明代汪瑗《楚辞集解》注云："吴，指吴王夫差也。"① 《天问》"吴获迄古"和《招魂》"吴歈蔡讴"之"吴"，王逸均注指吴国。

蜷（juān）。《离骚》："仆夫悲余马怀兮，蜷局顾而不行。"宋代洪兴祖《楚辞补注》释"蜷"为"虫形诘屈"，② "诘屈"亦即"弯曲"之意。清代徐焕龙《屈辞洗髓》曰："蜷局，以身蹲曲也。"③ 周秉高《楚辞解析》认为"蜷局"之意"即弯曲身子"④。王逸《九思·悯上》："蜷踡兮寒局数。"佚名注："蜷，伛偻也。"⑤ 伛偻，指腰背弯曲者。汤炳正《楚辞今注》曰："蜷踡，缩屈貌。"⑥ "蜷"字在屈赋中还有两见：《九歌·云中君》"灵连蜷兮既留"、《远游》"骖连蜷以骄骜"，都可作"缩屈貌"解。今秭归方言中，如果从空间不够身高的物体下通行，通常说："这地方太矮了，只好蜷着身子走。"即只能弯曲着身体行走，也即以弯腰屈背的形式行走。再如："请你蜷下去。"如同前述徐焕龙所言"以身蹲曲也"，意即蹲曲着身体。

扈（hù）。《离骚》："扈江离与辟芷兮，纫秋兰以为佩。"王逸曰："扈，被也。楚人名被为扈。……五臣云：扈，披也。"⑦ 此"被（pī）"

① （明）汪瑗：《楚辞集解》，上海古籍出版社 2017 年点校本，第 343 页。
② （宋）洪兴祖：《楚辞补注》，中华书局 2002 年点校本，第 47 页。
③ 游国恩等：《离骚纂义》，中华书局 1982 年版，第 494 页。
④ 周秉高：《楚辞解析》，内蒙古大学出版社 2003 年版，第 39 页。
⑤ 参见崔富章等《楚辞集校集释》（下），湖北教育出版社 2003 年版，第 1340 页。
⑥ 汤炳正等：《楚辞今注》，上海古籍出版社 2012 年版，第 388 页。
⑦ （宋）洪兴祖：《楚辞补注》，中华书局 2002 年点校本，第 4 页。

即"披"，为动词，作"覆盖""披着"之意义解，只见于屈原作品，是楚地方言。扬雄《方言》四"帗襮谓之被巾"，清代王念孙《广雅疏证》释曰："帗，犹帗也。"又称："《楚辞·离骚》'帗江离与辟芷兮'，王逸注云：'帗，被也。'被巾所以帗领，故有帗襮之称。"① 孙氏所言"帗襮（hù biǎo）"，即指古代妇女的披巾。至今秭归方言曰："把围巾帗到。"意即"把围巾披到"。再如睡觉时说："把被子帗到。"意即"把被子盖到身上"。至于屈赋中另三见之"帗"，皆为名词，与上述"帗"义大相径庭。《天问》"胡终弊于有帗""有帗牧竖"之"有帗"，实为"有易"，是传说中的古国名。《九章·涉江》"桑帗裸行"之"桑帗"为人名，即《庄子·大宗师》中所言之隐士"子桑户"。

泪（gǔ）。《九章·怀沙》："乱曰：浩浩沅湘，分流泪兮。"王逸注云："泪，流也。言浩浩广大乎沅、湘之水，分泪而流，将归乎海。"洪兴祖补注云："泪，音骨者，水声也；音鹘者，涌波也。"② 宋代朱熹《楚辞集注》亦云："泪，音骨。水流声。又音鹘，涌波也。……泪，流貌。"③ 清代蒋骥《山带阁注楚辞》明确注"泪"的读音为"骨"，同时注云："泪，疾流貌。言沅湘之水分流入湖，其行迅疾也。"④ 由此看出，此"泪"是形容词并非象声词，主要形容水流迅急的样子，而且如今的"骨"与"鹘"都读为 gǔ 音。今秭归方言"这里的水泪泪地流"，即指水的流速很快。另外，屈赋中还有四见的"泪"与上述"泪"字比较，可分为两种类型：一是字形、字音都相同，字义却不同。《天问》"不任泪鸿"之"泪"，虽然读音为 gǔ，但其涵意应训为"治理""疏通"；二是字形相同，字音和字义却不同。《九章·怀沙》"伤怀永哀兮，泪徂南土"、《离骚》"泪余若将不及兮"、《招魂》"献岁发春兮，泪吾南征"之"泪"，这三处虽然字形都相同，读音又都为 yù，但各自涵义有异。至于泪罗江之"泪"，字音为 mì，字形从"水"

---

① 参见周建忠等《楚辞学通典》，湖北教育出版社 2003 年版，第 161 页。

② （宋）洪兴祖：《楚辞补注》，中华书局 2002 年点校本，第 145 页。

③ （宋）朱熹：《楚辞集注》，上海古籍出版社 2017 年点校本，第 115 页。

④ （清）蒋骥：《山带阁注楚辞》，上海古籍出版社 1984 年版，第 129 页。

从"日"，上述"汩"字则从"水"从"曰"。"汩""汩"容易混淆，"汩"字不仅多音多义，而且与"汩"字之音、义、形均不同。

搴（qiān）。《离骚》："朝搴阰之木兰兮，夕揽洲之宿莽。"洪兴祖《楚辞补注》释"搴"曰："拔取也，南楚语。"① 《广韵》："搴，取也。"扬雄《方言》云："攐，取也。楚谓之攐。"又曰："撂，取也。南楚曰撂。"② 汉代许慎《说文解字》云："攐，拔取也，南楚语。……《楚词》曰：'朝攐阰之木兰'。"③ 由此可见，"搴""攐""撂"是同一语词的不同写法，均为动词。今秭归有方言云："搴秧母草。"意即春季播种时拔取稻谷苗圃中的杂草，"秧母"专指稻谷苗圃。《九歌·湘君》有"采薜荔兮水中，搴芙蓉兮木末"、《九歌·湘夫人》有"搴汀洲兮杜若，将以遗兮远者"、《九章·思美人》有"揽大薄之芳茝兮，搴长洲之宿莽"，从这些诗句中可以看出，"搴"不仅都具有动词"拔取"之意义，而且拔取的对象也都是花草。

桡（ráo）。《九歌·湘君》："薜荔柏兮蕙绸，荪桡兮兰旌。"王逸释曰："桡，船小楫也。"④ 扬雄《方言》："楫，谓之桡，或谓之棹。"⑤ 洪兴祖《楚辞补注》也有同样释意。从古至今，秭归长江两岸的人们捕鱼或渡江时所使用的小木船上，都配备有专用的特制木片，此木片被称为"桡"，作为动力的工具用其划水，故又被称为"桡片子"，操之者被称为"桡夫子"，操之行为被称为"推桡"。有趣的是，秭归人对这种特制木片只称"桡"，而从不称"棹"。

敦（déng）。《招魂》："敦脄血拇，逐人駓駓些。"王逸注云："敦，厚也。"⑥ 楚人以"大"为"敦"。检之于扬雄《方言》："敦，大也。"⑦ "厚"与"大"之义互通。由"大"引申为"厚"，如今秭归人

① （宋）洪兴祖：《楚辞补注》，中华书局 2002 年点校本，第 6 页。
② （汉）扬雄等：《方言》，中华书局 2016 年注本，第 15 页。
③ （汉）许慎：《说文解字》，中华书局 2003 年影印本，第 255 页。
④ （宋）洪兴祖：《楚辞补注》，中华书局 2002 年点校本，第 61 页。
⑤ （汉）扬雄等：《方言》，中华书局 2016 年注本，第 110 页。
⑥ （宋）洪兴祖：《楚辞补注》，中华书局 2002 年点校本，第 101 页。
⑦ （汉）扬雄等：《方言》，中华书局 2016 年注本，第 6 页。

描述体大及特别厚实之物则言"厚敦敦"，以"厚"和叠词"敦敦"来强调物体非常厚实的特征。再如："小伙儿敦实。"意指年轻小伙子身体高大、强壮。

凭（píng）。《离骚》："众皆竞进以贪婪兮，凭不厌乎求索。"王逸注"凭"字之义云："凭，满也。楚人名满曰凭。"言下之意是言"凭"包含满足、充满、饱满之义。洪兴祖《楚辞补注》注"凭"字之音曰："凭，皮冰切。"① 王逸注《离骚》"依前圣以节中兮，喟凭心而历兹"之"凭"也为"满"之意。秭归方言："把这点儿米装碗里，刚好一凭。"即言刚好一满碗米。

搏（tuán）。《九章·橘颂》："曾枝剡棘，圆果搏兮。"王逸注："搏，圜也。楚人名圜为搏。"② 又《广雅·释诂三》："圜，圆也。"将"搏"释同"圜"，"圜（yuán）"音同"圆"。朱熹释"圆果搏兮"之"搏"则曰："搏，圆也，与'团'同。"③ 汤炳正《楚辞今注》亦曰："搏，即'团'，圆貌。"④ 再如许慎《说文解字》："团，圜也。"⑤ 由此可见，"搏"与"圜""圆""团"之义相同，主要形容物品圆之形状。《天问》有"圜则九重，熟营度之?"洪兴祖《楚辞补注》注"圜"曰："圜，与圆同。《说文》曰：天体也。"⑥ "圜"即指圆状天体。秭归人称"肉圆子"为"肉搏（团）子"。同时，称一种竹编圆形盛器为"搏篓"。

侧身（cè shēn）。《九章·惜诵》："设张辟以娱君兮，愿侧身而无所。"汪瑗《楚辞集解》注："侧身，斜避也。"⑦ 黄孝纾《楚词选》注："侧身，转过身子避开。"⑧ 《说文解字》云："侧，旁也。"⑨ 明代

① （宋）洪兴祖：《楚辞补注》，中华书局 2002 年点校本，第 11 页。
② （宋）洪兴祖：《楚辞补注》，中华书局 2002 年点校本，第 154 页。
③ （宋）朱熹：《楚辞集注》，上海古籍出版社 2017 年点校本，第 124—125 页。
④ 汤炳正等：《楚辞今注》，上海古籍出版社 2012 年版，第 168 页。
⑤ （汉）许慎：《说文解字》，中华书局 2003 年影印本，第 129 页。
⑥ （宋）洪兴祖：《楚辞补注》，中华书局 2002 年点校本，第 86 页。
⑦ （明）汪瑗：《楚辞集解》，上海古籍出版社 2017 年点校本，第 258—259 页。
⑧ 参见崔富章等《楚辞集校集释》（下），湖北教育出版社 2003 年版，第 1727 页。
⑨ （汉）许慎：《说文解字》，中华书局 2003 年影印本，第 164 页。

梅膺祚《字汇》亦曰："侧，不正也。"今秭归方言仍有"侧身"之语，多指扭转身体从侧面通过狭窄之处时的行为方式。如："这个通道太窄了，我只能侧身走过。"言下之意是将身体扭向一侧才能通行。再如："我和他说话，他没理我，侧身就走了。"这里的"侧身"即言指"扭转身体"。

忽忽（hū hū）。《离骚》："欲少留此灵琐兮，日忽忽其将暮。"王逸释曰："日又忽忽去，时将欲暮，年岁且尽，言已衰老也。"① 王氏虽未明确注释"忽忽"一词，但从其释意可见，"忽忽"是形容词，意指岁月或时间过得很快。"忽忽"实含疾速之义，表示时间很快很短，为南楚方言。姜亮夫《楚辞通故·词部》云："忽忽一词，当为南楚方俗习用语……北土儒书无用之者。"② 姜氏认为北方古籍中不用"忽忽"一词，是南方的方言俗语。今秭归有"搞事忽忽的"方言，意即动作快、时间短。

啾啾（jiū jiū）。屈赋中有两见，都是象声词，属楚语。《离骚》："扬云霓之晻蔼兮，鸣玉鸾之啾啾。"王逸注曰："鸾，鸾鸟也。……啾啾，鸣声也。"玉鸾，即玉铃，用玉装饰而成，形状像鸾鸟。啾啾，指铃声。因此，洪兴祖补注："鸾以像鸟之声。"③《九歌·山鬼》："雷填填兮雨冥冥，猿啾啾兮又夜鸣。"唐代五臣于《文选》中注此曰："啾啾，猿声。"④ 姜亮夫认为"啾啾"是楚语，其于《楚辞通故·词部》言："汉以前经典无用之者，此当为楚人语，故惟屈赋用之也。"⑤ 以上二诗句中"啾啾"之声略有不同，"猿啾啾"是指猿猴叫声小而多且杂，如汪瑗《楚辞集解》云："啾啾，小声而众也。"⑥ 而"玉鸾之啾啾"则清亮而有节奏，如清代李陈玉《楚辞笺注》云："啾啾，声之清

① （宋）洪兴祖：《楚辞补注》，中华书局 2002 年点校本，第 27 页。
② 姜亮夫：《楚辞通故》，云南人民出版社 2000 年版，第四册，第 410 页。
③ （宋）洪兴祖：《楚辞补注》，中华书局 2002 年点校本，第 43—44 页。
④ 参见崔富章等《楚辞集校集释》（上），湖北教育出版社 2003 年版，第 971 页。
⑤ 姜亮夫：《楚辞通故》，云南人民出版社 2000 年版，第四册，第 344 页。
⑥ 参见崔富章等《楚辞集校集释》（上），湖北教育出版社 2003 年版，第 661 页。

也。"① 今秭归方言有"猴子啾啾地叫",形容声音重复、尖细而又急促。也有"小娃子啾啾地叫"的方言,指小孩的叫唤声一声连一声,而且声纯、清亮。

潭(tán)。《九章·抽思》:"长濑湍流,泝江潭兮。"王逸注:"潭,渊也。楚人名渊曰潭。"释"潭"为深水。因此,洪兴祖《楚辞补注》有"楚人名深曰潭"之注解,②并注音"潭"为"徒含切"。洪氏意即水深的地方称"潭"。朱熹《楚辞集注》释义更明确:"潭,深渊也。"③吴广平《白话楚辞》亦曰:"潭,楚方言,深水。"④"潭"字在先秦其他典籍中似乎很少见,作为"渊""深"解只见于屈赋。今秭归方言:"这个水潭好深。"仍称深水之处为"潭"。再如:"在潭边洗衣服",意思是说在深水旁边洗衣服。

骚(sāo)。屈原的代表作名《离骚》,自汉至今对"离骚"二字的释义众多,于此仅就楚语之"骚"略加考察。《说文解字》云:"骚,扰也。"明代钱澄之《庄屈合诂》云:"离为遭,骚为扰动。扰者,屈原以忠被谗,志不忘君,心烦意乱,去住不宁,故曰骚也。"⑤郭沫若注曰:"离骚,意思就是舒泄心中不平之气,与后人所讲的'发牢骚'差不多。"⑥宋代项安世《向世家说》称"离骚"是"楚人之语,自古如此",⑦姜亮夫《屈原赋校注》也认为"离骚"是"楚之方言",⑧郭沫若也认为是"楚国的口语"。秭归人对他人所做的事不满就有方言"骚搞",对他人的话语不满就有方言"骚说",此"骚"蕴涵"捣乱""干扰"之意,带有贬义性质。

猋(biāo)。《九歌·云中君》:"灵皇皇兮既降,猋远举兮云中。"

① 参见崔富章等《楚辞集校集释》(第一卷),湖北教育出版社2003年版,第40页。
② (宋)洪兴祖:《楚辞补注》,中华书局2002年点校本,第140页。
③ (宋)朱熹:《楚辞集注》,上海古籍出版社2017年点校本,第111页。
④ 吴广平:《白话楚辞》,岳麓书社1996年版,第181页。
⑤ 参见游国恩等《离骚纂义》,中华书局1982年版,第5页。
⑥ 参见郭沫若译《离骚·九歌》,人民文学出版社1987年版,第4页。
⑦ 参见游国恩等《离骚纂义》,中华书局1982年版,第4页。
⑧ 姜亮夫:《屈原赋校注》,人民文学出版社1957年版,第3页。

王逸注："猋，去疾貌也。"① 洪兴祖补注音为"卑遥切"。马茂元《楚辞选》注释直白："'猋'（音标），去得很快的样子。"② 邵则遂的博士学位论文《古楚方言词历时研究》将"猋"列入《楚方言词今证》一章中，认为其是"楚方言词保留在今方言中"之例证之一。今秭归方言："你一会儿就猋哒。"再如："你猋哪儿去啦！""猋"之义即指行走得很快。

娭（xī）。《九章·惜往日》："国富强而法立兮，属贞臣而日娭。""娭"为多音字，有 xī 和 āi 两种发音。作 āi 时，常用于对老年妇女的尊称。作 xī 时，为楚方言，常指嬉戏。《说文解字》："娭，戏也。"③扬雄《方言》："江沅之间，戏，或谓之嬉。"④ 屈赋中两见：《招魂》："娭光眇视，目曾波些。"王逸注："娭，戏也。"《九章·惜往日》："国富强而法立兮，属贞臣而日娭。"洪兴祖补注："娭，音嬉，戏也。"⑤ 汤炳正《楚辞类稿》释曰："'嬉戏'义本相通，故'娭''嬉'实同音互用。"又曰："屈赋《惜往日》《招魂》用'娭'字，可见其时楚语如此。"⑥ 汤氏意指"娭"为楚语，并与"嬉""戏"音同义通。秭归方言"科嬉（娭）"，意指开玩笑。又如"嬉（娭）鄙子"，指言语、动作等油腔滑调、诙谐轻浮，让人发笑。

从上述 16 例可以看出，屈赋中的楚语与今天秭归方言中仍在使用的字词不仅字形相同，而且音、义也相同，充分说明秭归方言与屈赋存在着渊源关系，秭归作为古楚地和屈原故里，今天的秭归方言中仍然保留有屈赋里的楚语、楚声，也就是说屈赋里存在秭归方言，这可能是屈原创作辞赋时汲取故乡方言所致。

（原载《三峡大学学报·人文社会科学版》2018 年第 4 期）

---

① （宋）洪兴祖：《楚辞补注》，中华书局 2002 年点校本，第 58 页。
② 马茂元：《楚辞选》，人民文学出版社 2002 年版，第 54 页。
③ （汉）许慎：《说文解字》，中华书局 2003 年影印本，第 262 页。
④ （汉）扬雄等：《方言》，中华书局 2016 年注本，第 113 页。
⑤ （宋）洪兴祖：《楚辞补注》，中华书局 2002 年点校本，第 150 页。
⑥ 汤炳正：《楚辞类稿》，巴蜀书社 1988 年版，第 347—348 页。

郭沫若因屈原与秭归结缘

    我国现代杰出的文学家、历史学家、古文字学家、剧作家和楚辞学家郭沫若，对屈原情有独钟。在其《历史人物·屈原研究》论著中评价屈原："中国有史以来的第一个伟大的诗人要推数屈原。"① 并且说："由楚所产生出的屈原，由屈原所产生出的《楚辞》，无形之中在精神上是把中国统一着的。"② "屈原是两千多年前中国的一位伟大诗人。同时是一位思想家、政治家。"③ 屈原与郭沫若均是很有影响的作家、诗人、政治活动家，虽然相隔时间有 2000 多年，但郭沫若始终如一地热爱屈原、崇尚屈原、学习屈原、研究屈原、捍卫屈原。郭沫若坚定地说："我国的屈原，深幸有一，不望有二。"对屈原推崇备至，广为颂扬。郭沫若多次为秭归有关屈原的景物题字，并考定秭归是屈原故里，也与秭归留下难解的情缘。

"仿佛三闾再世"

    屈原的形象在郭沫若脑海里留下深深的印痕。1973 年 5 月，湖南长沙城南一座战国时期的古墓里出土了一幅"人物御龙帛画"，画中一位神态刚毅且美髯飘逸的男子侧身左立，身材巍峨，高冠长袍，腰佩长

---

① 郭沫若：《历史人物》，人民文学出版社 1979 年版，第 7 页。
② 郭沫若：《历史人物》，人民文学出版社 1979 年版，第 61 页。
③ 郭沫若著作编辑出版委员会编：《郭沫若全集》（文学编），人民文学出版社 1984 年版，第五卷，第 251 页。

图1　九战国时期帛画
《人物驭龙图》（白描）

剑，手挽缰绳，立于虬龙之上。虬龙乘风破浪，头高昂，身平伏，尾上翘，状如龙舟。1973 年 6 月 2 日，国家文物局局长王冶秋将帛画摹本及照片呈送郭沫若观瞻，郭沫若目睹这幅犹若"驾龙辀兮乘雷"（《九歌·东君》）、"乘龙兮辚辚，高弛兮冲天"（《九歌·大司命》）、"驾飞龙兮北征"（《九歌·湘君》）、"带长铗之陆离兮，冠切云之崔嵬"（《章·涉江》）意境，且富有浪漫色彩的杰作，惊叹不已。他指着画中的男子，脱口而出："屈原！屈原！"抑制不住内心的激动，于当晚即兴赋诗《西江月·题长沙楚墓帛画》："仿佛三闾再世，企翘孤鹤相从。陆离长剑握拳中，切云之冠高耸。上罩天球华盖，下乘湖面苍龙。鲤鱼前导意从容，瞬上九重飞动。"①

《离骚》集句联成为郭沫若的绝笔

1978 年春，郭沫若因病在北京医院住院期间，特别嘱咐夫人于立群将他的《屈原》剧本带到病榻前，多次重阅，爱不释手。他对于立群说："我风风雨雨几十年，是个即将就木的人了，我也要生得光明，死得磊落。"② 在即将别世之时，又一遍一遍地低声咏诵屈原的《离骚》。他还让于立群代他记录了吟《离骚》后集原句构思的一副对联："集芙蓉以为裳，又树蕙之百亩；帅云霓而来御，将往观乎四荒。"当年 6 月 21 日，郭沫若与世长辞，留下的这副集句联是他一生勤奋笔耕写作生涯的绝笔。直到郭沫若生命的最后时刻，仍不忘屈原，可见其对屈原的热爱之甚，崇拜之深。抗日战争时期，郭沫若曾激愤地说："我

---

① 郭沫若：《西江月·题长沙楚墓帛画》，《文物》1973 年第 7 期。
② 参见陈礼荣《郭沫若临终诵〈离骚〉》，《荆州晚报》2002 年 5 月 2 日第 3 版。

就是屈原！"他在 1932 年谈起《湘累》诗剧的创作时曾说："虽然我不曾自比过歌德，但我委实自比过屈原。"① "我当时实在是有些燥性狂的征候……就好像自己遭了放流一样，就好像天地高阔都没有自己可以容身之地。"可见其身心中萦绕着屈原的影子。

为屈原故里秭归多次题字

当今，在屈原故里秭归尚留有郭沫若很多题字。1965 年 10 月 25 日，当他得知秭归县要修缮城东的屈原庙和归州城内的屈原牌坊时，欣然挥笔，题写了"屈原故里""屈原庙"等遒劲有力的大字条幅。

图 2　郭沫若于 1965 年 10 月 25 日为秭归题词

1977 年元月，郭沫若虽然身体欠佳，病情日趋严重，但他得知秭归县要修建屈原纪念馆时，仍抱病翰墨，题写了"屈原纪念馆"馆名。1979 年 2 月，于立群按郭沫若在世时的嘱托，为屈原诞生地的秭归县乐平里题写了"读书洞""乐平里""照面井""玉米田""楚三闾大夫屈原故里""楚三闾大夫屈原诞生地"等屈原遗址的碑名。也许是偏爱屈原的缘故，郭沫若对屈原的故乡——秭归，也有着特别的感情，他于 1961 年 9 月 17 日陪同外宾乘"江沪轮"从重庆沿长江而下途经西陵峡中的秭归时，眺望屈原祠，目睹秭归风物，即兴创作《过西陵峡》诗：

---

① 　郭沫若：《创造十年》，上海现代书局 1932 年版，第 69 页。

"秭归胜迹溯源长，峡入西陵气混茫。屈子衣冠犹有冢，明妃脂粉尚流香。兵书宝剑存形似，马肺牛肝说寇狂。三斗坪前今日过，他年水坝起高墙。"① 不仅赞颂古代秭归诞生的伟大诗人屈原、四大美人之一的王昭君（明妃），而且还盛赞处在酝酿规划中的长江三峡水利枢纽工程。同时，极力谴责帝国主义者践踏蹂躏我国大好河山的罪行。清光绪二十六年（1900），英帝国主义的军舰入侵西陵峡，经过牛肝马肺峡时，对北岸悬崖峭壁上的牛肝马肺像形石疯狂炮轰，打掉了"马肺"的下半部分。因此，郭沫若满怀激愤之情，慨言"马肺牛肝说寇狂"。

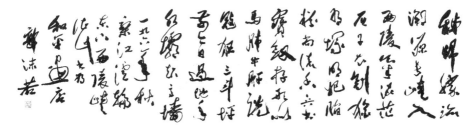

图3　郭沫若于1961年题写《过西陵峡》
根据古文献确定屈原诞生地在秭归乐平里

　　对于屈原的出生地，郭沫若在《屈原研究》中说："屈原的故乡，据郦道元《水经注·江水注》，是在秭归县境内。……乡里的说法大约是正确的……"② 今见古文献最早明确记载屈原出生地的是东晋袁山松《宜都山川记》："屈原有贤姊，闻原放逐，亦来归，喻令自宽全。乡人冀其见从，因名曰秭归，即离骚所谓女嬃婵媛詈余也。……秭归盖楚子熊绎之始国，而屈原之乡里也。原田宅于今俱存。"③ 晋代庾仲雍《荆州记》亦载："秭归县有屈原田宅，女嬃庙、捣衣石犹存。""（秭归）县北一百里，有屈平故宅，方七顷，累石为屋基，今其地名'乐平里'。宅东北六十里有女嬃庙。"④ 郭沫若根据郦道元《水经注》援引的

①　湖北省秭归县地方志编纂委员会编纂：《秭归县志》，中国大百科全书出版社1991年版，第561页。

②　郭沫若：《屈原研究》，人民文学出版社1979年版，第20页。

③　参见陈桥驿《水经注校证》，中华书局2013年版，第757页。

④　参见自王健强《世界文化名人屈原》附录，湖北辞书出版社2001年版，第112页。

这些古文献而定论屈原诞生地在秭归乐平里（今秭归县屈原镇屈原村），说明他相信晋代《宜都山川记》《荆州记》所载有据，秭归处于长江巫峡与西陵峡相交的区域，因此说："屈原是产生在巫峡附近的人，他的气魄的宏伟、端直而又娟婉，他的文辞的雄浑、奇特而又清丽，恐怕是受了些山水的影响。"[①] 并在《关于屈原》一文中肯定地说："他是生在秭归县的人。"[②]

郭沫若的一生，始终与屈原及其作品联系在一起，郭沫若因屈原也与秭归结成难有的情缘。他将自己渊博的历史学、考古学、古文字学等知识，全方位地渗透到屈原及其作品的研究之中，考证了屈原的历史存在，论证了屈原的爱国主义精神，充实了屈原作品的内涵，建立了独具气势的楚辞学科。

（原载《三峡晚报》2018 年 12 月 8 日第 6 版。又载《三峡文化》2019 年第 1 期）

---

① 郭沫若：《历史人物》，人民文学出版社 1979 年版，第 20—21 页。
② 郭沫若：《今昔蒲剑·蒲剑集》，海燕出版社 1947 年版，作于 1929 年 6 月。转录于崔富章《楚辞评论集览》，湖北教育出版社 2003 年版，第 581 页。

"屈原故里"诸说梳理与简析

先秦文献对屈原生地的记载阙如，《史记·屈原贾生列传》对屈原生地也未述及，自汉始有零碎涉及。因此，为后人探索屈原生地留下争论空间。再者，后人混淆"故里"与"生地"的概念内涵，认为故里即生地。因此，至明清时期则争讼不断。特别是近代以来，随着争夺名人故里现象的出现，更是异说纷纭，莫衷一是。

综观古今争议，发现有的说法颇多商榷之处。我们搜集整理各说之源与流，逐一梳理并简要解析。

诸说梳理

古今流行的"屈原故里"说主要有以下几种，按时间先后顺序排列如下：

序号	朝 代或时间	诸说名称	引论依据或诸说出处
1	东汉	湖北宜城（鄢郢）说	王逸《九思》
2	东晋	湖北秭归（乐平里）说	袁山松《宜都山川记》（《宜都记》)
3	南宋	重庆奉节（夔州）说	朱熹《楚辞集注》
4	明	湖南湘阴（玉笥山）说（亦称汨罗说）	明代周圣楷《楚宝·文苑部》
5	明	湖南常德（武陵）说	《大明一统志》

续表

序号	朝代或时间	诸说名称	引论依据或诸说出处
6	清	湖南岳阳（东太平寺）说	《大清一统志》
7	清	河南南阳（南屈）说	清代嘉庆《常德府志》
8	1953 年	湖北江陵（纪南城）说	浦江清《祖国十二诗人·屈原》
9	1997 年	湖南汉寿（辰阳）说	黄露生《屈原的故乡在汉寿》
10	2006 年	湖南临湘（州屈）说	周笃文《屈原的首丘情结及屈氏封地考略》
11	2013 年	河南西峡说	段文汉《河南西峡屈原岗历史渊源考证及其价值》

从以上 11 说之中可以看出，"屈原故里"各说争议的区域主要集中在湖南及湖北两地，均属古楚地。除以上在报刊等文献中流传的 11 说之外，网络上散布的还有湖北郧县说、应城（蒲骚）说、丹江口说、河南鲁山说、淅川说、湖南桃江说、青海贵德说等等，诸说多以汉代以后的推测或传闻为依据引论而发布，名不见经传，不可轻信，故未列入本文讨论。

为弄清 11 说之源流，现将各说主要依据布列如下，并概述其主要推理或考证方式。

鄢郢（湖北宜城）说。东汉王逸在《九思》诗中自释其作意说："逸与屈原同土共国，悼伤之情与凡有异。"[1] 王逸为古楚地南郡宜城（今湖北襄阳宜城市）人，战国时楚之别都鄢郢即治宜城，因王逸"与屈原同土共国"，所以屈原的生地在鄢郢（今宜城）。当代学者周笃文《屈原的首丘情结及屈氏封地考略》[2] 一文言及屈原故乡"鄢郢"说。主要推理方式是：王逸是鄢郢（湖北宜城）人→"逸与屈原同土共国"→屈原是鄢郢（湖北宜城）人。

湖北秭归（乐平里）说。北魏郦道元在《水经注·江水》"又东过

---

① （宋）洪兴祖：《楚辞补注》，中华书局 2002 年点校本，第 318 页。

② 周笃文：《屈原的首丘情结及屈氏封地考略》，《中华诗词》2006 年第 8 期，第 44 页。

秭归县之南"条下注云："（秭归）县北一百六十里有屈原故宅，累石为室基，名其地曰乐平里。"又引东晋袁山松（又称袁崧）《宜都山川记》（亦称《宜都记》）称："故《宜都记》云：秭归盖熊绎之始国，而屈原之乡里也。原田宅于今俱存。指谓此也。"① 自此之后，认为屈原出生地在秭归乐平里。至于有的称屈原出生地为秭归归州三闾乡、归州屈沱等，其实均指秭归乐平里，乐平里旧称三闾乡、屈原乡，现为秭归县屈原镇屈原村。其主要推理或考证方式是：依据古文献记载。

重庆奉节（夔州）说。唐代诗人杜甫旅居夔州（今重庆奉节）时，作有《最能行》一诗，诗中曰："若道土无英俊才，何得山有屈原宅。"② 至宋代，人们认为杜甫在奉节（夔州）创作此诗，诗中的"屈原宅"应在奉节，并认为夔州即指夔峡。所以南宋朱熹据此在《楚辞集注》中注释屈原《九章·抽思》"有鸟自南兮，来集汉北"说："鸟，盖自喻。屈原生于夔峡，而仕于鄢郢，是自南而集于汉北也。"③ 奉节说由此而流传。其主要考证或推理方式是：杜甫居夔州言屈原宅→屈原宅即在夔州→屈原生于夔州。

湖南湘阴（玉笥山）说，亦称汨罗说。明代周圣楷《楚宝·文苑部》所引晋代罗含《湘中记》："屈潭之左玉笥山，屈平之放，栖于此山而作《九歌》焉。"④ 将"栖"释为"居住"之义。故认为屈原故里"在今湖南湘阴县北玉笥山"。玉笥山现已为湖南汨罗市属地，故亦称汨罗说。其主要考证或推理方式是：屈原栖玉笥山→栖即居住→屈原故里在玉笥山。

湖南常德（武陵）说及湖南岳阳（东太平寺）说。清代嘉庆十七年间陈楷礼总纂《常德府志·列传一》（卷三十六）在屈原传记之后附加一段说明文字："屈原，王逸以为南阳人。或以为归州人。明《一统

① 陈桥驿：《水经注校证》，中华书局 2013 年版，第 757 页。
② 刘济民：《歌颂屈原古今诗词选》，中国炎黄文化出版社 2008 年版，第 24 页。
③ （宋）朱熹：《楚辞集注》，上海古籍出版社 2001 年版，第 85 页。
④ （晋）罗含：《湘中记》，（明）陶宗仪等编《说郛三种》（卷四），上海古籍出版社 1984 年版，第 2819 页。

志》载入常德府人物。今武陵（今湖南常德）有三闾祠、屈原巷。……录之以俟考正。"①《大清一统志》记载，秦时的巴陵县（今湖南岳阳县）东太平寺为屈原故里。此两说不知何所据，亦难以考证，也许是以误传误。例如汉代"屈原，王逸以为南阳人"，据今存王逸著述，全无此言，似空穴来风。故此两说不再一一赘述。正如《嘉庆常德府志》总纂、武陵（今常德）人陈楷礼所言只能"录之以俟考正"。明代《嘉靖常德府志·摭遗》记载："屈原，旧志（指明《一统志》）为武陵人，然于史传无据。……则非武陵产明矣。"② 明代史志已认定屈原不是常德人，所以清代《嘉庆常德府志》也只能"录之以俟考正"了。

河南南阳（南屈）说。清嘉庆《常德府志·列传一》（卷三十六，1813年修）载："按：《湖广总志》于（夏商周）三代以前人物，概谓'楚人'，后世始分著郡县。屈原，王逸以为南阳（指楚南阳，今河南西部）人。"③ 1998年，黄崇浩发表《屈原生于南阳说》④ 一文（以下简称黄文），推论屈原生于河南南阳。如："屈氏世守申、息而申地即在南阳，其地有屈申城"；"东方朔《七谏》言屈原'生于国'。此国非指国都，而系指诸侯大夫'封国'之国。故屈原生于国乃指生于屈氏封地，即南阳之'南屈'"；"南阳有地名南屈（南就），此乃楚之屈氏得姓之地"。2004年，其又在《屈原生于南阳说新证》⑤ 中申论。认为湖南汨罗南阳里实为河南南阳，并将清代《湘阴县图志》所载南阳寺、翁家州等古地名推论为河南之南阳。其主要考证或推理方式是：汉代南阳宛县有"南就聚"地名，"南就"即"南屈"→"南屈"是屈氏先祖得姓之地→屈原生于南阳。

湖北江陵（纪南城）说。1953年，北京大学教授浦江清在《祖国

① 参见邓声斌《常德地方志有关屈原故里的记载》，《湖湘春秋》2007年第1期。
② 参见邓声斌《常德地方志有关屈原故里的记载》，《湖湘春秋》2007年第1期。
③ 参见张俊伟主编《屈原：南阳诵歌》附录，河南人民出版社2012年版，第258页。
④ 黄崇浩：《屈原生于南阳说》，《中州学刊》1998年第5期。
⑤ 黄崇浩：《屈原生于南阳说新证》，《黄冈师范学院学报》2002年第2期。

十二诗人·屈原》一书中，引西汉东方朔《七谏·初放》"平生于国兮，长于原野"[①] 后说："'国'，指国都。"并说："屈原的出生地点就是楚国的都城，郢。"[②] 认为屈原的生地是郢都，即今湖北江陵县纪南城。自此之后，孙作云、周建忠等学者以"平生于国"为主要论据进行引论。1994 年，江陵县的浦士培先生主编出版《屈原生地论集》[③] 一书，推广屈原生于江陵之论。其主要考证及推理方式是：平生于国→国即国都→国都名郢→郢即今江陵→屈原生于江陵。

湖南汉寿（辰阳）说。1997 年，湖南一师黄露生在湖南《武陵学刊》上发表《屈原的出生地在湖南汉寿》[④] 一文，其主要依据是汉寿株木山曾发掘出土一柄青铜戈，此戈有"武王之童督"字样，据此推测武王是指屈原先祖屈瑕之父熊通，又由此推论武王之封地在汉寿，所以，汉寿是屈原的故乡。同时，认为屈原《涉江》"朝发枉渚兮，夕宿辰阳"的"辰阳"是汉寿古县名。2002 年 10 月出版的《汉寿县志》之《人物》篇亦以此为据记载屈原"祖籍常德汉寿县"。2006 年，湖南省社会科学院毛炳汉在《人民日报（海外版）》发表《屈原故乡很可能在湖南汉寿》[⑤] 一文，则说"屈原的出生地就在汉寿沧港"。2014 年，汉寿县侯文汉主编《汉寿屈原故里考》[⑥]，极力扩散汉寿说。汉寿说的主要考证及推理方式是：武王之童督→武王指楚武王→青铜戈是楚武王赐屈瑕之"尚方宝剑"→汉寿是屈瑕封地→屈瑕是屈原之先祖→屈原故乡（或生地）在汉寿。

湖南临湘（州屈）说。2006 年 6 月 7 日《岳阳晚报》刊发一条新闻：《当代鸿孺周笃文惊天发现：屈原故里是岳阳临湘》，同时在当日晚报第三版"独家率先发表了"周笃文的《屈原的首丘情结及屈氏封

① （宋）洪兴祖：《楚辞补注》，中华书局 2002 年点校本，第 236 页。
② 浦江清：《祖国十二诗人·屈原》，中华书局 1952 年版，第 12—18 页。
③ 浦士培：《屈原生地论集》，武汉工业大学出版社 1994 年。
④ 黄露生：《屈原的出生地在湖南汉寿》，《武陵学刊》1997 年第 5 期。
⑤ 毛炳汉：《屈原故乡很可能在湖南汉寿》，《人民日报（海外版）》2006 年 6 月 1 日第 7 版。
⑥ 侯文汉：《汉寿屈原故里考》，中国文史出版社 2014 年版。

地考略》①（以下简称"周文"）一篇特稿。新闻稿中称："（周笃文）获得一条前无古人的重要线索：湖南临湘是最早的屈氏封地。"周文认为《左传》所载"楚子使遠射城州屈"在临湘，"州屈"是屈氏先祖封地。其主要推理及考证方式是：州屈在临湘→临湘是屈氏封地→屈原故里在临湘。

河南南阳西峡说。2012 年 5 月 29 日，《人民日报（海外版）》官网发表署名文章《屈原与河南西峡》②，推测"屈原始祖句亶王的发祥地当在西峡""屈原曾被放逐到西峡"。2013 年，刊载于《中国楚辞学》第二十辑署名为段文汉的《河南西峡屈原岗历史渊源考证及其价值》③一文（以下简称"段文"），则明确推介"屈原故里西峡"说。代表性的推理或考证方式是：南阳西峡居丹淅一带→屈原始祖在丹淅→屈原故里为南阳西峡。

诸说简析

弄清诸说源流及其主要推理或考证方式之后，不难看出：有的说法不足为据，难以服人；少数说法已被历史淘汰，再无人言及；有的以炒作形成的则如昙花一现，随即烟消云散。

鄢郢（湖北宜城）说。鄢是城邑名，战国时为楚之别都，往往与"郢"连称，南宋王应麟《通鉴地理通释》卷十释鄢郢曰："江陵郢也，襄阳鄢也。"宜城旧属襄阳府。今人钱林书《"鄢郢"解》一文引王应麟释义后认为："鄢城在今湖北宜城东南……原是古鄢国地，后为楚灭，立为楚之别都。所以《史记·楚世家》集解引东汉服虔所说：'鄢，楚别都也。'""史书记载的战国鄢郢……指江陵北的楚都郢城及别都鄢城，故可以把鄢郢联称作为楚国当时国都的通名。"④因此，从

---

① 周笃文：《屈原的首丘情结及屈氏封地考略》，《中华诗词》2006 年第 8 期，第 44 页。

② 马晓林等：《屈原与河南西峡》，《人民日报（海外版）》官网 2012 年 5 月 29 日。

③ 段文汉：《河南西峡屈原岗历史渊源考证及其价值》，中国屈原学会编《中国楚辞学》第二十辑，学苑出版社 2013 年版，第 346—352 页。

④ 钱林书：《"鄢郢"解》，《江汉论坛》1981 年第 1 期。

王逸"逸与屈原同土共国"语意看，其实是以楚地广义的地域概念而言，即指包括鄢、郢在内的广袤楚地，并非实指湖北宜城。因为鄢郢只是楚之别都，不能称其为"国"，"同土共国"惟指楚国。再者，秦置南郡后，当时的宜城、江陵、秭归皆隶属南郡，依此而论，王逸所言"与屈原同土共国"不为过，但"同土"的是南郡，"共国"的仍是原"楚国"大地域。所以言及鄢郢（湖北宜城）说的周笃文称："但此说（鄢郢说）在屈原作品中找不到痕迹，也缺乏有说服力的旁证。可谓孤证。"① 鄢郢说古今已无人言及，其实是周笃文节外生枝，自说自论而已。

秭归（乐平里）说。据郦道元《水经注》引袁山松《宜都记》之"秭归……屈原之乡里"之后，又引："屈原有贤姊，闻原放逐，亦来归，喻令自宽全。乡人冀其见从，因名曰秭归。"袁山松认为秭归县名源于此"屈原有贤姊……亦来归"而名"秭归"，意即"姊"通"秭"。郦道元对此持异议："因事而立证，恐非县之本旨。"意思是说"秭归"并非源于"姊归"。至今对秭归县名之源多有争议，郭沫若、游国恩等人认为袁山松之说是"附会""不见得可信"。但郭氏对袁山松屈原生地为秭归之说却认为"是正确的"②，并肯定地说："他（指屈原）是生在秭归县的人。"③ 游氏也说："湖北省的秭归就是屈子的老家。"④

奉节（夔州）说。唐武德二年（619）于奉节置夔州，并于秭归置归州。杜甫《最能行》："瞿塘漫天虎须怒，归州长年行最能。若道土无英俊才，何得山有屈原宅。"诗中的归州是指唐代所置秭归之归州，虽然古"归"可通"夔"，但夔州不等于归州，诗中之"土"即指归州，而且夔州从古至今无屈原宅。屈原故宅早为东晋《宜都山川记》

① 周笃文：《屈原的首丘情结及屈氏封地考略》，《中华诗词》2006年第8期，第44页。

② 郭沫若：《历史人物》，人民文学出版社1979年版，第20页。

③ 郭沫若：《今昔蒲剑·蒲剑集》，海燕出版社1947年版，作于1929年6月。转录于崔富章总主编《楚辞评论集览》，湖北教育出版社2003年版，第581页。

④ 游国恩等：《游国恩楚辞论著集》（第三卷），中华书局2008年版，第460页。

载为秭归。再者,杜甫在奉节(夔州)作诗,不可能全指奉节(夔州)之事。苏雪林说:"秭归与夔州的距离,约一百公里。屈原居宅怎么能在那里?也许后人以为秭归与夔发言相通,以为原是一处……杜甫不察以为真,而有那二句诗。"① 实际是后人将"夔州"与"归州"混为一谈。因此,屈原生于奉节说难以成立。此说也早已无人再论及。

湘阴(玉笥山)说,亦称汩罗说。此说仅凭"栖"为"居住"之意,即推论屈原生于湘阴是难以服人的。且《湘中记》已言明:"屈平之放,栖于此山而作《九歌》焉。"从"放"字可知,言下之意是说屈原流放玉笥山作《九歌》。如果说湘阴是屈原的流放之地而为屈原的故乡,尚不为过。古今学者多认为处于汩罗境的玉笥山一带是屈原流放沅湘之范围。如由此而论为屈原生地,实属牵强。

常德(武陵)说及岳阳(东太平寺)说。前文叙及史志已否定此说,今已无人再论,故不再赘述。

河南南阳(南屈)说。清嘉庆《常德府志》:"屈原,王逸以为南阳人。"查阅汉代王逸现存《楚辞章句》等著述,皆无此言。至于黄崇浩先生所论,大部分论言是从古地理名称作为证据力证屈原生于南阳,实以第一条"屈原得姓之地——南屈"立论。先看黄文对此之行比较后提出来的,多有商榷之处。因为古今地名相似或相同者,其例较多。晋代杜预注《左传·庄公二十八年》"蒲与二屈,君之疆"曰:"二屈,今平阳北屈县。或云'二'当作'北'。"三国韦昭《国语》注:"二屈,屈有南北,河东有北屈。"可知春秋时晋国有一个"屈"地,或称"北屈",居今山西西部吉县,晋代为平阳郡北屈县。黄文认为"既有北屈,必有南屈","南屈"于何处?依郦道元《水经注》引《汲冢古文》"翟章救郑,次于南屈"②,春秋战国时韩灭郑后迁都于新郑(今河南新郑市),以"所次之'南屈',必近于郑"进行推理,汉代南阳宛县有"南就聚"之地,"南就"即"南屈","因为,古音屈、就为旁

---

① 苏雪林:《屈原与〈九歌〉》,武汉大学出版社 2007 年版,第 27—28 页。
② 陈桥驿:《水经注校证》,中华书局 2013 年版,第 97 页。

纽，故可通"。"我认为，南屈地在汉代南阳之宛县"，所以，这个"南就聚"就是屈氏的得姓之地，也就是屈原的出生地。黄文此言过于牵强，有五大疑点：

其一，假如"南屈"在古南阳宛县，最多勉强言屈原始祖楚武王子瑕的得姓之地，不可能是屈原的生地。但是，宛邑本属申伯国，《清一统志》载："（宛）本属申伯国，春秋时属晋，战国为韩邑，汉因之，明属南阳府。"虽《水经注》称"楚文王灭申以为县"，但与楚武王封瑕于屈地的时间明显不符。由此可见，楚武王封瑕于"屈"之地也不在南阳宛县。

其二，黄文定"南就聚"即"南屈"，以古韵通转推理地名，有模棱两可之嫌，令人生疑。况且，作为屈原始祖得姓之"南屈"所指至今已有多处，何光岳《楚源流史》一著据《吕氏春秋·召类》"夏桀伐屈骜"，联系屈瑕为莫敖之官，以为"决非晋之北屈（山西吉县北）"，并推指为"今湖北房县西北堵河有屈家坡"古遗址。① 陈建梁《从文献与考古学角度论〈左传〉的大屈》一文，据《左传·昭公七年》"楚子享公于新台……好以大屈"，推指其地"在今湖北黄石市西南的大冶"②。

其三，按《史记》《左传》《战国策》等载，战国初期，韩、赵、魏"三家分晋"，韩建都平阳（今山西西部吉县一带），韩哀公灭郑后又迁都于新郑（今河南新郑市）。韩都于山西为"北屈"，迁都于新郑为"南屈"，乃以别一国两都之名，《水经注》"翟章救郑，次于南屈"也是指韩而言。此"南屈"与"南就聚"似无因果关系。

其四，据《史记·韩世家》："（韩哀侯）二年，灭郑，因徙都郑。"③ 韩哀侯于前375年迁都于新郑，秦于前230年灭韩，新郑先属郑，后属韩，再属秦，倘若说"南屈"居新郑一带，此"南屈"既不是屈原的得姓之地，也不是屈原的出生之地。

① 何光岳：《楚源流史》，湖南人民出版社1988年版，第347—348页。
② 陈建梁：《从文献与考古学角度论〈左传〉的大屈》，《江汉论坛》1995年第8期。
③ （汉）司马迁等：《史记》，中华书局1959年版，第1868页。

其五，南阳宛县的"南就聚"之名，始见于《后汉书·郡国志》，战国时期是否存在"南就聚"之名？至今未见先秦文献记载，既然没有"南就聚"之名，"南就"是"南屈"则为虚推之地名。既然这条主据不能立足，其他九条围绕主据以辅证之据自然不能立论。

江陵（纪南城）说。此说主要据"平生于国，长于原野"立论，但"国"之意有多种：一是指国家。如《周礼·天官·太宰》："以佐王治邦国。"① 二是指国都、城邑。如《国语·周语》："国有班事，县有序民。"② 三是指封地、食邑。如《战国策·齐策四》："孟尝君就国于薛。"③ 另外，"长"可读为 cháng，释为"长期"。因此，"平生于国，长于原野"可直释为：屈原出生于屈氏封地，长期被放逐于原野。如此释意，亦符屈原两次被放于原野的事迹特征。而且《七谏》只是纯文学作品，东方朔史称"滑稽家"，以散文笔调作诗，诗不是史志。因此，其可信度不高。袁山松曾任宜都郡守（今属宜昌市），秭归在蜀汉时即属宜都郡所辖，袁山松对秭归风土人情应该是了解的。据《晋书》记载，袁山松叔爷袁耽因功被封为秭归男，袁山松本人自少多有才名，其祖袁乔随辅国将军桓温在荆州任职多年，袁乔随桓温伐蜀，袁山松随祖出征，后任宜都郡守，他既熟知秭归又熟知荆州，因此将屈原生地记述为秭归。《宜都山川记》是地理志书，《七谏》只是一篇诗作，很显然，古地理志书的记载是可信的。从古籍记载来看，晋代庾仲雍《荆州记》载："秭归县有屈原田宅。"④ 唐代沈亚之《屈原外传》引《江陵志》载："屈原故宅在秭归乡。"⑤ 由此说明，晋代《荆州记》及唐代《江陵志》的编修者都认为屈原的出生地不在江陵（古称荆州）。

汉寿（辰阳）说。此说的主要依据是汉寿株木山出土的"武王之童督"铭文青铜戈。湖南学者杨启乾、邓声斌、金则恭等经过考证，

---

① 陈戍国点校：《周礼·仪礼·礼记》，岳麓书社 2006 年版，第 3 页。

② （春秋）左丘明：《国语》，中华书局 2013 年译注本，第 76 页。

③ 缪文远：《战国策》，中华书局 2015 年译本，第 192 页。

④ （清）陈应溶等：《荆州记九种》，湖北人民出版社 1999 年点校本，第 100 页。

⑤ （清）胡文英：《屈骚指掌》，北京古籍出版社 1979 年版，第 2 页。

发文认为此铜戈的形制特征属战国中晚期秦武王时代，而不属于春秋早期楚武王时代，与屈原家族毫无关系。到目前为止，我国发掘出土的"武王之童督"铭文戈在长沙也有出土，并非汉寿独有。《涉江》的"夕宿辰阳"，据宋代洪兴祖《楚辞补注》载："前汉武陵郡有辰阳。……沅水东迳辰阳县东南，合辰水。旧治在辰水之阳，故取名焉。"①"辰水之阳"即指今辰溪，辰溪即在辰水之东，古代指东为阳。洪氏所说辰阳是汉代置武陵郡（今常德）之辰阳。清顾祖禹《读史方舆纪要》等古籍记载，辰溪在秦汉时称为辰阳，属武陵郡。虽然汉寿早期也曾称为辰阳，但其时间已晚至宋朝大观年间，至绍兴三年（1133）又改辰阳为龙阳，1993年出版的《汉寿县志》亦有记载。清《同治龙阳县志·人物》记载："屈平，字原。……平，实归州人。"直至2002年，新编《汉寿县志》才将屈原列为"汉寿人物"编入志内。如果说屈原曾流放途经汉寿，则有可能。如果说屈原生于汉寿，难以信服。湖南师范大学文学院罗敏中、湖南科技大学人文学院吴广平撰文认为"'汉寿屈原故里说'很难据此成立"②。

湖南临湘（州屈）说。周笃文的《屈原的首丘情结及屈氏封地考略》从引用《岳阳府志·临湘》云"临湘，古如城，汉下隽地。按县志：楚子城州屈，以居如人，即此"及《左传·昭公二十五年》"楚子使遗射城州屈，复茹人焉"立论，认为是楚平王令遗射在临湘筑屈邑城堡。"城州屈"即为"州屈"筑城堡。"州屈"即今之临湘，古亦称"如城"。"如城"因如山而得名。如山即如矶，后更名儒矶，即如今临湘儒溪镇。"州屈"即以"州"地作为屈氏封邑，地在"如山"一带。"茹人"即"如人"。"如山"即"茹山"，亦即茹人之山。周氏用古韵通转的方式进行推论，认为州屈在临湘，进而推论屈氏封地在临湘。细阅周氏全文，只推论"州屈"是屈瑕之封地且在临湘，却没有将屈原故里明指为临湘，反而说临湘"辖地包括今之汨罗一带"，"'临湘'从

广义而言，则包括长沙、岳阳等地区"。由此可见，"当代鸿儒周笃文惊天发现：屈原故里是岳阳临湘"有新闻炒作之嫌。再者，《左传》所载"州屈"，作为城邑名，清代高士奇、秦蕙田认为"州屈"居凤阳府治凤阳县西，即今安徽凤阳县境。而主"屈原故里汉寿"说者，推论"州屈"则在湖南汉寿，如韩隆福《楚平王时的采菱城和城州屈——兼论屈原祖籍汉寿说》① 一文；主"屈原故里南阳"说者，则推论"州屈"在河南南阳，如黄崇浩《"州屈"不在湖南而应在河南》② 一文。众说纷纭，至今难详其地。

河南南阳西峡说。此说是南阳说的延展。段文主要以"屈原始祖在丹淅，南阳是屈原故里，有学者主张西峡是屈原出生地"而立论。段文所言"屈原始祖在丹淅"，古今学人主屈原始祖熊绎被封丹阳之地为丹淅说者中，实有三类说法：一是"丹淅说"，即指丹水与淅水之间；二为"丹淅之会说"，即指丹水与淅水交会处；三是"淅川说"，即指淅川县境的淅水边。"丹淅说"所指区域比"丹淅之会说""淅川说"所指区域大得多。虽然如此，但多数论者仍只是以"丹淅一带"代指"丹阳"，没有确指丹阳的具体地点。极少数论者为了寻求丹阳具体地点，又提出"淅川龙城说"，如裴明相《楚都丹阳试探》③，该说是"丹淅说"中至今为止唯一指定有具体地点的说法。却没有确指为西峡说。段文所言"有学者主张西峡是屈原出生地"实是隐指黄崇浩《屈原生于南阳说》一文，依黄文之"南屈"在南阳为据。2015 年，黄氏突然发文以"河南平顶山市鲁山县是屈原故里——'屈原生于南阳说'的一个新结论"为题为其"亡羊补牢"。黄氏在该文中称："在西峡会议（指 2013 年西峡召开的国际屈原学术研讨会）前后，一批学者及专家力图将笔者所持'屈原生于南阳说'直接坐实为屈原生于西峡。……是有违笔者意愿的。坦率地说，笔者在提出'屈原生于南阳

① 韩隆福等：《楚平王时的采菱城和城州屈——兼论屈原祖籍汉寿说》，《湖南文理学院学报》2009 年第 3 期。

② 黄崇浩：《"州屈"不在湖南而应在河南》，《云梦学刊》2007 年第 5 期。

③ 裴明相：《楚都丹阳试探》，《文物》1980 年第 10 期。

说'之初,并没有能确指屈原生于南阳何地何处。这也是笔者今日深感遗憾的。然而,亡羊补牢,犹未为晚。"① 由此可见,"屈原故里西峡"说不攻自破。我们认为屈原曾流放于汉北,其流放期间有可能到过丹淅一带的西峡。如果说西峡是屈原生地或是屈原祖籍地,证据明显不足。我们曾撰有专文驳论,② 在此不再赘述。

故里与生地概念内涵

古今争讼屈原故里中,始终存在使用概念不一的问题,有称屈原故乡、屈原家乡、屈原老家等,有称屈原生地、籍贯等。有的以屈原故里、屈原故乡、屈原家乡、屈原老家等概念代指屈原生地,形成含糊其辞、模棱两可现象。仔细辨析,这些概念内涵既有区别又有联系。

笔者认为,生地,即出生地,出生之地是家国,亦可称老家;祖籍或祖居之地是祖国,亦可称籍贯;久居之地是乡国,亦可称故乡、家乡、故里;奉仕之地是君国,特指时也可称故乡。换言之,曾生活或工作时间较长的地方,亦可称故里、故乡、家乡。《辞源》释故里"即故乡",释故乡"即家乡"。③ 籍贯是对祖居地的一种表述,如今参照公安部(公通字〔1995〕91 号)文件,公民的籍贯应为本人出生时祖父的居住地(户口所在地);祖父去世的,填写祖父去世时的户口所在地;祖父未落常住户口的,填写祖父应落常住户口的地方;公民登记籍贯后,祖父又迁移户口的,该公民的籍贯不再随之更改。1999 年,全国范围内重新填写新版《干部履历表》时,中共中央组织部和国家档案局联合下发的"填写说明"解释为:"籍贯"填写本人的祖居地(指祖父的长期居住地)。今天,部分人将"籍贯"等同于"生地",混淆了二者的涵义。

因此,可以看出,祖国、乡国、君国与故里、故乡、家乡、籍贯的

① 黄崇浩:《河南平顶山市鲁山县是屈原故里——"屈原生于南阳说"的一个新结论》,《黄冈师范学院学报》2015 年第 5 期。
② 谭家斌:《驳"屈原故里西峡"说》,《三峡论坛》2014 年第 2 期。
③ 参见《辞源》,商务印书馆 1995 年修订版,第 725 页。

涵义大同小异，且涵义宽泛。故乡、故里、家乡、籍贯的内涵大于出生地。惟出生地（家国）具有专一性、特指性。出生地有时可称故里、故乡、家乡、籍贯，但家乡、故乡、故里、籍贯却不能特指为出生地。简言之，故乡、故里、家乡、籍贯不能等同于生地。出生地始终只存在一个，而故乡、故里、家乡、籍贯可能存在两个或多个。

从前述 11 说之中可以看出，明指为屈原出生地者有鄢郢、秭归、奉节、江陵、南阳、西峡等六说，明指为屈原故乡或故里者有常德、湘阴、岳阳、临湘等四说，既称屈原故乡又称屈原出生地者有汉寿说；从前述评议中可见，奉节、鄢郢、常德、湘阴等四说已无人再论及；从上述概念内涵来看，古今真正意义上的屈原出生地争讼只有秭归、江陵、西峡等三说。

总而言之，屈原出生地始终只存在一个。东晋袁山松《宜都记》是今见最早明确记载屈原生地的古籍文献："秭归盖楚子熊绎之始国，而屈原之乡里也。原田宅于今俱存。"① 随后，东晋庾仲雍《荆州记》："秭归县有屈原宅。"② 北魏郦道元《水经注》："（秭归）县北一百六十里，有屈原故宅，累石为屋基，名其地曰乐平里。"③ 唐代沈亚之《屈原外传》引《江陵志》载："屈原故宅在秭归乡。"④ 唐代至明清时期，此类记述较多。较早的传统认为屈原出生地也在秭归，在没有确证出现之前，以秭归说较为妥当。

（原载三峡文化与经济社会发展研究中心、湖北省三峡文化研究会主办《三峡文化研究》第 16 辑，社会科学文献出版社 2021 年版）

---

① 陈桥驿：《水经注校证》，中华书局 2013 年版，第 757 页。
② （清）陈应溶等：《荆州记九种》，湖北人民出版社 1999 年点校本，第 94 页。
③ 陈桥驿：《水经注校证》，中华书局 2013 年版，第 757 页。
④ （清）胡文英：《屈骚指掌》，北京古籍出版社 1979 年版，第 2 页。

端午文化

屈原故里端午风

　　端午又称重五节、端阳节、诗人节、龙舟节、女儿节，亦有粽节、蒲节、艾节等称谓。南宋诗人陆游在屈原故里湖北秭归（归州）观看端午龙舟竞渡后，赋有《归州重五》诗："屈平乡国逢重五，不比常年角黍盘。"①屈原故里秭归的端午节，的确很有特色。为了纪念屈原，在每年的五月要过三个端午节日：五月初五"头端阳"、五月十五"大端阳"、五月二十五"末端阳"，并举办丰富多彩的纪念屈原的端午活动。屈原故里的端午风俗可谓源远流长，久负盛名，而且别具一格。特别是屈原诞生地乐平里，端午祭吊屈原风俗更盛。

　　祭诗魂。每逢五月初五，秭归人们聚于县城的屈原祠或乐平里的屈原庙，开展祭祀屈原的活动。在祭祀仪式中，咏屈原诗作，唱《招魂曲》，祭龙舟头，向屈原塑像烧香叩拜，痛讼《公祭祝文》，或默哀或叩首或鞠躬。自20世纪80年代以来，秭归已连续举办五届"端午文化节"，将祭吊屈原的活动作为端午文化节的主要内容。

　　办诗会。屈原诞生地秭归乐平里"诗风特盛，明清时代有好诗者结社'骚坛'。每逢端午节前后，好诗者邀约相聚，饮酒赋诗，述志抒怀，蔚为风气"②。乐平里以农民诗人为主体的"泥巴杆子"诗社——"三闾骚坛"，直至今日仍异常活跃，连年举办端午诗会，或颂扬屈原，

---

　　① 刘济民：《歌咏屈原古今诗词选》，中国炎黄文化出版社2008年版，第119页。
　　② 湖北省秭归县地方志编纂委员会编纂：《秭归县志》，中国大百科全书出版社1991年版，第337页。

或悼念屈原。因此，端午节在乐平里又称"诗人节"。每至端午，外地文人雅士及骚人墨客纷纷汇聚乐平里，与农民诗人搭设诗台，赛诗吟对，赋诗唱和，热闹非凡。著名诗人严辰、公刘曾赴乐平里参与农民诗会。

回娘家。晋代袁山松《宜都山川记》曰："屈原有贤姊，闻原放逐，亦来归，喻令自宽全。乡人冀其见从，因名曰秭归。"① 秭归人沿袭"贤姊"的美德，出嫁的姑娘在端午节携带着粽子等礼物回娘家省亲，看望娘家父母、兄弟姊妹及侄儿男女。有的专门到归州屈原祠或乐平里屈原庙游览并祭拜屈原，有的也到娘家祖坟地插青挂幡，祭祀先灵。

包粽子。南朝《齐谐记》载："（屈）原以五月五日投汨罗，楚人哀之，每至此日，以筒贮米祭，今市俗置米于新竹筒中蒸食之，谓之装筒。其遗事，亦曰筒粽。"② 晋代周处《风土记》载："仲夏端午，烹鹜角黍。"③ 秭归作粽讲究，在米粽中置一粒红枣，因此流传有《粽子歌》："有棱有角，有心有肝。一身洁白，半世煎熬。"④ 既是对屈原人格情操的赞颂，又是对屈原遭遇的真实写照。

赛龙舟。南朝《荆楚岁时记》曰："五月五日竞渡，俗为屈原投汨罗日，伤其死，故并命舟楫以拯之。"⑤《隋书·地理志》亦载："其迅楫齐驰，棹歌乱响，喧振水陆，观者如云，诸地皆然，而南郡尤甚。"⑥ 秭归在秦朝郡县制时，即为南郡。秭归的龙舟竞渡独具特色，龙舟式样色彩缤纷，竞赛水域惊险刺激，祭祀程序庄重肃然，竞赛场面震天动地。特别是吊唁屈原的"招魂"仪式，悲壮婉转，如泣如诉，感人肺腑。2004 年 7 月，秭归被国家体育总局授予"中国龙舟运动基地——中国全民健身著名景观"，确定该县为全国唯一的龙舟基地和全国十大

① 参见陈桥驿《水经注校证》，中华书局 2013 年版，第 757 页。
② （南朝）吴均：《续齐谐记》，上海古籍出版社 2012 年点校本，第 230 页。
③ （晋）周处：《风土记》，（唐）徐坚《初学记》引，中华书局 1962 年版，第 74 页。
④ 参见张伟权等《诗魂余韵》，中国书籍出版社 2009 年版，第 193 页。
⑤ （南朝）宗懔：《荆楚岁时记》，岳麓书社 1986 年辑校本，第 36 页。
⑥ （唐）魏徵等：《隋书》，中华书局 2008 年版，第 609 页。

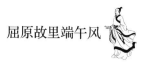

体育景观之列。

悬白艾。南北朝《荆楚岁时记》载："荆楚人以五月五日并蹋百草，采艾以为人，悬于门户上，以禳毒气。"又说："常以五月五日鸡未鸣时采艾……用炙有验。"①《本草纲目·草部·艾》曰："产于山阳，采以端午，治病炙疾，功非小补。"② 每年的五月初五凌晨，乐平里人家家户户采割"露水艾"，在门头、窗棂上悬挂一束束用红纸条扎成的白艾。如果熏制艾绒，不仅醒脑提神，而且驱虫治病。屈原《离骚》有"今直为此萧艾"的诗句，视艾为恶草，影射楚王朝廷奸党邪人。据传说，乐平里的人们为表达对屈原的热爱和对昏君奸臣的痛恨，故悬艾草于门楣，意将奸臣邪人悬于门上示众。

挂菖蒲。菖蒲叶可长达一尺至数尺，外形如剑，因此秭归人称其"菖蒲剑"。菖蒲有香气，既可制作香料，还可供药用，民间流传有"端午佳节，菖蒲作剑，悬于避邪"之说。据秭归民间传说，秦兵欲挖掘秭归屈原祠的屈原衣冠冢时，神仙托梦告知百姓，家家户户于门旁悬挂菖蒲剑，并在屈原衣冠冢上遍插菖蒲剑，秦兵见遍地皆剑，也知晓百姓对屈原有深厚的感情，秦兵不敢贸然动手，果然以此法吓走了胆怯的秦兵。端午节于门户上悬挂菖蒲剑，以示纪念屈原。

系彩丝。屈原故里端午系彩丝的方式有两种：一是作粽时缠丝。《襄阳风俗记》载："屈原五月五日投汨罗江，其妻每投食于水以祭之。原通梦告妻，所祭食皆为蛟龙所夺。龙畏五色丝及竹，故妻以竹为粽，以五色丝缠之。"③ 作粽缠丝是为了屈原投江后的尸首免遭蛟龙劫食。秭归端午龙舟竞渡时，必向江中抛撒缠丝的米粽；二是手臂系丝。东汉《风俗通》记载："五月五日，以五彩丝系臂者，辟兵及鬼，令人不病瘟。亦因屈原。"④ 秭归女性及儿童用五彩丝织品系于臂，既起着妆饰和避邪的作用，又意在怀念屈原。

---

① （南朝）宗懔：《荆楚岁时记》，岳麓书社 1986 年辑校本，第 34 页。
② （明）李时珍：《本草纲目》，人民卫生出版社 2014 年点校本，上册，第 936 页。
③ 参见刘纬毅《汉唐方志辑佚》，北京图书馆出版社 1997 年版，第 427 页。
④ （汉）应劭：《风俗通义》，中华书局 2003 年校注本，第 605 页。

送画符。每遇五月初五头端阳，乐平里屈原庙的守庙人始到周围农户家中送"端阳符"、讨善款、求喜钱。画符中的图画均是趋吉避凶、吉祥如意等内容，有时配有"祛邪扫瘟"的红色字画，贴于各户神龛之下，三个端阳后将其焚烧。

佩香袋。屈原在其作品中有特殊的"香草"情结，如《离骚》："昔三后之纯粹兮，固众芳之所在。杂申椒与菌桂兮，岂维纫夫蕙茝。"这里的椒，指花椒；桂：指桂树；蕙：与兰草同类的香草；茝：指白芷。皆为"众芳"的香草植物。"纫夫蕙茝"，指缝制成的装有蕙茝的香袋。秭归人为承袭屈子文风及其精神，将香袋中装上桂皮、花椒、丁香、茴香、山奈，或装上白芷、雄黄、花椒、细辛、苍术，称为"五香"。这些香草植物均是屈原在其作品中所颂扬的。民间有"香包身上带，伢儿逗人爱"的俗语。传说孩童佩戴香袋既可驱邪避凶，强身健体，又能铭记屈原作品，缅怀屈原。

屈原故里这十类大型的端午风俗活动大多在"头端阳"进行，活动内容都与屈原相关联。"大端阳"和"末端阳"之时，又举办小型的纪念屈原的活动，如打莲湘、划采莲船、踩高跷、扭秧歌、唱皮影戏等，唱词内容也都是颂扬屈原或悼念屈原的。除了这些活动之外，屈原故里的其他端午习俗还有放瘟船、点吉祥痣、饮雄黄酒等。

（原载《光明日报》2008年6月8日第4版。又载《湖南日报》2008年6月9日第4版）

龙·龙舟·屈原

——中国龙和龙舟文化与屈原文化

一

远古传说中，我国人类的始祖伏羲、女娲、炎帝、尧、舜、禹，甚至包括楚人先祖祝融、颛顼等，多被描绘成龙身人首、龙颜人形的神奇人物。龙，是不是真实存在的生物呢？迄今众说纷纭。闻一多说："我们的答案是：它是一种图腾，并且是只存在于图腾中而不存在于生物界中的一种虚拟生物，因为它是由许多不同的图腾糅合成的一种综合体。"① 龙的形象是融合的。《说文》载："龙，鳞虫之长。能幽能明，能细能巨，能短能长，春分而登天，秋分而潜渊。"② 相传龙的形体"九像九不像"，李时珍《本草纲目·鳞部》引东汉王符著名的龙之"九似"说："其形有九，头似驼，角似鹿，眼似兔，耳似牛，项似蛇，腹似蜃，爪似鹰，掌似虎，是也。"③ 宋代郭若虚《图画见闻志》亦曰："头似牛，嘴似驴，眼似虾，角似鹿，耳似象，鳞似鱼，须似人，腹似蛇，足似凤。"④ 今人概括说："在传进的图画中，龙的形象大体是牛首（或鳄首、蛇首等）、象鼻、鹿角、马鬃、蛇躯、鳞身、鳄棘、鱼尾、

---

① 闻一多：《端午考》，《文学杂志》（第 2 卷）1943 年第 3 期。
② （汉）许慎：《说文解字》，中华书局 1963 年校定本，第 245 页。
③ （明）李时珍：《本草纲目》，人民卫生出版社 2014 年点校本，下册，第 2375 页。
④ 参见庞进《中国龙文化解读》，《光明日报》2007 年 3 月 23 日第 4 版。

鹰爪、鼍足，显然是多种动物形态的组合体。"① 描述惟妙惟肖，使人更加扑朔迷离，变幻莫测。特别有趣的是，古代十二生肖中，龙是唯一现实中不存在的动物。不论龙是否真实存在，中国龙文化却客观存在，而且已经形成了延绵几千年的中华民族图腾文化（龙文化），即图腾崇拜。

中国龙起源于新石器时代早期，1982 年在辽宁阜新查海前红山文化中发掘出现的龙形堆塑，距今达 8000 年，是中华龙文化漫长历史的重要见证，被称为"中华第一龙"。② 从古籍记载和考古发掘情况来看，中华民族不愧是龙的传人：龙的源流千古延绵，龙的寓意五彩缤纷，龙的事象遍布华夏，龙的造型千姿百态，龙的文化精湛绝妙。首先考察古籍文献的多种记载，东汉王充《论衡·龙虚篇》："世俗画龙之像，马头蛇尾。由此言之，马蛇之类也。"③ 比《论衡》更早的《周礼·庾人》："马八尺以上为龙。"④ 言龙似蛇似马；《论衡》又曰："龙，牛之类也。""龙，鱼之类也。其乘雷电犹鱼之飞也。"⑤ 言龙似牛似鱼；西汉刘向《列仙传·呼子先传》："有仙人持二茅狗来……子先与酒媪各骑一，乃龙也。"《陈书》："正光元年有黑龙如狗走宣阳门。"言龙似狗；《路史·后纪十三》："（鲧）其神化为黄熊，或云黄龙。"言龙似熊；先秦的《山海经》有"龙身而鸟首""龙身而人面"等记述，言龙似鸟似人。其次看考古发掘情况，河南濮阳西水坡出土的蚌壳塑龙，身似鳄，头似虎；内蒙古赤峰市三星他拉出土的玉雕龙，身似蛇，头似猪或马；安徽含山凌家滩出土的玉雕龙，身似鱼，头似牛；河南固始侯古堆一号墓出土的漆盘龙，头上有一对鹿角，面似蟾，头似鹿；湖北黄梅白湖出土的河卵石塑龙，身似蛇，尾似鱼，头似虎。再看历史称谓，按形体分类：有鳞者为蛟龙，有翼者为玄龙，有角者为虬龙，无角者为螭

---

① 赵伯陶：《生肖说龙》，《文史知识》2002 年第 7 期。
② 庞进：《中国龙文化解读》，《光明日报》2007 年 3 月 23 日第 4 版。
③ （汉）王充：《论衡》，岳麓书社 2015 年版，第 77 页。
④ 陈戍国点校：《周礼·仪礼·礼记》，岳麓书社 2006 年版，第 74 页。
⑤ （汉）王充：《论衡》，岳麓书社 2015 年版，第 78—79 页。

龙,一足者为夔龙。按特性分类:好水者为晴龙,喜火者为火龙,爱斗者为蜥龙,善吼者为鸣龙,发光者为烛龙。按职责分类:能兴云布雨者为"神龙",执掌地上泉水及水源者为"地龙",看守天下宝物者为"护藏龙"。按区间分类:居水中者有蛟龙、晴龙、蟠龙等,居陆上者有行龙、虬龙、夔龙等,居天空者有天龙、云龙、飞龙等;从颜色分类:苍龙、黄龙、黑龙、白龙、赤龙、紫龙、金龙等等。再看龙之寓意。如"团龙":盘成圆形龙的造形,配以云纹或水纹,或花草纹围绕,加上一颗火珠,寓意天下升平、国泰民安;再如"攀龙":云与龙混饰而缠柱,势如攀上腾升,寓意吉祥、威严;又如"降龙":尾上头下,身摇须飘,腾云驾雾,如从天降,寓意祥和喜庆、幸福美好;还有寓意拯救灾难、降福人间的"云龙",寓意风调雨顺、年丰人和的"应龙"等等。千古迄今,人们认为龙是一种性情良好、温和仁慈的神物,是神圣、吉祥、英勇、尊贵的象征。如古代皇帝被称为"真龙天子",睡床称龙床,身躯称龙体,袍衣称龙袍。《史记·天官书》曰:"轩辕,黄龙体。"①

二

古代楚人尊龙崇龙众所周知,《山海经·海外南经》载:"南方祝融,兽身人面,乘两龙。"② 祝融即史载楚祖。汉代王逸说屈原作品"虬龙鸾凤,以托君子"③,的确如此,屈原不仅承袭楚人崇龙习俗,而且在作品中大量描写龙。《离骚》"驷玉虬以乘鹥兮",玉虬即指白色的龙。再如《离骚》"为余驾飞龙兮""麾蛟龙使梁津兮""驾八龙之婉婉兮"。屈原驾龙乘凤,驭龙为马,使龙为桥;《九歌·云中君》"龙驾兮帝服,聊翱游兮周章",云神(云中君)驾着龙车,穿着帝服而翱翔四方;《九歌·湘君》"驾飞龙兮北征""石濑浅兮浅浅,飞龙兮翩

---

① (汉)司马迁:《史记》,中华书局1959年版,第1300页。
② 李润英等译:《山海经》,岳麓书社2012年版,第215页。
③ (宋)洪兴祖:《楚辞补注》,中华书局2002年点校本,第3页。

翙"。湘君驭龙形之舟翩翩起舞；《九歌·湘夫人》"蛟何为兮水裔"，湘夫人责叹蛟龙不沉深渊只恋水岸；《九歌·大司命》"乘龙兮辚辚，高驰兮冲天"，大司命（主寿夭之神）乘着轰轰隆隆的飞龙在高高的天空驰骋；《九歌·东君》"驾龙辀兮乘雷，载云旗兮委蛇"，日神（东君）驱龙以雷为车轮，插旗为云而舒展；《九歌·河伯》"驾两龙兮骖螭""鱼鳞屋兮龙堂"。河神（河伯）驭龙形之车，观龙画之堂；《天问》"应龙何画""焉有虬龙，负熊以游""日安不到，烛龙何照"。屈原对应龙作画、烛龙射光、虬龙负熊进行诘问；《九章·涉江》"驾青虬兮骖白螭，吾与重华游兮瑶之圃下"，屈原驾黑龙配白龙，陪帝舜（帝舜名字为重华）游瑶圃春宫；《九章·哀郢》"过夏首而西浮兮，顾龙门入而不见"，屈原称楚国郢都城门为龙之门；《九章·悲回风》"鱼葺鳞以自别兮，蛟龙隐其文章"，屈原认为鱼生鳞以示其异别，龙潜渊以隐其风采；《远游》"驾八龙之婉婉兮""玄螭虫象并出进兮，形蟉虬而逶蛇"，描写驭龙及龙的婀娜多姿之形态；《大招》"螭龙并流，上下悠悠只"，描写螭龙在水中悠哉游哉；《招魂》"仰观刻桷，画龙蛇些"，观阅古代龙蛇图画。屈原在14篇诗作中20多处描绘龙，涉及龙的种类有虬龙、螭龙、玉龙、蛟龙、烛龙、龙马等，还以龙为车、以龙为马、以龙为船，另外又描绘了龙门、龙堂，可谓绘声绘色，想象奇特。而且将龙与神相连，以龙娱神，以龙配帝，以龙喻城，突出地表现了屈原的浪漫主义特色，也充分表现了屈原深厚的崇龙情结。

楚人信仰龙，进而产生了龙舟。《管子·水地》载："龙生于水，被五色而游，故神，欲小则化如蚕蠋，欲大则藏于天下，欲尚则凌于云气，欲下则入于深泉。变化无日，上下无时。"《吕氏春秋·恃君览·召类》载："以龙致雨。"① 汉代高诱注称："龙，水物也，故致雨。"汉代张衡《西京赋》曰："命舟牧，为水嬉。"龙与水及舟与水的特性，便衍生了龙舟。龙舟与"龙"紧密相连：龙舟的舻称为"龙头"，舳称为"龙尾"，横木称为"龙骨"，彩绘称为"龙甲"，舟上彩旗称为

---

① 谷应声：《吕氏春秋白话今译》，中国书店1992年译注本，第362页。

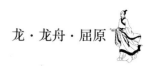

"龙子幡"。整艘龙舟似栩栩如生而又昂首腾飞的"龙"。由此可知,龙舟文化是龙文化的外延。先有了龙才有龙舟,龙舟文化是龙文化的组成部分。

古文献最早有龙舟记载的是西晋太康二年(282)从战国中期魏襄王墓中发现的先秦古籍《汲冢书》之一的《穆天子传》,该传卷五曰:"天子乘鸟舟龙浮于大沼。"① 由此可见,在西周穆天王时便有了龙形之舟。屈原《离骚》《九歌·湘君》中所述"飞龙"和《九歌·东君》所述"龙辀",即指龙舟。《九歌·湘君》"沛吾乘兮桂舟""驾青虬兮骖白螭"及《九歌·河伯》"乘水车兮荷盖"中的桂舟、青虬、水车亦均指龙舟。从《穆天子传》和屈原的作品中可以看出,初始的龙舟是供天子乘坐而用以巡视或游玩,是显示尊贵、神圣的象征。到秦汉时期,又融以祭祀和竞技功能,即龙舟竞渡。随着几千年历史的演变,龙舟的功用突出表现为祭祀和竞渡,而且与端午节日融为一体。在历史长河中,龙舟竞渡的源说和龙舟的式样也变得丰富多彩。从龙舟的式样来看,可谓五花八门。如汉代刘安《淮南子·本经训》载:"龙舟鹢首,浮吹以娱,此遁于水也。"② 龙舟头似鸟形;在江苏淮阴战国墓出土的铜器上有巫师所驭龙舟形车纹饰③,龙舟似车形;汉代应场《灵河赋》:"龙艘白鲤,越舲蜀艇。"龙舟似鱼形。另外还有:广西的"脚划舟"、广东和台湾的"爬龙舟"、贵州苗族的"子母舟"、江西南昌的"旱龙舟"、江苏武进和四川五通桥的"夜龙舟"、杭州和广东顺德的"游览龙舟"、湖北秭归的"雕花龙舟"。从龙舟竞渡的源说来看,历史上已发展为近十种,主要有:东汉邯郸淳《曹娥碑》记载的纪念春秋时代吴国大臣伍子胥说;梁人宗懔《荆楚岁时记》所引《越地传》记载的纪念越王勾践说;东汉蔡邕《琴操》记载的纪念春秋前期晋臣介子推说;《曹娥碑》及东晋虞预《四明丛书》记载的纪念孝女曹娥说;南朝的《鄱阳记》和《荆楚岁时记》记载的纪念屈原说;《旧唐书·中宗

① (晋)郭璞等:《穆天子传》卷五,岳麓书社 1997 点校本,第 237 页。
② (汉)刘安:《淮南子》,吉林文史出版社 1990 年注译本,第 362 页。
③ 参见淮阴市博物馆《淮阴高庄战国墓》,《考古学报》1988 年第 2 期。

纪》记载的纪念岩红窝说。但是，唯有祭祀屈原的源说最深入人心，而且其他源说已逐渐被屈原源说所替代。

三

龙、龙舟与屈原的结合，是中华民族独特的图腾文化。首先，屈原在诗作中大量描绘各具特性的龙，而且咏叹龙舟，充分说明屈原具有对龙的深厚崇拜和对龙舟的丰富见解。其次，古代史料大量记载着屈原与龙舟竞渡的渊源，如南朝刘澄之的《鄱阳记》，以及《荆楚岁时记》《隋书·地理志》《玉烛宝典》《太平御览》《武陵竞渡略》等等。纪念屈原的龙舟竞渡隆盛于唐朝，从唐代诗人留下的诗作中可以看出，如盛唐诗人储光羲的《观竞渡》、中唐诗人刘禹锡的《竞渡曲》、李群玉的《竞渡诗》、张建封的《竞渡歌》、范造的《竞渡赋》等等。充分说明屈原与龙舟竞渡是不可分割的传统文化。屈原与传统文化融合的现存最早的记载是东汉应劭的《风俗通义》，载曰："五月五日，以五采丝系臂者，名长命缕……辟兵及鬼，令人不病瘟。又曰，亦因屈原。"[①] 当时将屈原视作"神"予以祭祀和纪念。最早记载以龙舟竞渡形式纪念屈原的古籍，现存可查的是南朝时期齐人刘澄之的《鄱阳记》，载曰："每至五月五日，乡人于此江水，以船竞渡，俗为屈原攘灾。"稍后梁人宗懔《荆楚岁时记》云："五月五日竞渡，俗为屈原投汨罗日，人伤其死，故并命舟楫以拯之，至今竞渡是其遗俗。舟舸取其轻利，谓之'飞凫'。一自以为'水车'，一自以为'水马'。"[②] "飞凫""水车""水马"皆为龙舟式样，由此可见，在南朝时期用于纪念屈原而竞渡的龙舟，不仅达到了"轻利"的精巧程度，而且龙舟式样也多种多样。同时可见，龙舟与屈原的结合，形成了独特的传统文化，它表现于龙舟文化和屈原文化，龙舟文化包含祭祀文化和竞技文化，屈原文化又包含龙舟文化。再其次，世世代代的人们将屈原视为"龙"一样的崇拜偶

① （汉）应劭：《风俗通义》，中华书局 2010 年校注本，下册，第 605 页。
② （南朝）宗懔：《荆楚岁时记》，岳麓书社 1986 年辑校本，第 36 页。

像。晋代王嘉的《拾遗记》卷十载："屈原以忠见斥……被王逼逐，乃赴清冷之水。楚人思慕，谓之水仙。其神游于天河，精灵时降湘浦。楚人为之立祠，汉末犹在。"①人们被屈原的精神和遭遇所感动，不仅将屈原作为水神崇拜，而且早在汉代已修建了专为纪念屈原的庙祠。按《管子·水地》"龙生于水……故神"之说，生于水的龙及卒于水的屈原均可称为"水仙"。闻一多的《端午考》，从古籍文献中引经据典101条，考证端午节是"龙的节日"，称端午为"龙日"。巧合的是，屈原的卒日亦为五月五日，正与端午节这个"龙日"重合，从古至今在龙日进行龙舟竞渡纪念屈原，又对龙舟文化、端午文化和屈原文化赋予特殊的意义，唐代诗人文秀诗曰："节分端午自谁言？万古传闻为屈原。"②

龙和龙舟文化与屈原文化的融合，是中华民族独具特色、光耀千古的传统文化。概而言之，龙是图腾，屈原是偶像，二者被龙舟泛化，形成了别具一格的民族文化。屈原崇龙并抒怀龙舟，龙舟传承屈原，又形成了独放奇采的屈原文化。

（原载《中国端午习俗》，长江出版社2010年版。又以《屈原与龙舟》为题，载《三峡晚报》2019年6月5日第19版）

① （晋）王嘉等：《拾遗记》（外三种：《异宛》《幽明录》《续齐谐记》），上海古籍出版社2013年点校本，第66页。
② 刘济民：《歌咏屈原古今诗词选》，中国炎黄文化出版社2008年版，第70页。

屈平乡国逢重五　不比常年角黍盘

——综述世界非遗"中国端午节"中"屈原故里端午习俗"的文化内涵及传承方式

宋代淳熙五年（1178）5月，著名诗人陆游听从孝宗诏命，出蜀返回临安（今浙江杭州市），途经秭归归州，恰遇端午龙舟竞渡，观瞻之后咏《归州重五》诗："斗舸红旗满急湍，船窗睡起亦闲看；屈平乡国逢重五，不比常年角黍盘。"① 陆游感慨屈原（名平）家乡的端午节不仅气氛热烈，而且别具特色。每年的农历五月，在秭归堪称"端午月"，一个月有三个端午节：五月初五过"头端阳"（亦称头端午）、五月十五过"大端阳"（亦称大端午）、五月二十五过"末端阳"（亦称末端午）。湖北秭归端午风俗源远流长，形成了独特的端午文化，其内涵丰富多彩。

2006年5月，秭归"屈原故里端午习俗"被列入第一批国家非物质文化遗产名录。2009年9月，受国家文化部委托，由湖北省代表"三省四地"（湖北秭归县"屈原故里端午习俗"、湖北黄石市"西塞神舟会"、湖南汨罗市"汨罗江畔端午习俗"、江苏苏州市"苏州端午习俗"）向联合国教科文组织申报的"中国端午节"，成功入选《人类非物质文化遗产代表作名录》。秭归作为屈原故里，且为"中国端午节"源地之一，端午文化历经千余年的传承、演变、沉淀，其文化内

---

① 刘济民：《歌咏屈原古今诗词选》，中国炎黄文化出版社2008年版，第119页。

涵和传承方式可划分为九大类型。

一　龙舟文化

秭归因为是屈原故乡，与屈原关联的龙舟文化意蕴别异，其主题是祭吊屈原，内涵是弘扬屈原精神。

龙舟竞渡。南朝梁人宗懔《荆楚岁时记》曰："五月五日竞渡，俗为屈原投汨罗日，人伤其死，故并命舟楫以拯之。"[①]《隋书·地理志》亦载："其迅楫齐驰，棹歌乱响，喧振水陆，观者如云，诸郡率然，而南郡、襄阳尤甚。"[②] 秦朝时秭归即属南郡。秭归的龙舟竞渡独具风采，龙舟式样色彩缤纷，竞赛水域惊险刺激，祭祀程序庄重肃然，竞赛场面震天动地。特别是吊唁屈原的"招魂"仪式，悲壮婉转，如泣如诉，憾人肺腑。《秭归县志》载："每年的头端阳或大端阳，江河鼓锣齐鸣，桨桡翻动，呼唤'我哥回'，划龙舟为屈原招魂。……意将屈原英灵从汨罗江接回故里。"[③] 1979—2014 年，秭归县承办或主办的龙舟赛达 32 次，其中 1992 年、2001 年承办的第一、第二届中国长江三峡国际龙舟拉力赛是世界上最长距离的拉力赛，创造出龙舟赛史上的"吉尼斯纪录"。

景观秀美。秭归龙舟竞渡历史悠久，至今不仅已形成了系统的俗规和完整的唱腔、乐调，而且均在宽阔的长江水域进行。三峡水利枢纽工程兴建后，竞渡水域又选在三峡大坝一千米之上的秭归新县城边长江水域。其秀丽景观，壮观场面，集移民新县城、巍巍三峡大坝、旖旎长江风光、浩浩三峡平湖等景色，煞是奇特。2004 年，秭归被国家体育总局授予"中国龙舟运动基地——中国全民健身著名景观"，确定该县为全国唯一的龙舟基地和全国十大体育景观之一。2011 年，被国家体育总局命名为"中国龙舟之乡"。

---

① （南朝）宗懔：《荆楚岁时记》，岳麓书社 1986 年辑校本，第 36 页。
② （唐）魏徵等：《隋书》，中华书局 1973 年版，第 897 页。
③ 湖北省秭归县地方志编纂委员会编纂：《秭归县志》，中国大百科全书出版社 1991 年版，第 429 页。

工艺精湛。秭归龙舟都用杉木或柏木打造而成。龙头上，用玻璃球镶嵌成眼珠，或雕刻龙眼，用彩丝制成须髯。舟身涂抹质量上乘的桐油后，再用红、蓝、黄、白等色油漆绘成鱼鳞形的"龙甲"。其中白龙称为"孝龙"，特指屈原故乡后裔为纪念诗祖屈原尽忠尽孝。龙舟底涂上化猪油或牛麻藤汁，这种龙舟专供竞渡之用，秭归工匠打造的 10 米龙舟，被确定为全国龙舟竞渡标准龙舟。另外有一种"雕画龙舟"，专门用于乘载观看竞渡的嘉宾贵客。舟上雕梁画栋，有飞龙走兽、鸟虫花草等彩绘浮雕。制造龙舟或新龙舟下水时都选择良辰吉日，并烧香拜佛，祈求平安。

二 饮食文化

秭归端午饮食文化色彩缤纷，具有楚文化的浓厚风韵。

包粽子。南朝梁人吴均《续齐谐记》载："屈原五月五日投汨罗而死，楚人哀之，每至此日，竹筒贮米，投水祭之。"① 晋代周处《风土记》载："仲夏端午。端，初也。……以菰叶裹粘米，以栗枣灰汁令熟……黏米一名粽，一日角黍，盖取阴阳尚包裹之象也。"② 秭归作粽讲究，在米粽中间置放一粒红枣，因此流传有《粽子歌》："有棱有角，有心有肝。一身洁白，半世煎熬。"③ 既是对屈原人格情操的赞颂，又是对屈原遭遇的真实写照。

秭归端午包粽子，一是节日食用；二是投水祭奠屈原；三是相互赠送。作为时令佳品，当作礼物相互馈赠。明代李时珍《本草纲目·谷部》释粽曰："今俗五月五日以为节物相馈送，或言为祭屈原，作此投江，以饲蛟龙也。"④ 意谓以粽子饲蛟龙，避免投江的屈原尸首被蛟龙伤害。

蒸面馍。俗称蒸粑粑，即用上等小麦面粉发酵后制成面馍，再放入

---

① （唐）欧阳询：《艺文类聚》卷四，上海古籍出版社 1982 年点校本，第 74 页。
② （宋）李昉：《太平御览》卷三一，中华书局 1985 年版，第 146 页。
③ 参见张伟权等《诗魂余韵》，中国书籍出版社 2009 年版，第 193 页。
④ （明）李时珍：《本草纲目》，人民卫生出版社 2014 年点校本，下册，第 1451 页。

垫有芭蕉叶或桐树叶的锅内或蒸笼中蒸熟，与粽子一起作为端午节食品，或作为礼物相送，或招待客人。端午节吃面馍，寓意圆圆满满，祈求风调雨顺，五谷丰登。

饮雄黄酒。雄黄是一种含硫化砷的矿物质，色黄有光泽，在中药上称雄精，有解毒、杀菌、抑菌的作用。端午节饮用少量雄黄酒，可以镇惊痫、泻内毒，外敷可杀菌镇痛，还有强身健体之功效，故民间流传"饮了雄黄酒，百病赶得走"①的民谚。清代光绪六年《荆州府志》："五月五日，以雄黄朱砂入酒饮之。"②《本草纲目·石部·雄黄》认为雄黄能"杀精物恶鬼邪气百虫毒"，且"悦泽人面""延年益寿"③。但是，雄黄所含硫化砷是制作砒霜的重要原料，饮服过量会引起神经性中毒，甚至死亡。

食盐蛋。每年农历四月中下旬，几乎家家户户将新鲜鸡蛋或鸭蛋用食盐裹拌后置于空坛中腌制，到端午节时，与糯米、粽子一起蒸煮食用。将熟热的盐蛋置于幼儿肛脐周围反复碾压滚动，可以治疗消化不良症状。

除以上饮食风俗之外，还有吃大蒜、吃卤面等。

三　祭祀文化

屈原是秭归端午节祭祀的唯一对象，以此为主题的传统祭祀活动，表现出屈原故乡人们对屈原的崇敬和怀念。

祭屈原。每逢五月初五，秭归人们聚于县城屈原祠或聚于相传为屈原诞生地的乐平里屈原庙，搭设祭坛，开展祭祀屈原的活动。在祭祀仪式中，咏屈原诗作，唱《招魂曲》，挂招魂幡，敬三牲果品，献香花草木，向屈原塑像烧香叩拜，痛讼《公祭祝文》，或默哀或叩首或鞠躬。唐代归州刺史王茂元于元和十五年（820）曾在归州屈原祠举行公祭屈

① 张伟权等：《诗魂余韵》，中国书籍出版社2009年版，第193页。
② 参见丁世良等《中国地方志民俗资料汇编》中南卷，书目文献出版社1990年版，第387页。
③ （明）李时珍：《本草纲目》，人民卫生出版社2014年点校本，上册，第536页。

原活动，从此以后，祭祀活动频繁。自20世纪80年代以来，秭归已连续举办五届"端午文化节"，将祭吊屈原的活动作为端午文化节的主要内容。秭归祭祀屈原多在头端午进行，或是民间自发举办传统祭祀，称"民祭"；或是政府主持大型祭典，称"公祭"；或是屈氏后裔举办传统祭拜，称"族祭"。2010年6月16日，是"中国端午节"成功入选《世界人类非物质文化遗产代表作名录》之后的第一个端午节，国家文化部、国务院台湾事务办公室、湖北省政府在迁建竣工的屈原祠举办的"中国屈原故里端午文化节暨海峡两岸屈原文化论坛"开幕式上，台湾地区著名诗人余光中诗祭屈原，同时，海峡两岸40名民众及屈氏后裔代表以传统形式祭拜屈原。

祭龙舟。亦称"龙头祭"。龙舟竞渡前，人们将龙舟头抬进屈原祠，设置祭坛，首先将红带或红布披挂于龙头上，称之为"上红"，然后焚香烧纸，唱祭辞，点龙睛（亦称"开光"），放鞭炮，祈祷平安。祭祀龙首后，才能将龙舟头抬下水开始竞渡。

祭先祖。出嫁的姑娘回娘家，或祭拜先祖，或看望父母。《秭归县志》载："（五月）十五这天，各家备佳肴接姑娘、女婿回家同享，俗叫'过大端阳'。"① 晋代袁山松《宜都山川记》曰："屈原有贤姊，闻原放逐，亦来归，喻令自宽全。乡人冀其见从，因名曰秭归。即《离骚》所谓'女媭婵媛以詈予'也。"② 秭归人承袭屈原"贤姊"女媭的美德，出嫁的姑娘在端午节携带着粽子等礼物回娘家省亲，探望娘家父母、兄弟姊妹及侄儿男女。有的专门到归州屈原祠或乐平里屈原庙游览并祭拜屈原，有的也到娘家祖坟地插青挂幡，祭祀先灵。

四　骚坛文化

《秭归县志》载："屈原诞生地秭归乐平里诗风特盛，明清时代有

---

① 湖北省秭归县地方志编纂委员会编纂：《秭归县志》，中国大百科全书出版社1991年版，第429页。

② 陈桥驿：《水经注校证》，中华书局2013年版，第757页。

好诗者结社'骚坛'。每逢端午节前后，好诗者邀约相聚，饮酒赋诗，述志抒怀，蔚为风气。"① 乐平里以农民诗人为主体的"泥巴杆子"诗社——"三闾骚坛"，直至今日仍异常活跃，连年举办端午诗会，或颂扬屈原，或悼念屈原，素有"中国第一农民诗社"② 之美誉，写诗、读诗、咏诗、赛诗是乐平里农民诗人最为重要的精神生活。因此，端午节在乐平里又称"诗人节"。每至端午，外地文人雅士及骚人墨客纷纷汇聚乐平里，与农民诗人搭设诗台，赛诗吟对，赋诗唱和。著名诗人蔡其矫、刘岱、严辰、公刘曾赴乐平里参与农民诗会。近几年，海内外著名诗人余光中、刘沙河、郑愁予、萧萧、白灵、隐地、张同吾、于坚等也曾参与"三闾骚坛"举办的端午诗会。2011 年，秭归县被中国诗歌学会命名为"中国诗歌之乡"。

1982 年五月初五端午节，乐平里农民诗人谭光沛、杜青山发起恢复了骚坛诗社，当时《中国农民报》《文汇报》《新观察》《瞭望》《诗刊通讯》等报刊先后刊发消息和介绍文章，全国著名专家、学者、诗人 227 人参与骚坛诗会。至今，骚坛诗社社员创作的诗词已辑成诗集 20 余种，有 31 个省、市、自治区的部分诗人或学者与骚坛诗社相互联系，交换诗作。

骚坛文化即以"骚坛"为载体，传承屈原"骚体"艺术，抒发怀屈情思，关注社会变革，赞颂山川景物，也丰富了农民的文化生活。

五　佩饰文化

端午节期间，秭归人们注重自身妆饰，讲究饰物的佩戴，形成别具一格的端午佩饰文化。

系彩丝。屈原故里端午节系彩丝的方式有两种：一是作粽时缠丝。北宋乐史《太平寰宇记》卷一四五引《襄阳风俗记》："屈原五月五日

---

① 湖北省秭归县地方志编纂委员会编纂：《秭归县志》，中国大百科全书出版社 1991 年版，第 337 页。

② 韩永强：《诗意村庄乐平里》，《三峡日报》2015 年 4 月 16 日第 7 版。

投汨罗江，其妻每投食于水以祭之。原通梦告妻，所祭食皆为蛟龙所夺。龙畏五色丝及竹，故妻以竹为粽，以五色丝缠之。今俗其日皆带五色丝食粽，言免蛟龙之患也。"① 作粽缠丝是为了屈原投江后的尸首免遭蛟龙劫食。秭归端午龙舟竞渡时，必向江中抛撒缠丝的米粽；二是手臂系丝。东汉应劭《风俗通义》："五月五日，以五彩丝系臂者，名长命缕，一名续命缕，一名五色缕，一名朱索，辟兵及鬼，令人不病瘟。亦因屈原。"② 秭归女性及儿童用五彩丝织品系于臂，既起着妆饰和避邪的作用，又意在怀念屈原。

佩香袋。香袋亦称荷包。用五色丝线绣成各式各样的香袋，佩挂胸前。形状有棱形、圆形、方形，还有心形、鱼形、月牙形、花瓣形等。图案有虎、猫、鱼、鸟、香草植物等。缝缀严密，形象逼真。

屈原在其作品中有特殊的"香草"情结，如《离骚》："昔三后之纯粹兮，固众芳之所在。杂申椒与菌桂兮，岂维纫夫蕙茝。"③ 这里的椒，指花椒；桂：指桂树；蕙：与兰草同类的香草；茝：指白芷。皆为"众芳"的香草植物。"纫夫蕙茝"，指缝制成的装有蕙茝的香袋。秭归人为承袭屈子文风及其精神，将香袋中装上桂皮、花椒、丁香、茴香、山奈，或装上白芷、雄黄、花椒、细辛、苍术，称为"五香"。这些香草植物均是屈原在其作品中所颂扬的。民间有"香包身上带，伢儿逗人爱"④ 的俗语。传说孩童佩戴香袋既可祛邪避凶，强身健体，又能铭记屈原作品，缅怀屈原。

戴艾虎。《荆楚岁时记》五月五日注："今人以艾为虎形，或剪彩为小虎，粘艾叶以戴之。"⑤ 东汉应劭《风俗通义》认为："虎者阳物，百兽之长也，能噬食鬼魅……亦辟恶也。"⑥ 说明艾与虎结合，可以避

---

① 参见刘晓峰《人类非物质文化遗产代表作·中国端午节》研究卷，广西师范大学出版社2013年版，第114—115页。

② （汉）应劭：《风俗通义》，中华书局2003年校注本，第605页。

③ （宋）洪兴祖：《楚辞补注》，中华书局2002年点校本，第7页。

④ 何怀强等：《秭归风物》，中国三峡出版社1995年版，第45页。

⑤ （南朝）宗懔：《荆楚岁时记》，岳麓书社1986年辑校本，第34—35页。

⑥ 参见夏日新《长江流域的岁时节令》，湖北教育出版社2004年版，第140页。

邪除秽，驱魔逐鬼。少女或少妇用艾叶作虎形钗饰，或剪彩绸为虎形再贴艾叶，簪在鬓边，既能散发出清香，又别具情趣。

六　禳疫文化

五月正值春末夏初，气温升高，多雨潮湿，各种病原微生物大量繁殖，毒虫滋生，各种传染病进入高发季节，因此，用于保健防病的端午习俗便应运而生。

采露水艾。《荆楚岁时记》载："荆楚人以五月五日并蹋百草，采艾以为人，悬于门户，以禳毒气。"① 又说："常以五月五日鸡未鸣时采艾……用灸有验。"② 《本草纲目·草部》释艾曰："医家用灸百病，故曰灸草。……治病灸疾，功非小补。……五月五日鸡未鸣时，采艾似人形者揽而取之，收以灸病甚验。"③ 每年的五月初五凌晨，乐平里人家家户户采割"露水艾"，在门头、窗棂上悬挂一束束用红纸条扎成的白艾。如果熏制艾绒，不仅醒脑提神，而且驱虫治病。有的用阴干的艾叶熬水洗澡或洗脚。屈原《离骚》有"今直为此萧艾"④ 的诗句，视艾为恶草，影射楚王朝廷奸党邪人。据传说，乐平里的人们为表达对屈原的热爱和对昏君奸臣的痛恨，故悬艾草于门楣，意将奸臣邪人悬于门上示众。

洗菖蒲澡。《本草纲目·草部》载：菖蒲主治"风寒湿痹，咳逆上气，开心孔，补五脏，通九窍，明耳目，出声音。……久服轻身，不忘不迷惑，延年。益心智，高志不老。"⑤ 秭归端午节期间，以菖蒲叶或根熬制药汤用于沐浴，或泡制菖蒲酒饮用。明代张一中《尺牍争奇》卷六曰："五月五日，俗以菖蒲泛酒，故曰蒲节。"⑥

---

① （南朝）宗懔：《荆楚岁时记》，岳麓书社1986年辑校本，第34页。
② （南朝）宗懔：《荆楚岁时记》，岳麓书社1986年辑校本，第34页。
③ （明）李时珍：《本草纲目》，人民卫生出版社2014年点校本，上册，第935—936页。
④ （宋）洪兴祖：《楚辞补注》，中华书局2002年点校本，第40页。
⑤ （明）李时珍：《本草纲目》，人民卫生出版社2014年点校本，下册，第1357—1358页。
⑥ 参见张勃《人类非物质文化遗产代表作·中国端午节》史料卷，广西师范大学出版社2013年版，第164页。

洒雄黄酒。端午时节，气候炎热，蝇虫飞动，毒气上升，疫病萌发。将雄黄酒洒到居室墙角、床头等处，既驱蚊蝇和虫蚁，民间俗信认为也祛邪避瘟。有的用雄黄酒在小孩的额头画"王"字，比作猛虎，以威邪魅。或点吉祥痣，或涂抹于耳、鼻等处，以求祛病疫、保平安。清光绪六年《荆州府志》："五月五日……用艾茎洒雄黄酒于户舍墙壁，小儿则以其末涂耳、鼻，云辟百毒。"①

七 节庆文化

秭归民间有"年小端午大"② 之说，端午节时，热闹非凡，人们穿着一新，走亲访友，赶诗会，观竞渡，看表演，并参与各种精彩纷呈的端午文化活动。

文艺表演。如打莲湘、踩高跷、划采莲船、唱皮影戏、舞蚌壳、舞狮子等，展示和表演的项目多为民间传统艺术。

文化赛事。如龙舟赛、书画赛、歌咏赛、演讲赛、屈原作品背诵赛、摄影赛、屈原文化征文赛、全国"屈原杯"诗歌赛等等。静态的文化活动还有端午习俗展览等等。

稻场娱乐。乡村的人们自发聚集农舍屋前场坝自娱自乐，如唱山歌、吹打乐、扭秧歌、跳花鼓舞等。

节日庆典。端午节除了祭吊屈原之外，秭归也曾多次举办大型庆典活动。1982年端午节，正处于"文化大革命"结束后文化逐渐复苏之时，县政府在归州县城前的长江屈原沱筹办了龙舟赛，两岸观众逾两万余人，人声鼎沸，人山人海。2010年端午节，国家文化部、国务院台湾事务办公室、湖北省政府在迁建竣工的屈原祠举办了"中国屈原故里端午文化节暨海峡两岸屈原文化论坛"，全国政协副主席何厚铧、台湾新党主席郁慕明等海峡两岸政要参与端午节活动，海峡两岸近万人参

---

① 参见丁世良等《中国地方志民俗资料汇编·中南卷》，书目文献出版社1990年版，第387页。
② 湖北省秭归县文化旅游局、秭归县非物质文化保护中心编：《2014屈原故里端午文化节：端午习俗传承与保护研讨会文集》，（2014）鄂宜图内字第001/ZG号，第4页。

与开幕式、游览屈原祠等系列活动。1992 年 4 月 17 日，秭归县第十二届人大常委会第九次会议通过决定：每年农历五月十五日为"屈原文化节"。

端午活动内容多以颂扬屈原或悼念屈原为主，形成了独特的地域性端午节庆文化。

八　学术文化

秭归端午节，本身具有丰富的文化内涵，屈原故里既是骚人墨客倾慕的地方，又是屈原及其作品研究工作者的向往之地。政府与文化部门联手开设屈原文化或端午文化论坛，邀请国内外专家学者云集秭归，既可观摩屈原故乡独特的端午习俗，又为研究屈原及其作品提供平台。

创建学术机构。1996 年 6 月 30 日，组建并成立了"秭归县屈原文化研究会"，110 名会员中，既有县委、县政府主要领导，也有热爱屈原文化研究的普通工作人员和农民。以《屈乡文苑》（2007 年改为《屈原文学》）《屈原文化》为会刊，为会员提供学术园地。县政府对研究会每年给予资金补助。

开设学术论坛。1982 年端午节，秭归县人民政府与湖北省社科院、省文联等单位联合举办的全国屈原学术研讨会，18 个省市的 227 名专家、学者、作家、诗人参与了历时 8 天的会议，[①] 被学术界认为是自有屈原以来第一次规模宏大的学术讨论会，也是对新中国成立以来屈学研究工作的一次总结和当代屈学研究队伍的一次检阅，并且有承上启下的历史意义。

县屈原文化研究会除多次举办县内屈原文化研究活动之外，还先后成功举办了七次全国性的有影响的屈原学术研讨会，并吸纳海外专家学者。2009 年、2010 年、2013 年端午节期间，都举办了海峡两岸屈原文化或端午文化专题论坛，先后有 400 多名海内外学者参与学术会议并交流学术成果。2014 年"屈原故里端午文化节"期间，又承办了"端午

---

① 参见何怀强等《秭归风物》，中国三峡出版社 1995 年版，第 43 页。

习俗传承与保护研讨会"，来自北京、武汉及"中国端午节"申遗的"三省四地"的 30 名专家学者等，共同研讨端午习俗的传承与保护。到目前为止，县内有 7 人被中国屈原学会吸收为会员，出版专著十余本，发表学术论文 200 余篇。

秭归对屈原及其作品的研究，在国内外产生了影响，成为鲜见的屈原学术文化。

九　信仰文化

清代《归州府志》记述，归州人"俗尚鬼信巫"。《秭归县志》载："从古至今，秭归人敬神者多，信教者少。"① 虽然秭归的民间信仰繁杂，但其端午习俗中的信仰别致，形成独具一格的端午信仰文化。

供奉屈原。乐平里流传的"八怪"中的一怪就是"屈原当作神仙拜"②，多将屈原当作神灵一样对待。屈原祠内陈列的文物中，有一尊明代嘉靖十六年（1537）归州百姓捐赠镌刻的屈原石雕像，原供于秭归境内长江西陵峡边的小青滩白狗峡屈大夫庙内，是国内现存最早的屈原石雕像。像侧铭文曰："荆州府归州桐油沱信人曹端福，善同妻朱氏四子，发心舍造屈原相公一尊，入于白狗峡庙中。永镇四方，保安家犬。"③ 至今，屈原祠及乐平里屈原庙内均供奉着屈原塑像，秭归人有的在端午节时专程前往烧香敬拜，有的家中还供奉着屈原木雕像或画像。有"屈原故里屈氏第一村"④ 之誉的秭归县归州镇万古寺村，几乎家家户户供奉有屈原塑像。

挂菖蒲剑。菖蒲叶可长达一尺至数尺，外形如剑，因此秭归人称其"菖蒲剑"。菖蒲有香气，既可制作香料，还可供药用，民间流传有

---

① 湖北省秭归县地方志编纂委员会编纂：《秭归县志》，中国大百科全书出版社 1991 年版，第 430 页。
② 谭家斌：《屈原故里"八怪"》，《湖北日报》2003 年 2 月 13 日第 8 版。
③ 参见郑和昌《屈原·秭归》，湖北人民出版社 1988 年版，第 45 页。
④ 参见郑之问等《万古寺：屈原故里屈氏第一村》，《三峡日报》2009 年 11 月 9 日 A 版。

"五月五日午，屈公骑艾虎，手持菖蒲剑，驱魔归地府"① 之俗言，尚有 "菖蒲作剑，悬之避邪" 之说。据秭归民间传说，秦兵欲挖掘秭归屈原祠的屈原衣冠冢时，神仙托梦告知百姓，各家各户于门旁悬挂菖蒲剑，并在屈原衣冠冢上遍插菖蒲剑，秦兵见遍地皆剑，也知晓百姓对屈原有深厚的感情，秦兵不敢贸然动手，最终保护了屈原衣冠冢。端午节于门户上悬挂菖蒲剑，以示纪念屈原。

送端阳符。《秭归县志》记载，每遇五月初五头端阳当天，乐平里屈原庙的守庙人始至周围农户家中送 "端阳符"②、讨善款、求喜钱、祝平安。画符中的图画均是趋吉避凶、吉祥如意等内容，有时配有 "祛邪扫瘟" 的红色字画，贴于各户神龛之下，三个端阳后将其焚烧。

总而言之，秭归端午文化内涵丰富，且又呈现独特性，其传承方式延绵不绝，呈现多样化。唐代诗人文秀《端午》曰："节分端午自谁言，万古传闻为屈原。"③ 秭归端午节自古至今，以屈原为主角，形成多种端午风俗，具有独特而又鲜明的地方特色和楚文化意韵，激励着一代又一代屈乡儿女，为弘扬屈原精神、传承屈原文化，也为保护非物质文化遗产起到积极的推动作用，具有丰富的文化价值。

（原载《三峡文化研究》第十辑，武汉出版社 2010 年版。被《三峡旅游学刊》2015 年第 3、4 期合刊、《文博之友》2018 年第 2 期选载。2016 年，该文获宜昌市第一届非物质文化遗产论文大赛三等奖）

---

① 参见白庚胜等《中国民间故事全书·湖北秭归卷》，知识产权出版社 2007 年版，第 108 页。
② 湖北省秭归县地方志编纂委员会编纂：《秭归县志》，中国大百科全书出版社 1991 年版，第 429 页。
③ 刘济民：《歌咏屈原古今诗词选》，中国炎黄文化出版社 2008 年版，第 70 页。

粽　考

　　中国是粽子的故乡，形成底蕴深厚、源远流长的粽文化。经过几千年的传承与演变，今天的粽子，已经进入政治、经济、社会、文化等领域，渗透于旅游、饮食、社交、商贸、节庆等活动之中。其与端午节日紧密相联，与端午习俗息息相关，逐渐成为端午节独特而又最具代表性的节日习俗，也是端午节的重要标志和具有主题特性的文化符号。故有"端午节是'粽子节'"① 之说。

粽之起源

　　中国粽文化是随着历史的发展进步而逐渐形成的，是先民们在社会生活过程中发明创造的传统文化。那晶莹剔透的米粽，就是先民们的智慧结晶。

　　（一）粽之称谓及本源

　　今见最早记载粽之古文献是东汉著名经学家、文字学家许慎的《说文解字·米部》："糉，芦叶裹米也。"② "糉"即"粽"。"粽子"为俗名，雅称为"角黍"。所以明代李时珍《本草纲目·谷部》云："糉，俗作粽……曰角黍。"③ 西晋周处《风土记》云："仲夏端午，烹鹜角

---

　　① 俞菀：《端午节的"真相"，你知道几个》，《新华每日电讯》2017年5月30日第4版。
　　② （汉）许慎：《说文解字》，中华书局2003年校定本，第148页。
　　③ （明）李时珍：《本草纲目》，人民卫生出版社2014年点校本，下册，第1541页。

黍。端，始也，谓五月初五日。"① 粽子除称角黍之外，亦称裹蒸、裹饭、白玉团、饭团、包米、筒粽等。如明代王志坚《表异录》载："南史大官进裹蒸，今之角黍也。"② 清初文学家褚人获《坚瓠集》云："以屈原五月五日投汨罗江而死，裹饭祀之。"③ 唐代元稹《表夏十首》诗曰："灵均死波后，是节常浴兰。彩缕碧筠粽，香粳白玉团。"④ 灵均即屈原，《离骚》云："名余曰正则兮，字余曰灵均。"⑤

　　古代粽子为什么称为"角黍"呢？"角"即牛角。早在西周时期，"先民盛行用牛或牛角来祭祀天地社神和谷神的习俗。因为牛是大牲畜，以宰杀大牲'牛'来作祭品，是表示人们对天地之神和谷神的尊重与崇拜"⑥。随着社会的发展进步，后来祭祀逐渐采用牛角来替代全牛，《诗经·周颂·良耜》是周王在秋收后祭祀社稷的乐歌，即有"杀时犉牡，有捄其角"⑦ 之说，《尔雅·释畜》："牛高七尺者，名犉。"⑧ "捄"即形容牛角很长。古代粽之形状多为尖角，如同棕榈叶心之形，故曰粽。"黍"即黍米，今多称黄米、小米，颜色主要有红、黄、黑三种，是古代"五谷"（多指稻、黍、稷、麦、菽）之一。唐代欧阳询《艺文类聚》卷八十五引《吕氏春秋》云："黍者，五谷之长也。祭先王以为上盛。"⑨ 黍被当作上乘祭品，而且黍最有黏性。《说文解字·黍部》："黍，禾属而黏者也，以大暑而種，故谓之黍。"⑩ "黍"与"暑"不仅古今同音，而且与季节相关。明代魏校的《六书精蕴》云："黍

---

① （唐）欧阳询等：《艺文类聚》卷四，上海古籍出版社1982年版，第74页。周处《风土记》已亡佚。

② （明）王志坚：《表异录》，1938年6月出版，为"丛书集成初编"之一。

③ 参见张勃《人类非物质文化遗产代表作：中国端午节》史料卷，广西师范大学出版社2013年版，第70页。

④ 刘济民：《歌咏屈原古今诗词选》，中国炎黄文化出版社2008年版，第49页。

⑤ （宋）洪兴祖：《楚辞补注》，中华书局2002年点校本，第4页。

⑥ 参见孙永义《"端午"食粽祭屈原说源流考》，《西南师范大学学报》1996年第3期。

⑦ 袁愈荌等：《诗经全译》，贵州人民出版社1991年版，第469页。

⑧ （晋）郭璞等：《尔雅注疏》，上海古籍出版社2016年版，第597页。

⑨ 参见方清刚《端午考——粽子投水探奥》，《开封教育学院学报》2009年第2期。

⑩ （汉）许慎：《说文解字》，中华书局2003年校定本，第146页。

者，暑也，待暑而生，暑后乃成也。"①

（二）粽或角黍之初始作用

角黍起初主要用于祭祀。用植物叶片扎制成牛角形的粽子，以角黍替代牛角进行祭祀，是先民们祭祖祈福、祭谷神求丰年的两种原始宗教文化崇拜形式的产物。西周时期，人们在夏至日用黍米祭地祇，也就是说，当初使用的是黍米而非角黍。古代祭祀必备祭品有牲和五谷，先秦前首先出现以黍米作为祭品使用，后又出现以牛角盛黍作祭品，牛角代表牲中之牛，黍代表五谷。春秋时期，以菰叶裹黍成角形，代替牛角，遂成角黍，这就是今日粽子的前身。至汉晋，角黍已盛行，既用于祭祀也食用。先民的祭祀活动主要在仲夏时节进行，晋代范汪《祠制》曰："仲夏荐角黍。"②"荐"即指进献祭品。至东汉时，出现了用角黍祭祀屈原的方式，南朝时期梁人吴均《续齐谐记》云："屈原五月五日投汨罗水，楚人哀之，至此日，以竹筒子贮米投水祭之。汉建武中，长沙区曲（一作区回或欧回，"区"读"欧"音，有区姓——笔者注）忽见一士人，自云'三闾大夫'，谓曲曰：'闻君当见祭，甚善。常年为蛟龙所窃，今若有惠，可以楝树叶塞其上，以彩丝缠之。此二物，蛟龙惮。'曲依其言。今五月五日作粽，并带楝叶、五色丝，遗风也。"③ 这里所述是东汉光武帝建武（25—56）年间之事。其所用粽的形状及制作方法发生了变化，即用竹筒作粽并塞以楝叶，而且缠以五色丝，这也是今天见到最早记载筒粽的古文献。

粽子最初使用的主体原料是主产于北方的黍米，也就是说，粽子的起源应是在中国的北方，当时主要被当作祭祀品，同时供人们品尝。现已从华北、东北等地的新石器时代遗址中考古发掘出炭化的黍，可见黍米最早起源于黄河流域。当角黍从北方传至南方时，主体原料是主产于南方的糯米，筒粽则成为南方长江流域稻作民族的饮食习俗。晋代中

---

① （明）魏校：《六书精蕴》，上海古籍出版社 1996 年版，第 228 页。
② 参见何宏《粽子起源考证》，《南京职业技术学院学报》2015 年第 6 期。
③ （晋）王嘉等：《拾遗记》（外三种：《异苑》《幽明录》《续齐谐记》），上海古籍出版社 2013 年点校本，第 230 页。

期，人们已将北方的角黍和南方的筒粽统称为"粽"。如今，南北大地多采用糯米做粽子的主体原料。

（三）夏至食粽之俗与端午习俗归流

今见食用粽子的最早文献记载是西晋周处《风土记》："仲夏端午，烹鹜角黍。……又以菰叶裹黏米煮熟，谓之角黍。"① 南朝时期宗懔的《荆楚岁时记》记载更明确："夏至节日，食粽。"②

古代食用粽子的时间分别是夏至日和端午节。夏至，古时又称"夏节""夏至节"，是二十四节气中较早被确定的一个节气，在每年公历 6 月 21 日或 22 日。古时夏至日，人们通过祭神以祈求消灾、年丰。《周礼·春官宗伯第三·司巫·神仕》曰："以夏至日致地祇物魅，以禬国之凶荒、民之札丧。"③ 周代夏至祭神，意为清除疫疠、荒年与饥饿死亡。《史记·封禅书》记载："夏至日，祭地祇。皆用乐舞，而神乃可得而礼也。"④ 因此，夏至作为节日，纳入了古代祭神礼典。端午是一个与夏至有密切关联的节气仪式，端午节在每年农历五月初五日，虽然在夏至节之前，最初也是夏至日食粽，但两者在时间上很近，以至于两个节日之俗逐渐合并成一个节日了，也就是说，端午节与夏至节至迟在魏晋时期归流为端午节了，粽子也相应地从夏至节的节令食品转移到端午节。晋代周处已有如此说法，如《荆楚岁时记》云："周处谓为角黍。屈原以夏至赴湘流，百姓言以食祭之。"⑤ "汉魏前称'夏至粽'，后移到端午，称'端午粽'。"⑥ 其实，屈原于五月初五日投水（所谓"赴湘流"），并非于夏至日投水，五月初五日又称端午，由此可见，夏至与端午已经合二为一了。再如宋代李昉《太平御览·时序部》载：

---

① （唐）欧阳询等：《艺文类聚》卷四，上海古籍出版社 1982 年版，第 74 页。

② （南朝）宗懔：《荆楚岁时记》，岳麓书社 1986 年辑校本，第 40 页。

③ 《周礼·仪礼·礼记》，岳麓书社 2006 年点校本，第 60 页。

④ （汉）司马迁：《史记》，中华书局 1959 年版，第 160 页。

⑤ （南朝）宗懔：《荆楚岁时记》，岳麓书社 1986 年辑校本，第 40 页。

⑥ 萧放：《端午节俗的传统要素与当代意义》，刘晓峰主编《人类非物质文化遗产代表作：中国端午节》研究卷，广西师范大学出版社 2013 年版，第 149 页。

"《风土记》曰：'仲夏端午。……俗重此日与夏至同。'"① 随之，端午与夏至同时将粽子作为节令食品食用。"到宋代，朝廷追封屈原为忠烈公，并下诏将五月初五日定为'端午节'，谕令各地官府组织……活动，以纪念屈原。"② 由于朝廷与民间都重视端午节，唐宋时期，夏至节逐步衰微，端午则兴盛起来。随着历史文化的发展变化，如今食粽习俗都归流至端午节，故别称端午节为粽子节。

端午粽的制作方法始见于东汉《说文解字》："糉，芦叶裹米。"《风土记》则对粽的制作方法记述更为详细，宋代《太平御览·时序部》载："《风土记》曰：'仲夏端午。……先节一日，又以菰叶裹黏米以栗枣，灰汁令熟。'"③ 清初褚人获《坚瓠集》亦载："《风土记》：'端午日以菰叶裹粘米、栗枣，灰汁煮熟，谓之粽。'"④ 有研究者考证后说："早在春秋时期，人们就用菰叶（茭白叶）包黍米成牛角状，称'角黍'。……东汉末年，人们用草木灰水浸黍米，因水中含碱，煮熟就成了碱水粽。"⑤

从上述可知，粽子起源于西周前后，"现在比较认同的说法是在前十一世纪前后便已有之"⑥。至今有近3000年的历史。

粽之流播

端午节之所以又被称为"解粽节""粽子节"，即因为粽子是端午节标志性的食品。自古迄今的流播过程中，已经形成丰富多彩的粽文化，不仅粽的形状五花八门，千姿百态，而且粽的品味众多，粽馅各

① 参见张勃《人类非物质文化遗产代表作：中国端午节》史料卷，广西师范大学出版社2013年版，第70页。

② 中央文明办调研组组织编写：《我们的节日》，学习出版社2006年版，第44页。

③ 参见张勃《人类非物质文化遗产代表作：中国端午节》史料卷，广西师范大学出版社2013年版，第18页。

④ 参见张勃《人类非物质文化遗产代表作：中国端午节》史料卷，广西师范大学出版社2013年版，第70页。

⑤ 无名氏：《"粽"艺大观》，《美食》2009年第5期。

⑥ 刘石林：《漫话端午粽》，厦门集美大学国际学术交流中心《2010海峡两岸第六届端午文化论坛研究论文集》，2010年5月29日，第7页。

异，种类繁杂，色彩纷呈，璀璨夺目。

（一）粽之沿变

从形状上看，已由最早的角黍、筒粽演变为多种形态。北宋吕原明《岁时杂记》记载："端午粽子，名品甚多，形制不一。有角粽、锥粽、菱粽、筒粽、秤锤粽，又有九子粽。"① 可见唐宋时期的粽子形状已发生很大变化。如今还有百索粽、七子粽、圆柱粽、四方粽、菱形粽、笔形粽、宝塔粽、枕头粽、小脚粽等。

从颜色上看：有黑色粽、绿色粽、红色粽、白色粽、棕色粽、黄色粽。可谓五彩缤纷。最早的粽子色彩主要是黄黍、红黍、黑黍、白糯米的本色粽。除了原料本色之外，添加其他可食用物品，如绿色粽即添加有艾叶、绿豆等。

从味道上看，从原味粽衍变成甜粽、咸粽、碱水粽、酸粽、辣粽等。从生活习性上看，北方以甜为主，南方则甜少咸多。堪称五味皆俱。

从粽馅上看，起初用于祭祀活动或食用的粽子只有黍米粽，后又有糯米粽，当初也没有加入其他馅料。粽馅始于唐宋时期，南宋浦江吴氏《中馈录》云："用糯米洗净，内夹枣、栗、柿干、赤豆，以艾叶或箬叶裹之。"② 明代已至丰富程度。现今品类更多，可以说只要能食用者皆可做粽馅。荤素搭配，色香兼具，形味皆备，悦心可口。主要有六类：一是肉粽。如鲜猪肉粽、火腿粽、腊肉粽、烤肉粽、鸡肉粽、猪油粽、香肠粽、牛肉粽、羊肉粽等。二是果品粽。如枣子粽、橙子粽、莲子粽、板栗粽、柿干粽、杨梅粽、胡桃粽、桂圆粽、葡萄干粽、椰蓉粽、松仁粽、桃仁粽、瓜仁粽等。三是水产品粽（或称海产品粽）。主要盛行于沿海及大江大湖区域。如虾米粽（亦称虾仁粽）、蛤干粽、干贝粽、鲍鱼粽等。四是甜品粽。如豆沙粽、蜂蜜粽、蜜饯粽等。五是豆

---

① 参见黄石《角黍考略》，刘晓峰主编《人类非物质文化遗产代表作：中国端午节》研究卷，广西师范大学出版社 2013 年版，第 48 页。
② 参见石柱国《端午说粽》，《食品与健康》2006 年第 6 期。

粽。如绿豆粽、赤豆粽、豆蓉粽、花生粽等。六是植物粽。如艾香粽、玫瑰粽、笋干粽等。除这六类之外，还有咸蛋黄粽、酸菜粽、花菇粽、什锦粽、叉烧粽、水晶粽等。

从粽叶上看，早期包裹的植物叶片主要是菰叶、楝叶、芦叶。如今还有桂竹叶、竹箨（竹笋）叶、箬叶（有称蒻叶粽）、芭蕉叶、包谷叶、荷叶、棕榈叶、苇叶等。使用这些材料时，也多是因地制宜，就地取材。如南方高温多雨，为阔叶植物如菰叶、楝叶、苇叶、箬叶、芭蕉叶等植物叶片的生长提供了适宜的环境。例如《本草纲目·草部》释"蒻叶"云："蒻与箬同。箬（辽）叶。其生疏箬（辽），故又谓之箬（辽）。"又说："箬生南方平泽。……南人取叶包米粽。"① 如今屈原故里秭归及三峡一带包粽子即用箬（辽）叶（有称箬竹叶），书面语称为箬叶。

从称谓上看，早期统称为粽或角黍，明清以来品种增多，为了区分各类粽子，称谓随着发生了变化。主要从三个大的方面称呼粽名：一是从粽馅上区分。即随粽馅品种称呼，例如粽馅是肉类，则称肉粽，如果是果品类，则称果品粽。从细处分，如果粽馅是牛肉，则称牛肉粽，如果粽馅是桂圆，即称桂圆粽。二是从粽叶上区分。即随粽叶名称称呼，如果包裹粽子的是荷叶，则称荷叶粽，如果包裹粽子的是苇叶，则称苇叶粽。三是从形状上区分，即随粽之形态名称称呼。

（二）粽之传播

我国粽子起源较早，传播路线先由北而南，再由南而遍及中华大地。

粽子不仅是我国传统的美食，而且是推介中国饮食文化的"大使"。制作粽子的技术伴随着文化交流和饮食习俗的传播，在古代即已传到国外，因而世界上许多国家不仅有食粽之习俗，而且沿袭了我国粽子的特征。例如，日本在历史上受中国传统文化影响，既有阳历五月五日端午节，也食粽子，还有闻名的"大唐粽子"，说明唐朝时期已经传

---

① （明）李时珍：《本草纲目》，人民卫生出版社 2014 年点校本，上册，第 1000 页。

入日本。其制粽以米粉为主料，呈锥形，馅料多是水果、蛋黄、鱼片；新加坡有著名的"迷你粽"，如鸡蛋大小，尖锥形，用天然花汁染成淡绿色；菲律宾粽子的形状、风味与我国江浙一带的粽子相似；马来西亚的粽子形状，与我国广东的粽子相仿佛，其特点是个头大。印度尼西亚粽子的味道与我国南方粽完全相同，而且工艺精良，回味无穷；越南粽完全是闽粤风味，外形为圆筒状，如同我国古代的筒粽；缅甸粽为一寸见方的长形粽，内有香蕉与椰蓉；韩国、朝鲜也有端午节食粽的习俗。另外，泰国、老挝、秘鲁、柬埔寨、墨西哥、委内瑞拉、哥斯达黎加等国家也存在食粽习俗。同时，凡有华人、华侨集中居住的国家，多保留着我国端午传统文化，如印度、澳大利亚、美国等国家即如此。

（三）粽之心理文化

在历史发展进程中，人们不仅将粽子用于祭祀活动或食用，而且赋予各种象征意义，演变为形象逼真、寓意深刻的民俗文化，是一种心理情感的寄托。

"粽"与祖宗之"宗"同音，"粽"又由"米"与"宗"组合而成，所以人们认为"粽"原本就是为祭祀祖宗而生，是敬祭先祖的必要祭品。同时，包涵着传宗接代、为宗族禳灾祈福保平安的意义；枣子粽、桂圆粽寓意"早生贵子"，取"桂"与"贵"、"枣"与"早"之谐音；花生粽祈求生育繁衍①；板栗粽谐音"立宗"，象征光宗耀祖，宗族兴旺；橙粽之"橙"与"成"谐音，象征心想事成，事业有成，功成名就；羊肉粽之"羊"与"洋"谐音，寓意"喜洋洋"；"粽子"谐音"中子""种子"，因此民间谚语有"吃了粽子得儿子"②之说；莲子粽谐音"连子""年子"，寓意"连连生子""年年得子"；旧时赶考期间，有将粽子做成笔形赠予考生之俗，寓意"必中"，如果赠送枣馅的粽子，又寓意"早中"，既以此表示预祝之意，也是为了图取吉利；唐代的"九子粽"曾得到唐玄宗李隆基的赏识。九子粽即九只粽

---

① 孙正国：《端午节》，中国社会出版社 2006 年版，第 16 页。
② 石柱国：《端午说粽》，《食品与健康》2006 年第 6 期。

子连成一串，每只粽子大小不同，大者居上，小者居下，大者似拳头，小者如大拇指，并用九种颜色的丝线扎制而成，大多以礼品馈赠亲朋好友。"九子"象征多子多福。唐玄宗食过九子粽后，龙颜大悦，赞不绝口，作《端午三殿宴群臣并序》诗，赞曰："四时花竞巧，九子粽争新。"① 蜂蜜粽、蜜饯粽则寓意"甜甜蜜蜜"；桂圆与莲子做馅的粽子，取"桂"与"贵"、"莲"与"年"之谐音，寓意"富贵万年"；桧竹叶、竹箨（竹笋）叶、簝竹叶包裹竹笋馅的粽子，象征"竹报平安"。

荷叶粽的寓意最多。缘于与"荷"谐音的字较多。如果赠送给朋友，寓意"阖家安康"，取"荷"与"阖"之谐音；如果赠送给邻居，寓意"和为贵""和为上"；如果加盐味赠送给老龄人，寓意"鹤寿延年"，取"荷"与"鹤"、"盐"与"延"之谐音；如果赠送给合伙人，意为"一团和气"，取"荷"与"和"之谐音。如果加有花生，又寓意"和气生财"。如果赠送包裹杨梅或玫瑰馅的粽子，取"荷"与"和"、"梅"与"美"、"玫"与"美"之谐音，寓意"和和美美"。

这些寓意方式大部分是利用同音或近音字来代替本字，以多维联想而表情达意，由此及彼，由表及里，依物寄意，是寄托某种期望和祝愿的心理作用的具体表现。

粽与屈原

今天，每当我们言及端午节或者端午食用粽子的时候，就会自觉或不自觉地想起伟大诗人屈原。

（一）端午与屈原相联

早在唐代，江南僧人文秀于《端午》诗中感慨："节分端午自谁言？万古传闻为屈原。堪笑楚江空渺渺，不能洗得直臣冤。"② 虽然端午节和食粽之习俗产生在屈原之前，虽然粽子最初的起源是由于祭祀神

---

① 参见张勃《人类非物质文化遗产代表作：中国端午节》史料卷，广西师范大学出版社2013年版，第34页。

② 刘济民：《歌咏屈原古今诗词选》，中国炎黄文化出版社2008年版，第70页。

灵与祖先的需要，但后来人们多将端午节食粽之习俗集中到纪念屈原一人身上，这既是人民的自然选择，也是历史及文化发展的必然结果。现代著名诗人、文学家闻一多曾说："古今没有第二个诗人像屈原那样曾经被人们热爱的。……端午是一个人民的节日，屈原与端午的结合，便证明了过去屈原是与人民结合着的，也保证了未来屈原与人民还要永远结合着。"① 端午节祭祀屈原，已经成为不变的习俗，成为中华民族端午文化的主线，故称端午节为"诗人节"。

"端午"之称谓始见于西晋周处《风土记》"仲夏端午"。端午节与春节、清明节、中秋节被人们并称为中华民族最具影响力的四大传统节日，"中国端午节"于 2009 年被列入人类非物质文化遗产代表作名录，是迄今唯一入选世界级非物质文化遗产的中国传统节日。在端午节的内涵意义与文化价值的发展过程中，屈原的加入，逐渐使得端午节作为一个整体而形成的民族主义、爱国主义，成为中华脊梁的象征。屈原其人、其诗、其事，赋予端午习俗以崇高意义，并始终泽被后世，成为中华民族精神的象征。

从现存文献考察，屈原与端午节相联系或者说端午祭祀屈原，起始于东汉，因为东汉应劭（约 153—196）的《风俗通义》（亦称《风俗通》）有明确记载："五月五日，以五采丝系臂，名长命缕，一名续命缕，一名辟兵缯，一名五色缕，一名朱索，辟兵及鬼，命人不病瘟。又曰，亦因屈原。"② 到宋代，朝廷追封屈原为忠烈公，并下诏将五月初五日定为"端午节"'，谕令各地官府在端午节期间组织各项活动，专门纪念屈原。

目前，学术界也认为屈原与端午关联的时间是在汉末至南北朝期间。蒋方说："东晋南北朝时期，经过人民的传讲与文人的选择记录，屈原成为端午节日的主角，纪念活动逐渐兴盛。"③ 龚红林说："据笔者

---

① 闻一多：《人民的诗人—屈原》，《诗与散文》（诗人节特刊）1945 年 6 月 24 日。1946 年 5 月 6 日，《诗歌月刊》第 3 卷第 4 期转载。

② （汉）应劭：《通俗通义》，中华书局 2010 年校注本，第 605 页。

③ 蒋方：《端午与屈原考释》，《湖北大学学报》1997 年第 3 期。

考证，屈原与端午联系或者可推至东汉时期，因为当时民间已流传'五月五日以五采丝系臂'习俗与纪念屈原相关。"① 又说："民间食粽纪念屈原可追溯到东汉以前，起源于先秦屈原妻子或东汉初年长沙人区回生活的时代。"② 龚氏的这两个识见与本文观点不谋而合。屈原与端午节相联系或者说端午以粽祭祀屈原，至今已有近 2000 年的历史。

（二）粽与屈原相联

最早传说使用粽子祭祀屈原是南朝时期梁人吴均《续齐谐记》，其云："屈原五月五日投汨罗水，楚人哀之，至此日，以竹筒子贮米投水祭之。"③ 吴均而且言称以筒粽祭祀屈原是东汉"建武中"（25—56）之"遗风"。今天有人不承认这种说法。如何宏认为："建武距屈原殉国大约 300 年。这一东汉建武年间区回见到屈原的故事与神话故事无异，在汉代史籍中没有发现记载，显然是一种文人根据民间传说进行的'创作'。"④ 并认为《续齐谐记》是笔记小说，"是当时民间传说"。但是，笔者认为吴均《续齐谐记》所言并非空穴来风，自然有其依据。其后，南朝时期宗懔（499—563）的《荆楚岁时记》记载最为明确，其曰："周处谓为角黍。屈原以夏至赴湘流，百姓言以食祭之。常苦为蛟龙所窃，以五色丝合楝叶缚之。"⑤ 宋代罗愿所作训诂类书《尔雅翼》有此转录。《荆楚岁时记》作为记录古代楚地岁时节令文献，其记述与《续齐谐记》大同小异，如《续齐谐记》所言只是"一种文人根据民间传说进行的'创作'"，则不会袭之。再者，如同吴画成先生所言："吴均本人其实是个精于史学的学者，《续齐谐记》……颇有民俗源流辨析的价值。"⑥ 唐代佚名氏所撰《襄阳风俗记》载："屈原五月五日投汨罗江，其妻每投食于水以祭之。（屈）原通梦告妻，所祭食皆为蛟龙所

① 龚红林：《端午祭祀屈原源流考》，《云梦学刊》2013 年第 5 期。
② 龚红林：《端午祭祀屈原源流考》，《云梦学刊》2013 年第 5 期。
③ （晋）王嘉等：《拾遗记》（外三种《异苑》《幽明录》《续齐谐记》），上海古籍出版社2013 年点校本，第 230 页。
④ 何宏：《粽子起源考证》，《南京职业技术学院学报》2015 年第 6 期。
⑤ （南朝）宗懔：《荆楚岁时记》，岳麓书社 1986 年辑校本，第 40 页。
⑥ 吴画成：《回首诗里说端午》，《人民日报》2017 年 5 月 31 日第 24 版。

夺，龙畏五色丝及竹，故妻以竹为粽，以五色丝缠之。今俗，其日皆带五色丝，食粽。言免蛟龙之患。"① 宋代乐史所撰地理总志《太平寰宇记》卷一百四十五有转录。南宋诗人陆游于 1178 年出蜀东归，途经屈原故里秭归归州，正逢端午，在观看屈乡节日盛况后，所咏《归州重午》诗中即有"屈平乡国逢重五，不比当年角黍盘"②。明代李时珍《本草纲目·谷部》载："稯，俗作粽。……曰角黍。近世多用糯米矣。……言为祭屈原，作此投江，以饲蛟龙也。"③ 据此可知，古代祭祀屈原多用黍米筒粽或角黍，元明清至今多用糯米粽。

有资料传说屈原家属曾作粽。一是屈原妻作粽。宋代《太平寰宇记》云："屈原五月五日投汨罗江，其妻每投食于水以祭之。……今俗，其日皆带五色丝，食粽。"④ 二是屈原妇作粽。《太平御览·饮食部》引南朝宋刘敬叔（？—468）《异苑》云："粽，屈原妇所作。"⑤ 此说也可能是指屈原之妻。三是屈原姊作粽。今人曹夫等《端午粽飘香，民间食俗多》一文说："粽，屈原姊所作。"并注明此说"据《异苑》"。⑥ 如今秭归一带流传有《屈姊包粽子》的五句子歌："五月初五是端阳，屈姊思弟欲断肠。采回蓤叶包粽子，包好粽子投长江，谢送忠烈回故乡。"⑦ 相传屈原投水于汨罗之后，有一神鱼驮屈原尸首送回秭归故乡。清代程含章《神鱼》诗曰："当年屈子投汨罗，神鱼衔送归桑梓。"⑧ 除屈原亲属作粽之外，还有说汝颊作粽。明代张岱《夜航船》卷十一云："周公作汤团。汝颊作粽。"⑨ 有说汝颊是汉代人。还有说区曲（一作区回或欧回）作粽，源出《续齐谐记》。这些说法尚待进一步考证。

① 参见刘纬毅《汉唐方志辑佚》，北京图书馆出版社 1997 年版，第 427 页。
② 刘济民：《歌咏屈原古今诗词选》，中国炎黄文化出版社 2008 年版，第 119 页。
③ （明）李时珍：《本草纲目》，人民卫生出版社 2014 年点校本，下册，第 1541 页。
④ （宋）乐史：《太平寰宇记》，中华书局 2013 年点校本，第六册，第 2813 页。
⑤ （宋）李昉等：《太平御览》，中华书局 2007 年版，第 2831 页。
⑥ 曹夫等：《端午粽飘香，民间食俗多》，《中国乡镇企业报》2002 年 6 月 13 日第 7 版。
⑦ 参见饶立鼎《五句子歌》，《宜昌报》1987 年 6 月 1 日第 3 版。
⑧ 刘济民：《歌咏屈原古今诗词选》，中国炎黄文化出版社 2008 年版，第 228 页。
⑨ （明）张岱：《夜航船》，浙江古籍出版社 1987 年版，第 474 页。

（三）屈原作品中的粽文化

屈原不仅是被古今人们使用粽子祭祀的对象，其诗篇中也蕴含着粽文化。

《离骚》云："巫咸将夕降兮，怀椒糈而要之。"① "糈"与"黍"在古代同音，《康熙字典》谓糈又读黍②。"椒糈"之音与"角黍"完全一致。再者，《辞源》释"糈"为二义：一为粮食，粮饷；二为祭神用的精米。③ 由此可见，糈是一种食品。《山海经》里的《五藏山经》中，言及祠神之礼用"糈"者达 12 篇之多，④ 古代祭祀多用角黍，"糈"可能就是角黍，即粽子。

《招魂》云："粔籹蜜饵，有食餦餭些。"《尔雅翼·黍》："黍又捣以为饧，谓之餦餭。《楚辞》曰：'粔籹蜜饵有餦餭。'言以蜜和米麰煎熬作粔籹。又有美饧，众味甘具也。及屈原死，楚人以菰叶裹黍祠之，谓之角黍。"⑤ 宋代张表臣《珊瑚钩诗话》卷二曰："角黍之事肇于风俗。昔日屈原怀沙忠死，后人每年以五色丝络粔籹而吊之，此其始也。"⑥ "粔籹"与"粔籹"形近音同，又与"角黍"音近，说明"粔籹餦餭"即角黍。按《招魂》全篇意义，"粔籹餦餭"作为食物，主要用于祭祀中的招魂仪典。

《天问》云："咸播秬黍，莆蕫是营。何由并投，而鲧疾修盈？"⑦ "秬黍"与"角黍"音近。"莆蕫"为菖蒲、芦叶之类，《康熙字典》释粽曰："粽，角黍也，同糭。"⑧ 其释糭曰："糭，芦叶裹米之角黍也。"⑨《汉语大字典》释粽曰："粽，用箬叶、芦叶包裹糯米做成的食

---

① （宋）洪兴祖：《楚辞补注》，中华书局 2002 年点校本，第 36—37 页。

② （清）张玉书等：《康熙字典》卷三，天津古籍出版社 2013 年影印本，第 931 页。

③ 参见《辞源》，商务印书馆 1995 年修订版，第 1298 页。

④ 李润英等译：《山海经》，岳麓书社 2012 年版，第 1—122 页。

⑤ （宋）罗愿：《尔雅翼》（卷一），吉林出版集团有限责任公司 2005 年版，第 278 页。

⑥ 参见张勃《人类非物质文化遗产代表作：中国端午节》史料卷，广西师范大学出版社 2013 年版，第 70 页。

⑦ （宋）洪兴祖：《楚辞补注》，中华书局 2002 年点校本，第 101 页。

⑧ （清）张玉书等：《康熙字典》卷三，天津古籍出版社 2013 年影印本，第 930 页。

⑨ （清）张玉书等：《康熙字典》卷三，天津古籍出版社 2013 年影印本，第 931 页。

品。……也作'糉'。"① 《天问》将秬黍与芦叶放在一起，这就形成了角黍的原始特征。"何由并投"之"投"，使我们联想到投食于水祭祀的事象，今多见古籍记载投粽于水祭祀屈原之事，但在屈原之前已存在包裹食物投水祭祀水神的习俗，东晋王嘉《拾遗记》载："（周昭王）二十四年……昭王沦于汉水，二女与王乘舟，夹拥王身，同溺于水。故江汉之人，到今思之……结五色纱囊盛食……并沉水中，以惊蛟龙水虫，使畏之不侵此食也。"② 方清刚先生依以上释意说："据此可以判断，后世以至今天的端午习俗在屈原时代已经是普遍的社会风俗。根据《天问》，端午习俗最迟可以溯及鲧，也就是有夏前夕。"③ 我们认为，方清刚先生的判断尚有考证的余地，难以定论。

（本文与韩永强合作。原载《屈姑文化论文集·第一集》，中国三峡出版社 2018 年版）

---

① 《汉语大字典》，湖北辞书出版社、四川辞书出版社 1995 年缩印本，第 1314 页。

② （晋）王嘉等：《拾遗记》（外三种：《异宛》《幽明录》《续齐谐记》），上海古籍出版社 2013 年点校本，第 21 页。

③ 方清刚：《端午考——粽子投水探奥》，《开封教育学院学报》2009 年第 2 期。

屈姑研究

屈姑考

　　先秦文献对屈原的记载阙如。至西汉时，史学家、文学家司马迁在《史记》中始作《屈原贾生列传》，对屈原生平事迹有粗略记述，但对屈原的父母、兄弟姐妹、子女、妻室等，均只字未及。东汉王逸注释屈原作品《离骚》时，认为《离骚》中"朕皇考曰伯庸"之"伯庸"是屈原父，"女媭之婵媛"之"女媭"为屈原姊。自宋至明清时期，传说屈原有妻有子女，但正史未有此类记载。近些年来，屈原故里湖北秭归又流传着一个与屈原关系密切的女性人物，她就是屈姑，屈姑即屈幺姑的简称。屈姑何许人也？有的称屈姑是指屈原的姐姐女媭，有的称屈姑是指屈原的妹妹香录。到底屈姑是谁呢？

一　女媭综说

　　女媭最早见于屈原的《离骚》："女媭之婵媛兮，申申其詈予。"大意是女媭急得气喘吁吁，反反复复责骂我。婵媛，通"嘽咺"，楚方言，喘息的意思，形容愤急的神态；申申，反反复复地；詈，责骂；予，我。东汉任校书郎期间的王逸在《楚辞章句》中注曰："女媭，屈原姊也。"① 古时言"先生者为姊，后生者为妹"，姊妹即姐妹。王逸之说在今存屈原作品注释本中为最早，自王逸之后，对女媭释说已近三十种，堪称众说纷纭。综其言，大致可分为五大类。

---

　　① （宋）洪兴祖：《楚辞补注》，中华书局 2002 年点校本，第 18—19 页。

　　第一类是屈原至亲类，即指女媭是屈原家庭主要成员。除上述王逸的"屈原姊"说之外，尚有四种说法：

　　妹说。此说源自郑玄。王逸之后的东汉经学家郑玄注释《周易·归妹》六三"归妹以须"时称："须，有才智之称。天文有须女，屈原之妹名女须。"① "须"与"媭"通。

　　母说。此说源自龚维英。龚氏是在王逸"女媭为屈原姊"的基础上进行论述的，他首先承认认"媭"即"姊"，然后举宋代叶绍翁《四朝闻见录》中宋高宗赵构称母韦太后为"大姊姊"、《说文解字》"蜀谓母曰姐"等为例，断"姊"或"姐"可释为母。②

　　妻说。姜亮夫《楚辞通故》曰："就词气论之，此不宜为姊氏，而当为小妻。"又说："女媭者，战国以来妇女幼小者娟好者之词耳。"③据易重廉《屈原综论》考证：《广雅·释亲》云："妻谓之嬃。"嬃须同也。《易·六三》"归妹以须"，《经典释文》云："荀、陆作'嬬'，陆云：'妾'也。"《说文·女部》云："嬬，下妻也。"④ 易氏从古代音义假借方式论证嬬、须、媭之同，妻谓之嬬，即媭可谓之妻。黄琼《女媭究竟是谁》⑤ 一文从诗意、"詈"字意义及东晋袁山松（有称袁崧）《宜都山川记》记载等方面论述，明确倡导女媭为屈原之妻。

　　女儿说。此说源起于民间传说。在屈原沉江之地湖南汨罗一带，民间流传着屈原女儿女媭的故事。汨罗江边玉笥山南侧有一个土墩名望爷墩，相传是女媭在其父屈原投江后，她独自待在这个高墩上，悲痛地遥望其父能够得救归来。玉笥山下有一池塘名楚塘，清《湘阴县图志》载："楚塘，大数亩。屈原女葬父于此取士，其地藕花重台胜他处。"⑥ 刘石林《女媭考》一文在此传说的基础上，从"媭"字是古时少女的

　　① 参见朱季海《楚辞解故》，上海古籍出版社 2011 年版，第 44 页。
　　② 龚维英：《女媭为屈母说》，《贵州社会科学》1982 年第 3 期。
　　③ 姜亮夫：《楚辞通故》，云南人民出版社 2000 年版，第二册，第 176—177 页。
　　④ 易重廉：《屈原综论》，岳麓书社 2012 年版，第 17 页。
　　⑤ 黄琼：《女媭究竟是谁》，中国屈原学会编《中国楚辞学》第十七辑，学苑出版社 2011 年版，第 291—294 页。
　　⑥ 参见刘石林《汨罗江畔屈子祠》，湖南人民出版社 2003 年版，第 70 页。

泛称、"詈"言是女儿对父亲的劝慰之语、"嬃"在南楚方言中为女儿的代词等方面申论,认为"女嬃是屈原钟爱的女儿"①。

第二类是屈原妾侍类,即指女嬃是屈原身边的贱妾、侍女等女性。主要有以下五说:

贱妾说。此说源起于唐代。《史记·天官书》载有婺女星名,为二十八星宿之一,居玄武七宿之第三宿,又名须女。故唐代张守节《史记·天官书·正义》云:"须女四星,亦婺女,天少府也。……须女,贱妾之称,妇职之卑者,主布帛裁制嫁娶。"② 因此,明代汪瑗《楚辞集解》沿袭论云:"须者,贱妾之称,以比党人也。"又曰:"盖尝考之《天官书》,天女有织女三星,婺女四星。织女,天女孙也,女之至贵者也。婺女,贱妾之称,妇职之卑者。《尔雅》曰:'须女,谓之婺女。'婺又作务。是婺星之为须女,须女之为贱女也明矣。故女须者,谓女之至贱者也。嬃正作须,女旁者,后人所增耳。"③ 据我们检阅,汪氏举"《尔雅》曰'须女,谓之婺女'"有误,此言实出《广雅》,并非《尔雅》。

侍妾说。汤炳正《楚辞今注》云:"女嬃,即侍妾。《周易·归妹》六三'归妹以须',汉帛书'须'作'嬬'。《说文》:'嬬,下妻也。'下妻即侍妾。故《广雅·释亲》云:'妻谓之嬬。'嬬即须,亦即嬃。"④ 汤氏从"嬬,下妻"之"下"独辟蹊径,认为"下妻"是比正妻地位低下的侍妾。

使女说。明代李陈玉《楚辞笺注》云:"按天上有须女星,主管布帛、嫁娶。人间使女谓之须女,须者,有急则须之谓。"李氏又认为女嬃是"下辈",其云:"屈原所言'女嬃',明是从上'美人'生端。'女嬃'谓'美人'之下辈,见美人迟暮,辄亦无端诟厉。"⑤ 此以

---

① 刘石林:《女嬃考》,《求索》1990 年第 2 期。
② (汉)司马迁等:《史记》,中华书局 1959 年版,第 1311 页。
③ 参见游国恩等《游国恩楚辞论著集》第一卷,中华书局 2008 年版,第 184 页。
④ 汤炳正等:《楚辞今注》,上海古籍出版社 2012 年版,第 17 页。
⑤ 参见游国恩等《游国恩楚辞论著集》第一卷,中华书局 2008 年版,第 185 页。

"女媭之婵媛"上文"恐美人之迟暮"言之，李氏认为"美人"喻屈原，女媭乃屈原下辈。

侍女说。清代陈远新《屈子说志》云："媭，女侍也。婵媛，侍女态。"① 此说虽与"使女"说略同，但同中有异。

女伴说。此说以郭沫若为代表。人民文学出版社编辑部编注、郭沫若译之《离骚·九歌》一书注云："女媭，女伴。媭，音虚。旧以为屈原妻，不确。"② 郭沫若将"女媭之婵媛"直接译为"我的女伴她殷切地替我关心"。文怀沙《楚辞今绎》注"女媭"即曰："绎文从沫若师，作女伴。"③

本类中，还有清人王闿运《楚辞释》"妾之长称媭"④ 之说、游国恩《楚辞论文集》"类似师傅保姆"⑤ 之说、陈士林"侍妾或女伴中之长者"⑥ 之说、金开诚"老大姊"⑦ 之说，等等，实多依"贱妾""使女"等引申而论，在此不一一赘述。

第三类是神巫类，即指女媭是屈原在《离骚》中描述的古代神巫。主要有以下三说：

女巫说。此说源起于唐初儒者颜师古。据刘永济《屈赋通笺》介绍：《汉书·广陵厉王胥传》："胥迎女巫李女须，使下神祝诅。女须泣曰：'孝武帝下我。'左右皆伏。"颜师古注曰："女须者，巫之名也。"故刘永济据此曰："女媭，盖亦神巫之名。"⑧ 清代周拱辰《离骚拾细》云："则须乃女巫之称，与灵氛之詹卜同一流人，以为原姊，缪矣。"⑨ 周氏认为女媭与屈原《离骚》"索藑茅以筳篿兮，命灵氛为余占之"的灵氛都是神巫。吴广平《楚辞全解》释："灵氛，即《山海经·大荒西

① 参见游国恩等《游国恩楚辞论著集》第一卷，中华书局 2008 年版，第 186 页。
② 郭沫若：《离骚·九歌》译本，人民文学出版社 1987 年版，第 23 页。
③ 文怀沙等：《楚辞今绎》，东方出版社 2015 年版，第 22 页。
④ （清）王闿运：《楚辞释》，上海古籍出版社 2019 年点校本，第 8 页。
⑤ 游国恩等：《游国恩楚辞论著集》（第四卷），中华书局 2008 年版，第 7 页。
⑥ 陈士林：《〈楚辞〉"女媭"与彝语 mo^{21} ni^{55}》，《民族语文》1991 年第 2 期。
⑦ 金开诚等：《屈原集校注》，中华书局 2011 年版，上册，第 58 页。
⑧ 刘永济：《屈赋通笺》，中华书局 2007 年版，第 49 页。
⑨ 参见崔富章等《楚辞集校集释》，湖北教育出版社 2003 年版，第 302 页。

经》灵山十巫中的'巫朌（fén 坟）'，是传说中的上古神巫。"① 据《国语·楚语》"在男曰觋，在女曰巫"② 之说可知，吴氏所称上古神巫灵氛即女巫。

神人说。何剑熏《楚辞拾沉》云："《离骚》中的人物，或为古人，如尧、舜、禹、汤、文王、夏桀、殷纣、吕尚之类；一为神人，如望舒、飞廉、宓妃之类，皆无实际，女婴亦是。"③ 何氏意谓女婴是神话传说中的神人。

巫长说。此说由张中一独倡，其《屈原新传》说："《离骚》中能活动的人物主要有女婴，是《离骚》主人公灵均崇敬的巫师长者，他听从女婴的告诫后，便面对着先祖重华陈词中正。"同时，张氏又将女婴直接注释为"女巫神的巫长"。④ 此说似沿清人王闿运《楚辞释》"妾之长称婴"之论申而述之。

第四类是艺术虚构类，即指女婴是屈原在《离骚》中塑造的一个艺术形象，或者说是屈原采用的虚构艺术手法，并非确有所指。此类说法较多，具代表性者有以下五说：

党人说。此说由明代汪瑗首倡，其《楚辞集解》云："须者，贱妾之称，以比党人也。"⑤ 以屈原政敌（所谓党人）比喻为贱妾，堪称新论。后有儒者承汪氏之言，如清代刘梦鹏《屈子章句》云："婴，众女相弟兄之称，盖以比朝士大夫。"⑥ 刘氏之意，"婴"是喻指与屈原同朝并谗言屈原的上官大夫等党人。

假设说。清代王树枏《离骚注》直言："女婴为设辞，并无其人。"⑦ 游国恩《屈原》说："《离骚》中有一个'女婴'，'婴'为楚国

① 吴广平：《楚辞全解》，岳麓书社 2008 年版，第 40 页。
② 陈桐生译注：《国语》，中华书局 2013 年版，第 621 页。
③ 何剑熏：《楚辞拾潘》，四川人民出版社 1984 年版，第 10 页。
④ 张中一：《屈原新传》，贵州人民出版社 1993 年版，第 28—29 页
⑤ （明）汪瑗：《楚辞集解》，上海古籍出版社 2017 年点校本，第 29 页。
⑥ 参见崔富章等《楚辞集校集释》（上），湖北教育出版社 2003 年版，第 303 页。
⑦ 参见崔富章等《楚辞集校集释》（上），湖北教育出版社 2003 年版，第 304 页。

妇女的通称，本是一个假设的人物。"① 詹安泰《离骚笺疏》说："我认为就篇中的设辞看，女媭和灵氛、巫咸应系同一类型的人物，如果突出一个姐、妹、贱妾、女伴之类的人物，反觉不伦不类。其实，这一系列的假设人物，都是屈原为了表明心曲而提出来的。"② 虽然游氏与詹氏皆认为女媭是"假设人物"，但依据不同。游氏依《说文解字》"楚人谓女曰媭"而论，詹氏依"女媭之婵媛"下段诗意而论。

美女说。从药汀《屈原赋辨译·离骚卷》注："女媭，一位多情美女。……'女媭'是屈子辞赋中的一个艺术形象，是屈子借女媭之口艺术地抒发自己所见所闻所感，是从侧面营造场景，借以排忧抒愤抗志扬德。"③ 意谓女媭是屈原塑造的一位多情的美女形象。

寓言说。金开诚等著《屈原集校注》称："这里'女媭'只是寓言，并非实有其人。因为屈原曾以美人自喻，所以对他进行责劝的人也假设为女性，这正如上文嫉其蛾眉者，必设为'众女'一样。"④ 金氏举"女媭之婵媛"上文"众女嫉余之蛾眉"之"众女"为例，意在强调女媭并非实指，是女之泛称或通称。

方言说。陆侃如与冯元君合著的《中国诗史》云："他们或以媭为贱妾，或以为有才智者，解释竟至相反，其误在于深求。其实'媭'是楚国方言，屈姊吕妹均名媭，正如现在北方女孩多名'姐'一样。"⑤ 并举《汉书·高后纪》所载吕后之妹即樊哙之妻吕媭等为例，认为"媭"是方言。

本类之中，还有明代张凤翼《楚辞合纂》"媭者女人通称"⑥ 之说、清人王闿运《楚辞释》"女有才智者"⑦ 之说、萧兵《楚辞与神话》

① 游国恩等：《游国恩楚辞论著集》第四卷，中华书局 2008 年版，第 327 页。
② 詹安泰：《离骚笺疏》，湖北人民出版社 1981 年版，第 47 页。
③ 从药汀：《屈原赋辨译·离骚卷》，故宫出版社 2012 年版，第 84 页。
④ 金开诚等：《屈原集校注》，中华书局 2011 年版，上册，第 58 页。
⑤ 陆侃如等：《中国诗史》，百花文艺出版社 1999 年版，第 97 页。
⑥ 参见崔富章等《楚辞集校集释》（上），湖北教育出版社 2003 年版，第 301 页。
⑦ （清）王闿运：《楚辞释》，上海古籍出版社 2019 年点校本，第 8 页。

"美神"① 说等等。

第五类是杂说类，即指女媭是屈原在《离骚》中言及的另类人或物，别有所指。此类说法较多，具代表性者有以下三说：

星宿说。闻一多《离骚解诂乙》云："《开元占经·北方七宿占篇》引石氏曰：'媭女四星。'又引巫咸曰：'须女，天女也。'疑女媭即媭女。"② 李嘉言《〈离骚〉丛说》一文中有专论"女媭为星宿说"，认为"'女媭'与'须女'同意，须女本是星名"③。近年，戴伟华撰《〈离骚〉"女媭"为女星宿名的文化诠释》专文认为："媭（婺）女，是二十八宿之一。《离骚》中的'女媭'为二十八宿之一的'女'星宿。"④此星宿说之类均认为女媭是星宿须女的倒文。

先姒说。此说也由闻一多启之，《离骚解诂乙》云："须湏古本与沬同字，并音莫沸切。媭从须声，与妹从未声无别，媭盖妹之异文。《世本》曰：'陆终取鬼方之妹，谓之女嬇。'（《史记·楚世家·索隐》《路史后纪》八注引。）以沬又作礶（《汉书·礼乐志》注引晋灼曰：'沬古礶字。'）例之，女媭似又即女嬇，楚之先姒也。"⑤此说主要从音切原理及通转方式论之。

女修说。此说由黄震云发起，其《楚辞通论》说："值得指出的是女媭詈予的内容只是举了鲧的一个例子……向重华陈辞……女媭和舜（重华）同时。……重华（帝舜有虞）是高阳的六世孙，女修为秦之先母……女修是高阳的孙女（裔孙），时间在鲧之后、舜之前。女媭就是女修，乃音同字异罢了。"又说："根据《史记·秦本纪》，秦之祖先不知何许人，但其可知的母系血缘祖是高阳之孙女，名字叫女修，修即为媭。"⑥此说主要以"音同字异"推论"女媭就是女修"，即《史记·秦本纪》所载之"女修"："秦之先，帝颛顼之苗裔孙曰女修。女修织，

① 萧兵：《楚辞与神话》，江苏古籍出版社1987年版，第176页。
② 闻一多等：《闻一多全集》，湖北人民出版社1993年版，第五册，第302页。
③ 李嘉言：《〈离骚〉丛说》，《河南师大学报》1982年第5期。
④ 戴伟华：《〈离骚〉"女媭"为女星宿名的文化诠释》，《中山大学学报》2015年第1期。
⑤ 闻一多等：《闻一多全集》，湖北人民出版社1993年版，第五册，第303页。
⑥ 黄震云：《楚辞通论》，湖南教育出版社1997年版，第237、71页。

玄鸟陨卵，女修吞之，生子大业。"①

由上述五大类中的二十八种说法可以看出，虽然异说纷至，但是有两种现象特别引人注意：一是作为人或神而论，几乎都承认女嬃或嬃的性别为女性；二是将"女嬃"二字分而论者较多，独以"嬃"字论者更多，且歧见纷出。

二　屈姑源流

屈姑是秭归一带因屈原而流传的民间故事。查阅当代公开出版的书籍，发现主要有三种说法。

1. 屈原的妹妹香录化作"幺姑鸟"。由宁发新整理并于1983年出版的《屈原的传说》中的《幺姑鸟》②，是当今所见最早的有关屈姑的传说故事。故事梗概是，在秭归归州一带，有一种形似八哥的小鸟，殷红的小嘴，绚丽的羽毛，绮美的尾巴，名叫幺姑鸟。每逢端午节前，便成群结队飞到长江北岸的屈原沱，其啼叫声音如同"我哥回哟！我哥回哟！……"屈原的妹妹屈幺姑香录思念屈原心切，在山巅悲痛地遥望沉江的屈原能够得救归来，声声呼唤"我哥回哟！我哥回哟！……"说这种小鸟即由屈原的妹妹屈幺姑香录的精灵所变，故鸟名"幺姑鸟"，又名"我哥回"。本故事的主人公是"屈原的妹妹屈幺姑香录"，也言及"女嬃姐姐"。文中有"屈原的妹妹香录，乡亲们又亲切地称她屈幺姑"之言。

以屈原妹妹香录身份出现在《幺姑鸟》故事之中，另外还出现在《三星照半月》《珍珠岩》《照面井》等故事中。

2. 屈原的妹妹屈幺姑化作"幺姑鸟"。自宁发新《屈原的传说》于1983年出版后，一些版本中的《幺姑鸟》传说故事则无"香录"名，均是以"妹妹屈幺姑"概而言之，只是故事梗概大同小异。如白

---

① （汉）司马迁：《史记》，中华书局1959年版，第173页。
② 宁发新：《屈原的传说》，中国少年儿童出版社1983年版，第143—148页。

庚胜总主编《中国民间故事全书·湖北秭归卷》中的《幺姑鸟》①，文字叙述、层次结构几乎与宁发新的《幺姑鸟》一模一样，只是将早先《幺姑鸟》中的"屈原的妹妹香录，乡亲们又亲切地称她屈幺姑"改为"屈原的妹妹屈幺姑，乡亲们又亲切地称她幺姑"，仅舍弃"香录"之名。再如卢丹主编《屈原传说》②、吕红文《三峡鉴赏志》③等出版物中有关《幺姑鸟》的传说故事，也无"屈原的妹妹香录"之说，同样以"妹妹屈幺姑"代之。卢丹主编《屈原传说》一书，是 2008 年 6 月国务院公布秭归"屈原传说"为第二批国家级非物质文化遗产名录申报期间，由秭归县文化旅游局、秭归县非物质文化遗产保护中心主持搜集整理，申报成功后于 2012 年公开出版，其版本不仅内容全，而且具有代表性、权威性。其《幺姑鸟》文尾注有明："宁发新、宋克顺采录、子规修订"，修订的主要方式是取消了"香录"人名。

王健强《世界文化名人屈原》④中《神鱼》传说故事主人公是"屈原的妹妹屈幺姑"，而早于王氏的宁发新《屈原的传说》中《神鱼》传说故事主人公则是"屈原的姐姐女嬃"。

3. 屈原的妹妹屈幺姑化作"我哥回"鸟。此故事名为《我哥回》⑤，故事情节似是"屈原的妹妹屈幺姑化作'幺姑鸟'"的翻版，将原故事名称《幺姑鸟》改换为《我哥回》，其故事情节、文字描述略有改动。白庚胜总主编的《中国民间故事全书·湖北秭归卷》、卢丹主编的《屈原传说》等，将原宁发新的《三星照半月》《珍珠岩》《照面井》中的屈原"妹妹香录"也都改换为"幺姑妹妹"或"妹妹屈幺姑"。

宁发新《屈原的传说》共搜集故事三十个，其中与姐姐女嬃相关的有八个：《九畹芝兰》《女嬃砧》《颂橘坡》《三件宝》《濯缨泉》《神

---

① 白庚胜：《中国民间故事全书·湖北秭归卷》，知识产权出版社 2007 年版，第 101—103 页。

② 卢丹：《屈原传说》，三峡电子音像出版社 2012 年版，第 33—36 页。

③ 吕红文：《三峡鉴赏志》，四川美术出版社 1989 年版，第 436—437 页。

④ 王健强：《世界文化名人屈原》，湖北辞书出版社 2001 年版，第 106 页。

⑤ 参见白庚胜《中国民间故事全书·湖北秭归卷》，知识产权出版社 2007 年版，第 132—133 页。

鱼》《菖蒲剑》《纱帽翅》；与妹妹屈幺姑香录相关的有四个：《幺姑鸟》《三星照半月》《珍珠岩》《照面井》，这四个也是姐姐女嬃、妹妹屈幺姑香录同时出现的传说故事。

三　女嬃与屈姑辨析

先说女嬃。从五大类二十八种说法中可以看出，这些说法出现时间主要集中在明清至今。同时可见，除"女嬃屈原姊"外，其余多以四种形式论之：一是依"女嬃，屈原姊"申论；二是以"女嬃之婵媛"诗句前后诗意情境推论；三是以音义通转方式推论；四是以民间传说引论。虽然各有所据，但也各有缺陷，不足为信。有的说法早已被澄清。如"妹"说，清代段玉裁《说文解字注》指出："惟郑注《周易》'屈原之妹名女须'，《诗正义》所引如此，'妹'字恐'姊'字之伪。"①意思是说郑玄注释《周易》"归妹以须"之"须"时，本是引用王逸"女嬃，屈原姊"，却将"姊"误为"妹"，由"归妹"之"妹"引起混淆，亦即谓郑玄所注"屈原之妹名女须"实为"屈原之姊名女须"，后人也多认同段氏之言。再如龚维英的"女嬃为屈母"说，戴伟华撰《女嬃非屈母——与龚维英同志商榷》专文反驳，认为龚氏"凭虚立论"，指龚氏引《四朝闻见录》中宋高宗赵构称母韦太后为"大姊姊"之例说："查对原文乃'大姐姐'，而不是'大姊姊'。"文尾结论："如此看来，《屈母说》虽为新解，疑窦尚多，其中还涉及研究方法的问题。……不可翻空猎奇，夸世骇俗。"②龚氏的"女嬃为屈母"说仅为一家之言，至今无人附合，难以认同。尚有"先妣""女修""女儿"等说法也是一家之言。

综合各家对女嬃的论说，我们认为王逸的"屈原姊"较可信。理由有五：第一，在王逸《楚辞章句》中言"女嬃屈原姊"有二见，除《离骚》之外，注《九歌·湘君》"女婵媛兮为余太息"云："女谓女

---

① （清）段玉裁：《说文解字注》，中华书局 2015 年版，第 623 页。
② 戴伟华：《女嬃非屈母——与龚维英同志商榷》，《贵州社会科学》1982 年第 5 期。

嫛，屈原姊也。"① 意即"女"是女嫛之简言。王逸之说最早，而且去古未远，其说必有其据，在无确凿证据之前不宜轻易否定古注；第二，古楚地确有"谓姊为嫛"之方言。汉儒许慎《说文解字·女部》云："嫛，女字也。《楚词》曰'女嫛之婵媛'。贾侍中说：'楚人谓姊为嫛'。"② 这条证据最为重要。据当代学者华欣考察："早于王逸的贾逵曾作《离骚经章句》，其书虽早已失传，但佚文还略可考见。……许慎为贾逵弟子。据许慎之子许冲给汉安帝的上书说：'臣父……慎本从逵受古学……慎博问通人，考之于逵，作《说文解字》。'许慎《说文》注解'嫛'字，在引《楚词·离骚》文句之后，即引证他的老师贾逵的说法'楚人谓姊为嫛'，可见这里引的当系贾逵《离骚经章句》的佚文。"③ 贾逵即贾侍中，因其曾任侍中，是东汉著名的经学家、天文学家。撰有《春秋左氏传解诂》《国语解诂》等，已佚。由此可见，许慎所引"楚人谓姊为嫛"有其据，即源于其师贾逵之言，也有可信度；第三，"秭归"地名即源于"姊归"。北魏郦道元《水经注·江水》云："袁山松曰：屈原有贤姊，闻原放逐，亦来归，喻令自宽全。乡人冀其见从，因名曰秭归，即《离骚》所谓女嫛婵媛以詈予也。……东北六十里有女嫛庙，捣衣石犹存。"④ 宋代洪兴祖《楚辞补注》引用这一段记述后注明："秭与姊同。"⑤ 屈原放逐后是否回过秭归呢？清代胡文英《屈骚指掌》云："《离骚》先述祖父，中及其姊，末曰'国无人'，玩其严整，是初被疏放时，回秭归故居所作。"⑥ 郦氏所引源自东晋袁山松的《宜都山川记》，说明"秭归"源于"姊归"之说出现较早，至迟在东晋。同时可知，秭归乡人为纪念贤姊女嫛，在东晋或东晋前即修建有女嫛庙；第四，主"女嫛屈原姊"说的《楚辞》注本影响广泛。自汉至清有影响的《楚辞》注本多承袭王逸《楚辞章句》"女嫛屈原姊"

① （宋）洪兴祖：《楚辞补注》，中华书局 2002 年点校本，第 18 页。
② （汉）许慎：《说文解字》，中华书局 2003 年校定本，第 260 页。
③ 华欣：《谈谈〈离骚〉中的女嫛》，《延边大学学报》1981 年第 4 期。
④ 陈桥驿：《水经注校证》，中华书局 2013 年版，第 757 页。
⑤ （宋）洪兴祖：《楚辞补注》，中华书局 2002 年点校本，第 61—62 页。
⑥ （清）胡文英：《屈骚指掌》卷一，北京古籍出版社 1979 年影印本，第 1 页。

之说，如宋代洪兴祖《楚辞补注》、朱熹《楚辞集注》、清代戴震《屈原赋注》等，这五种《楚辞》注本最受历代学人的重视和称引，在屈原学或楚辞学的历史上都占有很重要的位置，说明"姊"说已成主流，能被多数人接受；第五，根据《离骚》"女嬃之婵媛兮，申申其詈予"下文女嬃所詈的内容和语言方式来看，也合"女嬃屈原姊"的身份。女嬃劝诫屈原应该明哲保身，不能过于率直而不顾自身安危，并举夏禹的父亲鲧为例，鲧即"婞直以亡身"。用詈骂的口气来教训屈原的人，不可能是屈原的妹妹或女儿，更不可能是屈原的妻妾、女伴、使女之辈。

再说屈姑。屈姑主要源于20世纪80年代的秭归民间传说，出现较晚，且史籍无载。另外，被传为屈原妹妹的香录，是从"香炉坪"地名附会出来的一个人名。《秭归县志》载："屈原宅基，位于乐平里南侧的香炉坪。《艺文类聚·居处部》引庾仲雍《荆州记》：'（秭归）'县北一百里有屈平故宅，方七顷，累石为屋基。"① 屈原故宅在香炉坪，依香炉坪地名命名"香录"则表现出屈原故里乡亲对屈原的怀念之情。以鸟的自然鸣叫创作出《幺姑鸟》《我哥回》故事也是一大创造，更加突出了对屈原的深切眷恋。屈原妹妹香录同样无史籍记载。

最后，再说女嬃与屈姑的关联问题。第一，女嬃有古籍文献记载，屈姑或香录只是民间传说。我们只能相信古籍文献，女嬃是真实存在的，屈姑或香录于史无凭，故存疑；第二，屈姑的称谓对象在屈原诞生地乐平里是有区别的。屈姑为屈幺姑的简称，乐平里习俗称谓的"屈姑"，多是屈氏家族之外者对屈家女子的称呼，故称谓中带上"屈"的姓氏，对屈家的姐姐或妹妹均可用这种称呼，也就是说屈原的姐姐女嬃或妹妹香录都可称呼为屈幺姑，有的以示尊敬，则不带姓氏"屈"，即称呼幺姑。但是，屈氏家族自家的下辈称呼父亲的姐姐或妹妹，只能称呼幺姑，如果加上"屈"的姓氏来称呼自家的人，则被视作大不敬。

---

① 参见湖北省秭归县地方志编纂委员会编纂《秭归县志》，中国大百科全书出版社1991年版，第357页。

有的以示大、小排行，也称大幺姑、小幺姑；第三，屈姑或香录与女嬃在秭归民间传说故事中存在相互混淆现象。如《神鱼》传说故事即如此，有的主人公是"屈原的妹妹屈幺姑"，有的主人公则是"屈原的姐姐女嬃"。由此，正如易炜在《屈幺姑何许人》一文中考论后所言："我以为幺姑与女嬃实为一人。"① 我们也认为屈姑或香录与女嬃可能是同一个人，也就是说有关屈姑或香录的传说故事多由"女嬃屈原姊"附会而来。因为女嬃在秭归深入人心，按《宜都山川记》记载，不仅"秭归"地名源于女嬃，而且在屈原诞生地乐平里一带还有女嬃庙、女嬃捣衣石。同时，从当初《幺姑鸟》"屈原的妹妹香录"到后来以"妹妹屈幺姑"取代香录来看，也可证明屈姑或香录与女嬃可能是同一个人，即女嬃。

总而言之，我们认为屈姑或香录只是民间传说故事，于史无凭，可能从"女嬃屈原姊"附会而来，屈姑或香录与女嬃可能是一个人，王逸的"女嬃屈原姊"说较为可信，女嬃应是屈原的姐姐。从秭归民间习惯称呼来看，屈姑也可用来称呼女嬃。正确与否，愿就教于大方之家。

（原载《屈姑文化》第一辑，华夏文艺出版社 2016 年版。后载《三峡旅游学刊》2017 年第 2 期、《三峡文化》2021 年第 1 期）

---

① 参见齐克《屈原·端午·龙舟》，《江河文学》社 1985 年编印，第 52 页。

女婆庙地望考索

女婆因屈原而名传于世。女婆最早见于屈原的《离骚》："女婆之婵媛兮，申申其詈予。"东汉任校书郎的王逸在《楚辞章句》中注曰："女婆，屈原姊也。"① 北魏郦道元《水经注·江水》"又东过秭归县之南"下引东晋后期袁山松（又称袁崧）《宜都山川记》（简称《宜都记》）云："袁山松曰：屈原有贤姊，闻原放逐，亦来归，喻令自宽全。乡人冀其见从，因名曰秭归，即《离骚》所谓女婆婵媛以詈予也。"同时引曰："秭归盖楚子熊绎之始国，而屈原之乡里也。"② 袁山松所言主要表明两点：一是秭归县名源于屈原"贤姊"女婆"亦来归"；二是秭归乃屈原故里。

女婆庙，又称屈幺姑庙或屈姑庙。女婆庙最早见于东晋时期庾仲雍《荆州记》。庾氏《荆州记》虽佚，但唐代欧阳询等辑《艺文类聚·居处部》保留有佚文，其引《荆州记》："秭归县有屈原宅、女婆庙，捣衣石犹存。"③ 后有多种文献古籍记载略同。

一 女婆庙及其地望之文献记载

据笔者检索，除个别之外，古今文献记述的女婆庙都指至秭归境，

① （宋）洪兴祖：《楚辞补注》，中华书局 2002 年点校本，第 18—19 页。
② 陈桥驿：《水经注校正》，中华书局 2013 年版，第 757 页。
③ 参见自郦道元等《水经注疏》，江苏古籍出版社 1989 年点校本，第 2835—2837 页。

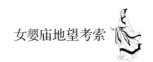

但具体地望却记述有别。这些记述按所指女婆庙地望可分为十种类型。

第一类：指女婆庙居秭归县北一百里乐平（即乐平里——笔者注）屈平故宅东北六十里处。南北朝时期梁人刘昭在注《后汉书·郡国志》时引庾仲雍《荆州记》："（秭归）县北一百里，有屈平故宅，方七顷，累石为屋基，今其地名乐平。宅东北六十里有女婆庙。"① 明嘉靖二十八年（1550）《归州全志·古迹》载："屈原宅，州北一百里。汉志：在秭归县北有屈原故宅，方七顷，垒石为屋……宅东北六十里，旧有原姊女婆庙，捣衣石见存。"清《湖广通志》卷七十七《古迹志》载："屈原宅……（秭归）县北百里……今名乐平。宅其东北六十里，有女婆庙，捣衣石优存。"屈原（名平）故宅居何处呢？《秭归县志》载："屈原宅基，位于乐平里南侧的香炉坪。《艺文类聚·居处部》引庾仲雍《荆州记》：'（秭归）县北一百里有屈平故宅，方七顷，累石为屋基。'"② 指明女婆庙的方位——"屈平故宅东北"，也指明宅与庙的距离——"六十里"，又指明乐平里的方位和秭归县治所在地至乐平里的距离——"县北一百里"。

第二类：指女婆庙居秭归县北一百六十里乐平里屈平故宅东北六十里处。郦道元《水经注·江水》"又东过秭归县之南"下引袁山松《宜都山川记》："（秭归）县北一百六十里，有屈平故宅，累石为室基，今其地名曰乐平里。宅之东北六十里有女婆庙，捣衣石犹存。"③ 此与前引《荆州记》所载同中有异，相同的都指乐平里在"县北"，也都指女婆庙在屈原"宅之东北六十里"，不同的是县治所在地至乐平里的距离，《宜都记》比《荆州记》多出六十里。

第三类：指女婆庙居乐平里屈平故宅东北六十里处。清同治九年（1870）《宜昌府志·疆域志》载："女婆砧，《水经注》：屈原宅东北六十里有女婆庙，捣衣石犹存。"清光绪二十七年（1910）《归州志·

① 参见自王健强《世界文化名人屈原》附录，湖北辞书出版社 2001 年版，第 112 页。

② 湖北省秭归县地方志编纂委员会编纂：《秭归县志》，中国大百科全书出版社 1991 年版，第 357 页。

③ 陈桥驿：《水经注校正》，中华书局 2013 年版，第 757 页。

户役志》（第八卷）曰："三闾乡有屈田……今州之东北六十里屈田犹存，田旁有屈原庙。"又曰："女媭砧……今屈田旁有屈原庙无女媭庙，旧传有女媭砧，今亦无存矣。"由此可知，清末时期在乐平里只有屈原庙而无女媭庙和女媭砧。此女媭砧即指捣衣石。笔者曾发表有《"女媭砧""捣衣石"非指洗衣事象》① 一文，考察结论"女媭砧"或"捣衣石"并非是"洗衣石"，实指屈原之姊女媭于石上杵捣用于制衣的丝或葛麻纤维织物，非指于石上捶洗衣物。主要指明女媭庙的方位——"屈平宅东北"，并指明宅与庙的距离——"六十里"，但未言及县治所在地至乐平里的距离。

第四类：指女媭庙居秭归县之北或屈原故宅之东北。唐代沈亚之《屈原外传》曰："《江陵志》又载：（屈）原故宅在秭归乡，北有女媭庙，至今捣衣石尚存。时当秋风夜雨之际，砧声隐隐可听也。"② 宋代罗愿《尔雅翼》卷十四曰："袁崧以为屈原姊女媭闻原放逐，亦来归。喻令自宽全。乡人冀其见从，因以名县。县北有原故宅，宅之东北有女媭庙。"③ 主要指明女媭庙的方位在秭归县之北或屈原故宅之东北，既未言及县治所在地至乐平里的距离，也未言及女媭庙与屈原故宅两地之间的距离。

第五类：指女媭庙居乐平里东北十里处。宋代祝穆《方舆胜览》卷五十八"归州"载："祠庙，三闾大夫祠……在州东五里。……秭归县北一百里，有屈原故宅，累石为屋基，名乐平里。其东北十里，又有女媭庙，捣衣石犹存。"④ 既指明女媭庙的方位为乐平里东北，也指明秭归县治所在地至乐平里的距离——"一百里"，但认为女媭庙在乐平里东北十里。

第六类：指女媭庙居乐平里希望小学向南百余米之山岭上。龚红林著《屈原庙史料通考》云："秭归县屈原镇女媭庙（宋以前建，20世

---

① 谭家斌：《"女媭砧""捣衣石"非指洗衣事象》，《荆楚学刊》2015年第1期。
② 参见符号《宜昌文林揽粹》，湖北人民出版社2005年版，第165页。
③ 参见龚红林《屈原庙史料通考》，湖北人民出版社2014年版，第49页。
④ 参见龚红林《屈原庙史料通考》，湖北人民出版社2014年版，第44页。

纪 70 年代坍塌，遗址在葛洲坝希望小学向南百多米的岭包上）。"① 龚氏所指屈原镇葛洲坝希望小学，是今屈原镇屈原村乐平里唯一的一所小学学校。其称小学旁山岭上有女媭庙，确为新说。

第七类：指女媭庙居乐平里屈原故宅。《大明一统志》卷六十三"荆州府"载："屈原庙，在归州东，一名清烈公庙。原有贤姊，名媭，闻原放逐亦来归。喻令自宽全。乡人冀其见从，因名曰秭归。后立女媭庙于原之故宅。"② 清《湖广通志》卷二十五《祀典志·祠庙附》云："女媭庙，祀屈原姊。媭，其名也。在三闾乡屈原沱东北，即原故宅。去州百里，唐元和中始立。"③

第八类：认为秭归境内有两处女媭庙：一指居乐平里故宅香炉坪处，一指居今长江西陵峡畔青滩白沱处。今人曾凡荣《秭归屈原庙》一文称："在屈原诞生地三闾屈原乡，先后建有三座庙，一座在香炉坪，原名'女媭庙'；一座在天池山东面的北峰垭，名'屈公祠'；一座在屈原中学前的伏虎山丘上，'屈原庙'三个字为郭沫若所题。除屈原乡外，还有归州屈原沱的'清烈公祠'、新滩乡小青滩的'屈原祠'、青滩白沱的'屈幺姑庙'（又名'女媭庙'）、水田坝乡凉风垭的'独醒亭'，以及归州向家坪的'屈原祠'。从古至今，秭归先后建有八座屈原庙。"④ 曾氏为秭归境内有两处女媭庙的首言者。

第九类：指女媭庙居归州东约五里之屈沱，与屈原同祭。清乾隆四十六年（1781）十月，湖北学政吴省钦与归州知州王沛膏游览屈沱新维修的屈左徒庙（后更名屈原祠），吴氏亲自撰制《修楚屈左徒庙碑记》，其云："今年冬十月，权知州王君沛膏，以予自施南试箴归，泊屈沱，偕拜庙下。庙三楹，其后祀女媭。"⑤ 依此可知，当时的屈左徒庙由三厅室组成，前厅祭祀屈原，后厅祭祀女媭。

---

① 参见龚红林《屈原庙史料通考》，湖北人民出版社 2014 年版，第 14 页。
② （明）李贤等：《大明一统志》卷六三（第 8 册），台联国风出版社 1977 年版，第 3829 页。
③ 清《湖广通志》卷二五《祀典志·祠庙附》，文渊阁《四库全书》本。
④ 曾凡荣：《秭归屈原庙》，《上海集邮》1998 年第 6 期。
⑤ 参见谭家斌《屈原祠》，湖北人民出版社 2011 年版，第 79 页。

第十类：指女媭庙在兴山县东北。清代《钦定大清一统志》卷二百七十三"宜昌府"载："三闾大夫祠有三：一在归州东二里相公岭，祀楚屈原以宋玉配。一在归州西十里大江滨，唐元和间建，号清烈祠。一在兴山县北，即屈原宅。女媭庙在兴山县东北。《水经注》：'屈原宅之北六十里有女媭庙，捣衣石犹存。'"①

粗略清理从古至今文献材料，明确记述女媭庙地望之文献主要有以上十类。

二　文献所载女媭庙地望辨析

按前述十类女媭庙之地望，实为六处，亦即可归纳为六种说法：一说女媭庙在乐平里屈原故宅东北六十里。前文第一至第五类即如此；一说女媭庙在乐平里希望小学向南百余米之山岭上；一说女媭庙在归州东约五里之屈沱；一说女媭庙在乐平里屈原故宅香炉坪；一说女媭庙在今长江西陵峡畔青滩白沱；一说女媭庙在兴山县东北。根据目前所见存世的文献来看，除兴山记述一处外，女媭庙地望记载都集中在秭归境内，尚未见记述其他地方有女媭庙。现就女媭庙地望的六种说法逐一辨析如下。

首先，说女媭庙在乐平里屈原故宅东北六十里。此说法存在两点疑惑：一是虽然都指女媭庙在乐平里屈原故宅东北六十里，只载明女媭庙的方位——"屈原故宅东北"和屈原故宅与女媭庙两地之间的距离——"六十里"，但没指明女媭庙的具体地点；二是屈原故宅与秭归县治所在地的距离记载相差较大，《荆州记》称"（秭归）县北一百里有屈平故宅"，而《宜都山川记》则称"（秭归）县北一百六十里，有屈平故宅"。第一点疑惑下有专文再论。第二点疑惑可从两方面来寻找可释疑的思路：一是可能存在县治或州治变迁问题，但今已难以确考；二是可能《宜都山川记》中有笔误，将"县北一百里"与"屈原故宅东北六十里"相混，形成"县北一百六十里"之"六十里"衍文。虽

---

① 清《钦定大清一统志》卷二七三《宜昌府》，文渊阁《四库全书》本。

然有两点疑惑存在，但都对女嬃庙有共同指向——"屈原故宅东北六十里"。沈亚之《屈原外传》和罗愿《尔雅翼》指女嬃庙居秭归县之北或屈原故宅之东北，虽未言"六十里"，但已指明方位——"东北"，实指同一处，即乐平里屈原故宅东北六十里女嬃庙。祝穆《方舆胜览》指女嬃庙居乐平里东北十里处，按祝氏叙述方式，言称"其东北十里"，此"其"应是指代乐平里，比照乐平里及屈原故宅地理形势，可能是指东北六十里女嬃庙。

其次，说女嬃庙在归州东约五里之屈沱。唐元和十五年（820），归州刺史王茂元在归州东五里之屈沱（有称屈原沱、相公岭）建屈原庙，据其撰《楚三闾大夫屈先生祠堂铭并序》① 一文，初应称"三闾大夫祠"，经过历朝多次修葺，亦多次更名，有名清烈公祠、清烈公庙、屈公祠、屈左徒庙等，今称屈原祠，因修建三峡水利枢纽工程已搬迁至秭归新县城一侧的凤凰山，原址被淹没。按吴省钦《修楚屈左徒庙碑记》"庙三楹，其后祀女嬃"之言，并非专建有女嬃庙，而是在屈原庙内后厅室祭祀女嬃，或许塑有女嬃像。因女嬃为屈原"贤姊"，后人崇其贤而与屈原同祭。庙名为屈原庙，而非女嬃庙。至于清《湖广通志》之"女嬃庙……在三闾乡屈原沱东北，即原故宅。去州百里，唐元和中始立"，应是混淆了地名和方位："三闾乡"即乐平里，明清时期乐平里即为三闾乡行政建制，后改为屈原乡、屈原村，因乐平里是屈原诞生地，屈原曾任三闾大夫之职，故名为三闾乡。"屈原沱"也不在三闾乡而在归州。按其语意来看，言"东北"，应是指乐平里东北的女嬃庙。其言"唐元和中始立"的是归州"屈原沱"屈原庙，将乐平里东北的女嬃庙与归州东屈原沱的屈原庙（实为屈原祠）相互混淆了。

再其次，说女嬃庙在乐平里屈原故宅香炉坪。《大明一统志》卷六十三《荆州府》称"后立女嬃庙于原之故宅"，曾凡荣《秭归屈原庙》一文也称"一座在香炉坪，原名'女嬃庙'"。《秭归县志》载"屈原

---

① 湖北省秭归县地方志编纂委员会编纂：《秭归县志》，中国大百科全书出版社1991年版，第562页。

宅基，位于乐平里南侧的香炉坪"。屈原故宅香炉坪有屈原庙是肯定的，《秭归县志·文化艺术》载："乐平里原有两座屈原庙。一座位于屈原村，明代始建，清光绪十五年重建，后废；一座位于界限垭，清康熙四十二年（1703）知州魏国璘建，后废。"① 屈原村的屈原庙即指香炉坪的屈原庙。在屈原故宅处建屈原庙合乎情理，但在屈原故宅处既建屈原庙又建女嬃庙，可能性很小。也可能像归州屈原沱屈原庙那样，在屈原庙里同时祭祀女嬃。所以清光绪《归州志》云"今屈田旁有屈原庙无女嬃庙"。当今，香炉坪立有郭沫若夫人于立群题写的"玉米田""楚三闾大夫屈原诞生地"碑刻。

再说女嬃庙在乐平里希望小学向南百余米之山岭上。此说为一家之言，不知何据。笔者自幼在乐平里生长和工作历时近三十年，老家距香炉坪约两千米，但从未耳闻今乐平里希望小学向南百余米之山岭上有女嬃庙之说，至今也不见文献资料记载。此山岭位于乐平里"三闾八景"之一——"回龙锁水"一侧。此处地形犹如瓶颈，是乐平里人们进出和河水外流的唯一通道，河道狭窄又加上崩山，常发生洪涝灾害，过去相传是一孽龙在此处锁住了溪水。因此，人们在此处山岭上修建一座小寺庙，名"回龙寺"，以镇孽龙能回头行善。但该寺遗址至今荡然无存。说希望小学旁山岭上有女嬃庙也许是误将回龙寺认作女嬃庙了。

至于今长江西陵峡畔青滩白沱有女嬃庙之说，也为一家之言，既不见史载，又未闻传言，不足为信。《秭归县志·文化艺术》载有"小青滩屈大夫庙"。据该志"屈原石雕像"条记载："（像）高103厘米，为明嘉靖十六年（1537年）归州百姓捐赠镌刻，是国内今存最早的一尊屈原石雕像。像座一侧铭文曰：'荆州府归州桐油沱信人曹端福，善同妻朱氏四子，发心舍造屈原相公一尊……永镇四方，保安家犬。明嘉靖十六年丁酉三月吉旦。……匠人陈伯伏。'此石像原安放于小青滩屈大

① 湖北省秭归县地方志编纂委员会编纂：《秭归县志》，中国大百科全书出版社1991年版，第357页。

夫庙内，1982年移至屈原祠。"① 该庙遗址今被三峡工程库区淹没，石像仍存迁建的屈原祠内。青滩白沱与小青滩位于长江岸边，白沱居长江北岸，小青滩居长江南岸，仅一江之隔。如称"白沱有女嬃庙"，可能由两个原因引起：一是将白沱与小青滩的方位或地名混淆了；二是小青滩屈大夫庙可能同祭有女嬃。换言之，应只存在屈大夫庙而无女嬃庙。

最后，再说兴山县东北女嬃庙。《钦定大清一统志》言称"三闾大夫祠有三"，其"一在归州东二里相公岭"和"一在归州西十里大江滨"，两言实谓一处，即唐代元和十五年王茂元在归州东五里之屈沱所建之屈原庙（宋时更名为清烈公祠）。因为归州屈原庙有史记载最早的是王茂元始建的屈原庙，清代以前，归州屈原庙仅此一座，不存在另有一座屈原庙，其言"唐元和间建，号清烈祠"明也。屈原庙居归州东，并非归州西，《钦定大清一统志》所载屈原庙的方位及与归州的距离均有误。再者，王茂元始建屈原庙的地址在屈原沱，而屈原沱有的称屈沱、曲沱，相公岭也在屈原沱。另外，《钦定大清一统志》所谓第三处三闾大夫祠"在兴山县北，即屈原宅"及"女嬃庙在兴山县东北。《水经注》'屈原宅之北六十里有女嬃庙，捣衣石犹存'"，文字引用有误。《水经注》原文是在"（江水）又东过秭归县之南"下注之，明明言秭归县，根本与兴山县无涉。原文注曰："（秭归）县北一百六十里，有屈平故宅，累石为室基，今其地名曰乐平里。宅之东北六十里有女嬃庙，捣衣石犹存。"明指屈平故宅在秭归"县北一百六十里"的"今其地名曰乐平里"，女嬃庙在乐平里屈原"宅之东北六十里"。也就是说女嬃庙在秭归县乐平里屈平故宅东北，屈平故宅在秭归县北，言称"女嬃庙在兴山县东北"、屈平故宅"在兴山县北"，将"秭归县"说成"兴山县"，似有张冠李戴之嫌。兴山县与秭归县相邻，特别是乐平里与兴山县界连界，相距非常近，而且两县自从"后汉三国时吴国景

① 湖北省秭归县地方志编纂委员会编纂：《秭归县志》，中国大百科全书出版社1991年版，第356页。

帝（孙休）永安三年（260），析秭归北界置兴山县"① 后，分分合合多次。虽然如此，但是晋代的《荆州记》《宜都山川记》和北魏时期的《水经注》等，这些早期的古籍已很明确地记载屈原故宅和女媭庙在秭归乐平里境内。

三　乐平里女媭庙地望考论

前文对古今文献所述女媭庙进行了辨析，真正意义的女媭庙到底在何处？笔者认为应在乐平里范围内。为什么呢？主要有以下几点理由。

1. 乐平里也应是女媭的诞生地。古今多认为秭归县（指旧治归州）北之乐平里为屈原诞生地，古籍文献也多记载屈原诞生地在秭归县北之乐平里。笔者曾撰《"乐平里"探考》② 一文，考察认为"乐平里"本义与屈原相关，乐平里地名最早见于晋代的《荆州记》和《宜都山川记》。乐平里名义可直译为"诞生屈原的地方"。乐平里之"乐"为"生"，包含生长、诞生之意，西汉刘安《淮南子·本经训》："天覆以德，地载以乐。"东汉高诱及许慎在注刘安《淮南子注》时释此"乐"云："乐，生也。"③ 认为土地是生长万物之源，"生"乃地之德。乐平里之"平"实指屈原，为屈原之名，《史记·屈原列传》载："屈原者，名平，楚之同姓也。"④ "平"为屈原之名，"原"为屈原之字。值得注意的是，作为地名，乐平里之"平"一般应是"坪"字，此处却为"平"，则有其特殊含义。乐平里之"里"，指居住之地，《说文》："里，居也。"⑤ 《尔雅·释言》："里，邑也。"⑥ 里、邑均包含居地之意。因此，作为屈原姊的女媭，乐平里也应是她的诞生地，其故乡人立

---

①　参见湖北省兴山县地方志编纂委员会编纂《兴山县志》，中国三峡出版社1997年版，第15页。

②　谭家斌：《"乐平里"探考》，湖北省秭归县地方志编纂委员会编纂《秭归县志（1979—2005）》，方志出版社2010年版，第862—863页。

③　（汉）刘安：《淮南子》，上海古籍出版社点校本，第175页。

④　（汉）司马迁：《史记》，中华书局1959年版，第2481页。

⑤　（汉）许慎：《说文解字》，中华书局2003年校定本，第290页。

⑥　（晋）郭璞：《尔雅注疏》，上海古籍出版社2010年版，第129页。

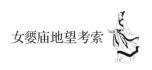

庙以纪念这位"贤姊",则在情理之中。

2. 乐平里可能是女嬃活动的中心地带。乐平里不仅是女嬃的诞生地,而且是女嬃生活时间较长的地方。从屈原二十岁左右赴朝任职的时间和屈原父辈没落的家族状况来看,间接可说明女嬃在乐平里生活或活动的时间不短,也可能有二十年左右。同时,乐平里有关女嬃的传说不仅流传较多而且流传范围较广,如《女嬃砧》《颂橘坡》《三星照半月》《珍珠岩》《照面井》《屈幺姑》等等,已被多种出版物录入。这些传说自清代中期以来已逐渐形成景点,如珍珠岩、照面井等均为乐平里闻名遐迩的"三闾八景"之一。乐平里还存在尊称女嬃为屈幺姑(又称屈姑)的习俗。

3. 多种文献将女嬃庙指向乐平里。在前文清理的记述女嬃庙地望的古至今文献材料中,值得注意的有三个关键词:故宅、东北、六十里,如晋代的《荆州记》《宜都山川记》和北魏时期的《水经注》等,这些早期的地理志均将女嬃庙指向乐平里,并且均称谓"屈原故宅东北六十里有女嬃庙",所以说女嬃庙在屈原与女嬃的诞生地乐平里较为可靠。虽然这些文献材料将女嬃庙指向屈原故宅东北六十里,没有指明女嬃庙具体地址,但是都应有所指。我们认为真正意义的女嬃庙具体地址是"屈原故宅东北六十里"的界限垭,即今屈原镇北峰村内,位于乐平里内东北。《湖北省秭归县地名志》载:"此地早前为秭归、兴山两县的界线之地,故名。"①

第一,界限垭地理方位及与屈原宅的距离等与古籍记载相符。首先看地理方位,界限垭处屈原故宅东北方向,正好与晋代《荆州记》《宜都山川记》和北魏时期的《水经注》等记载乐平里屈原"宅之东北六十里有女嬃庙"的地理方位相吻合。再看界限垭与屈原宅的距离,经过科学测量,界限垭与屈平故宅香炉坪两地相距约二十六千米。虽然古文献记载两地相距六十里,表面看来距离不合,实则不然,因为古时计

---

① 刘光新:《湖北省秭归县地名志》(内部资料),秭归县地名领导小组 1982 年编印,第424 页。

量与今天的计量不同。晋代以步距计算里程，考古学家陈梦家介绍："晋时所作《孙子算经》卷上曰：'六尺为一步……三百步为一里。'"①一步为六尺，是现在意义上的六市尺即 200 厘米为一步吗？不是。据汪宁生考证："甲骨文、金文中'步'字，正作两次迈步之形。《小尔雅·广度》：'跬，一举足也。倍跬谓之步。'《尔雅·释官》疏引《白虎通》：'人践三尺……再举足步。'可见步为两次举足，每步定为六尺，跬为一次举足，每跬三尺。"②意思是说，古时的步与今天的步的意义也不同，古时的步相当于今天我们迈两步，即所谓"再举足步"；今天意义上的一步相当于古时的跬，即所谓"跬为一次举足"。"跬"与"步"是两个不同性质的计量单位，"步"大于"跬"，所以古代有"不积跬步，无以至千里"的名言。从邱隆等计量工作者及文物专家考论后得出的《中国历代度量衡单位量值表》上看，公元 265 年至 240 年的两晋时期，一尺合今尺 24.2 厘米。③依此换算，古时"六尺为一步"，即一步为 145.2 厘米，"三百步为一里"即一里为 435.6 米。古时六十里相当于今天的 26136 米，即 26.136 千米。如此换算的结果也和今天界限垭与屈平故宅香炉坪相距约二十六千米相符。界限垭地理位置也符合故宅、东北、六十里这三个关键词限定的意义。

第二，界限垭的屈原庙可能就是女婴庙。曾凡荣《秭归屈原庙》称屈原庙"在天池山东面的北峰垭"，即指界限垭。《秭归县志》记载屈原庙"位于界限垭，清康熙四十二年（1703）知州魏国璘建"④。据当地老年人介绍，他（她）们的前辈曾说界限垭很早建有女婴庙，又称屈幺姑庙，后因香炉坪的屈原庙朽坏倒塌，女婴庙维修后更换为屈原庙。按我们现场走访调查并察看遗址，分析认为先有女婴庙而后有屈原庙，《秭归县志》"清康熙四十二年（1703）知州魏国璘建"屈原庙，

---

① 陈梦家：《亩制与里制》，《考古》1966 年第 1 期。
② 汪宁生：《从原始计量到度量衡制度的形成》，《考古学报》1987 年第 3 期。
③ 邱隆：《中国历代度量衡单位量值表及说明》，《中国计量》2006 年第 10 期。
④ 湖北省秭归县地方志编纂委员会编纂：《秭归县志》（1979—2005），方志出版社 2010 年版，第 285 页。

可能是在女嬃庙遗址上重建屈原庙，或将女嬃庙维修后更换为屈原庙。秦晓梅《秭归屈原祠庙的历史沿革及其意义》一文记述："据乡人记忆，此庙结构简单，长约九米，宽约五米，土木结构，盖小青瓦……上世纪九十年代末，普及九年义务教育才将此庙拆掉盖教学楼。"① 笔者至今收藏刊出有界限垭屈原庙的图片②。时至今日，该庙堂未存而遗址尚在。

第三，界限垭一带可能是古遗址。《秭归县志·大事记》（1979—2005）载："（1989）7月12日，屈原乡北峰村八组李东风修建房屋挖基脚时，发掘出一有孔石铲，经专家鉴定属新石器时代器物。"③ 说明此地已有五千年左右的人类生活历史。李东风居地名曰永定城，有称城里，与界限垭相距约两千米。《湖北省秭归县地名志》载："城里，相传古代在此建过城，故名。"④ 但目前对此地建过什么城、何时建城已无从查考。但这些材料为界限垭修建女嬃庙提供了文化学、人类学、历史学等科学意义的可能依据。

基于以上理由并结合对其他地方女嬃庙地望的辨析，我们认为女嬃庙极大可能在秭归县屈原镇乐平里屈原故宅（香炉坪）东北六十里的北峰村界限垭。

（原载《屈姑文化》第二辑，三峡电子音像出版社2017年版。又载《三峡旅游学刊》2016年第3、4期合刊）

---

① 秦晓梅：《秭归屈原祠庙的历史沿革及其意义》，《三峡论坛》2012年第3期。

② 参见谭家斌《屈原祠》，湖北人民出版社2011年版，第44页。

③ 湖北省秭归县地方志编纂委员会编纂：《秭归县志（1979—2005）》，方志出版社2010年版，第11页

④ 刘光新：《湖北省秭归县地名志》（内部资料），秭归县地名领导小组1982年编印，第111页。

试论古代戏曲中的屈姑及其形象

——以清代胡盉朋《汨罗沙》戏曲为例

　　此处所谓古代戏曲，是指清末前以语言、动作、舞蹈、音乐、木偶等形式达到叙事目的的舞台表演艺术的总称。概言之，即由演员表演故事的艺术形式，犹戏剧。是我国一种历史悠久的综合舞台艺术样式。文学上的戏曲概念是指为戏曲表演所创作的脚本，即戏文。

古代屈原及女嬃或屈姑戏曲概述

　　清代及其以前戏曲中的屈姑人物是以女嬃为名，主要伴随着以屈原为主人公的戏曲而出现。据研究戏曲学的四川师范大学教授何光涛、三峡大学教授吴柏森等学者考证，屈原形象见诸戏曲，始自隋代。① 宋代《太平广记》卷二百二十六记载隋炀帝大业十二年（616）上巳节在曲水中演出七十二种水傀儡戏之事，其中有《屈原遇渔父》《屈原沉汨罗水》两种水傀儡戏。② 至唐代，优人黄幡绰和高崔嵬曾将屈原故事融入优戏之中。但隋唐时期有关屈原的戏曲脚本不仅亡佚，而且在相关戏曲中只有屈原的片断，并非真正意义的屈原戏曲。直至元明清时代，以屈原为主角的戏曲才真正出现，是屈原戏曲艺术的成熟与兴盛时期，总数多达21

---

　　① 何光涛等：《古代屈原戏剧目补考》，《民族艺术研究》2011 年第 6 期。
　　② （宋）李昉等：《太平广记》卷二二六，中华书局 1961 年版，第 1735—1737 页。

部。其中，"元代以屈原事迹为题材的戏曲作品共三部，尽皆亡佚"①。"有明一代，以屈原为主角或配角的戏曲共四部……均已亡佚。"② "清代以屈原为主角或配角的戏曲作品多达十四部"③，其中有三部已亡佚。

女媭或屈姑戏曲，是指屈原戏曲中演绎女媭或屈姑人物的戏。女媭或屈姑是屈原戏中最重要的角色之一，除了主角屈原之外即女媭或屈姑。据从现有屈原戏曲中查考，女媭或屈姑出现于屈原戏曲可能始自宋初，兴盛于清代。温广义辑注的《历代诗人咏屈原》中的《附录部分》，收有琴曲歌辞《泽畔吟》④，他认为该曲的"曲辞及制曲人，或云当出宋初，至其姓氏爵里已多不可考，今姑阙之"⑤。隋唐时期的屈原戏曲中是否有女媭或屈姑之戏，因戏文脚本亡佚而无从查考。吴柏森编著的《黄钟大吕歌楚魂——古代屈原戏注评》⑥ 一书，搜集整理了 6 部屈原戏曲，其中有 5 部出现女媭或屈姑人物角色。

屈原戏曲，即演绎战国时期楚国人物屈原史事的戏。吴柏森所编著《黄钟大吕歌楚魂——古代屈原戏注评》中，每一出戏文后均有注释，对于了解和研究古代屈原戏曲大有裨益。吴柏森认为："从我们现在见到的、为数不多的屈原戏来看，大致有如下的特点：就时代言，几乎集中于清前期；从地域言，多见于江南一带；就作者言，全为遭际坎坷、愤愤不平之人。这不能视为偶然现象。"⑦ 另外一个特点，就是戏曲中对女媭的称谓，或直接称呼女媭，或称呼姐姐（姊），或称呼屈姑。至今流传下来的数量不多的屈原戏中，晚清戏曲家胡盍朋创作的《汨罗沙》（全称《汨罗沙还瑰记》）戏曲具有代表性，本文以该戏曲为例，探讨屈姑形象、精神内涵及屈姑称谓等问题。

---

① 何光涛：《元代戏曲中与屈原相关剧目考》，《民族艺术研究》2013 年第 2 期。
② 何光涛：《明代屈原戏论考》，《四川师范大学学报》2012 年第 2 期。
③ 参见何光涛《清代三种亡佚屈原戏考论》，《民族艺术研究》2012 年第 2 期。
④ 温广义：《历代诗人咏屈原》，内蒙古人民出版社 1982 年版，第 146—153 页。
⑤ 温广义：《历代诗人咏屈原》，内蒙古人民出版社 1982 年版，第 145 页。
⑥ 吴柏森：《黄钟大吕歌楚魂——古代屈原戏注评》，湖北人民出版社 2006 年版。
⑦ 吴柏森：《黄钟大吕歌楚魂——古代屈原戏注评》前言，湖北人民出版社 2006 年版，第 5—6 页。

胡盍朋（1826 年—1866 年），字子寿，自号小樵亭主人、勿疑轩主人，清代江苏沭阳人，戏曲作家。其屡困于科场，布衣终生。工诗赋，尤精戏曲。二十六岁秋试之时（咸丰元年，即 1851 年），"游金陵妙香庵，拜三闾大夫画像，决意写《汨罗沙》传奇"①。胡盍朋创作有戏曲集《古僮文献捃遗》，其中第二种《汨罗沙》以屈原为主角，写屈原死后又重新复活被顷襄王重用之事。该剧共二十出。后人对该戏曲评价较高，如戏曲史专家徐扶明说："《汨罗沙》，全本有十出是以屈原为主的戏，还有十出，却是以各种角色为主的场子。这两类场子，灵活安排，交替出现，不仅曲折多变地展现了屈原生活和命运的变化，而且调剂了演员的劳逸。"② 再如戏曲学专家吴柏森评价："各出之间人物之变化，场面之转换，科介之运用，均能疏密有间，动静有致……串联情节，凸现人物精神""有其出色之处"③。

女嬃被称为屈姑

对于女嬃的称谓，与称呼者身份和被称呼者女嬃的关系密切相关，有其区别。《汨罗沙》剧本第二出《捣衣》中，女嬃自称"我乃屈平之姊女嬃是也"④，屈原则自称为"阿弟"，如"阿弟将来惟有以身殉道而已"；屈原称女嬃为"姐姐女嬃"，如第九出《怀沙》："因此姐姐女嬃，与我泣别，仍回归故里。"这些称谓，符合东汉学者王逸《楚辞章句》注屈原《离骚》"女嬃之婵媛兮，申申其詈予"之"女嬃"时所言："女嬃，屈原姊也。"⑤ 而归州百姓则称女嬃为"姑姑"，如第十出《碎石》中："我等归州父老。旧与三闾大夫，比邻居住，今闻有两位老者，来报大夫凶信，未知真假，特来探问。……女嬃姑姑，那屈老爷⑥

---

①　参见张增元《清代戏曲作家事迹考略》，《文献》1994 年第 1 期。

②　徐扶明：《关于屈原的戏曲作品》，《湖北师范学院学报》1985 年第 3 期。

③　吴柏森：《黄钟大吕歌楚魂——古代屈原戏注评》，湖北人民出版社 2006 年版，第 356 页。

④　本文所引均来自吴柏森编著《黄钟大吕歌楚魂——古代屈原戏注评》之《汨罗沙》，湖北人民出版社 2006 年版，第 343—354 页，后文引用不再注明。

⑤　（宋）洪兴祖：《楚辞补注》，中华书局 2002 年点校本，第 18 页。

⑥　屈老爷：尊称屈原。屈原曾担任左徒、三闾大夫等官职，故称。

有甚信息么?"又如:"不料女嬃姑姑,悲叹了一回,哪、哪,竟在捣衣石上碎首而亡。"

《汨罗沙》戏曲文本中,与女嬃同姓者(屈姓)称其为姐姐,而归州父老对于女嬃则皆称呼为"姑姑",笔者清理统计,称呼女嬃为姑姑者,皆为归州之父老乡亲,共有十余处。由此可见,该戏曲为我们至少明确地透露出三个信息:第一是归州百姓在清代即称呼女嬃为屈姑,已成习惯。女嬃乃屈原之姊,用今天的话说,女嬃也与屈原一样"与楚同姓",即姓氏为屈,名谓女嬃,所以归州父老乡亲尊称女嬃为屈姑。另外,《汨罗沙》戏剧作者胡盍朋乃江苏沭阳人,与秭归归州相距千余里,可见人们称呼女嬃为屈姑之俗在当时已广为流布。至今,秭归归州镇还保留有与屈姑相关联的建筑,如屈姑桥、望归亭(相传为屈姑盼望弟弟屈原魂归故乡之处)等。第三是归州(古时以归州指代秭归)不仅是屈原的故乡,也是屈姑女嬃的故乡。戏曲中五处言及归州,四处言及故里(实亦指归州),如第十六出《化鸟》中"卑人屈平"自曰:"蒙太卜、渔父,送我回到归州故宅。"有的情节地点直指归州,如第十七出《祭砧》即如此。第三是秭归存在女嬃砧。晋代庾仲雍在《荆州记》中记载:"秭归县有屈原宅、女嬃庙,捣衣石犹存。"① 说明该戏曲叙述用典,有其史据。"女嬃砧"即"捣衣石",唐代沈亚之《屈原外传》曰:"(屈)原故宅在秭归乡,北有女嬃庙,至今捣衣石尚存。时当秋风夜雨之际,砧声隐隐可听也。"②

言及女嬃砧(有称捣衣石),须对女嬃砧之作用进行必要的探讨。前几年,笔者撰写并发表有《"女嬃砧""捣衣石"非指洗衣事象》一文,笔者认为:"'女嬃砧'或'捣衣石'是指屈原之姊女嬃于石上杵捣用于制衣的丝质物或葛麻纤维织物,非指于石上捶洗衣物。"③《汨罗沙》第二出《捣衣》中称赞女嬃"芰荷裁就可身衣"。由此说明女嬃与纺织事象有关联,这也与明清时期在屈原诞生地乐平里东北的界限垭

---

① (清)陈应溶等:《荆州记九种》,湖北人民出版社 1999 年点校本,第 107 页。
② 参见自朱碧莲《还芝斋读楚辞》,上海古籍出版社 2008 年版,第 706 页。
③ 谭家斌:《"女嬃砧""捣衣石"非指洗衣事象》,《荆楚学刊》2015 年第 1 期。

(今屈原镇北峰村) 所建女嬃庙的门联"姑生三闾发祥远; 绣聚界限毓泽长"相一致, 当地传说屈姑精于纺织、刺绣, 有屈姑"十二绣"① 之说。至今, 该地民间刺绣不仅传承有序, 而且精品层出。据《秭归县志》记载, 1985 年, 该地农民李盛菊的挑花抱裙《双狮舞绣球》、徐正翠的绣花荷包《仙桃石榴》、全顺凤的挑花手帕《三十六人迎亲》等 11 件作品, 入选湖北美术展览。② 据刘石林《屈幺姑考辨及其他》一文介绍, 湖南汨罗玉笥山南沿有一地名谓绣花墩, 传说是女嬃为屈原绣像之处, 刘先生称"女嬃 (屈幺姑) 是刺绣高手"③。

古代戏剧中的屈姑形象

虽然《汨罗沙》戏曲的主人公是屈原, 屈姑只是配角, 但屈姑在曲中所占戏份较多。共二十出戏的《汨罗沙》戏剧, 有十出戏出现了屈姑的身影。第二出《捣衣》、第十出《碎石》、第十七出《祭砧》则以屈姑为主。屈姑在这个古代戏曲中的形象, 或者说屈姑思想、精神、品质是怎样的呢? 综括该戏曲文本内容, 主要有以下几点:

第一, 贤淑心善、通情达理。屈姑在第二出《捣衣》中, 既为被放逐的阿弟屈原净洗衣服, 又劝慰屈原自宽。"怜他 (指屈原) 孑然一身, 无人照管, 因此归来与之同居", 负责照料屈原的生活起居。在第五出《作歌》中, 屈姑怜悯被放逐江南之野的屈原"举目无亲, 不惜千里相随, 暂在玉笥山居住", 陪伴屈原颠沛流离, 并在江南之野陪同屈原"改著《九歌》之曲", 屈原称女嬃为"贤姐姐"。屈姑对屈原体贴入微, 慈祥如母。

第二, 忠诚贞烈, 热爱乡国。屈姑在第十出《碎石》中, 得知阿弟屈原投水于汨罗而死, 将屈原生前所著的二十五篇作品委托渔父和郑

---

① 温新阶:《屈姑记》,《屈姑文化》第三辑, 三峡电子音像出版社 2017 年版, 第 114 页。

② 参见湖北省秭归县地方志编纂委员会编纂:《秭归县志》, 中国大百科全书出版社 1991 年版, 第 348 页。

③ 刘石林:《屈幺姑考辨及其他》,《屈姑文化》第三辑, 三峡电子音像出版社 2017 年版, 第 50 页。

詹尹，送到屈原弟子宋玉处保存，希望使之传世，"使忠臣孝子，知吾弟一片苦心"。屈姑眼见屈原悲愤死于外地，自己在家乡孤苦伶仃，又见家国如日落西下，伤心不已，悲痛欲绝，遂头撞捣衣石碎首而死。比胡盍朋早卒103年的张坚（1681—1763）创作的戏剧《怀沙记》第二十四出《天问》，也有类似情节，女媭"触在捣衣砧上，碎首而亡了"①。至今在秭归广为流传的《幺姑鸟》②或称《我哥回》③民间故事可能由此演化而来，传说屈姑知道屈原投江，悲愤交加，反复呼唤"我哥回！我哥回……"声声啼血，后化鸟飞天。《碎石》言归州父老共同"醵钱，备下棺木，好将姑姑盛殓。就葬在砧旁"，对应了屈原《九章·哀郢》"鸟飞反故乡兮，狐死必首丘"的热爱乡国之情结。屈姑死后，故有第十七出《祭砧》，屈姑自曰："我乃屈平之姊女媭是也。自触石捐生以后，蒙宋玉、景差，纠合村中父老，为我建立神祠。上帝念我，少为节妇，老为烈女，敕封贞烈神妃。"第十八出《还朝》有"女媭祠修葺须加""祠堂是姑姑香火"之语，这与清代吴省钦为归州屈原祠撰写的《修楚屈左徒庙碑记》所云"（屈原）庙三楹，其后祀女媭"④ 相合。

第三，懿行高洁，泽被后世。第十七出《祭砧》，有屈姑庙为"贞烈神祠"之设置，还有归州"父老，今日为我扫墓"祭祀、焚香跪拜之景状。第九出《怀沙》有言："大夫（称呼屈原），你这位贤姐姐，也是难得。"屈姑碎首死后，第十出《碎石》中有归州父老恸哭："好姑姑呀！可怜，可怜。怎么如此烈性！"第十一出《招魂》，展现宋玉为屈原、女媭招亡魂之场景。这些可充分说明，屈姑存在高贵的品质和高尚的人格，只有具备如此德行才能够受到归州父老的尊崇和爱戴，否

---

① 吴柏森：《黄钟大吕歌楚魂—古代屈原戏注评》，湖北人民出版社2006年版，第157页。

② 参见白庚胜《中国民间故事全书·湖北秭归卷》，知识产权出版社2007年版，第101—103页。

③ 参见白庚胜《中国民间故事全书·湖北秭归卷》，知识产权出版社2007年版，第132—133页。

④ （清）吴省钦：《修楚屈左徒庙碑记》，湖北省秭归县地方志编纂委员会编纂《秭归县志》，中国大百科全书出版社1991年版，第565页。

则，不会有《祭砧》中的敕封、祭拜等情节。

　　总而言之，古代涉及屈原的戏曲，不言而喻，屈原是主角，能够于流传数量不多的古代屈原戏曲中，获取比较完整的屈姑形象及其有关信息，已难能可贵了。胡盍朋作为清代世居江苏沭阳的戏曲作家，能了解当时千里之外的屈原故里秭归有称屈原之姊女媭为屈姑的习惯，说明屈姑称谓的传播既早且远。同时可知，古代戏曲虽然是一种艺术形式，但屈姑及其形象并非空穴来风。时至今日，在秭归归州镇、屈原镇等地仍保存有屈姑遗址，流传有屈姑故事，建有纪念屈姑庙宇，既有源可察，又有据可考。

　　　　　　　　（原载《屈姑文化论文集》第一集，中国三峡出版社 2018 年版）

论屈姑故事的特征与价值

屈姑故事，是指以屈原故里湖北秭归为中心的民众将屈姑与屈原、境内自然景观、人文景观等文化事象相互联系起来而创作和传承的抒情和表意的民间文学。民间文学以客观事实为基点展开叙述，其自身相对稳定的变异机制与变异规律锁定了一定的原始信息和历史资料，它摒弃了神话传说故事的任意虚构性与变异的不可控性，具有一定的历史真实性和相对可信性。屈姑传说故事即如此。

屈姑称谓来源于女嬃。① 其传说故事主要盛行于屈原故里秭归，特别是在屈原诞生地秭归县屈原镇乐平里一带，屈姑传说故事俯拾皆是。人们多认为屈姑是屈原的同胞姊妹，因此，屈姑因屈原而名传于世，屈姑传说故事也常常伴随屈原传说而闻名遐迩。

屈姑故事的基本特征

民间传说故事与特定的自然环境、社会背景、文化传统等有密切关系。屈姑传说故事作为秭归独特的文化事象，孕育于风光旖旎的长江西陵峡两岸，流传于人文荟萃的秭归沃埜之上，独具魅力，富有个性。所谓屈姑传说故事的基本特征，是指其本身具备的有别于其他民间传说故事的特殊征象或标志。其主要表现在以下五个方面：

故事人物具有可考性。屈姑传说故事虽然大部分是秭归一带的民间

---

① 参见谭家斌《屈姑考》，《屈姑文化》第一辑，华夏文艺出版社 2016 年版，第 3—16 页。

传闻，但屈姑其人既有所指，也可考。屈原《离骚》云："女嬃之婵媛兮，申申其詈予。"东汉任校书郎的王逸在《楚辞章句》中注此曰："女嬃，屈原姊也。"① 北魏郦道元《水经注·江水》"又东过秭归县之南"下引东晋后期袁山松（又称袁崧）《宜都山川记》（简称《宜都记》）云："袁山松曰：屈原有贤姊，闻原放逐，亦来归，喻令自宽全。乡人冀其见从，因名曰秭归，即《离骚》所谓女嬃婵媛以詈予也。"② 屈姑因女嬃而名，既然女嬃为姊，即为女性，又为屈之姓氏。再者，姑即妇女的通称，汉代高诱注释《吕氏春秋·先识》"爱近姑与息"时曰："姑，妇也。"③《尔雅·释亲》曰："男子谓女子先生为姊，后生为妹。父之姊妹为姑。"④《秭归县志·方言习俗》载："比父亲年长者称姑妈，年纪小者称姑儿，按排行称大姑妈、二姑妈、大姑儿、二姑儿……"⑤ 乐平里一带常称呼长辈之姊或妹为姑，有时为了表示敬意，也称呼家族外年长者或有影响者的姊或妹为姑。因此，则尊称女嬃为屈姑。

故事传播具有区域性。晋代庾仲雍《荆州记》载："秭归县有屈原宅、女嬃庙，捣衣石犹存。"⑥ 又称："秭归县北一百里有屈平故宅，方七倾，累石为屋基。今其地名乐平。宅东北六十里有女嬃庙。"⑦ 南北朝时期梁人刘昭在注《后汉书·郡国志》时也引述有庾仲雍《荆州记》之女嬃庙记载。⑧《水经注·江水》："秭归盖楚子熊绎之始国，而屈原之乡里也。"又曰："（屈原）宅之东北六十里有女嬃庙，捣衣石犹存。"⑨ 屈原诞生地在秭归县屈原镇乐平里，乐平里屈原故宅东北六十

① （宋）洪兴祖：《楚辞补注》，中华书局 2002 年点校本，第 18—19 页。
② 陈桥驿：《水经注校正》，中华书局 2013 年版，第 757 页。
③ 参见《汉语大字典》，湖北辞书出版社 1995 年缩印本，第 435 页。
④ （晋）郭璞等：《尔雅注疏》，上海古籍出版社 2016 年整理本，第 208 页
⑤ 参见湖北省秭归县地方志编纂委员会编纂《秭归县志》，中国大百科全书出版社 1991 年版，第 415 页。
⑥ （清）陈应溶等：《荆州记九种》，湖北人民出版社 1999 年点校本，第 107 页。
⑦ （清）陈应溶等：《荆州记九种》，湖北人民出版社 1999 年点校本，第 100 页。
⑧ 参见自王健强《世界文化名人屈原》，湖北辞书出版社 2001 年版，第 112 页。
⑨ 陈桥驿：《水经注校正》，中华书局 2013 年版，第 757 页。

里又有女嬃庙。考察女嬃庙地望，其在"屈原故宅东北六十里"的界限垭，[1] 即今屈原镇北峰村内，位于乐平里之东北。该庙亦称屈姑庙，至今遗址尚存。根据目前所见存世的文献来看，记载女嬃庙地望都集中在秭归境内，尚未见记述其他地方有女嬃庙出现。乐平里既是屈原的诞生地，也可能是女嬃的故里，又有专祀女嬃的庙宇。因此，屈原诞生地秭归县屈原镇乐平里一带是屈姑传说故事发展演变的核心区域，其独特的地理环境和文化氛围是屈姑传说故事产生和发展的沃土。屈姑故事可以说是秭归这块古老而又文明的特殊区域的文化遗产。另外，在屈原生活过的地方，如流放之地的汉北、湖南溆浦、投江之地的湖南汨罗等地也有女嬃的传说故事。

故事内涵具有多元性。从屈姑传说故事本体来考察，不难发现屈姑具有清明贤淑、通情达理的人格，心地善良、诚信友爱的品质，知礼守教、重仁重义的情操，建功立业、理想高远的气节，精明聪慧、老练娴熟的才能，热爱乡国、不懈拼搏的精神，刻苦学艺、体恤乡民的行为，胸怀宽阔、举止妩媚的气质，惩恶扬善、追求完美的思想，不畏艰险、克难奋进的意志，心灵手巧、精通饮食的技艺。如此等等内涵，已有文本载述，如袁山松《宜都山川记》记载有女嬃劝慰屈原不要因被放逐而难过之事，并称女嬃为屈原之"贤姊"。如今，秭归境内的《幺姑鸟》《我哥回》《二十八道菜》《女嬃砧》《珍珠岩》[2] 等屈姑传说故事，或颂扬屈姑，或怀念屈姑，或推介屈姑。内涵深邃，蕴含着积极向上、求索奋进、团结友爱、爱国敬业、诚信和谐、嫉恶如仇、激励后人等方

---

① 参见谭家斌《女嬃庙地望考索》，《屈姑文化》第二辑，三峡电子音像出版社 2017 年版，第 11~23 页。

② 本文引用的有关屈姑传说故事主要来源于以下几种出版物：卢丹《屈原传说》，三峡电子音像出版社 2012 年版；宁发新《屈原的传说》，中国少年儿童出版社 1983 年版；白庚胜等《中国民间故事全书·湖北秭归卷》，知识产权出版社 2007 年版；罗杨等《中国民间故事丛书·湖北宜昌·秭归卷》，知识产权出版社 2016 年版；张伟权等《诗魂余韵——屈原传说及其地》，中国书籍出版社 2009 年版；刘石林《汨罗江畔屈子祠》，湖南人民出版社 2003 年版；彭千红等：《屈原的故事》，中国文化出版社 2008 年版；柳如梅《三闾大夫屈原故事》，湖北监利伍子胥资料馆编印 1999 年 9 月；王健强《世界文化名人屈原》，湖北辞书出版社 2001 年版；彭万廷等《三峡民间文学集粹》（1），中国三峡出版社 1995 年版。屈姑的传说故事大多与屈原传说相关联。

面的思想内容，充分表现了屈姑传说故事的丰富内涵及其深远意义。

故事结构具有艺术性。屈姑传说故事不仅通俗易懂，而且易记易诵又有利于传播，既脍炙人口，又独具个性和风韵，其艺术性可见一斑。有的情深意切，震撼人心，如《我哥回》《幺姑鸟》等，将姐弟情、故乡情表现得心沸神荡；有的神奇浪漫，想象独特，如《神鱼》《珍珠岩》等，将屈姑对屈原的思念、屈姑对乡民的体恤之情表现得酣畅淋漓；有的以物喻理，发人深省，如《濯缨泉》《照面井》《三星照半月》等，将屈姑追求美好的精神、正直善良的人格情操表现得至善臻美；有的追本求源、发掘物产，如《二十八道菜》等，将屈姑精于饮食文化的技能表现得惟妙惟肖；有的借助山川，点化神灵，如《颂橘坡》《菖蒲剑》《三件宝》等，将山川神灵与屈原及屈姑巧妙糅合，将屈姑的热爱乡国之情表现得栩栩如生。这些传说故事的形象鲜明、主题突出，语言雅俗共赏、生动有趣，比拟手法灵活自如、恰如其分，既有较高的文学艺术性，又有警世、励人、兴国、恤民的作用。

故事传承具有可续性。用口头语言创作和传播是民间文学的一个主要特征。屈姑传说故事主要表现形式虽然是口头语言传承，其次是书面文字传承，但是其具有理想的持续传承的未来。这种形式既是文化艺术不可缺少的组成部分，又是研究、挖掘、开发传统文化的有效途径，也是人们文化生活的需要，同样是社会文明进程的需要。每一个屈姑传说故事各自拥有其需要表达的目的和意义，能贴近生活、融入社会、载入典籍，能使人们感知感觉，在社会发展中自觉修正、不断完善屈姑传说故事，也能让屈姑传说故事自觉进入人们喜闻乐见的传承渠道。因此，屈姑故事在传承方式上具有可延续性和继承性，有较强的生命力，也就是说其自身具有持续不断和历久不衰的特点。

屈姑故事的主要价值

屈姑传说故事是民众口头创作、多种形式流传，并不断地集体修改、加工的文化现象，是重要的精神文化产物。屈姑传说故事在流传的历史过程中形成的基本特性，影响和决定着其价值的存在。其价值主要有六点：

独特的历史价值。我国民间文学大师钟敬文认为，民间传说是"与一定历史人物、历史事件和地方古迹、自然风物、社会习俗有关的故事"①。屈姑传说故事即有其渊源。晋代庾仲雍《荆州记》载有"秭归县有……女嬃庙"，《水经注·江水》引东晋袁山松《宜都山川记》云："袁山松曰：（秭归）县北一百里有屈平故宅……宅之东北六十里有女嬃庙"，说明东晋或东晋以前屈原诞生地乐平里即有女嬃庙存在。晋以后的文献也多有记述，如唐代沈亚之《屈原外传》引《江陵志》："江陵志又载（屈）原故宅，在秭归乡，北有女嬃庙，至今捣衣石尚存。"② 再如清代光绪年间《归州志》载："唐元和中立女嬃庙于左徒故宅，在三闾乡，今存旧址。"③ 今秭归县屈原镇乐平里一带在明清时期即为三闾乡。由此说明乐平里女嬃庙（亦称屈姑庙）至少距今有 1600 多年历史。另外，如果屈姑之名源于女嬃，则说明屈姑之存在距今已有 2000 多年的历史。屈姑庙（女嬃庙）、屈姑传说故事历史悠久，其价值较高，值得深入研究。

优美的文学价值。屈姑传说故事把握文学的本体，以情动人，以理励人，以事感人。同时，以景寓情，以事寓理，以虚寓实，以实寓虚。情感浓烈，意蕴深邃。将现实主义与浪漫主义相结合的创作手法更是难能可贵。如《三星照半月》的星月彻夜伴读、《照面井》的井水明照忠奸、《菖蒲剑》的驱魔除妖等传说，寓意深刻，感人心弦。又如《神鱼》的夸张手法、《濯缨泉》的讽喻形式、《幺姑鸟》的象征意义、《我哥回》的抒情艺术、《女嬃砧》的拟人手段、《颂橘坡》的比兴技巧等等，使屈姑传说故事的艺术价值得到进一步深化，也使其文学意义得到升华。从中不仅可以总结出有益的文学创作经验，而且能够促进民间文学理论的研究。这些屈姑故事，听之，心潮澎湃、浮想联翩；读之，过

---

① 钟敬文：《民间文学概要》，上海文艺出版社 1982 年版，第 183 页。
② 参见胡文英《屈骚指掌》，北京古籍出版社 1979 年版，第 2 页。
③ 清光绪《归州志》卷一《古迹》，海南出版社 2001 年版，第 474 页。

目成诵、爱不释手；论之，优美雅致、妙趣横生；思之，跌宕起伏、回味无穷。予人以美的享受。

丰厚的旅游价值。秭归地处长江秀丽的西陵峡畔，与巍峨的三峡大坝相连，境内山清水秀，人杰地灵，是旅游圣地。特别是遍布秭归乡村的有关屈姑及屈原的古迹及建筑，婀娜多姿，精彩纷呈。如屈原诞生地乐平里的自然风貌及女嬃砧（亦称女嬃捣衣石）、女嬃庙（屈姑庙）、三闾八景、屈原故宅、屈原庙等景观。再如水田坝乡的独醒亭，两河口镇的屈公笔，小新滩的屈子桥，沙镇溪镇的楚王井，九畹溪镇的九畹芝兰，归州镇的屈姑桥、归乡亭等等，这些景点均有各具特色的屈姑及屈原传说故事。将这些屈姑及屈原传说故事开发并利用，对发展旅游事业会有锦上添花之功效，既能丰富乡村文化和旅游文化，又能为秭归旅游事业增添更多的经济价值。突出的是屈姑传说故事中保存下来的饮食文化，如果挖掘、开发其文化意蕴，其旅游、经济价值则更加丰厚。

深厚的学术价值。不论是从屈姑传说故事的个性特点还是从其丰富的意蕴来看，正形成客观的屈姑文化而存在，其学术研究价值也随之形成。有民间文学研究者认为："传说一般是以真实的历史人物或事件做'原型'的基础，再经过长期集中、丰富的典型化过程而逐渐定型的。"[1] 从屈姑传说故事中屈姑形象、文化意义、典型特征、审美趣旨、传播过程等方面来看，都有较高的学术研究价值。秭归民众通过传说故事的形式表达他们对屈姑发自内心的崇敬与怀念，以他们自己的评判标准与价值尺度来塑造屈姑形象，凝聚着他们众多的智慧与情感，从而为人们研究、解读屈姑的人格体系、价值取向、人生态度以及个性色彩等，都提供了重要的民间文本素材。

浓郁的社会价值。屈姑传说故事融及文化教育、科学理论、道德品质、人生价值观念等社会生活领域，最大的功能是能启迪人的思维，浸润人的心灵，活跃民间文学，充实田园文化。促使人们树立正确的思想道德观、人生价值观、科学文化观。对文化人类学、民俗学、心理学、

---

① 参见段宝林《中国民间文学概要》，北京大学出版社 2009 年第 4 版，第 64 页。

历史学、语言学、教育学、美学等社会科学的研究都有较高的参考价值。屈姑故事中自然流露的民族情、爱国情、亲情、民情、乡情，沁人心脾，感人肺腑，造化心灵。同时，屈姑故事的特殊意义能使人们更加热爱社会、热爱人生、热爱文化、热爱家乡。

长远的保护价值。屈姑故事是秭归民间文化的结晶，是秭归难得的历史文化遗产，其留存的既有文化艺术，又有多重价值属性，对其传承、保护的价值不可忽视。屈姑传说故事中，对于自然环境与人文环境的运用与点化，蕴含着上古峡江文化、荆楚文化、民族文化的事象与神韵，而且饱含着当代与未来都需要继续传承和发扬光大的文化传统和精神，如屈姑精神、民间文学艺术等。它不仅是民间文学财富，而且是人们物质文化生活不可缺失的精神富矿，有的传说故事甚至可称谓民间文化瑰宝。因此，它具有较大的保护价值。从目前田野调查情况来看，其空间仍很宽泛。对屈姑传说故事的进一步搜集、整理、传承、保护，修葺相关遗址，编辑相关出版物，使之真正成为不朽的文化遗产，是对人类文化的一大贡献。

屈姑传说故事是屈姑文化的重要组成部分。概而言之，屈姑文化是屈姑及其文化事象为人类所创造的物质财富和精神财富的总和。屈姑文化五彩缤纷，美妙奇特。既是屈原文化的重要组成部分，又蕴涵着深远的历史意义，也彰显着深厚的文化价值。屈原传说故事中包含有屈姑传说故事，屈姑传说故事也包含有屈原传说故事，二者如同孪生姐弟一样，血脉相通，情谊相连。可以说，没有屈原文化就没有屈姑文化。同样可以说，屈姑文化离不开屈原文化，屈姑文化在一定程度上又影响着屈原文化，二者相辅相成。"屈原传说"已于2008年6月被列入国家级非物质文化遗产名录。屈姑文化过去与屈原文化相伴而生，将来随着屈姑文化的发展与壮大，必将与屈原文化相得益彰，双璧生辉。

（原载《屈姑文化》第四辑，三峡电子音像出版社2017年版）

附　录

屈原有妻室儿女吗?

——访屈学专家谭家斌

三峡日报通讯员 郑之问 刘紫荣 **记者** 范长敏 韩永强

　　屈原有妻室儿女吗？此次"寻访屈原后裔"活动有什么重大发现？寻访到的 9 省市屈姓人群与屈原究竟有着怎样的关系？寻访组带着这些问题于近日采访了屈学专家谭家斌先生。

　　问：《史记》等历史文献没有记载屈原的妻室儿女，您在屈学研究中，认为屈原是否有妻室儿女呢？

　　答：《史记》《战国策》《资治通鉴》等的确没有这方面的记载，但是，从民俗学、历史学、屈氏家族史等方面来考察，再加上这次寻访活动新发现的线索，屈原应该有妻室儿女。

　　问：您有哪些证据？

　　答：先说屈原有没有妻的问题。晋代《襄阳风俗记》说："屈原五月初五投汨罗江，其妻每投食于水以祭之。"意思是说屈原投江以后，他的妻子每年五月初五这天向汨罗江中抛投食物祭祀屈原。清代《古今图录集成》记载，湖南益阳县西南六十里有一座凤凰庙，专门祭祀屈原的夫人和儿子，清代《益阳县志》也有同样的记载。再说，我这次参加贵报和秭归县联合开展的寻访屈原后裔活动时，在陕西山阳县元子街镇发现的一部清代同治十一年的《屈氏宗谱》上，我们首次发现屈原妻子的画像，并注明为"灵均公元配邓夫人遗像"。

问：在这次寻访活动中，我们还发现了大量的屈原有儿女的线索，屈原到底有没有子女？

答：根据这次寻访掌握的资料来看，屈原有子女是肯定的，但到底是几个还不能下结论。目前有 6 种说法。一是"四子"说，湖南邵阳一带于清代乾隆年间修撰的屈氏族谱说屈原有 4 个儿子，长子承开，次子承元，三子承天，四子承贞。湖南省社科院著名历史学家何光岳于 2003 年出版的《中华姓氏源流史》，以及四川泸县、双流县的清代屈氏族谱上也有这样的记载。二是"三子"说，在陕西耀县和安徽东至县发现屈原有 3 个儿子的说法。《耀州志》上说：屈原死后，他的 3 个儿子都进入秦国，其中一个在耀州改姓氏为孙，并说隋唐医学家孙思邈是其后裔；一个家居蒲城，仍然姓氏为屈；另一个在韩城，改姓氏为房。但都没有记载具体名字。安徽东至县黄荆村保存的乾隆四十一年屈氏族谱记载屈原有 3 个儿子，长子称孟师文华公，次子称忠虞武安公，三子称季敏孝思公。三是"二子"说，北京国家图书馆和江苏大学、常熟市图书馆珍藏的《临海屈氏世谱》记载屈原有两个儿子，一个叫屈署，一个叫屈鮒，又称屈侯鮒。四是"一子一女"说，清代《长沙府志》说屈原有一女名叫绣英，也称纬英，并说其墓在湖南益阳花园洞。清代《桃江县志》有同样的记载。明代《蕲州志》说屈原有一子，俗名"黑神"，同治年间的《益阳县志》又说"俗呼凤凰神"。五是"一子"说，麻城市沈家庄保存的民国七年的《熊氏族谱》记载屈原有一子，名"岳"，并说屈原受"屈"也就是受"冤屈"而死，所以他的这个儿子又恢复为熊姓，因为屈原的远祖叫熊绎。六是"一女"说，湖南汨罗一带民间传说屈原有一女叫女嬃，汨罗屈原纪念馆原馆长、屈学专家刘石林写有一本《汨罗江畔屈子祠》一书，其中对此专门有考证，认为女嬃为屈原之女。

问："女嬃"在屈原作品《离骚》中出现过，您怎样解释呢？

答：《离骚》有"女嬃之婵媛兮，申申其詈予"诗句，汉代王逸《楚辞章句》解释"女嬃"为屈原之姊，即姐姐，因为古代楚地方言称"姊"为"嬃"。从汉代至今，对"女嬃"已有十多种说法，如姊说、妹说、妾说、妻说、女儿说、侍女说、女巫说等等，但在屈学界大多认同"姊说"。

问：屈原有子女的说法多达6种，您对此有什么看法？

答：有的说法明显与历史记载相抵触，如两个儿子中的屈侯鲋，《史记》中的《魏世家》记载有李克与翟璜的一段对话，涉及屈侯鲋，李克又称李悝，卒于前395年，古今学者考证屈原诞生的时间集中在前366年至前336年之间，目前还没有出现超过这个时间范围的，如果按屈原诞生的时间与李悝死亡的时间来看，屈侯鲋与李悝在世时，屈原还没有诞生，就不可能存在屈侯鲋是屈原儿子的说法，所以，有的说法还需要进一步考证。但是，这些线索是非常有价值的，为屈学研究提供了宝贵的资料。

问：这次寻访到的"屈原后裔"，与秭归的屈姓有什么关系？

答：这一点是这次寻访活动的重大收获之一。寻访组看到的屈氏族谱不仅认为其源于秭归归州，而且无一例外地称屈原为始祖，如湖南邵阳保存的雍正年间的屈氏族谱记载：先时居归州、家湘阴、徙衡阳。再如江苏、四川等地的清代《临海屈氏世谱》《泸北屈氏宗谱》等，均记载秭归归州为其发源之地。由此说明，有的是从秭归迁徙的，我们认为他们应该就是屈原的后裔。

（原载《三峡日报·三峡周末》2009年11月20日第5版）

屈氏及屈原后裔分布大江南北

——屈学专家谭家斌访谈录（上）

本报通讯员 郑之问 刘紫荣　　**本报记者** 范长敏 韩永强

本报和秭归县联合推出《屈原后裔寻访记》追踪报道，在社会上引起了强烈反响。不少读者以各种方式提出了许多感兴趣的问题，比如关于屈姓的来历、屈姓在全国的分布状况、秭归屈姓和屈原是什么关系、全国屈姓源流的基本脉络是什么等等。为了回答读者的这些问题，我们特意采访了屈学专家谭家斌。谭家斌是中国屈原学会会员，长期致力于屈学问题研究，曾经公开出版《屈学问题综论》一书，引起学术界的关注。

记者： 不少读者来信问，屈姓有几种说法。我们想请你具体介绍一下，屈姓究竟是怎么演变而来的？

谭家斌： 屈姓是一个非常典型、非常古老的姓氏，屈姓是中文姓氏，其来源有七个说法：一说是屈姓来自远古时期狂屈竖的后代；一说是屈姓来自夏王朝屈骜的后代；一说是屈姓来自春秋时期封地；一说是屈姓来自春秋时期姬夷吾封地；一说是屈姓来自南北朝时期拓跋部汉化改姓；一说是屈姓来自蒙古汗国时期屈出律汉化改姓；一说是屈姓来自满族汉化改姓。但传统意义上的屈氏远祖，始于春秋时期楚国国君楚武王之子芈瑕，受封于屈即今湖北省秭归县，子孙后代遂以封地名"屈"为姓，距今已近4000年。因此，我认为，屈氏是楚国的公族，屈氏起源于芈姓。屈氏得姓后十分兴旺发达，春秋战国时屈氏和景氏、昭氏为楚国最有势力的三大王室宗族，显赫一时。这一时期名载史册者达十余人，以三闾大夫屈原最为著名。

记者： 根据你的研究，屈姓在全国主要分布在什么地方？

谭家斌： 屈姓在全国分布很广。初步统计，除西藏、青海没有屈氏家族聚居外，其他各个省市区都有分布，尤以湖北、湖南、河南、陕西、四川最多。目前，屈姓在全国的姓氏排行榜上名列第 182 位，人口约 130 万，占全国人口总数的 0.1% 左右。在粤桂黔大部、云川陕中部、重庆南部、新疆西北、福建中部、江西大部、湖北东部、安徽西部、豫晋冀大部、山东西南、京津、内蒙古中部、辽宁西南、黑吉大部，屈姓占当地人口的比例在 0.06%—0.12% 之间，其覆盖面积约占了国土总面积的 33%，居住了大约 41% 的屈姓人群。

记者： 秭归屈姓和屈原是什么关系？

谭家斌： 秭归是学界和民间公认的屈原故里，也是屈姓的发源地。秭归全县现有乡镇 12 个，行政村 187 个，社区居委会 6 个，总人口 38 万人。屈姓分布于全县各个乡镇，50 人以上的村 48 个和县城 3 个居委会，总人口 5400 多人，还不包括葛洲坝和三峡工程两次移民搬迁出县的数百屈姓人口。屈姓人口最多的村是归州镇万古寺村，离屈原诞生地乐平里不到 10 千米，现有屈姓人口 736 人，占全村人口的 30% 以上，按户口统计，全村一半以上的家庭为屈姓。其次归州、郭家坝、两河口、水田坝等乡镇，贾家店、官庄坪、文化、庙垭、两面山、稠木树等村屈姓人口都在 200 人以上。这些屈姓自唐建屈原祠以来，一直把屈原祠作为家祠。到明清时期，由于人口增加，往来不太方便，屈氏家族分别在江南的屈家岭、江北的万古寺建了两座祠堂。1981 年 4 月，秭归县屈原纪念馆在江南屈姓聚居点文家店村，获得一部民国十二年（1923）手抄本《屈氏宗谱》，从明朝宣德年间（1426—1435）记起，至民国十二年（1923），历 16 代。一世祖为屈轸，生于 1425 年，秭归县龙城乡人，尊屈原为始祖，为屈原第 56 代孙，葬于文化村的三尖角，墓尚存。据当地老人介绍，位于村内的祠堂为屈轸主持修建，距今已近

600 年，新中国成立后，祠堂作为公产分给无房的农民居住，后因年久失修倒塌。明代万历《归州志》记载，屈轸中举后，曾在河南开乡做过县丞。在归州镇万古寺村的香溪河边，有一古墓，墓碑名为"清故显考屈公讳真字尚朴老大人之墓"，碑文曰："予乡有真公者，楚灵均之裔也。"后面还记载了屈真一生的主要功绩。墓主人屈真（字尚朴）生于嘉庆二十四年，卒于光绪十四年。这个屈真，虽然已经去世 200 多年了，但他的五代孙还住在离墓地不远的山坡上。位于村内的屈氏祠堂也是屈真主持所建。

夷陵区和秭归接壤的乐天溪镇有屈姓 1868 人，太平溪镇 614 人，三斗坪镇 1249 人，邓村乡 371 人。三斗坪镇园艺村屈家尚收藏了一部始修于明、五修于民国的《三闾世家》族谱显示，谱序是乾隆二十五年屈氏 18 代孙屈必伸所写，他们奉三闾大夫屈原为始祖，记载了自元代泰定元年（1324）的一世祖屈龙朝从秭归青滩南岸搬迁到三斗坪一带后，繁衍生息的情况。族谱列屈龙朝为一世祖，到现在近 700 年历史了。"龙朝公居住花果屋场，即今之青滩南岸，元朝泰定元年公迁于峡州，寄迹下宝坪连沱口，创基业置田产。"现在三斗坪镇黄陵庙周围的园艺村、黄牛岩村屈姓人口达数百人。根据统计部门提供的资料表明，夷陵区的屈姓分布于黄陵庙周围长江两岸的 4 个乡镇，按族谱分析，都是屈龙朝的后代。

湖北麻城屈姓 2600 多人，在麻城百家姓中排名 13，主要分布在张家畈和宋阜镇，在张家畈有一个屈姓地名叫屈家畈村，是一个行政村，还有一个地名叫屈家冲。《麻城祖籍寻根谱牒姓氏研究》一书研究表明，麻城屈氏源自秭归归州，由归州迁往江西，明初，屈德安、屈德永两兄弟由江西迁至湖广，从湘阴府枣强县迁麻城宋阜，后德安再迁麻城东黄市屈家冲。清雍正年间屈姓开始向重庆、四川方向迁移至宜宾、灌县、万州、新津、南溪等地，同时也有迁往陕西、湖南等地的屈氏子孙。麻城屈氏宗谱为嘉庆二十三年（1818）创修，现存宗谱为民国二十三年版，堂号叫基厚堂。

安徽东至县龙泉镇黄荆桥村屈海清老人收藏了一部族谱，这本名为

《荆桥临海屈氏家谱》的族谱首编于明万历二十四年，止于清光绪二十七年，是一部时间跨度最长修谱时间最早的族谱。这本族谱奉屈原为一世祖，该村屈氏始祖千六公为荆州府枝江人，宋代在池州青阳作县令后落叶于此，到谱止的清光绪二十七年，历75世没有断代。"建德为池阳之明邑，而荆桥为邑之胜地也，其祖始自湖广荆州枝江县曰千六公者。任青阳太尹，元祐八年，年迈致仕，宦游池州建邑，见荆桥山水佳丽，遂居之。"（《荆桥临海郡屈氏宗谱》）这本家谱还记载了从战国时期、经唐宋元明清历朝历代屈氏各辈最高官阶的代表人物，对于其姓名、官衔、官阶、任职地等都做了较为明确的说明，部分重要人物还有画像佐证，如屈蝦、屈原、屈千六等都有画像。家谱还载明屈原有姊名婆，屈原沉汨罗，"婆闻亟归，视之，后人名其地曰姊归"，并载明屈原有3个儿子："长孟师谥文华，次仲虞谥武安，三季敏谥孝师。"安徽东至、江西鄱阳等地为近邻，屈姓居住很多，从族谱分析可能为秭归直接迁徙至此，并在明清两次大移民过程中再次迁徙到湖北、河南潢川信阳和重庆部分地区。

宜昌市现有人口400万，其中屈姓1.8万多人，占全市人口的4.5%，湖北省屈姓人口4.8万多人，占全省总人口的0.08%，宜昌屈姓人口占全省屈姓人口的比例为37.5%，所以屈姓主要居住在秭归及其周边的宜昌范围内，也有少量迁到襄樊、麻城一带。这一地区屈姓人口总量虽然不是特别多，但他们世代居住于此，始终奉屈原为始祖，历经2000余年数十个朝代，并经历了数不清的战乱和明清两次大移民而没有远离故土，这在全国其他地方是没有发现的。从现有的资料来考证，屈地在秭归可以得到佐证，秭归屈姓应该都是屈原的子孙。

（原载《三峡日报·都市新闻》2009年12月29日A版）

屈氏及屈原后裔分布大江南北

——屈学专家谭家斌访谈录（下）

本报通讯员 郑之问　刘紫荣　　**本报记者** 范长敏　韩永强

记者： 湖南各地分布着大量的屈姓人口，他们是屈原后裔吗？

谭家斌： 湖南是我国屈姓人口最多的地方之一，从掌握的资料来看，湖南屈姓多是南宋屈蝾的后代，是屈原后裔。《湖南衡阳屈氏风井派（五修）》族谱序载："我族自武王公子瑕食采于屈，因以为氏，至灵均公楚怀王时为三闾大夫，著有《离骚》经为辞坛之祖。子四：承开、元、天、贞。开公历四十六传至南宋嘉定时蝾公任庆元府太守藉衡阳永伏秋溪生子四：发开，发隆，发明，发元，或居衡阳，衡山，或散迁各郡。唯隆公生九子，其一、二、七、九子于景定元年同迁宝庆。正一郎居邵阳荒塘村，正二郎居邵东黄石村，正七郎居邵东风井村，正九居邵阳梅岭。贞公历五十传至仲伦公居江西，历三传至广均公迁邵东黑田铺新塘冲，其裔至道光甲午（二修）始全修列荒塘，黄石，风井，梅岭，新塘五支为派系，同为一宗，我派祖七宝公单传二世至继生公生有三子，长尧孙字绍祖，后为绍祖派；次子尧授字天德，后为天德派；三子尧夫字良恭，后为良恭派。万历年间十三世祖良恭派朝伟公分居石山院，人口繁荣，其族谱修于雍正甲寅，道光甲午续修，光绪戊戌三修，四修于民国辛未，迄今又五十有九年矣。"《衡阳屈氏邵阳雍正谱序》："首载本楚芈姓，为灵均公苗裔，先时居归州，家湘阴，徙衡阳，不一其处。厥后，灵均公四十七代孙蟠，仕于宋庆元太守，生子者四，长发隆，又生子九人，遂以其伯、仲与七、九四子复由衡阳而徙于宝属邵、新二邑之荒塘、梅子、黄石、风井诸村，以'宝'为其字，是创现在宝郡屈氏各族之始祖也。"由此可见，湖南衡阳屈氏始自长沙湘阴，即今汨罗市一带，后于北宋年间至迟也是在南宋时期始迁衡阳，家族兴旺，并列有五个支系，随后还有支系迁居湖南邵阳、黔阳、永州、娄底等地。

记者：四川、重庆等地的屈姓与屈原是如何衣钵相传的？

谭家斌：居住在成都双留屈楚平老人收藏的始修于嘉庆十六年续修于民国十四年的《华阳屈氏续修族谱》载："宋太祖时有屈仕，以蜀籍任江西吉州路太守，本灵均公之后裔，由湘阴而徙蜀，致仕后复返楚卜居衡阳，此族谱中所奉为始祖者也。第至前清乾隆初年由屈仕公越25代之裔孙年永公有子四，继荣、继泰、继达、继巍先后由衡迁蜀，落叶于华阳东林寺侧之蒲草塘，至乾隆八年，年稳公之孙德银公亦由衡来居斯土，卜居于华阳中和场之黑松林。"证明华阳今为双流屈氏亦为衡阳迁徙而来。衡阳屈氏三修族谱记载显示，年永公居衡阳，四个儿子先后迁入成都双流一带。

我们还查阅了四川泸州等地的族谱。《四川泸北屈氏宗谱》编修于道光己亥年（1839），原序载："南宋官庆元府尹讳蟠公，子四：发隆、发开、发明、发元。开子四：寅、宏、定、宁。寅宁仍居衡阳秋溪，宏居新庄，定居岭底。发明子曰正，居塘贤，共五大支也。今我一支本衡阳之嫡派，于洪武初迁蜀，世居泸州屈大弯，在明朝为屈家坳（今隆昌县李市镇）。"四川广安岳池县屈姓人口非常集中，齐福乡莲花屋基村800口人中，600多人姓屈，周边还有几个村有大量屈姓人家，其族谱反映，该支屈氏是从衡阳迁徙而来，时间也是洪武年间。2001年编修的四川泸州市纳溪区屈氏荒塘派《屈氏家谱》载明，南宋屈蟠曾孙发隆生九子，分别为一郎、二郎……至九郎，一郎之后经五代，至明末清初，该支向四川迁徙。始祖屈朝南字道珍，迁入重庆大足县枫树湾落叶。屈朝南长子屈正显迁纳溪区土地沟，次子屈正宗迁入泸州纳溪区铁

锁岩定居至今。屈光正显孙屈光阳后经云南威信、镇雄又迁贵州，繁衍了一支贵州屈氏家族。

这些情况说明四川泸州、岳池、双流等地的屈姓都是湖南衡阳屈姓的分支，有的家族在当地成为望族。

记者：史料记载，屈姓作为楚国贵族被强迁至关中即今陕西西安、咸阳一带，2000多年间，屈姓变化如何？

谭家斌：前223年楚灭秦，屈氏从此开始徙奔四方。汉灭秦，曾迁六国贵族后裔和关东豪族于关中，屈氏亦列其中，为屈氏入陕之始。

《汉书·高帝纪第一》载，九年（前215）"十一月，徙齐楚大氏昭氏屈氏景氏怀氏田氏五姓关中，与利田宅"（《二十四史》）。"屈氏居安陵"（《汉书·地理志》），安陵在现西安咸阳一带。陕西各地屈氏分布十分广泛，包括现在的西安、渭南、韩城、耀州等地，户县、武功、蒲城、合阳等县以屈为村名的不计其数，数千人的屈姓村庄不在少数。还有部分屈氏后裔因为各种原因而改姓，如韩城志记载，唐代的药王孙思邈、阴阳家房寅都是屈原后裔。西安户县李伯村，全村600多户、3300多人，其中姓屈的有400多户、2300余人。陕西人民出版社1991年出版的《山阳县志》，在第三编"人口"的"人口流源"中记载，"全县共有236姓，都是单姓"，"屈"为其中一姓。关于"屈氏"中有说明："三闾大夫屈原后裔，原籍楚国。西汉末年，一支由关中迁来。"其"大事记"中，也明确记载："洪武二十一年（1388），'大槐树人'始迁丰阳（今山阳）。"位于商洛一带的屈姓也是从关中逐步迁徙而来。

记者：山东、河南、江苏、浙江等地也分布着大量屈姓，他们和其他地方的屈姓是什么关系？

谭家斌：陕西渭南关中的屈氏有一部分迁居浙江临海，一部分迁居江苏泗洪、盱眙等地。两汉之交的动荡不宁，使关中屈氏又进入山西、河北、山东者，其中一支迁居河南洛阳。魏晋南北朝时期，繁衍于今浙江临海、江苏盱眙、河南洛阳的屈氏家族庞大，人丁兴旺，发展出屈氏临海、临淮、河南郡望。屈氏后来在临海郡发展成望族，世称临海望。

三国时期，汝南人屈晃因仕宦于吴，落籍今江苏。北魏时期，屈遵家族在河北北部、辽宁南部的繁衍也颇引人注目。首修于清代的《临海屈氏世谱》第九自序上载："常熟始迁祖屈氏自楚至常熟凡八迁，祖徐按初一关中，次二成皋，次三汝南，次四徒河，次五临海，次六祁阳，次七汴，次八常熟。"该氏谱把屈氏从关中到临海再到常熟的过程叙述得清清楚楚。

山东曲阜屈恒义收藏的修于民国五年的《楚宗屈氏家谱》序曰："木有本，水有源，其所从来者，不可没也。始祖屈原以来，时代湮遥，冥然莫知。即迁曲阜，始祖讳浩，字克宽，述之。子孙繁衍，而支分别派……中华民国五年，岁次丙辰夏六月，十四世孙怀薪、怀兴重修。"明嘉靖十四年二月清明日，屈宗荣为屈氏先茔立碑撰文："祖讳浩字克宽，乃阙里郡曲阜城北三十里名曰仁智乡义田里也。公生于前质有，不事浮华，轻势力，隐居不仕而耕读为人，勤俭为家，肃孝惟公，于弟和睦，于宗睦接，朋友而信公中直，里人当言念君子德焉。"道光二十九年曲阜十三世孙屈庆珠以《屈氏世系考辨》为题进行了考证："我屈氏自余七世，祖叙祖谱序勒于碑厥，后家谱屡成，考世系者炳若日星，夫复何辩，然世系常昭，固无可辩，世系将蒙实有不得不辩者。盖论我族史迁一则如族谱序所云，一则自山右野雀窝迁来，二说并存，由来已久。"屈庆珠所言谱许所云，是指屈原子孙因"楚汉争锋，祚冲避难，迁居山左，至少昊之墟而卜居焉"。此地所指山右应为山西，山左为山东，意为其子孙应先到了山西，后其一始祖迁曲阜。据同时在洪武二年和屈浩迁到鱼台的兄弟族谱说，他们或是从关中迁来，或是从山右野雀窝迁来。根据各种史料分析，曲阜屈氏不论是来自山左、山右，都是关中而来。

河南商水县位于豫东平原，自隋朝置县以来一直就是"小邑"，且地势低洼有"五湖十八坡"之称，人口稀少，经过元末明初、明末清初的战争，剩余的原住居民远远不能满足发展生产的需要，于是外来移民就蜂拥而入。移入商水的外来移民以山西洪洞和山东为两大宗，而又以山西洪洞移民为最。洪洞移民又分明朝和清朝两个时期。后来最初的

移民家庭大都形成了大小不等的聚居族群，迁入较早、人丁兴旺者有近两万人的大族。迁入较晚者也已形成了上千人的宗族，如屈氏家族。

辽宁本溪市屈广兴老先生用近20年时间行程1.5万千米，对屈氏分布及其源流进行考证，认定东北屈姓多为关中屈姓后裔。现在居住在辽宁的屈姓是清顺治八年（1651），因山东连年水灾，饥饿难耐，应盛京招垦，携眷迁入盛京，并被分散安置到各地。如屈元迁辽阳草河城，屈叁、屈肆迁辽阳涧溪沟，屈武迁海城县，屈黄毛迁岫岩县，等等。宣统九年，辽宁屈成芳在其谱序中说："汉兴，武帝迁郡国豪杰于茂陵，而三族亦在徙中，是为吾族由南而北迁之始。""吾祖迁居辽东以来，初入汉军旗籍，至予小子又九世矣。虽古老相传，以为出于山东登州之黄县，然以明季之乱，谱牒遗失始迁之祖，浮海至辽，其以前世次无考。"谱序说明，辽宁一带的屈氏为关中逐步迁徙而来。

记者：您能简要地归纳一下全国屈姓源流的基本脉络吗？

谭家斌：根据这次大范围的寻访调查，这些分布在全国的屈姓基本源流可以归纳为三个方向，一是湖北秭归及其周边地区，邻近的巴东、襄樊有关区县、黄冈麻城等地，也包括安徽南部、江西部分地区。二是由楚地迁关中的屈氏，经过2000多年的历史变迁，不断向周边分散，内蒙古、甘肃、青海、辽宁、山东、山西、河南、江苏、浙江、安徽、广东等地屈氏多为关中后裔。寻访组所到之处，不论是世代口口相传，还是族谱记载，都表明是屈原后裔。三是湖南衡阳一支屈氏，是湖南、江西部分地区、四川、重庆、云南、贵州等地屈氏的发源地。衡阳屈氏始居长沙湘阴，后迁衡阳，屈原投江之前，在湘阴汨罗一带时间较长，家眷可能随行，屈原投江以后，其后裔定居湘阴，所以衡阳屈氏应该是屈原后裔。

（原载《三峡日报·都市新闻》2009年12月30日A版）

"我与屈原有着难解的情缘"

三峡晚报全媒记者　冯汉斌

谭家斌著述一览

谭家斌近影

今年56岁的谭家斌，1965年生于秭归乐平里。这位朴实而执着的峡江汉子，有一位与他相隔两千多年的伟大同乡，那就是屈原。这是一份令人艳美的文化之缘，也是他作为一名屈原文化地方研究者的宿命。自1985年在屈原乡参加工作到2005年调入屈原纪念馆从事专业屈原文化研究，其间20年的时间，他不但培养了一份对屈子的虔敬之情，也积累了大量屈原文化研究资料。自2005年至今，他的生活与工作的最显著的关键词，就是"屈原"，他探寻屈原踪迹、挖掘屈原史料、研究

屈原文化，参加屈学会议，撰写屈学著作，乃至与人论辩屈原故里，可谓忙得不亦乐乎。他沉醉其中，鸥鹭忘机，将屈原引为千年知己，颇有"同声相应，同气相求"的味道。

一分耕耘，一分收获。谭家斌在屈学研究领域的辛勤跋涉和丰赡著述，渐渐得到了国内众多屈学与楚辞研究名家的认可与鼓励。在其四十万字的重要著述《屈学问题综论》问世后，时任中国屈原学会副会长方铭（现任中国屈原学会会长）专门写了《学术研究与文化责任》的书评，认为"这种把对屈原及其作品研究当作自己生活的一个组成部分的精神，体现了一个热爱中国文化的乡村知识分子的崇高责任"。

最近，宜昌市委提出，要把弘扬屈原文化作为"战略性资源"置于新目标新定位中整体谋划，作为争创全国文明典范城市的重点内容精准发力、统筹推进。要加快组建屈原文化国际研究院，把屈原文化构筑成精神高地，把宜昌打造成屈原文化的权威阐释地、标准制定地、活动聚集地。在此背景下，现为中国屈原学会常务理事、宜昌市屈原学会副会长的谭家斌，近日为记者讲述了他屈原研究的丰厚经历。

我与屈原有着难解的情缘

我与屈原有着难解的情缘。屈原的故乡秭归乐平里，也是我的出生地，我在这个诗意乡村生活和工作了三十多年，虽然我与他相隔两千三百多年，但有着难以割舍的同乡之缘。屈原的作品是我从小就崇拜的，屈原至死不离楚的爱国精神，以及敢于与邪恶做斗争的"九死犹未悔"的大无畏精神让我钦佩，特别是他在人生道路上遭遇两次被放逐到荒蛮之地却不改志向，更让我感慨而崇拜。屈原在乐平里留下的"读书洞""照面井"等遗迹，我非常景仰，每当回老家，都要去走走看看，总想了却我的追念之情。

小时候，我知道本村出了一个大诗人屈原。十九岁参加工作后我就特别留意，每到县城或到外地出差，必定要逛逛书店，主要目的是看有没有屈原方面的书籍。第一次进县城，我在书店里买了一本《屈原的传说》。至今，我购买或获赠的有关屈原及其作品方面的书籍有一千多种，渐渐对屈原文化略晓一二。

十六岁高中毕业回家后，不管是出外打工（当时俗称"搞副业"）还是走亲戚串门，只要有机会能看的书本或报纸杂志都要拿到手里看看。当时父亲病逝早，家庭经济异常困难，用钱去买书看简直是奢望，有时晚上看书的时间都不能过长，因为读书照明的煤油灯所用的煤油经常缺钱购买，为这一毛多钱一斤的煤油，母亲时常唉声叹气，因为我三个年龄很小的弟妹和两个六十多岁的爷爷奶奶还有很多地方需要正常用钱，如果我不节俭，弟妹也就买不了写字本了。直到十九岁参加工作后，才开始从每月58元的工资中挤出十几元钱订阅书报杂志或买书，至今藏有各类合订本杂志300多册，剪报贴本也有近百册，每册都自编有目录，以方便查阅。

屈原及其作品为什么能享誉中外？他的人生经历是什么样的？为什么他能拥有一个端午节来纪念他？为什么他能成为我国第一个被世界共同纪念的诗人？因此，我决心去了解他研究他，为这个老乡去做一点力所能及的事。2005年7月，有幸受中国屈原学会之邀，赴内蒙古包头市参加"2005年楚辞学国际学术研讨会暨中国屈原学会第十一届年会"，这是我第一次参加这种高层次大规模的屈原学术研讨会，感动与激励袭绕着我。随后，我在原来逐年收集的资料的基础上，一边整理一边思考，一边撰写一边修改，五易其稿，近40万字的《屈学问题综论》一书于2006年5月由湖北人民出版社出版。时任中国屈原学会副会长毛庆先生欣然题序，副会长兼秘书长方铭先生发表了《学术研究与文化责任》的书评，认为《屈学问题综论》"是一部以分类的形式撰写的简明而又深入的屈原及楚辞研究学术史""是一本有价值、有特点的学术著作"。2013年8月，在中国屈原学会理事会换届选举中，经毛庆先生推荐，我被选举为中国屈原学会常务理事，忝列国内外50多名学者组成的常务理事之中。

话说回来，此书在出版前校对修改时，正是2006年冬天，为了赶书稿，经常在后半夜两点钟后才睡觉休息，手背也冻得像馒头一样。有

一天凌晨，正赶写书稿的我突然感觉天旋地转，两眼不敢睁开，并伴随着呕吐，当时我心想会不会突发疾病而过早地离开人间，当妻子及邻居把我送到县医院急救室进行检查被确诊为颈椎病突发后，我对妻子说：阎王说我四十几岁的年龄还不成熟，所以不要我。我第一次知晓颈椎病缠上我了，也第一次知晓颈椎病如此利害。

围绕屈原故里之争，我找出的证据令人信服

近些年，争抢名人故里之风盛行，有人针对"屈原故里秭归说"发难，我心里一直想着为"屈原故里秭归说"找出新的证据。

功夫不负有心人，2005 年的一天，我在阅读《淮南子》的时候，看到东汉高诱注释《本经训》"天覆以德，地载以乐"说："乐，生也。"顿时使我眼前一亮：这不就是屈原诞生地"乐平里"之"乐"的含义吗？"平"即屈原，司马迁《屈原列传》说"屈原者，名平。"值得思索的是，作为地名，乐平里之"平"一般应是"坪"字，此处却为"平"，则有其特殊的用意。"里"即指故居，《说文》曰："里，居也。"概而言之，"乐平里"可直释为"屈原诞生之故居"。有人将"乐平里"解释为"快乐升平的地方"，我认为不可能这么直接简单。"乐平里"名称最早出现于东晋袁山松《宜都山川记》，有可能在屈原逝世后不久，人们便称其地为"乐平里"以纪念屈原。

通过不懈努力，我前后用四年多时间从考古、文献记载等方面，挖掘出十多条新证据，如秭归旧城东门头遗址出土的"太阳人"石刻，屈原《九歌》中的《东君》就是礼赞太阳神的祭歌，"太阳人"石刻在秭归出土则喻示着与屈原的关系。再如《离骚》述及植物 28 种，至今乐平里还能找到 19 种之多。另外，乐平里的方言、民俗等方面也在屈原作品中有保留。以这些新证据为素材，我撰写的《屈原生于秭归乐平里新证》被多家报刊采用或转载。同时，我还撰写并发表《驳"屈原故里西峡"说》《"屈原故里"诸说平议》等论文，特别是《驳"屈原故里西峡"说》一文，用一万余字的篇幅有理有据有礼有力地进

行驳论，赢得了屈学研究界的尊重。

除此之外，我还特别注重研究现代中国文化名人与屈原的关系，并推出《诗魂遗响——中国现代文化名人与屈原》专著。屈原对现代中国文化名人有哪些影响？他们又是如何看待屈原的？我选取中国现代以来的十三位文化名人展开叙论，其中有毛泽东、梁启超、鲁迅、郭沫若、茅盾、苏雪林、闻一多、游国恩、姜亮夫、陆侃如、钱锺书、姚雪垠、林庚等。这十三位文化名人不仅热爱屈原，而且深入研究过屈原及其作品，更甚者，屈原及其作品不同程度地影响着他们的人生，闻一多的学生曾称闻氏"从面部到灵魂深处就是屈原"。

我曾在此书的《后记》中说，一个人赤裸裸地来到人世，总要有所作为，岂能再赤裸裸地离开人世？做了自己喜爱的事，所遇到的波折或苦难是客观存在的，虽然如此，但终生无悔。或许是屈原"惊采绝艳""名垂罔极""卓绝一世"的作品吸引了我，或许是屈原忠贞爱国、性高志洁、"九死不悔""日月争光"的精神激励了我。

宜昌和秭归要在多领域注入屈原文化元素

最近，宜昌市委提出，把传承发展屈原文化作为品牌战略来抓，让屈原文化成为宜昌靓丽的精神标识和文化品牌，既让人鼓舞，又予人启迪。屈原文化是我们独特的物质资源和精神财富，为了更好地开发和利用好具有世界级地位的屈原这一宜昌和秭归的核心文化资源，我有几点建议：

一是创建国家级研究机构。如首创性建立公益性事业单位"中国屈原文化研究院"或"屈原文化研究中心"，做到有编制机构、有专业团队、有经费保障，真正让屈原文化"坐正席出正果"。与中国屈原学会、三峡大学等专业团体和大专院校合作，阐释好屈原文化内涵，并促使屈原文化研究成果的转化，为地方社会、经济、文化的发展服务。同时，收集整理古今屈原文化研究著作、影视作品等资料及实物，创建质量高、品位高、规模大、影响大的特色资料库或展馆，使其成为国内外

独一无二的文化地标。自汉代至今，研究屈原的著述堪称汗牛充栋，但专属且有规模的屈原文化资料库或展馆目前在国内外却处于空缺状态。二是规划制定屈原文化发展蓝图。在广泛调查研究的基础上，针对宜昌和秭归屈原文化这一专项，制定专门规划。包括近期与远期的发展目标、可行性、经济与社会效益等。三是普查并保护屈原文化物质资源。屈原文化在宜昌和秭归历经几千年，境内屈原文化物质资源已丰富多样。如秭归境内古今先后修建的屈原庙宇就近十座，另外还有屈子桥、独醒亭、"屈原八景"等景观。宜昌和秭归至今仍存的诸如楼亭、雕塑、景区等也不少，对这些历史遗迹或现存景观风貌进行分门别类普查登记，很有意义。四是扶持培养屈原文化专业人才。五是多领域注入屈原文化元素。所涉领域，大到城市建设理念，小至衣食住行等生活。例如，我们使用的一次性水杯，能否印上郭沫若题写的"屈原故里"几个字？还有桥梁、道路、公园、街道等，以及各种赛事，能否以屈原文化方面的内容命名？让人们感受到屈原文化的真实存在及其魅力所在。

（载《三峡晚报》2021 年 8 月 4 日第 9 版）

打造屈原文化研究与转化的主阵地

——访中国屈原学会常务理事、秭归县屈原纪念馆研究馆员谭家斌

三峡日报全媒记者　阮仲谋

屈原是中国历史上第一位伟大的爱国诗人，他奠定了楚文化在中国的历史地位，让中华文明之光成为了世界的宝贵财富。

作为屈原文化发源地的宜昌，一直致力于屈原文化、屈原精神的挖掘、研究和传承，并取得显著成果。在新时代的征程中，如何把屈原文化转化为强大的精神动力，使其绽放时代光芒，承担起推进文化传承和创新发展的使命，更好地服务于宜昌经济社会文化的建设和发展，并打

造成宜昌最亮丽的精神标识和文化品牌？围绕这一话题，记者近日专访了中国屈原学会常务理事、宜昌市屈原学会副会长、秭归县屈原纪念馆研究馆员谭家斌。

记者：谭老师，您长期在秭归县屈原纪念馆工作，潜心于屈原文化研究，请问您取得了哪些成果？您又是如何理解屈原文化的？

谭家斌：我在秭归县屈原纪念馆工作已经有 20 多年，研究屈原文化、传播屈原文化责无旁贷。至今，我已经出版屈原文化专著 4 部；主编《屈原廉政文化》《屈原故里文化旅游区导游词》《屈原文化》等 15 部。在《光明日报》《中国社会科学报》《云梦学刊》等报刊发表屈原文化论文 80 余篇。这些成果中，既有对屈原及其作品的研究，又有对屈原及其作品与秭归地域文化的关联研究，涉及屈原的生平、作品、思想、故里、后世影响等等。

屈原文化是指屈原及其作品为人类社会所创造的物质财富和精神财富的总和。屈原祠就是屈原文化内涵的集中展示之地，屈原祠至今仍是国内外屈原文化展览陈列规模最大、内容最全的展馆。这是秭归及宜昌人民独有的物质财富和精神财富。

记者：您曾主导设计《屈原祠展览陈列大纲》《屈原廉政教育基地展览陈列大纲》等屈原文化展览陈列文案，在这个过程中，您有什么体会？

谭家斌：我在 2009 年承担迁建竣工后屈原祠《展览陈列大纲》的起草工作，2019 年又负责《屈原祠展览陈列提档升级大纲》的编写，还参与了《屈原廉政教育基地展览陈列大纲》《海峡两岸屈原文化交流展览陈列大纲》等大型屈原文化展览陈列文案的设计。这个过程，实际是将屈原文化研究成果转化的一个过程。让书本上和论文中的研究成果走出来、活起来，为推动地方文化、旅游、经济发展服务，也就是将屈原文化的研究成果从精神财富转化为物质财富。

例如屈原的廉政文化，我在研究中发现，"廉洁"一词最早出现在屈原的作品《卜居》和《招魂》中，《卜居》："宁廉洁正直以自清"。

《招魂》："朕幼清以廉洁兮，身服义而未沫。"汉代王逸《楚辞章句》注此说："不求曰清，不受曰廉，不污曰洁。"我们在研究后，为秭归县纪委监委提供了屈原廉政教育的理论依据。并在屈原祠创建了"屈原廉政教育基地"，将屈原廉政文化内容以"推行美政、忠贞爱国""修明法度、真挚爱民""修身励志、廉洁清明""刚正不阿、敢于斗争""屈子风范，逸响千秋"等五个方面进行展示，较为全面地体现了屈原廉政的核心价值观。随之又将研究成果编辑成《屈原廉政文化》一书。"屈原廉政教育基地"成为湖北省首批廉政教育基地之一。

屈原祠不仅是纪念屈原的主要场所，而且是屈原文化研究与转化的主阵地。屈原"哀民生之多艰"的爱民情怀、"上下求索"的拼搏精神、"深固难徙"的爱国品质、"九死其犹未悔"的坚毅志节、"廉洁正直以自清"的廉洁操行、"宁与黄鹄比翼"的远大理想、"离愍而不迁"的顽强意志，是一代又一代中华儿女宝贵的精神财富。将其集中展示在屈原祠内，既能丰富旅游资源，又能充实文化建设。

记者：您认为屈原文化的思想内涵是什么？

谭家斌：我认为屈原的精神或思想的内涵可用八个字概括，即爱国、求索、廉洁、美政。具体可从四个方面来阐述：深固难徙的爱国情怀、上下追寻的求索精神、修身励志的廉洁品格、德政惠民的美政思想。可以说，爱国是屈原一生不离楚国的情结，是屈原之所以高大之所在；求索是屈原一生不懈拼搏的信念，是屈原之所以崇高之所在；廉洁是屈原一生始终坚守的人格，是屈原之所以高洁之所在；美政是屈原一生孜孜以求的理想，是屈原之所以高尚之所在。屈原美政思想的内涵也可以概括为五句话：注重民生——民本思想；修明法度——法制思想；举贤授能——兴国思想；主张合纵——强国思想；革新朝政——改革思想。

我们将这些研究成果都转化到屈原祠展览陈列的形式之中，如屈原生平展厅里的"星陨汨罗"幻影成像短剧，主要表现了屈原爱国、求索、美政等精神或思想。这种将文字研究成果转化为立体视角的手法，融教育性、观瞻性于一体，使之成为很好的爱国主义教育基地。

记者：乐平里是屈原的诞生地，您也是乐平里人，请问您对屈原还有哪些认识？

谭家斌：我对屈原有一种特殊的感情，他是我最崇拜的一位老乡。众所周知，屈原是中国第一位伟大爱国诗人，也是中国第一位被世界人民共同纪念的世界文化名人。

千百年来以一个特别的节日——端午节纪念他，还以一个独特的形式——龙舟竞渡怀念他。今天的端午节，已被列入人类非物质文化遗产名录，龙舟竞渡已成为人们喜闻乐见的体育竞技项目，就是因为对屈原的崇敬与爱戴。

屈原的巨大历史影响并非仅限于文学创作。司马迁《屈原列传》最为称誉的是："屈平正道直行，竭忠尽智，以事其君……其文约，其辞微，其志洁，其行廉……其志洁，故其称物芳；其行廉，故死而不容自疏；濯淖污泥之中，蝉蜕于浊秽，以浮游尘埃之外，不获世之滋垢，皭然泥而不滓者也！推此志也，虽与日月争光可也！"屈原不仅在中国文学史上做出了不可磨灭的贡献，而且他的崇高人格和坚贞品质在中国文明史上已成为人们普遍认同的民族精神。1953 年，屈原被世界和平理事会列为全世界人民共同纪念的四大文化名人之一。

记者：您对进一步将宜昌打造为屈原文化研究与转化的主阵地有什么建议？

谭家斌：屈原祠既是屈原文化和屈原精神集中展现的主阵地，也是屈原文化研究成果转化的主源地。因此，我们可以说，屈原祠里的屈原文化是秭归及宜昌主体文化的象征。如何把屈原祠打造为屈原文化的精神高地，值得我们认真思考。

一是可以创建"屈原文化研究院"。依托屈原纪念馆和屈原文化研究会设置正规编制的研究机构，进行专业性的研究。二是可以创建"屈原文化特色图书馆"。依托屈原祠和屈原故里景区，搜集、购买古今屈原文化类图书、资料等，与"屈原文化研究院"配置，以网络化、数字化、实体化的方式和国际化、规模化、标准化的目标，建设特色图书馆。三是可以建立屈原文化人才培养机制。培养屈原文化研究型人才、屈原文化传播型人才、屈原文化品创型人才等，全方位做好屈原文化研究与发展工作，真正把宜昌打造成屈原文化的权威阐释地、标准制定地、活动聚集地。

（载《三峡日报》2021 年 11 月 16 日第 4 版）

学术研究与文化责任

——读谭家斌先生《屈学问题综论》

方 铭

两千多年前的战国时期，随着周天子的衰落，以地方自治为特点的西周封建制各个诸侯国没有了天下共主，群龙无首，兼并战争频仍，中国社会进入了一个空前动荡的时期。各个诸侯国为了在动乱之中谋求生存与发展，在国内开始实行以中央集权为特征的郡县制，以期调动国内资源，在对外关系上寻求应对的资本。战国知识分子处于这种深刻变化的社会之中，对个人、国家、天下的前途和命运不能不有各种各样的思考，这些思考成就了一批文化巨人，也使这个时代成为中国文化史上永远值得炫耀的财富。诗人屈原生当战国时代的楚国，眼见在春秋时曾不断挑战周天子权威的楚王室在战国时期的衰落，而楚王和楚国官僚的昏聩贪婪，使这种衰落具有了不可逆转的趋势。屈原曾经想依靠自己的努力赢得楚国的振兴，因此他一方面鼓吹美政理想，一方面与邪恶势力展开了不屈不挠的斗争，但是，最终他还是没有力量与邪恶势力抗衡，而又不愿意被邪恶势力所裹胁，于是，在无限悲怆的情绪下，写下了以《离骚》为代表的体现自己满腔愤懑的不朽诗篇，最后在绝望之中蹈水自杀。屈原的高洁人格是中国古代有操守的知识分子效法的榜样，而作为作家的屈原，他的作品也成为战国时期中国文学的典范作品，而在中国文学史和中国文化史上具有崇高的地位，并作为世界和平理事会所推举的世界文化名人，成为世界文化优秀遗产的组成部分。持续了两千多年的屈原及楚辞研究，其中寄托了中华民族的理想和希望，因而也成为中华文化发展演变历史的有机组成部分。今天，对屈原及其作品继续进行新的诠释和解读，并对屈原及其作品的研究历史进行清理，本身就是21世纪中国文化建设的重要内容。

谭家斌先生出生在湖北秭归县乐平里，这里也是学术界所认可的屈原的故乡。因为和屈原的这层关系，多年来，谭家斌先生虽然在乡、县从事着行政工作，却没有放弃对屈原及其作品的学习与研究，经过几十年的积累，终于写成了近40万字的《屈学问题综论》一书，并由湖北人民出版社于2006年5月出版。作为一个非专业的学者，写出这样一部对像我这样的专业从事屈原研究的学者来说都是非常有价值的书籍，的确是一件令人高兴，并让我们产生由衷的佩服情怀的事情。

谭家斌先生认为，对屈原及其作品的两千多年的研究史，实际上是一部厚重的学术争论史，而《屈学问题综论》一书，就是对这些争论进行归纳整理，并结合自己的心得，提出自己的意见，为屈原研究的进一步深入提供基础性的线索。《屈学问题综论》一书把屈原及其作品研究在历史上形成的各种分歧分成屈原的生平、家世、作品、时代、思想、遗响、端午和龙舟、否定论八个大部分来讨论，在这八个大部分之下，又有九十九个子问题。而且这些内容几乎涉及屈原及其作品研究的横向及纵向的各个方面，如关于屈原生平这部分，就罗列了关于屈原的名字、称谓、生年、官职、任官时间、官职职掌、放流问题、卒年、是否自杀、自杀地点、坟墓所在地等十三个子问题。而每一个子问题下，又罗列了在历史上曾经产生过的各种观点，如关于屈原生年，作者罗列了十二种说法；关于左徒究竟是什么官职问题，作者罗列了十种说法。作者的这些概括，不仅丰富，而且全面而准确。因此，如果我们认为《屈学问题综论》是一部屈原及其作品研究的不同观点的资料长编，是一部以分类的形式撰写的简明而又深入的屈原及楚辞研究学术史，应该是符合这本著作的实际情况的。

《屈学问题综论》作为一部具有学术史性质的学术著作，由于网罗

丰富，同时又能根据自己的心得对前人的观点给出评价，所以，在一定程度上具有继往开来的学术功能。作者在自己的研究中，一方面总结过去，同时，又在努力地为新的研究提供进行进一步的深入研究的线索。如在屈原的生平问题上，关于屈原的放逐问题，有学者主张屈原曾被放逐，有学者主张屈原没有被放逐，同意屈原被放者，又有放逐一次或者两次的不同，作者认为，屈原应该曾被放逐，而且放逐的次数应该是两次。又如关于屈原是否曾经是太子的老师问题，屈原是自杀还是被谋杀的问题，他在介绍了一些学者的观点后，进行了简明的辨析，认为这些观点是不可靠的。谭家斌先生的这些观点，也许并不一定能得到大家的普遍认同，但是，他勾勒的线索，却有助于我们对这些问题进行重新思考，从而在一个更为广阔的时间和空间中判断其是非。

谭家斌先生的《屈学问题综论》，诞生在一个需要对过往的研究进行清理的新世纪，适应了 21 世纪初期学术发展的内在逻辑，体现了作者敏锐的学术洞察力，同时，《屈学问题综论》在研究方法上也有值得我们借鉴的地方。毫无疑问，《屈学问题综论》体现了朴实的学术风格，作者的学术视野，既立足于本文，也不忘记本文的外延；既关注历史，也落实于现代；既包容了中国的学术研究，也兼顾了海外的学术动态；既重视学院文化的成果，也采纳民俗研究的成果。作者把屈原及其作品研究的外延，延伸到了属于民俗学研究范围的端午节和龙舟，以及属于田野考古范围的秭归乐平里的有关屈原的文化遗存。作者关于《招魂》在内容、形式、语言上与秭归招魂习俗的类同的陈述，更为我们打开了一扇民俗文化的窗户。这些与学院派研究明显差别的地方，正是谭家斌先生这样一个生活在乡村的学者所独具的优势。对于我们来说，虽然难免有驳杂的感慨，但是，作为一种多维研究的尝试，其积极意义是不言而喻的。

总的来说，谭家斌先生的著作《屈学问题综论》一书，是一本有价值、有特点的学术著作，对于促进屈原及其作品研究的不断深入，对于中国传统文化研究中理论研究与民俗文化研究的结合，提供了一个成功的范例。

另外，还需要指出的是，要完成一部屈原及其作品研究的不同观点的资料长编，首先需要花费大量的时间检讨过往的研究文献。谭家斌先生虽然生活在屈原的故乡，但是，就我所知，位于长江边上的屈原故里，除了屈原祠中简单而古朴的、并且被三峡水库所淹没的建筑之外，所陈列的屈原及其作品完全不能承载起一个屈原及其作品研究的全貌。谭家斌先生要完成《屈学问题综论》这样一个课题，不仅仅是个时间的投入问题，还要做一个持之以恒的有心人，要想方设法搜集尽可能全面的资料。如果没有忘我的奉献精神，是难以想象的。可以说，谭家斌先生在撰写《屈学问题综论》一书时，无疑处于一种极端困难的学术环境中，但是，他能下定决心投入自己在乡镇和县城工作的收入，牺牲自己的休息时间，搜集并购置了他所能见到的屈原及其作品研究的历史文献，这种把对屈原及其作品研究当作自己生活的一个组成部分的精神，体现了一个热爱中国文化的乡村知识分子的崇高责任，这是在今天这样一个许多人因为经济利益的驱动而忘记民族文化责任的逐利之徒所应汗颜的。

谭家斌先生虽然不是一个专门的学者，但是，他并没有和学术界隔绝，而是积极地参与到屈原研究的学术队伍之中。据我所知，在湖北宜昌地区，像谭家斌先生这样的学者并不止谭家斌先生一个人，我在参加中国屈原学会召开的学术研讨会上，不止一次碰见过他们。在屈原的家乡出现这么多的屈原研究者，正是屈原人格感召力的体现。

同时，我们也要感谢那些为在谭家斌先生《屈学问题综论》的后记中提到的为谭家斌先生的研究提供了支持的学术界同仁，他们在谭家斌先生的自学和自主研究过程中，给予了正确的指引，并提供了谭家斌先生所缺少的研究资料。《屈学问题综论》的成书，既是中国优秀文化强大生命力的体现，也是学术界奖掖后进、互相砥砺的学术传统的结晶。

（原载《淮阴师范学院学报·哲学社会科学版》2008 年第 1 期）

我与朋友争屈原

谭家斌

我与屈原有着难解的情缘。也许屈原是中国第一个伟大爱国诗人、世界文化名人的缘故，争抢屈原故里的现象时有发生。时至今日，其异说已逾十余种。特别是近几年出现的河南西峡说、湖南汉寿说、湖北荆州说等，炒得沸沸扬扬，热闹非凡。屈原的诞生地传统说法是秭归乐平里，而乐平里也是我的出生地，也是我祖辈先人居住和生活之地。虽然我与屈原相隔两千多年，但同乡之缘难以隔离。难以割舍的还有我对屈原的崇拜、景仰之情。因此，了解屈原及其作品成为我"弱冠""而立"之年求学或工作期间的业余爱好，在"不惑"之年调到屈原纪念馆工作之后，宣传和研究屈原及其作品则成为我的专门职业。对频频出现的争抢屈原故里现象我自然不会袖手旁观。

不"打"不相识。自 2011 年始，河南省西峡县四面出击：报刊出专版、电视发新闻、邀约专家考察并召开座谈会、修葺与屈原相关的景点，全力推出"屈原故里西峡"说。我密切关注其动向，搜集整理其相关资料。巧合的是，中国屈原学会决定 2013 年 8 月在西峡召开"2013 年西峡屈原及楚辞学国际学术研讨会暨中国屈原学会第十五届年会"，我被邀请与会。当时我猜想，西峡人一定会趁此时机将此次会议作为重要平台之一推进"屈原故里西峡"说。赴会之前，将我的《屈学问题综论》等专著邮寄给倡导"屈原故里西峡"说骨干之一的西峡籍文化人张俊伟先生。赴会途中，电话联系张先生，要求会议期间会晤。8 月 16 日至 8 月 20 日的学术会议期内,可能是张先生疲于接待、安排等繁杂会务,面谈未能如愿。果不出我所预料,报到时,会务人员给每位参会者分发了一本张俊伟先生编著的《屈原:南阳诵歌》一书,书中都是主张"屈原故里西峡"说的文章及资料。会议中,又亲眼看见不乏屈学大家的参会者言辞激烈的争论,主要认为"屈原故里西峡"说的证据无力,我也在小组讨论会上发表了同样的看法。这次会议正值中国屈原学会换届,我有幸被选举忝列 50 多位学会常务理事之一。这次会议实实在在地说,西峡作为东道主,对会务安排很周到,也很热情,但我担心的是我的言语可能得罪东道主了。会后,我将搜集的资料编辑印刷了《河南省南阳市西峡县"屈原故里"之说资料汇编》,囊括相关文章 52 篇,提供县主要领导及相关单位参阅。会后第八天,《三峡晚报》辟"河南西峡欲争夺屈原故里牌"的专题开始连续报道,首篇是《专家:尚无有力证据》,文中再次介绍了我的观点。从此,我索性一不做二不休,用近半年时间的整理和准备,针对张俊伟先生等提出的主要依据逐一反驳,撰写成《驳"屈原故里西峡"说》《屈原故里秭归说新证》两文,分别发表于 2014 年 3 月 1 日的《湖北社会科学报》和 2014 年第 2 期的《三峡论坛》杂志上,同时在相关网站发布。2015 年 7 月 25 日至 7 月 29 日,参与江苏淮阴师范学院和中国屈原学会在淮安主办的"2015 年中国淮阴屈原及楚辞学国际学术研讨会暨中国屈原学会第十六届年会——庆祝中国屈原学会成立三十周年"会议时,真是"冤家"路窄,不巧的是,我与张俊伟先生不但同时被邀与会,而且同时分配到同一个小组讨论。召开第一次小组讨论会相见时,却又意外生出与其一见如故之感,我不急不慢地走近与张先生握手并不自觉地相挨而坐。不一会儿,他掏出他的新著《解读端午节》,并签下"谭家斌先生指正。张俊伟,二〇一五年七月二十六日"的字样。接着,他话题一转,诚恳地说,您那几篇文章我都认真读到了,前半部分写得非常好,后半部分有点弱。他说完,我俩相视而笑。三天会议时间,我俩几乎都是座位相邻,既聊会议内容,也聊会上的人和事,从此成为朋友。但我俩从此也不再谈及"屈原故里西峡"说的话题,可能都各有心照

不宣的内心想法。

我与湖南汉寿的几个文化人也有一段有趣的交往过程。汉寿屈原学会副会长傅利民先生就是主"屈原故里汉寿"说的主要学者之一。在2013年8月的西峡会议期间，我曾专门到他住宿的宾馆房间拜见了他，当时交谈有交锋，与他的"屈原故里汉寿"说争论了几句。2014年6月8日至10日，他带领其县屈原学会10名会员千里迢迢来秭归考察屈原文化，我参与接待并陪同。当天晚上进餐前，他给我们每人赠送了一册他任执行主编的《屈原故里研究》一书，我粗略看了看《目录》，竟然都是"屈原故里汉寿"说之类的文章，心想这明显不就是挑衅吗？进餐过程中，他打破尴尬局面，言称学术争论是正常现象，但不能因争论而伤害两地的感情。我接过他的话表白，有学术交流就有学术争论，但证据最重要。既不能带着某种目的去进行无意义的争论，也不能因此而伤情害理。经过简短的坦诚交谈，他默认了我的说法并表示，期望两地屈原学会成为友好学会，多交流，多往来。他返回汉寿后，给我邮寄了一包汉寿屈原学会编辑出版的会刊及资料。他虽然比我年长，我们逐渐成为忘年之交。随后，我们凡参加中国屈原学会主办的屈原学术会议时，都要相聚叙谈并合影留念，同时坚持每年相互交换两地的学会会刊。

对于荆州的学者张世春先生，我们的交往感情更深。他是荆州学者倡导"屈原故里荆州"说的主要成员之一，并认为荆州江陵是屈原出生地。我俩多次在大型的屈原学术研讨会上碰过面，也曾为屈原故里问题互相争论。在2013年8月西峡会议期间，意想不到的是主办方安排我俩同居一室，相互了解和交谈的机会如同上苍赐予，渐渐地，他也和傅利民先生一样，与我也成为忘年之交。当年11月15日至18日，省屈原学会与长江大学在荆州举办"楚辞与楚文化学术研讨会暨湖北省屈原研究会年会"，我被邀赴张先生"家门口"参会。会议期间，张先生与我及秭归参会人员常聚一桌进餐。参观时，他非常热情地为我们担负起导游的职责。有一天会议小憩，他突然对我及秭归县文联主席周凌云说，我不想再争论屈原是江陵人了。我与周凌云先生既惊讶，也好奇，但我们始终既未追问缘由，也回避了这个话题。至于张先生何因何理何意，不得而知。散会时，他给我赠送了一册如同砖块一样厚而重的《江陵县志》，又专门回家一趟取来一件精制的"荆州城标，凤凰涅槃"的水晶纪念品赠予我。至今，我仍难忘其感人画面，也珍藏着蕴含特殊情谊的特别物件。

学术研究有其价值所在，学术争论有其空间所存。争论双方能成为朋友，其意义和趣味则无穷尽也。无论是西峡的张俊伟先生、汉寿的傅利民先生，还是荆州的张世春先生，我们都因为屈原而争论过，也因屈原而成为朋友。但是，朋友归朋友，争论的观点仍然各抒己见，各表一方，并且都只表现在心平气和的文字里。这也许与各自都热爱屈原、敬慕屈原的特殊情感有关吧。

（原载 2016 年 1 月 26 日《三峡日报》第 11 版 "'我与宜昌十大文化符号'征文"专栏，2018 年获该征文三等奖）

著作年表

一　著　作

（一）独著

《屈学问题综论》，湖北人民出版社 2006 年版。

《屈原颂——历代咏颂屈原诗歌选注》，内蒙古人民出版社 2009 年版。

《屈原祠》，湖北人民出版社 2011 年版。

《诗魂遗响——中国现代文化名人与屈原》，团结出版社 2015 年版。

（二）主编著作

《屈原廉政文化荟萃》，鄂宜图内字第 42 号，2012 年 6 月。

《屈原文化》（总第五辑），［2013］鄂省图内字第 211 号，2013 年 12 月。

《屈原文化》（总第六辑），［2014］鄂省图内字第 002/ZG 号，2014 年 11 月。

《屈原文化》（总第七辑），［2015］鄂宜图内字第 005/ZG 号，2015 年 11 月。

《屈姑文化》第一辑，华夏文艺出版社 2016 年版。

《屈原文化》（总第八辑），［2016］鄂宜图内字第 003/ZG 号，2016 年 11 月。

《屈姑文化》第二辑，长江出版社 2017 年版。

《屈姑文化》第三辑，三峡电子音像出版社 2017 年版。

《屈原文化》（总第九辑），［2017］鄂宜图内字第 008/ZG 号，2017 年 9 月。

《屈姑文化》第四辑，三峡电子音像出版社 2017 年版。

《屈姑文化论文集》第一集，中国三峡出版社 2018 年版。

《屈原故里文化旅游区导游词》，（鄂）420527 – 2018001（图），2018 年 6 月。

《屈原文化》（总第十辑），（鄂）420527 – 2018004/图，2018 年 10 月。

《屈原廉政文化》，2019 年 7 月。

《屈姑文化》第五辑，中国三峡出版社 2019 年版。

《屈原文化》（总第十一辑），2020 年 9 月。

《屈原文化》（总第十二辑），2021 年 10 月。

（三）参编著作

《中国端午习俗》（编委会成员），长江出版社 2010 年版。

《海峡两岸屈原文化论坛论文选》（责任编辑），鄂宜图内字 2010 年第 45 号，2010 年 8 月。

《屈原传说》（编委会成员），长江出版社 2012 年版。

《2014 屈原故里端午文化节端午习俗传承与保护研讨会文集》（副主编），［2014］鄂宜图内字第 001/ZG 号，2014 年 9 月。

二 文　稿

《乐平里风景对联撷趣》，载《宜昌日报》1993 年 5 月 14 日。

《毛泽东与屈原——浅述屈原对毛泽东的影响》，载《三峡文化》2001 年第 3 期；又载《三峡文学》2002 年增刊；又载《宜昌日报》2002 年 5 月 4 日第 4 版；又题《毛泽东与屈原》，载《中国楚辞学》第十辑，学苑出版社 2007 年版。

《乐平里数码景观》，载《三峡文化》2002 年第 1 期。

《屈原故里"八怪"》，载《宜昌日报》2002 年 5 月 2 日第 4 版；又载《湖北日报·文化生活》2003 年 2 月 13 日第 8 版。

《郭沫若与屈原》，载《三峡文化》2005 年第 4 期。

《"乐平里"探考》，载《三峡晚报》2007 年 6 月 17 日第 4 版；又载《秭归县志》，方志出版社，2010 年 10 月。

《〈招魂〉探源》，载《职大学报》2007 年第 3 期。

《屈原故里端午风》，载《光明日报》2008 年 6 月 8 日第 2 版；又载《湖南日报》2008 年 6 月 9 日第 8 版；又载《端午的节日精神——中国传统节日（端午）论坛文集》，中国文联出版社 2009 年版。

《郭沫若与屈原的不解之缘》，载《郭沫若学刊》2008 年第 4 期。

《屈原与骚坛——浅议屈原对秭归乐平里骚坛诗社的影响》，载《三峡大学学报（人文社会科学版）》第 31 卷，2009 年增刊。

《屈原生于秭归乐平里新证》，载《职大学报》2009 年第 1 期。

《逸响伟辞，卓绝一世——鲁迅与屈原》，载《中国楚辞学》第十三辑，2009 年 5 月。

《寻访屈原后裔有非常重要的学术价值》，载《三峡日报·三峡周末》2009 年第 1 版。

《广州"屈原后裔"有大家》，载《三峡日报·都市新闻》2009 年 11 月 12 日 A 版。

《用"四分法"探考〈九章〉创作的时与地》，载《三峡论坛》2010 年第 6 期；又载《中国楚辞学》第十六辑，学苑出版社 2011 年版。

《屈原后裔探考》，载《职大学报》2010 年第 1 期；《屈原后裔探考》，载《屈原后裔寻访记》，长江出版社 2010 年版；《屈原后裔探考——全国巡访屈原后裔活动有新发现》，载《中国楚辞学》第十七辑，学苑出版社 2011 年版；《屈原后裔探考》，载《宜昌市第五届社会科学优秀成果文集》，长江出版社 2017 年版。

《龙、龙舟文化与屈原文化》，载《中国端午习俗》，长江出版社 2010 年版；以《屈原与龙舟》为题，载《三峡晚报》2019 年 6 月 5 日

第 19 版。

《屈原故里"太阳人"石刻探赜——浅议屈原族祖及〈东君〉》，载《屈原与太阳文化》，湖南人民出版社 2011 年版；《屈原故里"太阳人"石刻探赜——浅议屈原作品〈东君〉及其族祖》，载《三峡旅游学刊》2015 年第 2 期。

《屈原生地争议的历史审视》，载《屈原与太阳文化》，湖南人民出版社 2011 年版。

《秭归赋》，载《三峡日报·都市副刊》2010 年 4 月 21 日 C 版；又载《湖北画报》2019 年第 6 期。

《乐平里赋》，载《三峡日报·三峡周末副刊》2010 年 6 月 4 日第 23 版。

《屈原祠赋》，载《三峡日报·都市副刊》2011 年 10 月 21 日第 18 版。

《屈平乡国逢重午，不比常年角黍盘——浅述秭归端午文化内涵》，载《三峡文化研究》第十辑，武汉出版社 2010 年版；《屈平乡国逢重五，不比常年角黍盘——综述世界非遗"中国端午节"中"屈原故里端午习俗"的文化内涵及传承方式》，载《三峡旅游学刊》2015 年第 3、4 期（合刊）；又载《文博之友》2018 年第 2 期。

《毛泽东与屈原跨越两千年的神交》，载《湘潮》2010 年第 9 期。

《论屈原自喻系统所蕴藉的人格心理特征》，载《职大学报》2012 年第 1 期；《浅议屈原自喻系统蕴藉的人格心理》，载《文博之友》2019 年第 3 期。

《这方山水，传说千年》，载《屈原传说》，长江出版社 2012 年版。

《屈原作品中的酒文化》，载《云梦学刊》2012 年第 4 期第 4 版；《屈原作品中的酒文化》，载《中国社会科学报》2012 年 11 月 5 日；《众人皆醉我独醒——释读屈原作品中的酒文化》，载《三峡文化》2013 年第 2 期。

《祭屈原文》，载《三峡日报·都市副刊》2012 年 6 月 22 日第 4 版。

《屈原是中华文化精神最杰出的代表之一》，载《云梦学刊》2013

年第 2 期。

《论屈原作品中香草的具体意象》，载《职大学报》2013 年第 2 期。

《屈原文化是秭归的宝贵遗产》，载《三峡文化》2013 年第 1 期。

《屈原故里秭归说新证》，载《湖北社会科学报》，2014 年 3 月 1 日第 4 版。

《驳"屈原故里西峡"说》，载《三峡论坛》2014 年第 2 期。

《"屈原故里屈氏第一村"与屈原的渊源——湖北秭归县归州镇万古寺村屈原文化考察》，载《三峡旅游学刊》2014 年第 3、4 期（合刊）。

《屈原是我国历史上最早的廉政倡导者和实践者》，载《三峡旅游学刊》2014 年第 3、4 期（合刊）。

《屈赋与长江三峡文化》，载《职大学报》2015 年第 1 期；《屈原作品中的长江三峡文化》，载《文博之友》2017 年第 2 期。

《"女嬃砧""捣衣石"非指洗衣事象》，载《荆楚学刊》2015 年第 1 期。

《屈原廉政文化内涵的挖掘与利用》，载《三峡大学学报》2015 年第 3 期。

《屈原体貌特征蠡测》，载《高教研究参考》（湖南理工学院）2015 年第 3 期。

《〈橘颂〉是屈原管教"王族三姓"子弟的训辞》，载《中国楚辞学》第二十一辑，学苑出版社 2015 年版；又载《三峡大学学报》2016 年第 3 期。

《关于屈原体貌特征的文献考察》，载《云梦学刊》2016 年第 1 期。

《屈姑考》，载《屈姑文化》第一辑，华夏文艺出版社 2016 年版；又载《三峡旅游学刊》2017 年第 2 期；又载《三峡文化》2021 年第 1 期。

《秭归端午节日文化的十大类型》，载《中国三峡》2016 年第 6 期。

《女嬃庙地望考索》，载《三峡旅游学刊》2016 年第 3、4 期（合刊）；又载《屈姑文化》第二辑，三峡电子音像出版社 2017 年版。

《我与朋友争屈原》，载《三峡文化》2017 年第 1 期；又载《三峡日报》2018 年 1 月 26 日第 3 版。

《三闾大夫音义辨》，载《职大学报》2017 年第 4 期；又载《湖北三峡职业技术学院学报》2017 年第 1 期。

《邮票上的屈原文化及其内涵》，载三峡大学三峡文化与经济社会发展研究中心、湖北省三峡文化研究会等编《三峡文化研究》第十三辑，湖北人民出版社 2017 年版。

《粽考》，载《屈姑文化》第四辑，三峡电子音像出版社 2017 年版。

《论屈姑故事的特征与价值》，载《屈姑文化》第四辑，三峡电子音像出版社 2017 年版；又载《屈姑文化论文集》第一辑，中国三峡出版社 2018 年版。

《屈赋楚语的秭归方言探赜》，载《三峡大学学报》（人文社会科学版）2018 年第 4 期。

《郭沫若因屈原与秭归结缘》，载《三峡晚报》，2018 年 12 月 8 日第 6 版；又载《宜昌文博》2018 年第 4 期；又载《三峡文化》2019 年第 1 期。

《"屈原是楚文学的杰出代表"——茅盾与屈原（上）》，载《三峡文化》2018 年第 5 期。

《"屈原是楚文学的杰出代表"——茅盾与屈原（下）》，载《三峡文化》2018 年第 6 期。

《〈魂兮归来——六十二问话屈原〉序言》，载《魂兮归来——六十二问话屈原》，华中师范大学出版社 2019 年版。

《屈原与龙舟》，载《三峡晚报》2019 年 6 月 5 日第 19 版。

《试论古代戏曲中的屈姑及其形象——以清代胡盍朋〈汨罗沙〉戏曲为例》，载《屈姑文化》第五辑，中国三峡出版社 2019 年版。

《试论历代吟咏屈原诗词的基本特征》，载《职大学报》2020 年第 1 期。

《屈原故里秭归端午文化的内涵及精神》，载《三峡文化》2020 年第 3 期。

《论橘颂文化的内涵》，载《三峡大学学报》2020年第6期。

《祭屈原文》，载《三峡日报》2021年6月12日第4版（副刊）。

《试析屈赋与医药文化》，载《伟大的思想家屈原》，团结出版社2021年版。

《"屈原故里"诸说梳理与简析》，载三峡文化与经济社会发展研究中心、湖北省三峡文化研究会主办《三峡文化研究》第16辑，社会科学文献出版社2021年版。

《探论屈赋中的端午文化因子》，载《宜昌社会科学》2021年第4期。

《宜昌和秭归的文化核心地标是屈原》，载《三峡文化》2021年第4期。

《屈原"世界文化名人"考证》，载《三峡文化》2022年第1期。

后　记

我与屈原有着难解情缘。他的故乡湖北秭归乐平里，也是我的出生地，我在这个诗意乡村生活和工作了三十多年，虽然我与他相隔两千三百多年，但有着难以割舍的同乡之缘。屈原的作品是我从小就崇拜的，包括对他的人格、精神、思想，至今仍使我对他充满着敬畏之心。乐平里的"读书洞""照面井"等屈原传说遗迹，我非常景仰，每当回老家，都要去走走看看，总想消解我的追念之情。

小时候，我知道本村出了一个大诗人屈原。十九岁参加工作后我就特别留心，每到县城或到外地出差，必定要逛逛书店，主要目的是看有没有屈原方面的书籍。第一次进县城，在书店里买了一本《屈原的传说》。至今，我购买或获赠的有关屈原及其作品方面的书籍有一千多本（套），渐渐对屈原文化略晓一二。特别是调到屈原纪念馆工作之后，不论是环境氛围还是工作时间，对我都有利。2005年7月，有幸受中国屈原学会之邀，赴内蒙古包头市参与"2005年楚辞学国际学术研讨会暨中国屈原学会第十一届年会"，这是我第一次参加这种高层次大规模的屈原学术会议，感动与激励袭绕着我。我暗暗告诫自己，一定要为老乡屈原做点儿事，我在整理原来逐年收集的资料的基础上，一边整理一边思考，一边撰写一边修改，五易其稿，近40万字的《屈学问题综论》一书于2006年5月由湖北人民出版社出版。时任中国屈原学会副会长毛庆（现任中国屈原学会名誉会长）先生欣然题序，副会长兼秘

书长方铭先生（现任中国屈原学会会长）在《淮阴师范学院学报·哲学社会科学版》2008年第1期发表了《学术研究与文化责任——读谭家斌先生〈屈学问题综论〉》的书评，他说《屈学问题综论》"是一部以分类的形式撰写的简明而又深入的屈原及楚辞研究学术史""是一本有价值、有特点的学术著作"。我趁着兴致，随后在《光明日报》《中国楚辞学》《职大学报》等报刊发表屈原文化论文十多篇，同时辑注历代咏颂屈原的诗歌。2009年11月，《屈原颂——历代咏颂屈原诗歌选注》一书由内蒙古人民出版社出版。恰在此时，屈原祠搬迁工程即将结束，县里领导安排我撰制屈原祠展览陈列大纲，惶惶恐恐地历经一年工作，终于经专家评审通过而完成任务，也为保证屈原祠于2010年端午节正式开放贡献了一点儿力量。由此，我编著的《屈原祠》一书随之顺利地于2011年5月由湖北人民出版社出版。2012—2013年，受县纪委、统战部安排，又分别撰制屈原廉政教育基地展览陈列大纲和海峡两岸交流基地展览陈列大纲，并都在当年实施。同时，编撰成《屈原廉政文化荟萃》一书。2017—2018年，受省文物局及县纪委、统战部委托，对屈原祠、屈原廉政教育基地、海峡两岸交流基地这三大展览陈列提档升级大纲进行内容设计，于2019年端午节前全部完成。2015年6月，四易其稿的《诗魂遗响——中国现代文化名人与屈原》一书，由团结出版社出版，中国屈原学会会长方铭先生在序中认为"可以把这本书看作是一本简明的二十一世纪屈原接受史来看待。其学术价值，当然也是毋庸置疑的了"。

我既喜欢读书，也喜欢买书和藏书，至今藏有一万余册书籍。我读的和藏的书比较杂，包括文学、哲学、文艺学、心理学、政治学、社会学、历史学、地理学、考古学等各类书籍。十六岁高中毕业回家后，不管是在家务农或外出打工（当时俗称"搞副业"）还是走亲戚串门，只要见到书本或报纸杂志都要拿到手里看看。当时父亲因病早逝，作为一个农村困难家庭如同雪上加霜，一家七口人仅靠母亲一个劳力挣工分养家糊口，因我未满十八岁就不能算为成年劳力，所以家庭经济异常拮据，花钱去买书看简直是奢想，有时晚上连看书的时间就不能过长，因为照明的煤油灯所用的煤油经常缺钱购买，为这一毛多钱一斤的煤油，母亲时常哀声叹气，因为我还有三个年龄很小的弟弟妹妹和两个六十多岁的爷爷奶奶还有很多地方需要用钱，如果我不节俭一点儿，弟妹就买不了写字本，爷爷奶奶也就缺钱治病。直到十九岁参加工作后，才开始从每月58元的工资中挤出几元钱订阅书报杂志或买书，阅读后也舍不得丢弃，至今藏有各类合订本杂志300多册，剪报贴本也有近百册，每册都自编有目录，以方便查阅。工作、看书、写作是我日常生活中不可缺少的，至今仍然如此。我既撰写和发表过小说、散文、诗词等，还发表过百余篇新闻稿件，大多与我工作经历和岗位相关。其中部分作品还获过奖，县级以上的获奖证书有10多个。近20年来，才静下心来专攻屈原文化。

　　回想我走过的路途，有很多话想说，但又一言难尽。当初有人曾说，不是学院派的我们，对屈原作品本体研究很难涉足。言下之意，我们只是"田园"派，水平能力不及"学院"派。我心里既有不快也就不信这个"邪"！坚持多读多学多写，终于发表了《论屈原作品中香草的具体意象》《屈原作品中的酒文化》《用"四分法"探考〈九章〉创作的时与地》《屈赋楚语的秭归方言探赜》等涉足屈原作品本体研究的论文。至今，发表屈原文化论文60多篇，独自著述屈原文化专著4部，主编17部，参编4部。同时，撰制屈原文化方面的展览陈列大纲10余种。部分专著与论文曾获奖。回忆往昔，一路蹒跚，既有辛酸之泪也有欣慰之情。说句心里话，的确很疲惫，但又别无选择。身体疾病也时常缠绕着我，"三高"猖獗，十多年的高血糖使我患上Ⅱ型糖尿病，导致视力模糊，有时甚至晕晕恍恍，记忆力减退，外出时必须随身带着特殊武器——胰岛素针管及药具；尿酸高导致痛风，有时"大手大脚""一瘸一拐"成了我的另一个形象；胆固醇高导致重度脂肪肝，喜爱吃的不能吃，喜爱喝的也不能喝了，因为要忌口；特别是颈椎骨质增生及椎间盘突出复发时，顿时是天旋地转，并且伴有呕吐，又时常手脚麻木、

肿痛。但我不会因此而丧失我的志趣，我会去奋力抨击病魔，相信我会战胜它。

我曾在《诗魂遗响——中国现代文化名人与屈原》一书的《后记》中说，曾有朋友嬉问我：何必自讨苦吃呢？我也以苦苦之笑而应之。从我内心来说，一个人赤裸裸地来到人世，总要有所作为，岂能再赤裸裸地离开人世？做了自己喜爱的事，所遇到的波折或苦难是客观存在的，虽然如此，但终生无悔。或许是屈原"惊采绝艳""名垂罔极""卓绝一世"的作品吸引着我，或许是屈原忠贞爱国、性高志洁、"九死不悔""日月争光"的精神激励着我；或许是自己的志趣和爱好推动着我。

"日月忽其不淹兮，春与秋其代序。惟草木之零落兮，恐美人之迟暮。"（《离骚》）岁月沧桑，时光如梭。弹指一挥间，已年过五十又六了，年过半百做了什么？留了什么？还有什么要做？回首沉思，"惟天地之无穷兮，哀人生之长勤"（《远游》），热泪两行，澎湃一腔。长太息以掩涕兮，哀余生之多艰。举头问天，"兹历情以陈辞兮，荪详聋而不闻"（《九章·抽思》）。珍惜余生，趁着余力，走自己的路吧！

"路漫漫其修远兮，吾将上下而求索。"（《离骚》）人生征途，坎坷叵测，时不我待，仍需攀越。

酬答余近"花甲"之年，辑成拙著。本书是我从事屈原文化工作的一个阶段性小结。需要特别说明的是，这次结集时，对文稿中的注释、标点符号、少数文字做了规范性的技术处理，至于内容则未改动，主要是为了保持单篇文稿正文内容的原貌及其完整性，所以部分文稿与其他文稿之间存在着内容重复或交叉的现象。

本书即将付梓之时，不禁想起支持我一路走过来的亲朋好友及领导同事，如秭归县文化旅游局局长商祥君、文物保护中心主任李西海、中国社会科学出版社历史与考古出版中心副主任宋燕鹏编审等等，在关键环节为我排忧解难，使我难以忘怀。夫人赵青，既承担着全部家务，又要看护两三岁的外孙，还要照护我打针吃药治病，没有她的自我牺牲，

也就没有我的今天。在此，我必须殷殷切切地向这些鼓励、关心我的亲朋好友及领导、同事们说一声：谢谢！并恭恭敬敬地送上一个鞠躬！

　　虽然本人崇敬屈原，热爱屈原作品，但才疏学浅，或者说孤陋寡闻，就此恳请专家、学人、读者批评指正。正因为本人对屈原的热爱与崇敬，才有集成本书之举，也是为了表达我对屈原的一片情意。因为，屈原在我心目中永远是伟大的。

作　者

二〇二二年一月十八日